중국
고대소설
독법

중국 고대소설 독법

조관희 역주

보고사

일러두기

1. 번역문 가운데 [ ]로 묶은 부분은 옮긴이가 문장을 매끄럽게 하거나 보충하기 위해 덧붙인 것이다.
2. 이 책에 나오는 중국인들의 인명과 지명에 대한 한글 표기는 고대와 현대를 가리지 않고 모두 원음으로 적었다. 이것은 문화관광체육부 고시 제1995-8호 '외래어 표기법'에 의거하되, 여기에 부가되어 있는 표기 세칙은 일부 적용하지 않았다.

차례

해제를 대신하여 – '독법讀法'이란 무엇인가? ………………………… 7

『제오재자서』 독법
   讀第五才子書法 ……………………………………………… 15

『삼국지』 독법
   『三國志』讀法 ……………………………………………… 45

『비평제일기서금병매』 독법
   『批評第一奇書金甁梅』讀法 ……………………………… 111

『유림외사』 셴자이라오런 서
   閑齋老人序 …………………………………………………… 189

『유림외사』 와평
   『儒林外史』臥評 …………………………………………… 193

『서유기』 원지 독법
   『西遊』原旨讀法 …………………………………………… 277

『홍루몽』 독법
   『紅樓夢』讀法 ……………………………………………… 305

용어·기타 색인 / 333
인명·지명 색인 / 337
서명 색인 / 353

해제를 대신하여 – '독법讀法'이란 무엇인가?

중국에서 소설이라는 장르가 제대로 평가되기 시작한 것은 비교적 최근의 일이다. 잘 알려진 대로 근대 이전의 중국에서 소설은 정통문학의 범주에 포함되지 않는 이른바 '통속문학'의 하나로 경시되어 왔다. 그러나 명대 이후 소설의 지위는 상대적으로 높아져서 많은 문인들이 소설 작품의 창작과 비평에 참여하는 일이 빈번해졌다. 당시 소설 비평은 '평점'이라는 이름으로 행해졌는데, 본래 시문詩文 비평에서 비롯된 '평점'은 다양한 형태로 이루어졌다. '독법'은 소설 비평가가 독자의 작품 이해에 도움을 주기 위해 쓴 일종의 독서 지침으로, 소설 평점의 주요한 구성 부분으로 여겨져 왔다.[1]

이러한 '독법'이 최초로 등장한 것은 숭정崇禎 8년(1635)에 나온 『동도기東度記』[2]의 권수卷首에 있는 「『동도기』를 읽는 여덟 가지 방법閱東度記八法」이다. 이것은 6자의 대구 형식으로 이루어져 있으며, 작품의 전체 내용을 개괄하고 있다.

---

1) 이하의 내용은 탄판譚帆의 『고대소설평점간론古代小說評點簡論』(山西人民出版社, 2005), 87~90쪽의 내용을 참고하였다.
2) 명대에 나온 소설로 『소매돈륜동도기掃魅敦倫東度記』라고도 한다. 작자는 팡루하오方汝浩로, 그의 생애는 잘 알려져 있지 않다. 그 내용은 달마조사가 남인도에서 출발해 서쪽에서 동쪽으로 나아가며 만나는 여러 가지 요괴를 서술하고 있는데, 사실은 당시 명말 사회의 여러 가지 모순들이 빚어내는 봉건사회의 다양한 병폐들을 형상화한 것으로 평가되고 있다.

윤리와 정도를 싫어하지 않으면, 충효가 집안에 전해질 것이로되.
설사 구성과 서술이 착종되어 있다 해도, 본래의 제목만을 돌아볼지니.
한갓 중이나 도사의 뜬구름 잡는 말이라 하지 마라, 실제로는 윤리 강상의 올바른 도리와 연관 있나니.
비록 황당무계하게 말하지만, 오히려 선가의 종지가 있다네.
존귀하신 분의 가르침에는 본래 말이 없나니, 잠시 스승과 문도를 빌어 그 오묘함을 드러냈도다.
이야기 중간에 나오는 요마와 사악한 도깨비들은 장식으로 드러내 보여준 것에 지나지 않거늘.
종합하면 직접 풍속 교화와 상관있으니, 고명한 지적을 피하지 마라.
만약 선심을 들어 경계할 수 있다면, 문득 비루한 뜻을 적어 기록할지니.
不厭倫理正道, 便是忠孝傳家。
任其鋪叙錯綜, 只顧本來題目。
莫云僧道玄言, 實關綱常正理。
雖說荒唐不經, 却有禪家宗旨。
尊者教本無言, 暫借師徒發奧。
中間妖魔邪魅, 不過裝飾闌觀。
總來直關風化, 不避高明指摘。
若能提警善心, 便遂作記鄙意。

그러나 실제로 후대에 크게 영향을 준 것은 그로부터 6년 뒤에 나온 진성탄金聖嘆 비본批本『수호전』안에 포함된 '독법'의 간행이었다. 진성탄의「수호전 독법」이 나온 뒤 청대의 소설 비평은 이를 계기로 점차적으로 발전했는데, 기본적으로는 진성탄의 틀을 크게 벗어나지 못했다 해도 과언이 아니다. 그런데 사실상 '독법'은 다양한 형태의 소설 평점 가운데 하나일 뿐이며, 당시 폭발적으로 쏟아져 나온 소설 작품의 숫자로 볼 때 그리 많은 작품에 적용된 것은 아니었다. '독법'이 포함되어 있는 소설은 기껏해야 열 몇 가지 정도에 지나지 않으며, 그 가운데 대표적인 작품들은 다음과 같다.

『동도기東度記』(숭정崇禎 8년 진창金閶 완줸안러우萬卷樓 간본, 쥬쥬라오런九九老人 평評)
『관화탕 제오재자서 수호전貫華堂第五才子書水滸傳』(숭정 14년 관화탕貫華堂 간본, 진성탄 평)
『사대기서 제일종 삼국연의四大奇書第一種三國演義』(강희康熙 18년 쭈이겅탕醉耕堂 간본, 마오 씨(毛氏) 부자 평)
『가오허탕 비평 제일기서 금병매皋鶴堂批評第一奇書金甁梅』(강희 34년 간본, 장주포張竹坡 평)
『수상 서유증도서繡像西遊證道書』(건륭乾隆 15년 원성탕文盛堂 간본, 차이위안팡蔡元放 평)
『동주열국지東周列國志』(건륭 17년 간본, 차이위안팡 평)
『설월매雪月梅』(건륭 40년 더화탕得華堂 간본, 둥멍펀董孟汾 평)
『먀오푸쉬안 평 홍루몽妙復軒評紅樓夢』(도광道光 30년 간본, 장신즈張新之 평)
『신역 홍루몽』(도광 27년 간본, 하쓰바오哈斯寶 평) 등

그렇기 때문에 '독법' 자체에 대한 연구 또한 미진한 게 사실이다. 이제까지 소설 평점을 연구하는 사람들의 관심은 주로 소설 자체에 부가되어 있는 회평回評이나 협비夾批, 미비眉批나 서序, 발跋 등에 치우쳐 있었다. 현실적으로 '독법'만을 독립적으로 연구한 것은 소수의 연구자들에 불과한 것이다. 따라서 '독법'에 대한 연구는 이제 시작 단계라 해도 과언이 아니다.

한편 '독법'은 그 형식과 서술이 자유로우며, 평자가 임의로 자신의 뜻을 담아 독자들의 작품 이해를 돕는 데 주안점을 두고 있다. 따라서 '독법'의 주요 내용은 다음의 네 가지로 요약할 수 있다.

첫째, 소설의 주제를 드러내 밝혀준다. 이를테면, 마오 본『삼국연의』의 '독법'에서는 '정통'과 '나라를 찬탈한 것僭國'을 구별함으로써 이 소설의 주요한 의의가 촉한蜀漢을 정통으로 하는 것을 기본 특징으로 하고 있다는 사실을 천명했다.
둘째, 소설에 등장하는 인물들을 분석하고 있다. 이를테면, 진성탄은『수호전』을 비평하면서 등장인물들을 세 등급으로 나누어 품평하고 있다. 이것은 하나의 관례로 굳어져 뒤에 나오는 소설들은 진성탄의 '독법'에 따라 소설의 등장인물들을 나누었다.
셋째, 소설의 서사 법칙이라 할 '문법'을 논하고 있다. 이것 역시 진성탄의 '독법'이 시조가 된다고 할 수 있는데, 사실상 '독법'의 내용 가운데 이것이 가장 중요한 부분을 차지하고 있다 해도 과언이 아니다.
넷째, 소설을 읽는 방법을 지적하고 있다. 이것 역시 진성탄에서 비롯된 것인데, 그 내용은 오히려『수호전』보다는『서상기西廂記』에 대한 그의 비평에 대량으로 언급되어 있다.

한편 이보다 뒤에 나온『홍루몽』의 쑨쑹푸孫崧甫 평본에 붙어 있는 「변언총론弁言總論」의 말미에서는 '정독靜讀, 공독共讀, 급독急讀, 완독緩讀'이라는 네 가지 법칙을 제기하기도 했다.

『홍루몽』을 읽되 한 사람이 조용히 읽어야만 한다. 모두 합쳐서 전서 80만 자를 웃도는 소설을 숨을 고르고 조용히 읽지 않으면 어찌 삼매경에 빠질 수 있겠는가?

해제를 대신하여 - '독법讀法'이란 무엇인가?   11

　『홍루몽』을 읽되 여러 사람이 함께 읽어야 한다. 다른 책은 한 번 보고 나면 그만이지만,『홍루몽』이라는 책은, 나는 내쳤지만 다른 사람은 취할 수도 있고, 다른 사람이 내친 것을 내가 취할 수도 있기에 반드시 두 세 명의 지기가 술을 놓고 둘러앉아 한 편 한 단락, 한 글자 한 구절을 하나하나 쫓아가며 세밀히 연구해야만 비로소 그 묘미를 다 느낄 수 있는 것이다.
　『홍루몽』을 읽되 급하게 읽어야 한다. 반드시 며칠 동안의 공력을 들여 처음부터 끝까지 한 번에 읽어 제친 뒤에야 어느 곳에서 일어나고 어느 곳에서 매듭이 지어지며, 어느 곳이 정문이고 어느 곳이 한필인지를 알 수 있으니, 다른 책과 같이 우연히 집어 들고 이야기 위주로 읽어내는 것과는 다르다.
　『홍루몽』을 읽되 천천히 읽어야 한다. 아직 책을 펼치기에 앞서 먼저 하나의 바오위가 의중에 있어야 하고 이미 책을 펼친 뒤에는 다시 하나의 내가 책 속에 있어야 한다. 반드시 몇 개월 정도의 공을 들여 끊어질 듯 이어지는 부드럽고 온화한 곳을 보게 되면, 내가 그러한 처경에 놓이게 되면 또 어떻게 할 것인가 하는 생각을 하게 될 것이니, 이렇게 하면 내가 곧 책이고, 책이 곧 내가 되는 경지에 이를 수 있다. 옛 사람이 이르기를, "쿵쯔와 멍쯔의 책을 읽으면 자신이 쿵쯔와 멍쯔인 양 생각하라"고 한 것은 그 뜻이 이것을 이름이라. 나는『홍루몽』에 대해서도 같은 말을 할 것이다. "요즘 사람들은 책은 책이고, 나는 나라고 여기니 권태로움에 문득 그 내용을 잊게 되는 게 당연하다."

　讀《紅樓》宜一人靜讀。合觀全書不下八十万字言, 若非息心靜氣, 何由得其三昧?
　讀《紅樓》宜衆人共讀。他書一覽而盡, 至《紅樓》一書, 有我之所弃未必非人所取, 有人之所弃未必非我所取, 必須擇二三知己, 置酒圍坐, 一篇一段, 一字一句, 逐層細究, 方能曲盡其妙。
　讀《紅樓》宜急讀。必須盡數日之力, 從首至尾, 暢讀一遍, 然后知其何處是起, 何處是結, 何處是正文, 何處是閑筆, 不似他書, 偶拈一本, 便可作故事讀也。
　　讀≪紅樓≫宜緩讀。未開卷時, 先要有一宝玉在意中, 旣開卷后, 又要有一我在書中。必須盡數月之功, 看到纏綿旖旎之處, 便要想出我若當此境地, 更復如何, 如此方能我卽是書, 書卽是我。昔人云:'讀孔孟書, 便當思身爲孔孟'。旨哉是言。吾于≪紅樓≫亦云:'今人書只是書, 我只是我, 无怪卷輒忘也'。[3]

팡정야오方正耀는 이러한 비평가들의 '독법'에는 "소설 서사에 나타난 언어와 등장인물들의 언어, 백묘白描, 심리묘사, 그리고 세세한 줄거리의 운용 등 다양한 기교"가 들어 있다고 하였다.[4] 곧 '독법'은 독자가 소설 작품을 읽을 때 하나의 지침으로 삼아야 할 항목들을 비평가가 제시한 것이라 할 수 있다. 독자들은 비평가가 제시하는 '독법'에 의해 작품의 구상과 줄거리, 구조, 그리고 서사 법칙 등에 대해 일정한 심득을 갖고 작품을 읽어나갈 수 있는 것이다.

이 책에서는 위에서 언급한 '독법'들 가운데 명대를 대표하는 '사대기서四大奇書'와 청대에 나온 『유림외사』, 『홍루몽』을 묶은 이른바 '육대소설'의 '독법'을 번역했다. 다만 통상적으로 우리가 '사대기서'를 떠올릴 때, 『삼국연의』, 『수호전』, …… 이런 순서로 호명하지만 이 책에서는 독법을 쓴 작자의 시대 순에 따라 순서를 바꾸었다. 그래서 가장 앞선 시기에 살았던 진성탄金聖嘆(『수호전』)을 필두로 마오쭝강毛宗崗(『삼국연의』), 장주포張竹坡(『금병매』), 류이밍劉一明(『서유기』), 장신

[3) 량쭤梁左, 「쑨쑹푸 평본 『홍루몽』 기략孫崧甫評本『紅樓夢』記略」(『紅樓夢學刊』 1983년 제1기)에서 재인용.
4) 팡정야오(홍상훈 역), 『중국소설비평사략』, 을유문화사, 1994, 408쪽.

즈張新之(『홍루몽』)의 순서로 나열하였다.

본문의 번역과 주석은 기본적으로 『중국소설독법How to Read the Chinese Novel』(데이비드 L. 롤스톤David L. Rolston 주편, 프린스턴대학 출판사Princeton University Press, Princeton, New Jersey, 1990)을 위주로 기왕의 번역문들을 두루 참고하였다. 구체적으로는 『삼국연의』의 경우 민경욱의 『삼국연의 체제 연구三國演義體制研究』(서울대 석사논문, 2000)를, 그리고 『금병매』의 경우는 이무진의 『금병매의 양면성 연구』(고려대 석사논문, 1997)의 부록으로 실려 있는 각각의 독법 번역을 참고하였다. 『유림외사』의 경우는 홍상훈 외, 『유림외사』(을유문화사, 2009) 한글 번역본의 각 회 말에 붙어 있는 워셴차오탕臥閑草堂의 회평을 참고하였다.

2012년 여름
조관희

『제오재자서』 독법
讀第五才子書法*

진성탄(金聖嘆)

(1) 대저 책을 읽는 이들은 먼저 지은이가 무슨 생각을 하고 있는지를 알아야 한다. 이를테면 『사기史記』는 쓰마첸司馬遷이 뼛속 깊이 아로새겨진 원한을 풀어내기 위해 쓴 것이기에, 유독 「유협전游俠傳」과 「화식전貨殖傳」에 정신을 집중했던 것이며, 그밖에도 나머지 다른 전기에서도 [의리를 위해] 돈을 아낌없이 뿌리고 살인을 저지르는 대목에서 그는 혀를 차며 탄식을 금하지 못했던 것이다. 그러니 『사기』는 "때로 위급한 상황은 누구에게나 있다緩急人所時有"[1)]는 말로 개괄할 수 있으니, 이것이야말로 그가 평생 이 책을 지은 의도라 하겠다. 『수호전』은 오히려 그렇지 않다. 스나이안施耐庵[2)]은 원래부터 풀어

---

* 원문은『수호전회평본水滸傳會評本』(北京; 北京大學出版社, 1987)을 바탕으로 『중국소설독법How to Read the Chinese Novel』(데이비드 L. 롤스톤David L. Rolston 주편, 프린스턴대학출판사Princeton University Press, Princeton, New Jersey, 1990)의 번역을 참고하였다.
1) 이 말은 『사기』 124권 「유협열전游俠列傳」에 보인다. 다만 원문은 인용문과 조금 다르다. 『사기』의 원문은 다음과 같다. "且緩急, 人之所時有也。"
2) 20세기에 발견된 기록에 의하면 스나이안施耐庵은 쟝쑤성江蘇省 바이쥐창白駒場의 스 씨 가문의 일족을 일으켜 세운 이라 한다. 하지만 이 주장은 아직까지 확인된 것은 아니다. 이 자료에 대한 검토와 진위에 대해서는 류스더劉世德의 「스나이안 문물 사료변석施耐庵文物史料辨析」(『중국사회과학中國社會科學』, 1982.6.; 『스나이안연구施耐庵研究』, 난징南京; 쟝쑤고적출판사江蘇古籍出版社, 1984에 전재

내야 할 원한이 없었으니,3) 등 따시고 배부르게 살면서 달리 할 일도 없고 마음이 한가로웠기에 종이를 펴고 붓을 잡아 제목을 골라 뽑아 자신의 훌륭한 생각과 잘 다듬어진 문장錦心繡口4)을 써내려 갔을 따름이다. 그런 까닭에 옳고 그름에 대한 그의 판단이 성인의 그것과 다르지 않았던 것이다. 후대 사람들은 그것을 모르고 오히려『수호전』에 "충의"라는 두 글자를 덧붙여 마치 쓰마쳰이 자신의 울분을 풀어내기 위해『사기』를 지었던 것에 비유했으니, 이것은 해서는 안 될 짓을 한 것이다.

(1) 大凡讀書, 先要曉得作書之人是何心胸。如『史記』須是太史公一肚皮宿怨發揮出來, 所以他于"游俠", "貨殖"傳, 特地着精神, 乃至其餘諸記傳中, 凡遇揮金殺人之事, 他便噴噴嘆不置。一部『史記』, 只是"緩急人所時有"六個字, 是他一生著書旨意。『水滸傳』却不然。施耐庵本

됨) 214~260쪽을 참고할 것. 진성탄은 스나이안이야말로 자신의 친구의 서재에서 발견한『수호전』고본의 저자라고 주장했다.

3) 진성탄의 평점 다른 곳『수호전회평본水滸傳會評本』(천시중陳曦鐘 편, 베이징北京; 베이징대학출판사北京大學出版社, 1981) 38쪽 회수평어回首評語(吾則不知其胸中有何等冤苦而爲如此設言。); 6회 167쪽 협비(發憤作書之故, 其號耐庵不虛也); 14회 274쪽(英雄翻轉肚腸作事, 只爲窮困所迫), 278쪽(千古同悼之言, 水滸之所以作也) 협비; 그리고 18회 342쪽 회수평어(嗟乎! 怨毒之于人甚矣哉!)]에서는 정반대의 주장을 펼치고 있다. 이것은 이 소설이 갖고 있는 비정통적인 내용에 대한 비판을 모면하기 위해 연막을 친 것일 수가 있다.

4) 금심수구錦心綉口. 리바이李白의「겨울 어느 날 룽먼에서 종제 링먼이 화이난에 가는 것을 배웅하며 쓴 글의 서冬日于龍門送從弟令問之淮南序」에 다음과 같은 글귀가 있다. "항상 취하면 나를 향하여 말했다. 형의 심간心肝과 오장五臟은 모두 비단인가요? 그렇지 않다면 어찌하여 입을 열면 문장이 되고 붓을 휘두르면 안개가 흩어지듯 합니까? 常醉目吾曰: 兄心肝五臟皆錦綉耶? 不然何開口成文, 揮翰霧散?" 류쭝위안柳宗元의「결교문乞巧文」에도 "사륙으로 된 변려문이 비단의 마음이요 수놓은 입이라駢四驪六, 錦心綉口。"는 글이 있다. 이로 인해 후대에 문사가 우아하고 아름다우며 사조가 화려한 것을 가리킬 때 이 말을 쓰게 되었다.

無一肚皮宿怨發揮出來, 只是飽煖無事, 于値心閑, 又免伸紙弄筆, 尋個題目, 寫出自家許多錦心繡口, 故其是非皆不謬于聖人, 後來人不知, 却于『水滸』上加"忠義"字, 遂並比于史公發憤著書一例, 正是使不得。

(2) 『수호전』에는 크게 작심하고 써내려 간 곳이 있으니, [작자는] 쑹쟝을 마음 속 깊이 통절하게 미워해 사람들이 그를 보되 개 돼지도 먹으려 하지 않는 고깃덩어리로 여기게 했다.5) [하지만] 후대 사람들은 오히려 이 점을 모르고 있다.

(2) 『水滸傳』有大段正經處, 只是把宋江心惡痛絶, 使人見之, 眞有犬彘不食之恨。從來人却是不曉得。

(3) 『수호전』에서 유독 쑹쟝을 미워한 것 역시 반란의 우두머리만을 섬멸할 뜻으로 그리한 것이니, 그 나머지 무리들은 용서를 받았다.

(3) 『水滸傳』獨惡宋江, 亦是殲厥渠魁之意, 其餘便饒恕了。

(4) 어떤 이가 물었다. "스나이안이 제재를 찾아 자기의 뛰어난 글재주 발휘한 것이라면, 하고많은 제재 가운데 어찌하여 굳이 이 일을 묘사한 것일까요?" 내가 대답했다. "그것은 [스나이안이] 그들 36명의 인물6)들 모두가 제각각 36가지의 출신과 36가지의 얼굴, 36가지의 성격을 갖고 있는 것을 탐하여, 그것들 사이에서 이야기를 엮어낸 것

---

5) 하지만 이런 관점을 만든 것은 오히려 진성탄 자신이다. 그는 『수호전』을 비평하면서 상당히 많은 수정과 첨삭을 통해 쑹쟝宋江이라는 인물을 부정적으로 묘사했던 것이다.
6) 『수호전』의 주요 등장인물인 천강성天罡星 36명을 가리킨다. 이외에도 부차적인 등장인물이라 할 수 있는 지살성地煞星 72명이 있고, 여기에 들지는 않지만, 빼놓을 수 없는 인물로 이야기 초반에 일찍 죽는 차오가이晁蓋가 있다.

이지요."

(4) 或問: 施耐庵尋題目寫出自家錦心綉口, 題目盡有, 何苦定要寫此一事? 答曰: 只是貪他三十六個人, 便有三十六樣出身, 三十六樣面孔, 三十六樣性格, 中間便結撰得來.

(5) 제재는 한 권의 책을 쓸 때 가장 중요한 것이다. 제재가 좋기만 하다면, 책 역시 잘 써질 수 있다.

(5) 題目是作書第一件事, 只要題目好, 便書也作得好.

(6) 어떤 이가 물었다. "『서유기西遊記』, 『삼국연의三國演義』와 같은 제재는 어떤가?" 나는 대답했다. "그 작품들은 모두 좋지 않다. 『삼국연의三國演義』에는 인물과 사건, 그리고 대화가 너무 많아 작자가 마음먹은 대로 붓을 놀릴 수도 바꿀 수도 없으니, 마치 관가에서 말을 전달하는 노비와 같아 소인배들이 자기가 들은 이야기를 그대로 전할 뿐이니 어찌 깜냥에 한 글자라도 더하거나 빼려 하겠는가? 이와 달리 『서유기』의 경우는 지나치게 현실을 벗어난 것인지라 작자는 매 단락마다 이야기를 날조하여 비유컨대 섣달 그믐날 밤에 폭죽을 터뜨리는 것과 같아 한 무리가 지나가면 다시 한 무리가 지나가듯 사이사이에 전편을 꿰뚫는 것이 전혀 없어 사람들이 읽다가 어느 곳에서도 그만둘 수 있다."

(6) 或問: 題目如『西遊』『三國』如何? 答曰: 這個都不好. 『三國』人物事體說話太多了, 筆下拖不動, 摯不轉, 分明如官府傳話奴才, 只是把小人聲口, 替得這句出來, 其實何曾自敢添減一字. 『西遊』又太無脚地了, 只是逐段捏捏撮撮, 譬如大年夜放煙火, 一陣一陣過, 中間全沒貫串, 便使人讀之, 處處可住.

(7) 『수호전』에서 사용한 문학적 기교는 모두 『사기』에서 나온 것이지만 『사기』보다 나은 점이 오히려 많다. 『사기』에서 뛰어난 점은 『수호』에서도 모두 발견된다.

(7) 『水滸傳』方法, 都從『史記』出來, 却有許多勝似『史記』處。若『史記』妙處, 『水滸』已是件件有。

(8) 무릇 한 사람이 책을 읽을 때에는 시야를 멀리 두어야 한다. 이를테면, 『수호전』 70회를 일별하면 이천여 장의 종이에 쓰인 것이 단지 한 편의 문장이라는 것을 알 수 있다. 중간에 묘사된 많은 사건들은 모두 기승전결의 방법으로 연결되어 있지만, 만약 길게 끌고 본다면 그런 것들이 모두 보이지 않게 된다.

(8) 凡人讀一部書, 須要把眼光放得長。如『水滸傳』七十回, 只用一目俱下, 便知其二千餘紙, 只是一篇文字。中間許多事體, 便是文字起承轉合之法。若是拖長看去, 却都不見。

(9) 『수호전』은 붓을 쉽게 놀려 나온 글이 아니다. 쑹쟝의 이름이 17회가 되어서야 처음 나오는 것만 보아도 작자가 이미 흉중에서 백여 차례나 따지고 또 따졌다는 것을 알 수 있다. 만약 쉽게 붓을 놀렸다면, 제1회에 이미 쑹쟝을 묘사했을 것이니, 그렇게 되면 문장이 잡아챘다가 놓아주고 하는 것 없이 그저 일직선으로만 전개되었을 것이다.

(9) 『水滸傳』不是輕易下筆, 只看宋江出名, 直在第十七回, 便知他胸中已算過百十來遍。若使輕易下筆, 必要第一回就寫宋江, 文字便一直帳, 無擒放。

(10) 내가 일찍이 "『수호』가 『사기史記』보다 낫다"고 말했거니와, 사람들은 모두 믿으려 하지 않았다. 모르긴 몰라도 내가 되는 대로 지껄여댄 것이 아니라, 사실상 『사기史記』는 사건을 전달하기 위해 글을 쓴 것이고 『수호』는 사건이 글에서 나온 것이다. 사건을 전달하기 위해 문장을 쓸 때에는 먼저 실제로 그렇고 그런 방식으로 일어난 사건이 있어야 한다. 그리고 나서 그 사건들을 글로 풀어내는 것이니, 비록 쓰마첸과 같이 훌륭한 재능을 가진 이라 할지라도 필경은 애를 먹었을 것이다. 한편 사건이 글에서 나오는 것은 그렇지 않으니, 단지 붓 가는 대로 따라가되, 넘치는 것을 잘라내고 모자라는 것을 보태는 것은 모두 내 할 나름인 것이다.

(10) 某嘗道『水滸』勝似『史記』, 人都不肯信。殊不知某却不是亂說, 其實『史記』是以文運事, 『水滸』是因文生事。以文運事是先有事生成如此如此, 各要算計出一篇文字來, 雖是史公高才, 也畢境是喫苦事。因文生事卽不然, 只是順着筆性去, 削高補低都繇我。

(11) 『수호전』을 지은 이는 진정 식견이 남달랐다. 내가 이렇게 보는 것은 다음과 같은 이유 때문이다. 그의 책은 108명의 강도를 묘사하되, 오히려 한 사람의 효자7)를 서두에 내세웠으니, 바로 이것이 첫 번째 이유다. 36명의 천강성과 72명의 지살성을 묘사하되, 오히려 세 명의 지살성8)『수호전회평본』 1회 71쪽이 가장 먼저 강도가 되어 하늘의

---

7) 가장 먼저 등장하나 곧 작품에서 완전히 사라져 더 이상 나타나지 않는 왕진王進을 가리킨다. 물론 그를 스승으로 떠받들었던 스진史進 역시 어머니에 대한 효가 지극했다.
8) 그들은 별호가 신기군사神機軍師인 주우朱武와 도간호跳澗虎 천다陳達, 백화사白花蛇 양춘楊春이다. 이 가운데 주우는 지살성 가운데 첫 번째 위치에 놓여 있다.

뜻에 거스르게 행한 것9)이 두 번째 이유다. 도둑의 우두머리는 쑹쟝이나, 오히려 그를 앞세우지 않고 별도로 차오가이晁蓋라는 인물을 만들어 앞세운 것10)이 세 번째 이유다. 천강성과 지살성은 모두 두 번째 지위에 처하게 하고 시작부분에 나오지 않게 한 것11)이 네 번째 이유다. 이야기를 끝내는 부분에 이르러 "천하태평"이라는 네 글자로 결말을 지은 것12)『수호전회평본』70회, 1273쪽이 다섯 번째 이유다.

(11) 作『水滸傳』者, 眞是識力過人。某看他一部書, 要寫一百單八個强盜, 却爲頭推出一個孝子來做門面, 一也。三十六員天罡, 七十二座地煞, 却倒是三座地煞先做强盜, 顯見逆天而行, 二也。盜魁是宋江了, 却偏不許他便出頭, 另又幻一晁蓋蓋住在上, 三也。天罡地煞, 都置第二, 不使出現, 四也。臨了收到"天下太平"四字作結, 五也。

(12) "석갈"이라는 글자가 세 번 나오는데, 그때마다 『수호전』은 하나의 큰 매듭이 지어진다.13)

(12) 三個"石碣"字, 是一部『水滸傳』大段落。

---

9) 수호 무리가 내걸었던 본래의 "하늘을 대신해 도를 행한다替天行道"가 여기서 진성탄에 의해 "하늘의 뜻에 거스르게 행한 것逆天而行"으로 바뀌었다.
10) 차오가이晁蓋의 이름은 말 그대로 "덮는 것蓋"을 의미한다. 그는 59회에 쑹쟝이 수호 무리들 가운데 우두머리로 부상할 즈음 죽는다.
11) 이 부분의 내용은 조금 모호한데, 수호의 인물들이 왕진王進과 가오츄高俅의 이야기 이전에 등장하지 않는다는 것을 가리키는 듯하다.
12) 이것은 진성탄 자신이 덧붙인 것이다. 똑같은 글귀가 진성탄이 다시 쓴 설자(『수호전회평본』50쪽)에 보인다.
13) '석갈'이라는 말은 설자와 마지막 회에 나오는데, 여기서는 그 위에 108명의 호한들 이름이 씌어져 있는 석갈을 가리킨다. '비碑'를 '갈碣'로 바꿔놓은 것은 진성탄이다. 세 번째 경우는 롼 씨阮氏 삼형제가 살고 있는 스졔춘石碣村이다. 여기서 차오가이晁蓋와 호한들은 처음으로 관군과 맞서 싸운다(18회).

(13) 『수호전』에서는 귀신과 괴이한 일14)에 대해 묘사하지 않았는데, 그것은 이 작품이 다른 작품보다 뛰어난 점이다. 『서유기西遊記』의 경우는 어찌 해볼 도리가 없게 되면 남해의 관음보살15)이 구해준다.

(13) 『水滸傳』不說鬼神怪異之事, 是他氣力過人處。『西遊記』每到弄不來時, 便是南海觀音救了。

(14) 『수호전』에는 결코 지之·호乎·자者·야也와 같은 글자는 없고, 사람들은 저마다 제 나름의 목소리로 말을 하니, 이것은 진정 대단한 기교라 할 만하다.

(14) 『水滸傳』並無之乎者也等字, 一樣人, 便還他一樣說話, 眞是絶奇本事。

(15) 『수호전』에 한 사람이 등장하면, 그것이 곧 한 편의 열전을 이룬다. 그 사이사이에 나오는 사건들은 또 단락마다 그 자체로 한 편의 문장이 되는데, 두 세 권이 한 편을 이루는 것도 있고, 네댓 구절로 한 편을 이루는 것도 있다.

(15) 『水滸傳』一個人出來, 分明便是一篇列傳, 至于中間事蹟, 又逐段逐段自成文字。亦有兩三卷成一篇者, 亦有五六句成一篇者。

(16) 다른 책은 한 번 보고 나면 그만인데, 유독 『수호전』만은 아무리 보아도 질리지 않으니, 이것은 작자가 108명 인물의 성격을 모

---

14) 쿵쯔孔子가 말한 "괴이한 것과 힘센 것, 어지러움과 귀신怪力亂神"은 중국인들에게 시대를 초월한 하나의 긴고주緊箍呪이다.
15) 아리스토텔레스가 『시학』에서 말한 '기계로부터 나온 신Deus ex Machina'에 해당한다.

두 제대로 묘사했기 때문일 것이다.

(16) 別一部書, 看過一篇卽休; 獨有『水滸傳』, 只是看不厭, 無非爲他把一百八個人性格, 都寫出來。

(17) 『수호전』에서는 108명의 성격을 108가지로 그려내고 있다. 만약 다른 책이었다면, 작자에게 천 명의 인물을 묘사하게 해도 한 가지일 뿐이고, 두 사람을 묘사하게 해도 역시 한 가지일 따름이었을 것이다.

(17) 『水滸傳』寫一百八個人性格, 眞是一百八樣。若別一部書, 任他寫一千個人, 也只是一樣, 便只寫得兩個人, 也只是一樣。

(18) 『수호전』에는 매 장마다 장을 구성하는 법도가 있고 매 구절에는 구를 구성하는 법도가 있으며, 매 글자에는 글자를 구성하는 법도가 있다. 일반 자제들이 조금이라도 글자를 안다면 반복해서 자세히 보게 하라. 『수호전』에 포함되어 있는 [이런 장법이나 구법, 자법]을 다 읽어낸다면, 다른 책은 파죽지세로 읽어낼 수 있을 것이다.

(18) 『水滸傳』章有章法, 句有句法, 字有字法。人家子弟稍識字, 便當敎令反覆細看。看得『水滸傳』出時, 他書便如破竹。

(19) 쟝저우 성江州城에서 처형장을 급습해 쑹쟝을 구해낸 것『수호전회평본』 39회만으로도 절묘하다 하겠는데, 작품의 후반부에 이르러 다시 한번 다밍푸大名府의 처형장을 급습해 루쥔이盧俊義를 구해낸 것『수호전회평본』, 제61~62회은 더욱 절묘하다. 판진롄潘金蓮이 서방질한 것16)『수호전회평본』,

---

16) 이야기는 나중에 확대 부연되어 따로 『금병매』가 된다.

제23~25회만으로도 절묘하다 하겠는데, 작품의 후반부에 이르러 다시 한 번 판챠오윈潘巧雲이 서방질한 것『수호전회평본』, 제44~45회은 더더욱 절묘하다. 징양강景陽岡에서 우쑹武松이 호랑이를 때려잡은 것『수호전회평본』, 제22회만으로도 절묘하게 하겠는데, 작품이 후반부에 이르러 다시 한번 치수이 현沂水縣에서 리쿠이李逵가 호랑이를 죽인 것[17]은 더더욱 절묘하다. 진정 작자의 재주는 바다와 같이 넓고 깊다 하겠다.

(19) 江州城劫法場一篇, 奇絶了; 後面却又有大名府劫法場一篇, 一發奇絶。潘金蓮偸漢一篇, 奇絶了; 後面却又有潘巧雲偸漢一篇, 一發奇絶。景陽岡打虎一篇奇絶了; 後面却又有沂水縣殺虎一篇, 一發奇絶: 眞正其才如海!

(20) 처형장을 급습한 것과 서방질한 것과 호랑이를 잡은 것은 모두 지극히 묘사하기 어려운 제재로, 그때까지는 제대로 묘사된 적이 없었는데, 작자는 두려워하지 않고 매 제재마다 두 번씩이나 써냈던 것이다.

(20) 劫法場 偸漢 打虎, 都是極難題目, 直是沒有下筆處, 他偏不怕, 定要寫出兩篇。

(21) 『선화유사宣和遺事』[18]에 36인의 성명이 실려 있으니 36인이

---

17) 『수호전회평본』, 제42회.
18) 정식 명칭은 『대송선화유사大宋宣和遺事』라 하며, 송말원초宋末元初의 작품이다. 원형이정元亨利貞의 4부로 나누어져 있다. 내용은 역대 제왕의 황음荒淫을 지탄하고, 송나라 휘종徽宗과 흠종欽宗이 이민족의 포로가 된 것을 통탄하며, 반항영웅反抗英雄을 동정한 민족주의적인 사실주의 작품이다. 뒷부분에 쑹쟝宋江 및 량산보梁山泊의 도적단 등, 『수호전』의 원형이 포함되어 있는 것은 작자가 그 원본을 초록抄錄하여 삽입했거나 문장을 손질하여 삽입한 것으로 짐작된다. 문체는 강사講史에 속하므로 순수한 백화가 아니다.

실제로 있었다는 것을 알 수 있다. 그러나 (『수호전』의) 70회에 나오는 수많은 사적들은 모두 작자가 허구로 지어낸 것임을 알아야 한다. 그런데 이제 그 70회를 읽고 나서 오히려 36명에 대해 알게 되니, 아무렇게나 그 가운데 한 사람을 들더라도 예전부터 알고 지낸 것 같다. 문장이 이처럼 힘이 있을 줄이야.

(21) 『宣和遺事』, 具載三十六人姓名, 可見三十六人是實有。只是七十回中許多事迹, 須知都是作書人憑空造謊出來, 如今却因讀此七十回, 反把三十六個人物都認得了, 任憑提起一個, 都似舊時熟識, 文字有氣力如此。

(22) 108명 가운데 우쑹과 같은 인물은 상상上上의 등급에 올릴 수 있고,[19] 스첸이나 쑹쟝과 같은 부류의 인간들[20]은 하하下下의 등급에 놓인다.

(22) 一百八人中, 定考武松上上。時遷, 宋江是一流人, 定考下下。

(23) 루다魯達는 당연히 상상 등급의 인물로, 심지가 굳고 체격이 큰 것으로 묘사되었다. 거친 것으로 보자면 그에게는 약간 거친 면이 있고, 섬세한 것으로 보자면 마찬가지로 섬세한 측면이 있다. 하지만 무슨 까닭에선지 우쑹에 못 미치는 것으로 보고 있는데, 내가 생각하기에 루다는 이미 사람들 가운데 정상에 속하고, 우쑹은 그저 하늘의 신이라 사람들이 도저히 미칠 수 없는 것이 있다.

---

19) 이런 식으로 인물을 등급으로 나누어 품평한 것은 반구班固의 『한서漢書』에 있는 「고금인표古今人表」까지 거슬러 올라간다.
20) 스첸은 좀도둑으로 그가 주쟈좡祝家莊에서 닭을 훔친 것 때문에 량산보와 주쟈좡 사이에 싸움이 벌어진다(제45회). 그런 인물을 쑹쟝과 짝지어 놓음으로 해서 진성탄은 쑹쟝에 대한 폄하를 극대화하고 있는 것이다.

(23) 魯達自然是上上人物, 寫得心地厚實, 體格闊大。論粗鹵處, 他也有些粗鹵; 論精細處, 他亦甚是精細。然不知何故, 看來便有不及武松處。想魯達已是人中絶頂, 若武松直是天神, 有大段及不得處。

(24) 『수호전』에서는 사람들의 거친 면을 그리는데 있어서도 여러 가지 묘사 방법이 있다. 이를테면, 루다魯達의 거친 면은 성격이 급한 데 있고, 스진史進의 거친 면은 젊은 혈기에 있으며, 리쿠이李逵의 거친 면은 다듬어지지 않은 야만성에 있으며, 우쑹武松의 거친 면은 호걸이 얽매이지 않는 데 있고, 롼샤오치阮小七의 거친 면은 비분강개하나 달리 그것을 풀 데가 없는 데 있으며, 쟈오팅焦挺의 거친 면은 기질이 원래 좋지 않은 데 있다.

(24) 『水滸傳』只是寫人粗鹵處, 便有許多寫法: 如魯達粗鹵是性急, 史進粗鹵是少年任氣, 李逵粗鹵是蠻, 武松粗鹵是豪傑不受羈靮, 阮小七粗鹵是悲憤無說處, 焦挺粗鹵是氣質不好。

(25) 리쿠이는 상상의 등급에 속하는 인물로 그지없이 천진난만하게 그려져 있다. 그의 뜻을 보면 량산보 107인 가운데 어느 한 사람 그의 눈에 들어오는 이가 없다. 『맹자』에 "부귀도 그 마음을 분수에 넘치게 못하게 하고 빈천도 그의 뜻을 바꾸지 못하며 위세도 그의 뜻을 굽히지 못한다富貴不能淫, 貧賤不能移, 威武不能屈"[21]는 말은 바로 그에게 적합한 평어다.

(25) 李逵是上上人物, 寫得眞是一片天眞爛漫到底。看他意思, 便是山泊中一百七人, 無一個入得他眼。『孟子』"富貴不能淫, 貧賤不能移,

---

21) 『맹자』「등문공 하滕文公下」.

威武不能屈", 正是他好批語。

(26) 글을 쓸 때는 먼저 가슴속에 그에 합당한 어떤 까닭이 있어야 한다. 만약 그런 까닭이 있으면 손가는 데마다 절묘한 글이 이루어진다. 만약 그와 같은 까닭이 없으면 손을 쓸 수도 없고, 손을 댄다 하더라도 마치 밀랍을 씹듯 무미건조하게 된다.

(26) 看來作文, 全要胸中先有緣故。若有緣故時, 便隨手所觸, 都成妙筆; 若無緣故時, 直是無動手處, 便作得來, 也是嚼蠟。

(27) 다만 리쿠이를 묘사하되 어찌 단락마다 절묘한 문자가 아니겠는가만, [사람들은] 매 단락이 모두 쑹쟝과 연관된 사건 뒤에 있기 때문에 그 절묘함이 말할 수 없을 정도라는 것을 모르고 있다. 이것은 아마도 작자가 쑹쟝의 간사함을 통한하여 곳곳에서 리쿠이의 소박하고 성실함을 뒤이어서 드러내 대조할 수 있도록 했기 때문이리라. 작자의 의도는 쑹쟝이 사악한 것을 드러내기 위함이었지만, 오히려 생각지 않게 리쿠이가 훌륭하다는 사실을 드러내 보여준 격이 되었다. 비유하자면 창을 찌른 것은 본래 다른 사람을 죽이려 한 것이었는데, 오히려 자기의 수완을 드러내게 된 것과 같다.

(27) 只如寫李逵, 豈不段段都是妙絶文字, 却不知正爲段段都在宋江事後, 故便妙不可言。蓋作者只是痛恨宋江奸詐, 故處處緊接出一段李逵朴誠來, 做個形擊。其意思自在顯宋江之惡, 却不料反成李逵之妙也。此譬如刺槍, 本要殺人, 反使出一身家數。

(28) 근래에 어떤 사람인지 모르지만 작자가 이와 같이 [쑹쟝과 리쿠이를 짝지은] 의도를 모르고, 오히려 리쿠이에 관한 대목만을 뽑아내

따로 한 권의 책을 만들어『수장문집壽張文集』22)이라는 제목을 붙였으니, 그는 과연 사람 똥을 먹는 놈이긴 하지만 훌륭한 개는 못된다고 말할 수 있다.

(28) 近世不知何人, 不曉此意, 却節出李逵事來, 另作一冊, 題曰"壽張文集", 可謂咬人屎撅, 不是好狗。

(29) 리쿠이에 대한 묘사는 그 하나하나가 사람을 감탄케 하니 진실로 성스러운 경지에 도달한 예술가의 필법이다. 다른 것은 거론할 필요도 없이, 예를 하나 들자면 리쿠이에게는 형 리다李達가 있었기에, 집안에서의 항렬이 둘째였지만 그는 일생동안 한사코 그 자신을 리다李大라고 불렀다가 위급한 지경에 이르러서야 이름을 바꿔 오히려 리얼李二이라 하였다.『수호전회평본』, 제52회, 982쪽 그를 기민하고 약삭빠르다고 할 수 있는지는 모르겠지만, 그의 심사를 생각해 보면 그가 얼마나 도리에 어긋한 인물인가 하는 것을 알 수 있다.

(29) 寫李逵色色絶倒, 眞是化工肖物之筆。他都不必具論, 只如逵還有兄李達, 便定然排行第二也。他却偏要一生自叫李大, 直等急切中移名換姓時, 反稱作李二。謂之乖覺, 試想他肚裏, 是何沒分曉。

---

22) 현재 전하지 않는다. 전체 명칭은『수장현령흑선풍집壽張縣令黑旋風集』이다. 『수호전』의 다른 판본에서는 리쿠이가 하루 동안 이웃인 서우장 현壽張縣의 현령 노릇을 하는 대목이 나온다. 첸시옌錢希言(1596~1622년경에 활동)은 이 작품의 편자로 그와 동시대 사람으로 지인이었던 예저우葉晝라 하였다(『水滸傳資料彙編』, 朱一玄, 劉毓忱 주편, 天津: 百花文藝出版公司, 1981, 151쪽). 이 작품은 룽위탕容與堂 본『수호전』(1610)의 화이린懷林(리즈李贄의 친구)의 이름으로 가탁된 서문에서도 언급되고 있는데, 여기에서는 호한들 가운데 한 사람인 화룽花榮에 초점을 맞춘 속작이 곧 나올 것이라 말하고 있다(『水滸傳資料彙編』, 朱一玄, 劉毓忱 주편, 天津: 百花文藝出版公司, 1981, 208쪽).『수장문집』에 대한 좀 더 많은 자료들은『수호전자료휘편水滸傳資料彙編』, 37과 149쪽을 볼 것.

(30) 진정한 대호걸이라 하더라도 때로는 돈에 자신의 지조를 파는 경우가 있는데, 유독 리쿠이만은 돈으로도 그를 어찌할 수 없었다. 그 스스로 마음이 내켜할 때까지 기다려야만 할 뿐이었으니, 그는 언제나 한결같은 사람이었다.

(30) 任是眞正大豪傑好漢子, 也還有時將銀子買得他心肯, 獨有李逵, 便銀子也買他不得。須要等他自肯, 眞又是一樣人。

(31) 린충林冲은 당연히 상상 등급의 인물이나, 다만 지나치게 냉혹하게 그려졌다. 그는 사태를 헤아릴 줄 알았고, 참아낼 줄 알았으며, 자신을 완벽하게 제어할 수 있었고, 철저하게 일을 처리하여 사람들로 하여금 그를 두려워하게 만들었다. 이런 사람은 한 세상 살아가면서 해야 할 일을 확실하게 해내지만, 자신의 원기를 적잖이 해치기도 한다.

(31) 林冲自然是上上人物, 寫得只是太狠。看他算得到, 熬得住, 把得牢, 做得徹, 都使人怕。這般人在世上, 定做得事業來, 然琢削元氣也不少。

(32) 우융吳用은 상상 등급의 인물임에는 틀림없으나, 쑹쟝과 마찬가지로 간교하고 교활하다. 다만 쑹쟝보다는 심지가 곧다고 하겠다.

(32) 吳用定然是上上人物。他奸猾便與宋江一般, 只是比宋江却心地端正。

(33) 쑹쟝宋江은 순전히 용병술로 사람을 엮어 들인다. 하지만 우융은 명명백백한 방식으로 무리의 힘을 몰아가는 방책을 세우니, 전략가로서 체모가 있다.

(33) 宋江是純用術數去籠絡人, 吳用便明明白白驅策群力, 有軍師之體。

(34) 우융과 쑹쟝의 차이는 우융은 자신이 지다성이라는 사실을 명백하게 밝히는 데 반해 쑹쟝은 한사코 자기의 뜻이 성실하고 사람됨이 질박하다고 말하는 데 있다.

(34) 吳用與宋江差處, 只是吳用却肯明白說自家是智多星, 宋江定要說自家志誠質朴。

(35) 쑹쟝은 자신이 우융을 장악하고 있다고 말했지만, 오히려 실제로는 우융이 쑹쟝을 손아귀에 넣고 있었다. 두 사람은 각자 마음속으로 이런 사실을 알고 있었는데, 겉으로는 또 각자 모르는 채 했으니, 진정 환상적으로 묘사했다.

(35) 宋江只道自家籠罩吳用, 吳用却又實實籠罩宋江。兩個人心里各各自知, 外面又各各只做不知, 寫得眞是好看煞人。

(36) 화룽花榮은 당연히 상상 등급의 인물인데, 교양 있고 세련되게 묘사되었다.

(36) 花榮自然是上上人物, 寫得恁地文秀。

(37) 롼샤오치阮小七는 상상 등급의 인물로 다른 사람들과는 다른 면모를 지니고 있다. 108명 가운데 진정 첫 손가락 꼽는 통쾌한 인물이라 하겠다. 생각도 통쾌하고 입도 통쾌하니, 사람들이 그를 대하면 마음속에 악착스러움이 모두 사라지게 된다.

(37) 阮小七是上上人物, 寫得另是一樣氣色。一百八人中, 眞要算做第一個快人, 心快口快, 使人對之, 齷齪都銷盡。

(38) 양즈楊志와 관성關勝은 상상 등급의 인물이다. 양즈는 유서 있는 가문의 자제로 그려졌고, 관성은 온전히 관위關羽의 현신으로 묘사되었다.23)

(38) 楊志, 關勝是上上人物。楊志寫來是舊家子弟, 關勝寫來全是雲長變相。

(39) 친밍秦明과 쒀차오索超는 상중 등급의 인물이다.

(39) 秦明, 索超是上中人物。

(40) 스진史進은 상중 등급의 인물인데, 후반부에는 별로 좋게 묘사되지 않았다.

(40) 史進只算上中人物, 爲他後半寫得不好。

(41) 후옌줘呼延灼는 오히려 공들여 그려졌지만, 상중 정도의 인물에 불과하다.

(41) 呼延灼却是出力寫得來的, 然只是上中人物。

(42) 루쥔이盧俊義와 차이진柴進은 상중 등급의 인물에 지나지 않는다. 루쥔이의 전기는 애써 영웅적인 원외員外의 면모를 그려낸 것이라고 할 만하다. 하지만 끝내 어리석다는 느낌을 지울 길 없었으니,

---

23) 양즈의 경우 유명한 양가장楊家莊의 시조인 양예楊業(986년 졸)의 후손으로 그려졌고(『수호전회평본』, 11회 233쪽), 관성은 관위(160~219)와 성이 같고 많은 점에서 그와 비슷하게 묘사되고 있다.

이를테면 낙타를 그린 것에 비유할 수 있다. 비록 커다란 덩치를 갖고 있지만, 실제로 보면 오히려 그리 준수하다는 느낌은 들지 않는 것이다. 차이진은 사람을 잘 대한다는 점 말고는 다른 장점이 없다.

(42) 盧俊義。柴進只是上中人物。盧俊義傳, 也算極力將英雄員外寫出來了, 然終不免帶些呆氣。譬如畵駱駝, 雖是龐然大物, 却到底看來覺道不俊。柴進無他長, 只有好客一節。

(43) 주퉁朱同과 레이헝雷橫을 놓고 말하자면, 주퉁은 그런 대로 훌륭하게 묘사되었지만, 두 사람 모두 상중 등급의 인물이다.

(43) 朱同與雷橫, 是朱同寫得好, 然兩人都是上中人物。

(44) 양슝楊雄과 스슈石秀 가운데 스슈는 훌륭하게 묘사되었지만 스슈는 중상 등급의 인물이고, 양슝은 중하 등급의 인물이다.

(44) 楊雄與石秀, 是石秀寫得好。然石秀便是中上人物, 楊雄竟是中下人物。

(45) 궁쑨성公孫勝은 중상 등급의 인물로, 예비적인 인물일 따름이다.

(45) 公孫勝便是中上人物, 備員而已。

(46) 리잉李應은 중상 등급의 인물에 불과한데, 이것 역시 그의 체면을 보아 정한 것이고 그에 대한 실제 묘사는 그런 면모를 보여주지 못한다.24) 『수호전회평본』, 제46~49회

---

24) 리잉은 량산보에 들어오기 전에는 마을의 어른으로, 량산보와 주쟈좡祝家莊 사이에 싸움이 벌어지지 않게 하기 위해 애를 썼으나, 나중에 어쩔 수 없이 량산보에 참여하게 된다.

(46) 李應只是中上人物, 然也是體面上定得來, 寫處全不見得。

(47) 롼샤오얼阮小二과 롼샤오우阮小五, 장헝張橫, 장순張順은 모두 중상 등급의 인물이다. 옌칭燕靑은 중상이고, 류탕劉唐과 쉬닝徐寧, 둥핑董平은 중상 등급의 인물이다.

(47) 阮小二, 阮小五, 張橫, 張順, 都是中上人物。燕靑是中上人物。劉唐是中上人物。徐寧, 董平是中上人物。

(48) 다이쭝戴宗은 중하 등급의 인물이다. 걸음이 빠르다는 것 말고는 하나도 취할 만한 게 없다.

(48) 戴宗是中下人物, 除却神行, 一件不足取。

(49) 나는 젊은이들이 책을 읽을 때 문장의 참맛을 제대로 이해하지 못하고 단지 몇 가지 사적事跡만을 기억하고는 책 한 권을 다 읽었다고 여기는 것을 제일 싫어한다. 『전국책戰國策』25)이나 『사기史記』와 같은 책도 모두 사적을 옮겨놓은 것으로 여기는데, 하물며 『수호전』이야 더 말할 나위 없으리.

(49) 吾最恨人家子弟, 凡遇讀書, 都不理會文字, 只記得若干事迹, 便算讀過一部書了。雖『國策』『史記』, 都作事迹搬過去, 何況『水滸傳』。

(50) 『수호전』에는 몇 가지 문법文法26)이 있는데, 다른 책에서 일찍이 있었던 바가 아니기에 아래에 몇 가지를 대략적으로 적어놓는다.

---

25) 『전국책』에는 많은 허구적인 이야기들이 실려 있는데, 전통적으로 역사책으로 간주되고 있다.
26) 여기서 말하는 '문법'은 요즘 말하는 '문법 grammar'이 아니라 '문학적 기교'나 '장치'를 가리킨다. 이하 별도의 설명이 없는 한, 모두 마찬가지다.

(50) 『水滸傳』有許多文法, 非他書所曾有, 略点幾則于後。

(51) 도삽법倒插法이라는 것이 있다. 이것은 한 권의 책의 뒤쪽에서 중요한 글자를 불쑥 앞쪽에 먼저 끼워 넣는 것을 말한다. 우타이산五臺山 아래 대장간 옆의 부자가 하는 객점,27)『수호전회평본』, 3회, 113쪽, 4회, 124쪽 또 다샹궈쓰大相國寺와 웨먀오岳廟 옆의 채마밭菜園,28)『수호전회평본』, 1회 62쪽 우다武大의 아내가 왕 씨 노파와 함께 호랑이를 보러 가려 하는 것,29)『수호전회평본』, 23회 433쪽, 434쪽 리쿠이李逵가 대추떡棗餻을 사러 갔다가 탕룽湯隆을 만나 량산보梁山泊 무리에 끌어들이는 것30)『수호전회평본』, 53회 990~992쪽 등이 그것이다.

(51) 有倒插法, 謂將後邊要緊字, 驀地先插放前邊, 如五臺山下鐵匠間壁父子客店, 又大相國寺岳廟間壁菜園, 又武大娘子要同王乾娘去看虎, 又李逵去買棗餻, 收得湯隆等是也。

(52) 협서법夾敍法이라는 것이 있다. 이것은 급박한 가운데 두 사람이 동시에 이야기하는 것이다. 한 사람이 이야기를 끝낸 뒤 다른 한 사람이 이야기를 하는 것이 아니기에, [작자는] 반드시 하나의 붓놀림으로 아울러 써내려가는 것이다. 이를테면, 워관쓰瓦官寺의 추이다오

---

27) 이 객점은 루즈선이 마을로 처음 내려갔을 때 삽입되었다가, 나중에 그가 절에서 쫓겨난 뒤 머물렀다.
28) 이 절은 왕진王進과 연관해서 처음 등장하지만, 채마밭 이야기는 제5회까지 언급되지 않는다. 이 채마밭과 절은 제5회~6회의 린충林冲 이야기에서 두드러지게 나타난다.
29) 왕 씨 노파는 본문에 불쑥 등장했다가, 조금 있다 설명 부분에 등장하고, 조금 더 있다가 우다武大의 죽음에서 중요한 역할을 한다.
30) 탕룽을 끌어들이는 일은 천천히 진행되다가, 55회에 탕룽이 쉬닝徐寧을 끌어들임으로써 관군과의 싸움에서 결정적인 역할을 한다(제56회).

청崔道成이 "사형, 화를 내지 마시고, 소승의 이야기 좀 들어보시오"라고 말할 때, 루즈선魯智深이 "말해, 말해"라고 말하는 것 등이 그것이다.31) 『수호전회평본』, 5회 146쪽

(52) 有夾敍法, 謂急切裏兩個人一齊說話, 須不是一個說完了, 又一個說, 必要一筆夾寫出來。如瓦官寺崔道成說"師兄息怒, 聽小僧說"; 魯智深說"你說你說"等是也。

(53) 초사회선법草蛇灰線法32)이라는 것이 있다. 이것은 징양강景陽岡에서 몽둥이哨棒라는 글자를 무수히 연이어 서술한다든지33) 『수호전회평본』, 22회 417~425쪽, 차이스졔柴石街에서 주렴簾子이라는 글자를 적지 않게 이어 쓴다든지 하는 것34) 『수호전회평본』, 23회 433쪽 등이 그것이다. 얼핏 보면 별다른 게 없는 것 같지만 자세히 찾아보면 그 속에 실마리가 있어

---

31) 이것은 진성탄이 『수호전』 고본에서 사용되었던 것이라 주장하지만 실제로는 진성탄 자신이 이 소설에 써 넣은 것이다.
32) 이것은 "풀뱀의 희미한 선" 정도로 번역될 수 있다. 이때 "선"은 풀밭 속의 뱀의 움직임을 가리키기도 하고, 뱀의 희미한 무늬를 가리키기도 한다. 또는 두 가지를 나누어서 앞의 두 글자는 말 그대로 풀밭 속 뱀의 움직임을 가리키고, 뒤의 두 글자는 목수가 나무 위에 그어놓는 선을 가리킨다고 볼 수도 있다. 그런 의미에서 후대의 비평가들은 양자를 뒤집어서 함께 쓰기도 하고, 아예 따로 따로 쓰기도 했다.
  초사회선草蛇灰線, 풀뱀은 그 모습이 구불구불하고 변화가 많지만 몸뚱이에 희미하게 보이는 회색빛의 선이 있다. 여기에서는 문장 안에 어렴풋한 일관된 줄거리가 있어야 한다는 것을 형용한다.
33) 진성탄은 우쑹이 차이진柴進의 장원을 나와 징양강景陽岡에서 호랑이를 만날 때까지 18번을 헤아렸다.
34) 진성탄은 판진롄이 발을 들어올리는 막대를 떨어뜨려 시먼칭을 맞힐 때까지 무심하게 9번을 헤아렸다. 이것은 제1회에서 왕진王進의 효성을 드러내기 위해 "어머니"라는 말과 "아들"이라는 말을 모두 19번에 걸쳐 지적하고 헤아린 것과 같은 것이다(『수호전회평본』, 1회 61~69쪽). 따라서 이 기교는 정절이나 주제라는 두 가지 기능을 하고 있는 듯하다.

그것을 당기면 전체가 움직인다.

(53) 有草蛇灰線法, 如景陽岡連敍許多哨棒字, 柴石街連寫若干簾子字等是也。驟看之, 有如無物, 及至細尋, 其中便有一條線索, 拽之通體俱動。

(54) 대락묵법大落墨法35)이라는 것이 있다. 이것은 우융吳用이 롼 씨 삼형제를 설득하고,『수호전회평본』, 14회 272~282쪽 양즈楊志가 베이징北京에서 무예를 겨루고『수호전회평본』, 11~12회 242~254쪽, 왕 씨 노파가 [시먼칭西門慶더러] 바람피우라고 부추기고,『수호전회평본』, 23회 450~468쪽 우쑹武松이 호랑이를 때려잡고,『수호전회평본』, 22회 환다오춘還道村에서 쑹쟝이 잡히고,『수호전회평본』, 41회 774~782쪽 주쟈좡祝家莊을 세 차례 공격하는 것『수호전회평본』, 47회과 같은 것이다.

(54) 有大落墨法, 如吳用說三阮, 揚志北京鬪武, 王婆說風情, 武松打虎, 還道村捉宋江, 三打祝家莊等是也。

(55) 금침니자법錦針泥刺法36)이라는 것이 있다. 이것은 화룽花榮이 쑹쟝에게 칼枷을 풀라고 하자 쑹쟝이 풀려고 하지 않고,37)『수호전회평본』, 35회 662쪽, 36회 677쪽 차오가이晁蓋가 산을 내려가려 할 때마다 쑹쟝이 번번이 만류하다가 마지막에 가서야 만류하지 않은 것38)『수호전회평본』, 59회 1090

---

35) 대락묵大落墨, 상세히 서술하고 공들여 묘사하는 것을 가리킨다.
36) 금침니자錦針泥刺, 솜 속에 바늘이 들었고 진흙 속에 가시가 있다는 뜻으로, 여기에서는 문장은 일단의 묘사 가운데 "날카로운 칼날이 직접 치고 들어오는 것이 있음"을 비유한다.
37) 진성탄이 말하고자 하는 것은 은밀한 풍자이다. 이것은 다른 상황에서의 한 인물의 행동 사이의 대조를 통해 드러난다. 쑹쟝은 처음에 원칙에 서서 칼을 벗으려 하지 않나, 조금 뒤에는 순순히 벗는다.

쪽과 같은 것이다. 필묵 바깥에 날카로운 칼날이 있어 짓쳐들어온다.

(55) 有錦針泥刺法, 如花榮要宋江開枷, 宋江不肯; 又晁蓋番番要下山, 宋江番番勸住, 至最後一次便不動是也。筆墨外, 便有利刃直戳進來。

(56) 배면포분법背面鋪粉法[39]이라는 것이 있다. 이것은 쑹쟝의 간사함을 드러내려다가 생각지도 않게 리쿠이의 진솔함을 드러내고, 스슈石秀의 날카로움을 드러내려다가 오히려 양슝揚雄의 어리석음을 드러내는 것과 같은 것이다.

(56) 有背面鋪粉法, 如要襯宋江奸詐, 不覺寫作李逵眞率; 要襯石秀尖利, 不覺寫作揚雄糊塗是也。

(57) 농인법弄引法[40]이라는 것이 있다. 이것은 중요한 대목을 갑자기 제기하는 것이 좀 뭣해서 먼저 비교적 사소한 대목을 앞세워 이끌어내는 것을 말한다. [이를테면, 양즈楊志가] 쒀차오索超와 싸우기 전에 먼저 저우진周謹과 싸우는 것을 앞세우고, 『수호전회평본』, 11~12회 243~253쪽 그리고 [왕 씨 노파가 판진롄潘金蓮을 유혹하기 위해 제시한] 열 단계의 계획을 내놓기에 앞서, 먼저 [바람둥이가 갖추어야 할] 다섯 가지 요건[41]

---

38) 진성탄은 여기서 차오가이의 죽음에 쑹쟝이 책임 있다는 것을 드러내기 위해 쑹쟝이 차오가이에게 산채에 남아 있으라고 권하는 장면을 삭제했다.

39) 배면포분背面鋪粉, 원래 그림 그리는 종이의 앞 뒤 양쪽에 백분을 발라 화상을 선명하게 드러나게 하는 것을 말하며 여기서는 돋보이게 한다는 뜻이다.

40) 농인弄引, 서곡序曲・도언導言의 뜻이다.

41) 왕 씨 노파가 말한 다섯 가지 요건이란 다음과 같다. "첫째는 판안의 용모요, 둘째는 나귀와 같이 큰 물건이요, 셋째는 덩퉁과 같이 돈이 많아야 하고, 넷째는 솜 속에 들어앉은 바늘처럼 인내심이 있어야 하고, 다섯째는 한가한 시간이 있어야 한다는 게지요. 第一件, 潘安的貌; 第二件, 驢兒大的行貨; 第三件, 要似鄧通有錢; 第四件, 小就要綿裏針忍耐; 第五件, 要閒工夫."

관화당 본 『수호전』 제23회을 말하는 것『수호전회평본』, 23회 454~458쪽 등이 그것이다. 『장자莊子』에 "바람은 땅에서 생겨 푸른 개구리밥에서 일어나 계곡으로 차츰차츰 배어 들어가 동굴의 입구에서 울부짖네始于靑萍之末, 盛于土壤之口"42)라고 하였고, 『예기』에서는 노나라 사람들은 타이산에 제사지낼 때 반드시 먼저 페이린에서 제사를 지냈다魯人有事于泰山, 必先有事于配林"43)라고 하였다.

(57) 有弄引法, 謂有一段大文字, 不好突然便起, 且先作一段小文字在前引之。如索超前, 先寫周謹, 十分光前, 先說五事等是也。『莊子』云: "始于靑萍之末, 盛于土壤之口。" 『禮』云: "魯人有事于泰山, 必先有事于配林。

(58) 달미법獺尾法44)이라는 것이 있다. 이것은 큰 단락 뒤에 갑자기 멈추는 게 좀 뭣해서 여파餘波를 만들어 그 여운을 남기는 것을 말한다. [이를테면] 량중서梁中書가 둥궈東郭에서 무예를 겨루고 돌아간 뒤, 지현인 스원빈時文彬이 당에 오르고,45)『수호전회평본』, 12회 254~256쪽

---

42) 이 구절은 쑹위宋玉의 『풍부風賦』에 보인다. 청핑靑萍은 수평水萍으로 수초水草의 일종이다. 토낭土囊은 산 속의 큰 동굴이다. 원문을 정확하게 인용하자면, "바람은 땅에서 생기고 푸른 개구리밥에서 일어나 계곡으로 차츰차츰 배어 들어가 동굴의 입구에서 울부짖네夫風生於地, 起於靑蘋之末, 浸淫谿谷, 盛怒於土囊之口。"이다.
43) 이 말은 『예기禮記』의 「예기禮器」편에 보인다. "노魯"는 마땅히 "제齊"가 되어야 한다. "타이산에서 일이 있다有事于泰山"는 것은 타이산泰山에 제사지내는 것을 가리킨다. 페이린配林은 숲의 이름이며 타이산의 종사從祀이다. 이 두 구절은 모두 작은 데에서 큰 데에 이르기까지 점점 쌓인다는 것을 의미한다.
44) 달獺은 수달로서 짐승 이름이며 물가에서 살며 헤엄을 잘 친다. 그 꼬리는 편편하고 길며 힘이 있어 헤엄칠 때 꼬리를 키처럼 쓴다. 여기에서는 수달의 꼬리같이 한 단락의 큰 문장 결미부분에는 여세가 있고 문채가 있어야 함을 비유한다.

우쑹이 호랑이를 때려잡고 고개를 내려오다 사냥꾼 두 명을 만나고,『수호전회평본』, 22회 425쪽 위안앙러우鴛鴦樓에서 살육전을 벌이고 난 뒤 성벽 해자城壕邊 가의 달빛을 그리는 것『수호전회평본』, 30회 575쪽 등과 같은 것이다.

(58) 有獺尾法, 謂一段大文字後, 不好寂然便住, 更作餘波演漾之. 如梁中書東郭演武歸去後, 知縣時文彬升堂; 武松打虎下岡來, 遇著兩個臘戶; 血濺鴛鴦樓後, 寫城壕邊月色等是也.

(59) 정범법正犯法[46]이라는 것이 있다. 이것은 우쑹이 호랑이를 때려잡은 뒤에 다시 리쿠이가 호랑이를 죽이고 셰전解珍과 셰바오解寶가 호랑이와 싸우는 것『수호전회평본』, 22회, 42회, 48회을 묘사한 것과 판진롄潘金蓮이 서방질한 것 뒤에 다시 판챠오윈潘巧雲이 서방질한 것을 묘사한 것,『수호전회평본』, 22~23회, 44회 쟝저우江州城에서 형장을 습격한 것 뒤에 다시 다밍푸大明府에서 형장을 습격한 것을 묘사한 것,『수호전회평본』, 39회, 61회 허타오何濤가 도둑을 잡은 것 뒤에 다시 황안黃安이 도둑을 잡은 것을 묘사한 것,『수호전회평본』, 16~17회 19회 린충林冲이 귀양간 뒤에 다시 루쥔이盧俊義가 귀양간 것을 묘사한 것,『수호전회평본』, 7회 61회 주퉁朱仝과 레이헝雷橫이 차오가이를 풀어주고 난 뒤 다시 주퉁과 레이헝이 쑹쟝을 풀어준 것『수호전회평본』, 17회, 21회 등을 말한다. 이것은 바로 고의로 제재를 반복하긴 했지만, 오히려 본래 사건에서 한 점 한 획도 빌려오지 않은 것을 통쾌하게 여긴 것이니, 진정 혼신의 힘을 다한 것이고 할 수 있는 방도를 다한 것이라 하겠다.

---

45) 시합이 끝나고 량중서는 아내에게 생일 선물을 장인에게 보내는 문제를 의논한다. 그 전해에는 선물을 도적들에게 강탈당했던 것이다. 이야기는 스원빈에게 연결되어, 그가 도적들을 방비할 새로운 대응책을 마련한다.
46) 범犯이라 함은 저촉되고 범한다는 뜻이다. 여기서는 일반적으로 꺼리는 글 쓰는 방법을 말한다.

(59) 有正犯法, 如武松打虎後, 又寫李逵殺虎, 又寫二解爭虎; 潘金蓮偸漢後, 又寫潘巧云偸漢; 江州城劫法場後, 又寫大名府劫法場; 何濤捕盜後, 又寫黃安捕盜; 林冲起解後, 又寫盧俊義起解; 朱同雷橫放晁蓋後, 又寫朱同雷橫放宋江等. 正是要故意把題目犯了, 却有本事出落得無一點一畫相借, 以爲快樂是也, 眞是渾身都是方法.

(60) 약범법略犯法이라는 것이 있다. 이것은 린충林冲이 칼을 사고 양즈楊志가 칼을 판 것,『수호전회평본』, 6회, 11회 탕뉴얼唐牛兒과 윈거鄆哥,『수호전회평본』, 20회, 23회 정투鄭屠의 고깃간과 쟝먼선蔣門神의 "콰이훠린快活林",『수호전회평본』, 2회, 28회 워관쓰瓦官寺에서 선장禪杖을 시험하고 우궁링蜈蚣嶺에서 계도戒刀를 시험한 것『수호전회평본』, 5회, 30회 등과 같은 것이다.

(60) 有略犯法, 如林冲買刀與楊志賣刀; 唐牛兒與鄆哥; 鄭屠肉鋪與蔣門神"快活林"; 瓦官寺試禪杖與蜈蚣嶺試戒刀等是也.

(61) 극불성법極不省法이라는 것이 있다. 이것은 쑹쟝이 죄 짓는 것을 그리려다, 먼저 초문대招文袋47) 속의 금을 묘사하고, 또 [그보다] 앞서 옌포시閻婆惜가 장싼張三과 일을 벌인 것을 묘사하며, 또 [그보다] 앞서 쑹쟝이 옌포시에게 장가든 것을 묘사하고, 또 [그보다] 앞서 쑹쟝이 관재棺材를 희사한 것을 그리는 것 등과 같은 것이다. 무릇 이 모든 것들은 주요한 이야기正文[곧 쑹쟝이 죄를 짓는 것]가 아니다.『수호전회평본』, 19~20회

(61) 有極不省法, 如要寫宋江犯罪, 却先寫招文袋金子, 却又先寫閻婆惜與張三有事, 却又先寫宋江討閻婆惜, 却又先寫宋江捨棺材等. 凡

---

47) 공문서를 담아 가지고 다니는 주머니.

有若干文字, 都非正文是也。

(62) 극성법極省法이라는 것이 있다. 이것은 우쑹이 양구 현陽穀縣으로 영입될 때, 공교롭게도 우다武大 역시 그곳으로 이사를 와 딱 맞닥뜨린다든지,『수호전회평본』, 23회 쑹쟝이 피파팅琵琶亭에서 어탕魚湯을 먹은 후에 연일 설사한 것48)『수호전회평본』,38회, 715쪽과 같은 것이다.

(62) 有極省法, 如武松迎入陽穀縣, 恰遇武大也搬來, 正好撞著; 又如宋江琵琶亭喫魚湯後, 連日破腹等是也。

(63) 욕합방종법欲合放縱法49)이라는 것이 있다. 이것은 리쥔李俊과 리리李立 형제와 장슌張順과 장헝張橫 두 장 씨 형제, 퉁웨이童威와 퉁멍童猛 두 퉁 씨 형제와 무훙穆弘과 무춘穆春 두 무 씨 형제 등50)이 [처형장에서 쑹쟝과 다이쭝을 구하기 위해] 몰고 온 구조선이 이미 바이룽먀오白龍廟 앞에 도착했으나, 오히려 리쿠이가 다시 성 안으로 짓쳐들어가려는 것을 묘사한 것『수호전회평본』, 39회, 748쪽과 환다오춘還道村 쥬텐쉬안뉘먀오九天玄女廟 안에서 자오녕趙能과 자오더趙得가 모두 이미 나왔는데, 오히려 나무 뿌리에 걸려 넘어진 병사가 소리를 지르는 것『수호전회평본』, 41회, 777쪽 등이 그것이다. 독자는 이 대목에 이르면 갑절로 놀라게 된다.

(63) 有欲合放縱法, 如白龍廟前李俊二張二童二穆等救船已到, 却寫

---

48) 진성탄에 따르면, 쑹쟝이 이 때문에 며칠 밖으로 못나간 것은 며칠 뒤 그가 쟝저우江州에서 새로운 친구를 만나 술에 취해 벽에 반역시를 쓰는 것을 예비한 것이라 한다.
49) 영역본어는 '欲合故縱法'으로 나와 있다. 『수호전회평본』, 21쪽에서는 '고故' 자가 탈락되어 있다.
50) 실제로는 여기에 쉐융薛永도 포함해 모두 9명이다.

李逵重要殺入城去; 還道村玄女廟中, 趙能趙得都已出去, 却有樹根絆跌士兵叫喊等, 令人到臨了, 又加倍喫嚇是也。

(64) 횡운단산법橫雲斷山法이라는 것이 있다. 이것은 주쟈좡祝家莊을 두 번 친 것 뒤에 갑자기 셰전解珍과 셰바오解寶가 호랑이와 싸우고 감옥에서 탈출하는 일「수호전회평본」, 48회이 삽입되고, 또 바야흐로 다밍푸大名府를 치려할 때 갑자기 졔쟝구이截江鬼 장왕張旺과 유리츄油裏鰍 쑨우孫五가 재물을 탐해 인명을 해치는 일「수호전회평본」, 64회과 같은 것이다. 글이 너무 길기에 독자들이 읽다가 피로할까봐 고의로 중간 부분에 다른 이야기를 끼워 넣어 사이를 둔 것이다.

(64) 有橫雲斷山法, 如兩打祝家莊後, 忽插出解珍解寶爭虎越獄事; 又正打大名府時, 忽插出截江鬼油里鰍謨財傾命事等是也。只爲文字太長了, 便恐累墮, 故從半腰間暫時閃出, 以間隔之。

(65) 난교속현법鸞膠續弦法51)이라는 것이 있다. 이것은 옌칭燕靑이 량산보梁山泊로 소식을 알리러 가다가 길에서 양슝楊雄과 스슈石秀를 만났는데 서로 못 알아보았다. 게다가 량산보에서 다밍푸까지는 피차 작은 오솔길을 택해 갔으니 어떻게 [그 먼 길을 가면서] 같은 오솔길을 갈 수 있었을까? [작자는] 옌칭이 양슝과 스슈와 만나게 하기 위해 옌칭이 점을 쳐 괘를 구하려고 활로 까치를 맞히고 먼저 [양슝과 스슈

---

51) 난교속현鸞膠續弦, 난교鸞膠는 전설 속의 아교의 일종으로 활줄이 끊어진 것을 이을 수 있다. 『한무외전漢武外傳』에 "서해西海지방에서 난교鸞膠를 바쳤는데 무제의 활줄이 끊어져서 그것으로 이으니 활줄 양쪽이 서로 달라붙었다. 하루 종일을 활을 쏘아도 끊어지지 않자 황제께서 크게 기뻐하였다."라고 되어 있다. 난교속현鸞膠續弦이란 여기에서는 문장이 끊어진 것처럼 보이지만 오히려 교묘하게 이어져 있음을 말한다.

에게] 싸움을 걸게 한다. 옌칭이 한 주먹에 스슈를 때려눕히나 [양슝에게] 제압당한 뒤 자신의 이름을 짐짓 흘리는 등이 바로 그것이다.『수호전회평본』, 61회, 1140~1141쪽 이 모든 것이 각고의 계산 끝에 나온 것이다.

(65) 有鸞膠續弦法, 如燕青往梁山泊報信, 路遇楊雄石秀, 彼此須互不相識, 且繇梁山泊到大名府, 彼此旣同取小徑, 又豈有止一小徑之理。看他便順手借如意子打鵲求卦, 先鬪出巧來, 然後用一拳打倒石秀, 逗出姓名來等是也, 都是刻苦算得出來。

(66) 예전에 젊은이들이 『수호전』을 읽고는 여러 가지 시덥잖은 일들閑事을 알게 되었다. [내가(진성탄을 가리킴) 엮은] 이 책은 구두와 평점을 대충 해놓긴 했어도 젊은이들이 읽으면 여러 가지 문법을 알게 된다. 비단 『수호전』 안에 여러 문법이 있다는 것을 알게 될 뿐만 아니라, 『전국책戰國策』이나 『사기史記』 등과 같은 책들도 중간에 약간의 문법이 있다는 사실을 읽어낼 수 있게 된다. 예전에 젊은이들이 『전국책』이나 『사기』 등과 같은 책을 읽으면 모두들 시덥잖은 일들閑事만 읽어냈으니, 실로 가소로운 일이다.

(66) 舊時『水滸傳』, 子弟讀了, 便曉得許多閑事。此本雖是点閱得粗略, 子弟讀了, 便曉得許多文法。不惟曉得『水滸傳』中有許多文法, 他便將『國策』『史記』等書, 中間但有若干文法, 也都看得出來, 舊時子弟讀『國策』『史記』等書, 都只看了閑事, 煞是好笑。

(67) 『수호전』은 결국 한 편의 소설일 따름이지만, 젊은이들은 몹시 보고 싶어한다. 일단 다 읽고 나면 오히려 그들의 흉중에는 약간의 문법이 보태지게 된다.

(67) 『水滸傳』到底只是小說, 子弟極要看; 及至看了時, 却憑空使他胸中添了若干文法。

(68) 젊은이들의 흉중에 이런 문법들이 들어서게 되면, 『전국책』이나 『사기』 등과 같은 책들을 손에 잡더라도 끝까지 읽으려 하게 될 것이니, 『수호전』이 이들 젊은이들에게 끼친 공이 작지 않다 하겠다.

(68) 人家子弟只是胸中有了這些文法, 他便『國策』,『史記』等書吊, 都肯不釋手看, 『水滸傳』有功于子弟不少。

(69) 예전에 『수호전』은 장사치나 노비들도 보았다. [내가 엮은] 이 책은 비록 한 글자도 더하거나 빼지 않았지만, 오히려 소인배들에게 걸맞은 책은 아니다. 반드시 세련된 문학적 소양을 가진 이들만이 이 책의 진가를 알 수 있을 따름이다.

(69) 舊時『水滸傳』, 販夫皂隸都看; 此本雖不曾增減一字, 却是與小人沒分之書, 必要眞正有錦繡心腸者, 方解說道好。

『삼국지』 독법
『三國志』讀法*

마오쭝강毛宗崗

(1) 『삼국지』1)를 읽는 사람이라면 마땅히 정통正統과 정통이 아닌 왕의 통치閏運, 나라를 찬탈한 것僭國의 차이를 알아야 할 것이다. 정통을 이룬 자는 누구인가? 촉한蜀漢(221~263)이다. 나라를 찬탈한 자는 누구인가? 오吳나라(222~280)와 위魏나라(220~265)이다. 정통이 아닌 왕의 통치는 누구인가? 진晉나라(265~317)이다. 위나라가 정통의 지위를 얻지 못한 것은 무엇 때문인가? 영토만 놓고 본다면 중원을 차지하는 것이 될 것이고, 이치를 따지자면 [이전 왕조인 한漢나라의 성씨인] 류劉 씨 성을 따르는 게 될 것이다. 영토만 놓고 보는 것은 이치를 따지는 것만 못하므로, 위나라를 정통으로 본 쓰마광司馬光의 『자치통감資治通鑑』은 잘못된 것이다. 이것이 촉나라에 정통의 지위를 부여한 주시朱熹의 『통감강목通鑑綱目』2)이 올바르다고 보는 까닭이다. 『통감

---

* 이 번역문의 원문과 번역문은 기본적으로 민경욱의 『삼국연의 체제 연구三國演義體制研究』(서울대 석사논문, 2000)를 바탕으로 『중국소설독법How to Read the Chinese Novel』(데이비드 L. 롤스톤David L. Rolston 주편, 프린스턴대학 출판사Princeton University Press, Princeton, New Jersey, 1990)의 번역문을 참고해 수정 보완한 것임을 밝혀둔다. 원문과 번역문 파일을 제공해준 민경욱 동학에게 이 자리를 빌려 고마운 뜻을 전한다.
1) 우리는 흔히 사서인 천서우陳壽(233~297)의 『삼국지』와 소설로서의 『삼국연의三國演義』를 구분해 부르는데, 여기서는 일괄적으로 『삼국지』라 부르고 있다.

강목』에서는 한나라 헌제獻帝(재위 기간은 189~220) 건안建安(196~220) 말년의 대목에 이르자 '후한 소열제3)(재위 기간은 221~223) 장무 원년後漢昭烈皇帝章武元年'이라고 강조하고, 오나라와 위나라는 각각 그 아래에 주로 달았다.4) 대저 촉나라를 황실의 후예로 본 것은 그에 합당한 이유가 있어서이고, 위나라는 나라를 찬탈한 역적으로 본 것 역시 그에 합당한 이유가 있어서이다. 그런 까닭에 [이 소설의] 앞부분에서는 '류베이劉備(161~223)가 차오차오曹操(155~220)를 토벌하려고 쉬저우徐州에서 군사를 일으키다'라 하였고, 뒷부분에서는 '한나라 승상 주거량諸葛亮이 군사를 이끌고 위나라 정벌에 나섰다'로 쓴 것이다. 그리하여 대의가 천고에 밝게 빛을 내게 되었다.

대저 류 씨가 아직 망하지 않고 위나라가 아직 통일을 이루지 못했기에 위나라는 진정한 정통성을 가질 수 없었다. 이미 류 씨의 세상이 다하고(263) 진나라가 통일을 한 뒤(280)에도 진 역시 정통성을 갖지 못했던 것은 어째서인가? 이르노니 진나라는 신하로서 군주를 시해한 것이 위나라와 다를 게 없고, 황제의 지위를 다음 대에 물려준 뒤에도 그 후대가 길게 이어지지 못했으니 다만 정통이 아닌 왕의 통치라 이를 수 있을지언정 정통이라 일컬을 수 없었던 것이다. 동진(317~420) 시기에 이르면 남쪽으로 내려가 구차하게 편안하게 사는

---

2) 『통감강목』은 쓰마광의 책을 기본으로 『춘추』 필법에 의거해 주시가 다시 편찬한 것으로, 사례를 들어 유가의 도덕 규범들을 체현하고 가르치기 위해 평점을 가한 것이다.
3) 소열昭烈은 촉한의 류베이劉備의 사후에 추증된 시호이다.
4) 『통감강목』에 열거된 나라들의 순서를 매긴 원칙에 따르면, 위나라의 원년은 건안 25년(200)이고, 그 다음해가 촉의 장무 원년(221)인데, 오히려 촉이 시작한 시점부터 위의 통치와 조금 더 후대의 오의 통치가 촉한의 일별 날짜 아래 작은 글씨로 열거되어 있다.

길을 도모하였으니 말을 소로 대신한5) 형국이라 더더욱 그들에게 정통성을 돌릴 수 없다.

그런 까닭에 진晉나라가 삼국을 병탄한 것은 전국시대 육국이 진秦나라(기원전 221~207)에 귀속되고 오대五代가 수隋나라(589~618)에 귀속된 것과 다를 바 없다. 진秦나라는 한나라를 위해 장애물을 없애준 것에 불과하고 수나라 역시 당唐나라(618~907)를 위해 그리한 것일 따름이다. 전자의 정통성은 한나라에 있을 뿐이며, 진秦나라와 위魏나라 진晉나라는 함께 할 수 없다. 마찬가지로 후자의 정통성 역시 당唐과 송宋나라(960~1279)에 있을 뿐 남조南朝의 송宋(420~479), 제齊(479~502), 양梁(502~557), 진陳(557~589)과 수隋, 후량後梁(907~923), 후당後唐(923~936), 후진後晉(936~946), 후한後漢(947~950), 후주後周(950~960)는 모두 그들과 함께 할 수 없다. 또 위魏나라와 진晉나라만 한나라의 정통성에 못 미치는 것이 아니라 당나라와 송나라 역시 한나라의 정통성을 따를 수 없다. 수나라 양제煬帝(재위 기간은 604~618)가 무도하여 당나라가 그를 대신했다. 아쉬운 것은 그러한 교체가 주周나라(기원전 1122~226)가 상商나라(기원전 1765~1122)를 대신한 것처럼 뚜렷하지 못했다는 것이다. 그것은 당공唐公이라고 칭하고 구석九錫을 더하여6), 위魏나라와 진晉나라의 잘못된 전철을 밟았으니 천하

---

5) 말은 '쓰마司馬' 씨를 가리킨다. 그리고 동진東晉의 원제元帝 쓰마루이司馬睿(276~322)는 뉴牛 씨 성을 가진 하급관리의 사생아로 알려져 있다. 그래서 '말馬'에 해당하는 '쓰마 씨'의 제위를 '소牛'에 해당하는 쓰마루이가 계승한 것을 빗대어 말한 것이다. 이 사실에 대한 논란은 우스젠吳士鑑과 류청간劉承幹의 『진서각주晉書斠注』(난징南京, 1928) 2권, 6/21b를 볼 것.
6) 당 왕조를 설립한 리위안李淵(566~635)은 617년에 수의 수도에 들어가서 당 왕이 되었다(본문에서 공이라 한 것은 잘못이다). 다음해에 자신에게 수여된 구석을 받았다. 이 두 가지 사안은 전통적으로 황제의 자리에 오르기 위한 수순을 밟는 것이라 볼 수 있다. 여기서 구석은 중국에서 천자天子가 특히 공로가

의 정통성을 얻었다는 측면에서는 한나라에 미치지 못하기 때문이다.

송나라는 충직함으로 나라를 세웠고, 또 이름난 신하와 훌륭한 학자가 많이 배출되었기 때문에 옛일을 논하는 이들은 송나라에 정통성을 부여했다. 그러나 송나라가 끝나가던 무렵 아직 옌윈燕雲의 열여섯 주가 영토에 편입되지 않아 그 규모가 이미 당나라 때보다 줄어든 상태였다. 게다가 [송의 태조인 자오쾅인趙匡胤이] 천챠오陳橋에서 병사를 일으켜 황포를 몸에 두르고는 아비 없는 자식과 과부의 손에서 천하를 빼앗았으니 천하의 정통성을 얻음이 역시 한나라만 못한 것이다. 당나라와 송나라가 한나라에 못 미치는데, 어찌 [그보다 못한] 위나라와 진나라를 논하겠는가? 한나라 고조(재위 기간은 기원전 202~195)는 포악한 진나라를 제거하고 초나라 의제(재위 기간은 기원전 208~206)를 죽인 자7)를 공격함으로써 나라를 일으켰고, [후한의] 광무제光武帝(재위 기안은 25~57)는 왕망王莽(재위 기간은 9~23)을 토벌하여 옛 문물을 되돌려 놓았으며, 소열 황제[류베이]는 차오차오를 토벌하여 한나라의 제사를 쓰촨四川에 모셨다. 조상이 창건한 것이 바르고 자손이 그것을 이어간 것 또한 바르니 광무제가 통일을 이룩한 것은 정통으로 삼으면서 소열 황제가 국토의 일부만을 통치하여 통일을 이룩하지 못한 것을 가지고 정통이 아니라 말할 수는 없는 노릇이다.

소열 황제가 정통성을 지니고 있는데, 류위劉裕(재위 기간은 420~422)와 류즈위안劉知遠(재위 기간은 947~948)이 류 씨의 자손임에도 정통이 되지 못하는 것은 어째서인가? 이르노니 류위와 류즈위안은 한나라의 후예라 해도 [계보가] 멀어 증거가 없으나, 반면에 중산정왕中山靖王(재

큰 제후와 대신에게 하사하던 아홉 가지 물품, 곧 거마車馬, 의복, 악칙樂則, 주호朱戶, 납폐納陛, 호분虎賁, 궁시弓矢, 부월鈇鉞, 울창주鬱鬯酒를 가리킨다.
7) 곧 샹위項羽(기원전 232~202)를 가리킴.

위 기간은 기원전 154~113)의 후예인 류베이는 [계보가] 가까워 확인해 볼 수 있다. 또한 이 두 사람은 모두 임금을 죽이고 나라를 찬탈했으니 소열 황제와 동렬에 놓고 볼 수 없는 것이다. 후당의 리춘쉬李存勖(재위 기간은 923~926)가 [리 씨 성을 가진 당나라의] 정통성을 얻지 못한 것은 어째서인가? 이르노니 리춘쉬는 원래 리 씨가 아니고 리 씨의 성을 하사 받은 것이니, 그는 진나라의 뤼呂 씨8), 진나라의 뉴牛 씨9)와 그리 다르지 않기 때문에 역시 소열 황제와 동렬에 놓고 볼 수 없는 것이다. 남당의 리볜李昪(재위 기간은 937~943) 역시 당나라를 이어 정통이 되지 못했던 것은 어째서인가? 이르노니 계보가 멀어 마찬가지로 류위와 류즈위안의 경우와 비슷하니 또한 소열 황제와 나란히 할 수 없다. 남당의 리볜은 당나라를 이어 정통이 되지 못했는데, 남송(1127~1279)의 고종(재위 기간은 1127~1162)이 유독 송나라를 이어 정통이 되었던 것은 어째서인가? 고종은 태조의 후예라는 점을 디딤돌로 후대를 이어, 송나라의 명을 끊어지지 않게 늘렸으므로 정통성이 그에게 돌아갔던 것이다. 대저 고종은 웨페이岳飛(1103~1141)를 죽이고 친후이秦檜(1090~1155)를 등용했으며, [금나라에 포로로 잡혀간 휘종과 흠종] 두 명의 황제를 전혀 염두에 두지 않았지만, 역사가들은 그가 송나라의 명을 늘렸다는 점 때문에 여전히 정통성을 그에게 돌렸으니, 하물며 소열 황제처럼 군신이 마음을 같이하여 한나라의 적을 토벌하기로 맹세한 경우는 어떠하겠는가?

그런 까닭에 소열 황제가 정통이 되는 것은 더욱 의심의 여지가 없

---

8) 여기서는 진시황이 뤼부웨이呂不韋(기원전 235년 졸)의 아들이라는 속설을 따라 뤼 씨라 한 것이다.
9) 앞서 주5)에서 말한 대로 동진의 원제 쓰마루이가 뉴 씨 성을 가진 하급관리의 사생아였다는 것을 가리킨다.

다. 천서우陳壽(233~297)의 『삼국지』는 이 점을 고려하지 않았다. 나는 주시朱熹의 『통감강목通鑑綱目』에 맞추어 『삼국연의』에다가 이 점을 덧붙여 바로잡았을 뿐이다.10)

(1) 讀三國志者, 當知有正統, 閏運, 僭國之別。正統者何? 蜀漢是也。僭國者何? 吳, 魏是也。閏運者何? 晉是也。魏之不得爲正統者, 何也? 論地則以中原爲主, 論理則以劉氏爲主。論地不若論理, 故以正統予魏者, 司馬光『通鑑』之誤也。以正統予蜀者, 紫陽『綱目』之所以爲正也。『綱目』于獻帝建安之末, 大書「後漢昭烈皇帝章武元年」, 而以吳, 魏分注其下。蓋以蜀爲帝室之冑, 在所當予; 魏爲篡國之賊, 在所當奪。是以前則書「劉備起兵徐州討曹操」, 後則書「漢丞相諸葛亮出師伐魏」, 而大義昭然揭于千古矣。

夫劉氏未亡, 魏未混一, 魏固不得爲正統; 迨乎劉氏已亡, 晉已混一, 而晉亦不得爲正統者, 何也? 曰: 晉以臣弑君, 與魏無異, 而一傳之後, 厥祚不長, 但可謂之閏運, 而不可謂之正統也。至于東晉偏安, 以牛易馬, 愈不得以正統歸之。

故三國之幷吞于晉, 猶六國之混一于秦, 五代之混一于隋耳。秦不過爲漢驅除, 隋不過爲唐驅除。前之正統, 以漢爲主, 而秦與魏, 晉不得與焉; 亦猶後之正統, 以唐宋爲主, 而宋, 齊, 梁, 陳, 隋, 梁, 唐, 漢。周俱不得與焉耳。且不特魏, 晉不如漢之爲正, 卽唐, 宋亦不如漢之爲正。煬帝無道, 而唐代之, 是已惜其不能顯然如周之代商; 而稱唐公, 加九錫, 以蹈魏晉之陋轍, 則得天下之正不如漢也。

---

10) 실제로 『삼국연의』의 초기 판본에서 회를 나누는 명칭인 '칙則'은 주시의 『통감강목』의 '강綱'을 모델로 한 것이다. 비록 마오쭝강毛宗崗 부자가 그 나름대로 많은 부분을 손대고 수정하긴 했지만, 그 대체적인 내용은 주시의 『통감강목』을 근거로 한 것이다.

若夫宋以忠厚立國, 又多名臣大儒出乎其間, 故尚論者以正統予宋。然終宋之世, 燕, 雲十六州未入版圖, 其規模已遜于唐; 而陳橋兵變, 黃袍加身, 取天下於孤兒寡婦之手, 則得天下之正亦不如漢也。唐, 宋且不如漢, 而何論魏, 晉哉! 高帝以除暴秦, 擊楚之殺義帝者而興, 光武以誅王莽而克復舊物, 昭烈以討曹操而存漢祀于西川。祖宗之創之者正, 而子孫之繼之者亦正, 不得但以光武之混一為正統, 而謂昭烈之偏安非正統也。

昭烈為正統, 而劉裕, 劉知遠亦皆劉氏子孫, 其不得為正統者, 何也? 曰: 裕與知遠之為漢苗裔, 遠而無徵, 不若中山靖王之後, 近而可考。又二劉皆以篡弒得國, 故不得與昭烈並也。後唐李存勗之不得為正統者, 何也? 曰: 存勗本非李而賜姓李, 其與呂秦, 牛晉不甚相遠, 故亦不得與昭烈並也。南唐李昪之亦不得繼唐而為正統者, 何也? 曰: 世遠代邈, 亦裕與知遠者比, 故亦不得與昭烈並也。南唐李昪不得繼唐而為正統, 南宋高宗獨得繼宋而為正統者, 何也? 高宗立太祖之後為後, 以延宋祚于不絕, 故正統歸焉。夫以高宗之殺岳飛, 用秦檜, 全不以二聖為念, 作史者尚以其延宋祚而歸之以正統, 況昭烈之君臣同心, 誓討漢賊者乎?

則昭烈之為正統, 愈無疑也。陳壽之『志』未及辨此, 余故折衷于紫陽『綱目』, 而特于演義中附正之。

(2) 옛날 역사책은 매우 많지만, 사람들이 유독 『삼국지』만 읽으려 했던 것은 고금의 인재가 삼국시대만큼 왕성하게 모여든 적이 없었기 때문이다. 재능 있는 사람과 그렇지 않은 사람이 서로 대적하는 것을 보면 심드렁하지만, 재능 있는 사람들끼리 대적하는 것을 보면 눈이 번쩍 뜨인다. 재능 있는 사람들끼리의 대적을 보되, 재능 있는 한 사람이 마찬가지로 재능 있는 여러 사람들의 무리와 필적하는 것

은 심드렁하지만, 재능 있는 사람들끼리의 대적을 보되, 재능 있는 여러 사람들이 재능 있는 한 사람이 승리를 거두게 만들어준다면 더 더욱 눈이 번쩍 뜨일 것이다.

나는 『삼국연의』에는 뛰어난 인물이 세 명 있으니, '삼절三絶'이라 할 만하다고 생각한다. 주거량諸葛亮이 그 하나요, 관위關羽(160~219)가 또 그 하나요, 차오차오曹操 역시 그 가운데 하나다.

역대로 역사 기록들을 살펴보면, 훌륭한 재상들이 숲과 같이 늘어서 있지만, 그 이름을 만고에 남긴 이로 주거량만한 이가 없다. 그가 은거해 있는 때는 거문고를 타거나 무릎을 껴안고 앉아 사색을 즐겼으니, 은사의 풍류가 흘러 넘쳤다. 세상 밖으로 나가서는 깃털 부채에 비단 두건을 쓰고 우아한 풍도를 고치지 않았다. 초가집에 살면서 천하를 셋으로 나누는 계책을 내다보았으니, 하늘의 때天時를 알았던 것이다. 류베이가 남긴 유언을 받들어[11] 여섯 번이나 치산祁山 공략에 나섰으니, 제93회~104회 사람이 해야 할 도리人事를 다한 것이다. 멍훠孟獲를 일곱 번 잡았다 놓아주었고, 제87회~90회 팔진도를 펼쳤으며, 제84회, 835~836쪽 목우木牛와 류마流馬를 만들었으니, 제102회, 1020~1021쪽 그 헤아릴 수 없는 능력에 귀신인가 의심이 들 정도였다. 삼가 몸을 낮춰 자기 할 도리를 다하고, 자기가 세운 뜻을 관철하기 위해 몸을 돌보지 않으면서도 신하 된 도리와 자식 된 도리를 다하는 데 마음을 썼다. 관중管仲[12], 웨이樂毅[13]와 비교한다면, 그들보다 낫고, 이인伊尹과 뤼

---

11) 『전도수상삼국연의全圖繡像三國演義』, 후허호트呼和浩特; 네이멍구인민출판사內蒙古人民出版社, 1981. 85회, 842쪽.
　　이하 인용은 모두 이 책을 근거로 함.
12) 관중管仲(?~기원전 645)은 가난했던 소년시절부터 평생토록 변함이 없었던 바오수야鮑叔牙와의 깊은 우정, 곧 '관포지교管鮑之交'로 유명하다. 환공桓公이 즉위할 무렵 환공의 형인 쥬糾의 편에 섰다가 패전하여 노魯나라로 망명하였

상呂尚14)과 비교한다면, 그들을 합쳐놓은 것과 같다. 그러니 고금의 현상賢相 가운데 가장 뛰어난 이라 할 수 있다.

역대로 역사 기록들을 살펴보면, 명장들이 구름과 같이 많았지만, 무공의 절륜함으로 여러 무리들을 뛰어넘는 이로 관위關羽만한 이가 없었다. 등불에 의지해 역사책을 읽었으니15), 유자儒者로서의 단아한 모습을 다한 것이며, 한 조각 붉은 마음丹心은 그의 붉은 얼굴에도 드러났던 것16)이니, 영웅의 자태를 모두 보여주었던 것이다. 등

다. 그러나 바오수야의 진언進言으로 환공에게 기용되어, 국정國政에 참여하게 되었다. 환공을 도와 군사력의 강화, 상업·수공업의 육성을 통하여 부국강병을 꾀하였다. 대외적으로는 동방이나 중원中原의 제후諸侯와 9번 회맹會盟하여 환공에 대한 제후의 신뢰를 얻게 하였으며, 남쪽에서 세력을 떨치기 시작한 초楚나라를 누르려고 하였다. 저서로 알려진『관자管子』는 후세 사람들에 의하여 가필된 것으로 여겨지고 있다.

13) 웨이樂毅(기원전 3세기경 활동)는 위魏나라 초기의 무장 웨양樂羊의 자손으로 현자賢者이면서 전쟁을 좋아했다. 연나라의 소왕昭王이 현자를 초빙한다는 말을 듣고 위에서 연으로 가 아경亞卿이 되었으며 후에 상장군上將軍이 되었다. 조趙·초楚·한韓·위·연의 군사를 이끌고, 당시 강대국임을 자랑하던 제齊를 토벌하여 수도 린즈臨淄를 함락시키고, 그 재보財寶를 연나라로 옮겼다(기원전 284). 그 후 5년에 걸쳐 제나라의 70여 성城을 함락시키고, 이들을 모두 군현郡縣으로 하여 연에 소속시켰다. 소왕이 죽고 혜왕惠王이 즉위하자, 제나라 톈단田單의 이간책으로 사죄死罪를 덮어쓰게 되어 조나라로 달아나 관진觀津에 봉해졌다. 그러나 혜왕이 그를 잃은 것을 후회하여 사죄해 왔기 때문에 연·조 두 나라의 객경客卿이 되었다.

14) 이 두 사람은 각각 상商(기원전 1766~1123)과 주周(기원전 1122~256) 왕조의 건국에서 중요한 역할을 한 이들이다.

15) 이 구절은 이 소설에 인용된 관위에게 바쳐진 절에 걸려 있는 대련에서 나온 것이다(제77회, 766쪽). 소설에서 관위는 책을 읽는 모습이 한 번밖에 나오지 않는데(제27회, 267쪽), 그나마 어떤 책인지 밝혀져 있지 않다. 하지만 중국에서는 관위가 한가한 시간에『춘추』와 같은 역사책을 읽었다고 하는 것을 사실로 받아들여 많은 경우 이것을 부각시키고 있다. 차오차오 역시 관위가『춘추』에 밝았다는 말을 한 적이 있다(제50회, 503쪽).

16) 이 소설에서 관위는 원래 얼굴색이 붉었다重棗고 한다(제1회, 6쪽). 그 뒤로

불을 들고 새벽까지 지키고 서 있었으니17),제25회, 246쪽 사람들은 그의 절개를 전했으며, 칼 한 자루만을 가지고 모임에 나갔으니,제66회, 622~624쪽 세상이 모두 그의 위세에 감복하였다. 홀로 천리 길을 달려 제27회 주군에게 보답하려는 굳은 뜻을 드러내 보였고, 의리 때문에 화룽다오華容道에서 차오차오를 풀어주었으니제50회 은혜를 갚으려는 견결한 의지가 두터웠음을 보여준다. 일을 할 때는 푸른 하늘에서 환히 빛나는 태양처럼 분명했고, 사람을 대할 때는 밝은 달 아래 맑은 바람처럼 담백하였다. 그 마음은 향을 사르며 천제에 고했던 자오볜趙抃(1008~1084)의 마음과 비교해도 더 공명정대했고18), 그 뜻은 모든 사물을 백안시하며 오만을 떨었던 롼지阮籍19)의 뜻과 비교하더라도 그 엄정함이 더했다. 그러니 고금의 명장 가운데 가장 뛰어난 이라 할 수 있다.

역대로 역사 기록을 살펴보면 간웅은 발끝에 채일 정도로 많지만, 인재를 가려 뽑고 천하를 기만할 만큼의 지략이 있는 이로 차오차오만한 사람이 없다. 쉰위荀彧(163~212)가 황제를 위해 힘쓰라 간언한 것제14회을 들어주었고, 스스로도 주 문왕에 비유했으니,제78회 짐짓 충성스러운 듯이 보였다. 위안수袁術(?~199)가 주제넘게 자신의 연호를 세운 잘못을 물리치고 자신은 차오후曹侯의 지위에 만족했으니, 짐짓

경극을 비롯한 여러 종류의 연극에서 관위의 얼굴을 붉게 칠하는 것은 최소한 원대까지 소급된다. 치루산齊如山의 『국극도보國劇圖譜』(타이베이台北; 유사문화출판공사幼獅文化出版公司, 1977), 84쪽을 참고할 것.
17) 차오차오는 관위를 자기 수하에 두려고 류베이의 두 아내와 함께 밤을 보내게 하였다. 하지만 관위는 촛불을 손에 들고 날이 밝을 때까지 밖에 서 있었다.
18) 『송사宋史』에 그의 전이 있다.
19) 『진서晉書』 「롼지전阮籍傳」에서 나온 말로, 진나라 때 죽림칠현의 한 사람인 롼지는 반갑지 않은 손님은 백안白眼으로 대하고, 반가운 손님은 청안靑眼으로 대했다고 한다.

대세에 순종하는 듯이 보였다. 천린陳琳(?~217)을 죽이지 않고 그의 재주를 아꼈으니,^제32회 짐짓 너그러운 듯이 보였다. 관위를 뒤쫓지 않고 그의 기개를 온전히 해주었으니,^제27회 짐짓 의로운 듯이 보였다. 왕둔王敦(266~324)은 궈푸郭璞(276~324)를 등용해 쓰지 못했지만, 차오차오는 인재를 얻었으니 그보다 나았고, 환원桓溫(312~373)은 왕멍王猛(325~375)을 알아보지 못했지만, 차오차오는 인재를 알아보았으니 그보다 나았다. 리린푸李林甫(?~752)는 비록 안루산安綠山(?~757)을 제지할 수 있었지만, 차오차오가 변방에서 우환烏桓 땅을 공격한 것만 못했고,^제33회 한퉈저우韓侂胄(1151~1207)는 [이미 죽은] 친후이秦檜(?~1155)를 폄하했지만20), 차오차오가 생전에 둥줘董卓(?~192)를 토벌하려고 했던 것^제4회~6회만 못했다. 나라의 권력을 찬탈했지만, 그 연호는 잠시 그대로 남겨두었으니, 왕망王莽이 드러내놓고 임금을 시해한 것과 달랐고, 왕조를 바꾸는 일 역시 잠시 보류하고 아들이 하도록 기다렸으니, 류위劉裕가 서둘러 진나라를 찬탈하려 했던 것보다 나았다. 그러니, 고금의 간웅 가운데 가장 뛰어난 이라 할 수 있다.

이 세 명의 뛰어난 인물은 역사상에서 전무후무한 사람들이다. 그러므로 여러 역사책을 두루 읽으면 읽을수록,『삼국지』를 즐겨 읽지 않을 수가 없는 것이다.

(2) 古史甚多, 而人獨貪看『三國志』者, 以古今人才之聚, 未有盛于三國者也。觀才與不才敵不奇, 觀才與才敵則奇; 觀才與才敵, 而一才又遇衆才之匹不奇, 觀才與才敵, 而衆才尤讓一才之勝則更奇。

---

20) 중국인들에게 친후이는 비열한 간신의 대명사로 그가 다른 간신보다 욕을 더 먹는 것은 아마도 중국 역사상 가장 비운의 영웅으로 꼽히는 웨페이岳飛의 죽음과 깊은 연관이 있어서일 것이다. 빛이 강하면 어둠은 그만큼 더 짙은 것일까?『송사』에 그의 전이 있다.

吾以爲『三國』有三奇, 可稱三絕: 諸葛孔明一絕也, 關雲長一絕也, 曹操亦一絕也。

歷稽載籍, 賢相林立, 而名高萬古者, 莫如孔明。其處而彈琴抱膝, 居然隱士風流; 出而羽扇綸巾, 不改雅度。在草廬之中, 而識三分天下, 則達乎天時; 承顧命之重, 而至六出祁山, 則盡乎人事。七擒八陣, 木牛流馬, 旣已疑鬼疑神之不測; 鞠躬盡瘁, 志決身殲, 仍是爲臣爲子之用心。此管樂則過之, 比伊呂則兼之, 是古今來賢相中第一奇人。

歷稽載籍, 名將如雲, 而絕倫超羣者, 莫如雲長。青史對青燈, 則極其儒雅; 赤心如赤面, 則極其英靈。秉燭達旦, 人傳其大節, 單刀赴會, 世服其神威。獨行千里, 報主之志堅, 義釋華容, 酬恩之誼重。作事如青天白日, 待人如霽月光風。心則趙抃焚香告帝之心, 而磊落過之; 意則阮籍白眼傲物之意, 而嚴正過之; 是古今來名將中第一奇人。

歷稽載籍, 奸雄接踵, 而智足以攬人才而欺天下者, 莫如曹操。聽荀彧勤王之說, 而自比周文, 則有似乎忠; 黜袁術僭號之非, 而願爲曹侯, 則有似乎順; 不殺陳琳而愛其才, 則有似乎寬; 不追關公以全其志, 則有似乎義。王敦不能用郭璞, 而操之得士過之; 桓溫不能識王猛, 而操之知人過之。李林甫雖能制祿山, 不如操之擊烏桓于塞外; 韓侂冑雖能貶秦檜, 不若操之討董卓于生前。竊國家之柄而姑存其號, 異于王莽之顯然弒君; 留改革之事以俟其兒, 勝于劉裕之急欲篡晉: 是古今來奸雄中第一奇人。

有此三奇, 乃前後史之所絕無者。故讀遍諸史, 而愈不得不喜讀『三國志』也。

(3) 『삼국지』에 세 명의 뛰어난 인물(三絶)이 있는 것은 본래 그렇다 치고, 나는 세 명의 뛰어난 인물을 제외하고 삼국시대를 전후로 두루

살펴보았다. 묻노니 군막에서 계략을 꾸미는 일로 쉬수徐庶나 팡퉁龐統(177~214)만한 인물이 있는가? 묻노니 군사를 부리고 용병을 하는 일로 저우위周瑜(175~210)나 루쑨陸孫(183~245), 쓰마이司馬懿(179~251)만한 인물이 있는가? 묻노니 인사에 관한 일로 궈쟈郭嘉(170~207)나 청위程昱(143~222), 쉰위荀彧, 쟈쉬賈詡(148~224), 부즈步隲(?~247), 위판虞翻(164~223), 구융顧雍(168~243), 장자오張昭(156~236)만한 이가 있는가? 묻노니 무공과 지략이 월등하게 절륜한 이로 장페이張飛(?~221)나 자오윈趙雲(?~229), 황중黃忠(?~220), 옌옌嚴顏, 장랴오張遼(171~221), 쉬황徐晃, 쉬성徐盛, 주환朱桓(177~238)만한 이가 있는가? 묻노니 적의 예봉을 뚫고 적진을 무너뜨리되 날래고 민첩해 대적할 이가 없는 것으로 마차오馬超(176~222)나 마다이馬岱, 관싱關興, 장바오張苞, 쉬추許褚, 덴웨이典韋(?~197), 장허張郃(?~231), 샤허우둔夏侯惇(?~220), 황가이黃蓋, 저우타이周泰, 간닝甘寧, 타이스츠太史慈(166~206), 딩펑丁奉(?~271)만한 이가 있는가? 묻노니 두 사람의 재능이 서로 당해낼 만하고 두 사람의 현명함이 서로 맞아떨어지는 것으로 쟝웨이姜維(202~264)와 덩아이鄧艾(197~264)가 지혜와 용기로 필적하고, 양후羊祜(221~278)와 루캉陸抗(226~274)이 품위 있게 서로의 진을 지킨 것만한 게 있는가?

도학으로 말하자면 마룽馬融(79~166)과 정쉬안鄭玄(127~200)이 있고, 문장으로는 차이융蔡邕(132~192)과 왕찬王粲(177~217)이 있다. 영민하고 민첩한 것으로는 차오즈曹植(192~232)와 양슈楊修(178~220)가 있고, 어려서부터 지혜로운 것으로는 주거커諸葛恪(203~253)와 중후이鍾會(225~264)가 있다. 사람을 상대하는 것으로는 친미秦宓(?~226)와 장쑹張松(?~213)이 있고, 언변으로는 리후이李恢(?~226)와 칸쩌闞澤(?~227)가 있다. 주군의 명을 욕되지 않게 하는 것으로는 자오쯔趙

諸와 덩즈鄧芝(?~251)가 있고, 날래게 붓을 놀려 조서와 격문을 짓는 것으로는 천린陳琳과 롼위阮瑀(?~212)가 있다. 번다한 일을 조리 있게 잘 처리하는 것으로는 쟝완蔣琬(?~245)과 둥윈董允(?~245)이 있고, 순식간에 명성을 날린 것으로는 마량馬良(?~222)과 쉰솽荀爽(128~190)이 있다. 옛것을 좋아하기로는 두위杜預(222~284)가 있고, 박식한 것으로는 장화張華(232~300)가 있다. 다른 책에서 이러한 예를 구한다면, 그 하나하나가 쉽게 찾아볼 수 있는 게 아니다.

또한 현명한 이를 알아보는 것으로 말하자면 쓰마후이司馬徽(?~208)의 명철함이 있고, 지조를 지키는 것으로는 관닝管寧(158~241)의 고아함이 있다. 은거한 것으로는 추이저우핑崔州平과 스광위안石廣元, 멍궁웨이孟公威의 은일이 있고, 폭정에 저항한 것으로는 쿵룽孔融(153~208)의 올바름이 있다. 사악함에 맞선 것으로는 자오옌趙彦의 올곧음이 있고, 악행을 배척한 것으로는 미헝禰衡(171~196)의 호방함이 있다. 역적을 통렬히 비난한 것으로는 지핑吉平(?~218)의 당당함이 있고, 나라를 위한 순국한 것으로는 둥청董承(?~200)과 푸완伏完(?~209)의 장렬함이 있다. 자신을 희생한 것으로는 겅지耿紀(?~218)와 웨이황韋晃(?~218)의 절개가 있고, 아비를 위해 자식이 죽은 것으로는 류천劉諶(?~263)과 관핑關平(?~219)의 효가 있다. 주군을 위해 신하가 죽은 것으로는 주거잔諸葛瞻(227~263)과 주거상諸葛尚(?~263)의 충성이 있고, 부하가 자기 상관을 위해 죽은 것으로는 자오레이趙累와 저우창周倉의 의리가 있다.

그밖에도 톈펑田豐(?~200)의 선견지명과 왕레이王累의 직언, 쥐서우沮授의 절개, 장런張任(?~213)의 굴하지 않음, 루쑤魯肅(171~217)가 친구를 위해 재물을 아끼지 않은 것, 주거친諸葛瑾(174~241)이 주군을 섬기되 두 마음을 갖지 않은 것하며, 천타이陳泰(?~260)가 위세에도 두려움을 보이지 않은 것, 왕징王經(?~260)이 죽음을 한갓 고향으로 돌아가는 것으로 본 것, 쓰마푸司馬孚(180~272)가 홀로 원칙을 꼿꼿하게 관철한 것 등등이 휘황찬란하게 역사책에 남아 빛난다. 무릇 이들과 필적할 만한 예를 찾자면, 전대의 펑페이豐沛의 삼걸三傑[21]과 상산商山의 네 백발 노인四皓[22], 윈타이雲臺에 자신들의 초상을 남긴 28명의 장수들[23], 푸춘富春의 객성客星인 옌광嚴光(기원전 37~서기 43)[24]을 들 수 있고, 후대의 [당나라를 세우는 데 공을 세운] 잉저우瀛洲의 18명의 학사學士들, 기린각의 11명의 공신들[25], 송나라 태조에게 한 잔 술로 병권을 빼앗긴 절도사들, 고향인 차이스柴市에서 죽은 재상 등을 들 수 있을 것이다.

오랜 세월 동안 각 왕조에 흩어져 보이던 것이 삼국이라는 한 시대에 바퀴살처럼 한데 모였으니, 이는 인재들이 한바탕 크게 모인 것이라! 덩린鄧林[26]에 들어가 이름난 인재를 고르고, 쉬안푸玄圃에 노닐

---

[21] 한나라를 세운 류방劉邦이 펑페이 출신이다. 여기서는 마찬가지로 펑페이 출신으로 류방을 도와 한나라 건국에 큰 공을 세웠던 샤오허蕭何(?~기원전 193)와 저우보周勃(?~기원전 169), 판콰이樊噲(?~기원전 189) 세 사람을 가리킨다.
[22] 이 네 사람은 한 왕조 초기에 황위 계승을 둘러싼 문제를 사전에 방지하는 데 도움을 주었던 은자들이다. 자세한 내용은 『사기』를 참고해서 볼 것. 중화서국판 『사기』 55권 2044~47쪽.
[23] 서기 25년에 한 왕조를 수복하는 데 도움을 주었던 28명의 장수를 가리키며, 이들의 초상화가 그려져서 윈타이에 걸렸다고 한다.
[24] 옌광은 동한의 창시자인 류슈劉秀(6~57)와 아는 사이였다. 류슈가 그에게 조정에서 직책을 맡아달라고 부탁했으나 그는 거절했다. 한번은 옌광이 새로 황제가 된 광무제를 찾았을 때, 함께 의자에 앉아 편안하게 자신의 다리를 황제의 배 위에 올려놓았다. 다음날 천문을 살피는 관리인 태사太史가 보고하기를 어제 밤에 "객성이 황제의 자리를 침범하였다客星犯御坐甚急"고 하였다. 『후한서』에 그의 전이 있다.
[25] 이 초상화는 서한의 선제宣帝(재위 기간은 기원전 74~49)가 훠광霍光을 기리기 위해 내건 것으로 이들은 황위 후계 문제 해결에 공을 세웠다.

면서 쌓여있는 옥돌을 보니27), 거두려 해도 다 거둘 수가 없고, 만나 보려 해도 다 만나볼 겨를이 없으니, 나는 『삼국지』에 최고의 경지28)가 있다는 탄식을 하게 된다.

(3) 『三國』之有三絶, 固已。然吾自三絶而外, 更遍觀乎三國之前, 三國之後, 問有運籌帷幄, 如徐庶, 龐統者乎? 問有行軍用兵, 如周瑜, 陸孫, 司馬懿者乎? 問有料人料事, 如郭嘉, 程昱, 荀彧, 賈詡, 步隲, 虞翻, 顧雍, 張昭者乎? 問有武功將略邁等越倫, 如張飛, 趙雲, 黃忠, 嚴顔, 張遼, 徐晃, 徐盛, 朱桓者乎? 問有衝鋒陷陣驍銳莫當, 如馬超, 馬岱, 關興, 張苞, 許褚, 典韋, 張郃, 夏侯惇, 黃蓋, 周泰, 甘寧, 太史慈, 丁奉者乎? 問有兩才相當, 兩賢相遇, 如姜維, 鄧艾之智勇悉敵, 羊祜, 陸抗之從容互鎭者乎?

至于道學則馬融, 鄭玄, 文藻則蔡邕, 王粲, 穎捷則曹植, 楊修, 蚤慧則諸葛恪, 鍾會, 應對則秦宓, 張松, 舌辯則李恢, 闞澤, 不辱君命則趙諮, 鄧芝, 飛書馳檄則陳琳, 阮瑀, 治煩理劇則蔣琬, 董允, 揚譽蜚聲則馬良, 荀爽, 好古則杜預, 博物則張華, 求之別籍, 俱未易一一見也。

乃若知賢則有司馬徽之哲, 勵操則有管寧之高, 隱居則有崔州平, 石廣元, 孟公威之逸, 忤奸則有孔融之正, 觸邪則有趙彦之直, 斥惡則有禰衡之豪, 罵賊則有吉平之壯, 殉國則有董承, 伏完之賢, 捐生則有耿

---

26) 『산해경山海經』에 나오는 숲 이름이다.
27) 쉬안푸玄圃는 전설상의 쿤룬산崑崙山에 있는 정원으로 하늘과 연결되며 옥이 가득하다고 한다.
28) 원문은 '관지觀止'이다. '관지'는 중국의 명문장들만 모아놓은 『고문관지古文觀止』라는 책이름으로도 유명한데, 이 말은 원래 『좌전左傳』에서 나왔다. 오나라 공자 지자季札가 노나라에 갔을 때, 여러 음악을 듣고 평을 하다 '무소舞韶'라는 음악을 듣고는 다음과 같이 외쳤다. "감상은 여기서 그만 하지요. 다른 음악이 있어도 나는 감히 청할 수 없습니다觀止矣, 若有他樂, 吾不敢請已." 곧 최고의 경지를 맛보았으니, 다른 음악은 들을 필요가 없다는 것을 의미한다.

紀, 韋晃之節。子死于父, 則有劉諶, 關平之孝; 臣死于君, 則有諸葛瞻, 諸葛尚之忠; 部曲死于主帥, 則有趙累, 周倉之義。

其他早計如田豐, 苦口如王累, 矢貞如沮授, 不屈加張任, 輕財篤友如魯肅, 事主不二心如諸葛瑾, 不畏强禦如陳泰, 視死如歸如王經, 獨存介性如司馬孚, 炳炳燐燐, 照耀史冊。殆擧前之豐沛三傑, 商山四皓, 雲臺諸將, 富春客星, 後之瀛洲學士, 麟閣功臣, 杯酒節度, 柴市宰相,

分見於各朝之千百年者, 奔合輻湊于三國之一時, 豈非人才一大都會哉! 入鄧林而選名材, 遊玄圃而見積玉, 收不勝收, 接不暇接, 吾于『三國』有觀止之歎矣。

(4) 이『삼국지』라는 책은 가장 절묘한 문장이다. 세 나라의 일을 서술하되, 세 나라로 시작하지 않은 것은 세 나라 나름대로 각각 시작할 때가 따로 있느니, 한나라 황제로부터 시작한 것이고, 세 나라 나름대로 각각 끝날 때가 따로 있느니, 진나라에서 마친 것이다.

그뿐만 아니라 류베이劉備는 황제의 후예로 정통을 이었으니, 바로 류뱌오劉表, 류장劉璋, 류야오劉繇, 류피劉辟와 같은 종실들이 있어 그를 돋보이게 하였다. 차오차오曹操는 신하라고는 하지만 강력한 힘을 갖고 있어 마음대로 국정을 농단하였으되, 황제를 폐위시켰던 둥줘董卓제4회와 나라를 혼란에 빠뜨렸던 리줴李傕나 궈쓰郭汜와 같이 이들제9회~17회이 있어 그를 돋보이게 하였다. 쑨취안孫權은 일개 제후로서 천하의 삼분의 일을 차지했으되, 주제넘게 자신의 연호를 정했던 위안수袁術제17회나 영웅임을 자처했던 위안사오袁紹, 군웅할거했던 뤼부呂布, 궁쑨찬公孫瓚, 장양張楊, 장먀오張邈, 장루張魯, 장슈張繡 등과 같은 이들이 있어 그를 돋보이게 하였다.

류베이와 차오차오는 제1회에 이름이 나오지만, 쑨취안은 제7회에 가서야 비로소 이름이 나온다. 차오차오가 쉬창許昌에 도읍을 정한 것은 제11회에 나오고, 쑨취안이 강동을 평정한 것은 제12회에 나오지만, 류베이가 쓰촨四川을 취한 것은 제60회 이후에나 나온다.

만약 요즘 사람더러 삼국시대의 사건을 소재로 소설을 짓게 한다면, 초장부터 세 사람에 대해 서술하되 세 사람이 각각 한 나라씩 차지하는 것으로 이야기를 몰아갈 것이다. 어찌 이 책에서처럼 앞에서 한데 그러모아 쥐고 있다가 뒤에서 풀어내고, 여러 가지 일들을 좌우에서 엇섞어 정교하게 맞춰나갈 수 있겠는가? 옛일을 전하매, 이렇듯 자연스럽게 파란이 일고, 이렇듯 자연스럽게 배치하여 절세의 문장을 이루었다. 그런즉『삼국연의』를 읽는 게 다른 소설 만 권을 읽는 것보다 낫다는 것이다.

(4)『三國』一書, 乃文章之最妙者。敍三國, 不自三國始也, 三國必有所自始, 則始之以漢帝。敍三國, 不自三國終也, 三國必有所自終, 則終之以晉國。

而不但此也, 劉備以帝冑而纘統, 則有宗室如劉表, 劉璋, 劉繇, 劉辟等以陪之; 曹操以强臣而專制, 則有廢立如董卓, 亂國如李傕, 郭汜以陪之; 孫權以方侯而分鼎, 則有僭號如袁術, 稱雄如袁紹, 割據如呂布, 公孫瓚, 張楊, 張邈, 張魯, 張繡等以陪之。

劉備, 曹操, 于第一回出名, 而孫權則于第七回方出名。曹氏之定許都, 在第十一回; 孫氏之定江東, 在第十二回; 而劉氏之取西川, 則在第六十回後。

假令今人作稗官, 欲平空擬一『三國』之事, 勢必劈頭便敍三人, 三人便各據一國, 有能如是之統乎其前, 出乎其後, 多方以盤旋乎其左右者哉? 古事所傳, 天然有此等波瀾, 天然有此等層折, 以成絕世妙文。然則讀『三國』一書, 誠勝讀稗官萬萬耳。

(5) 세 나라의 기틀을 다진 군주에 대해 논하자면, 사람들은 모두 류베이, 쑨취안, 차오차오라고만 알고 있으되, 그들 사이에 각자 다른 점이 있다는 것은 모르고 있다.

류비와 차오차오는 모두 자신의 힘으로 창업했으나, 쑨취안만은 아비와 형의 힘을 빌었다. 이것이 첫 번째 다른 점이다.

류베이와 쑨취안은 모두 자신의 대에 황제의 자리에 올랐으나, 차오차오는 스스로 황제가 되지 않고 기다렸다가 그 자손이 황제의 자리에 올랐다. 이것이 두 번째 다른 점이다.

세 나라가 칭제하되 유독 위나라가 그 중 빨랐으니[220], [제80회] 촉은 차오차오가 이미 죽고 차오피曹丕가 즉위한 뒤에야 칭제했고[221], [제80회] 오나라는 류베이가 이미 죽고 류찬劉禪(207~271)이 즉위한 뒤[223]에야 칭제했다[229]. [제98회] 이것이 세 번째 다른 점이다.

세 나라가 서로 대치할 때 오는 촉의 이웃이었고, 위는 촉의 원수였다. 촉과 오는 화친을 하기도 하고 전쟁을 하기도 했으나, 촉과 위는 전쟁만 했을 뿐 화친은 없었다. 오와 촉은 화친을 한 것이 전쟁을 한 것보다 많았고, 오와 위는 전쟁을 한 것이 화친을 한 것보다 많았다. 이것이 네 번째 다른 점이다.

세 나라가 적통을 이어가되 촉은 2대에 그쳤고, 위는 차오피로부터 차오환曹奐(재위 기간은 260~265)에 이르기까지 모두 5대에 이르렀고, 오는 쑨취안으로부터 쑨하오孫皓(재위 기간은 264~280)에 이르기까지 모두 4대에 이르렀다. 이것이 다섯 번째 다른 점이다.

세 나라가 망할 때 오가 맨 나중이었고[280], [제120회] 촉이 가장 먼저였으며[263], [제118회] 위가 그 뒤를 이었다[265]. [제119회] 위는 자신의 신하에게 나라를 빼앗겼고, 오와 촉은 그 적에게 병탄되었다. 이것이 여섯 번째 다른 점이다.

어찌 이뿐이랴. 쑨처孫策와 쑨취안孫權은 형이 죽자 아우가 이었으나, ^제29회^ 차오피와 차오즈曹植의 경우는 아우를 물리치고 형을 세웠으며, ^제68회^ 류베이와 류찬의 경우에는 아비는 황제인데 자식은 포로가 되었고, 차오차오와 차오피의 경우는 아비는 신하인데 자식은 황제가 되었다. 진정 이야기가 들쭉날쭉하고 얽히고설켜 있으니, 그 변화가 달리 짝을 찾기 어려울 정도다.

오늘날 그림을 잘 그리지 못하는 이는 전혀 다른 두 사람을 그리더라도 필경은 서로 같은 모습으로 그릴 터이고, 노래를 잘 부르지 못하는 이는 설사 두 가지 다른 곡조를 부르더라도 역시 앞서거니 뒤서거니 똑같은 소리로 부를 것이다. 문학 작품들이 서로 유사한 것 역시 왕왕 이와 같다. 옛사람들은 부화뇌동하는 일이 없었는데, 요즘 사람들은 [결과적으로 그 책이 그 책인] 부화뇌동하는 글 짓기를 좋아한다. 그런즉 어찌 [그런 차이점들을 잘 구분해 놓은] 내가 비평한 『삼국지』를 가져다 읽지 않는가?

(5) 若論三國開基之主, 人盡知爲劉備, 孫權, 曹操也, 而不知其間各有不同。

備與操皆自我身而創業, 而孫權則籍父兄之力, 其不同者一。

備與權皆及身而爲帝, 而操則不自爲而待之于其子孫, 其不同者二。

三國之稱帝也, 唯魏獨早, 而蜀則稱帝于曹操已死, 曹丕已立之餘, 吳則稱帝于劉備已死, 劉禪已立之後, 其不同者三。

三國之相持也, 吳爲蜀之鄰, 魏爲蜀之讐; 蜀與吳有和有戰, 而蜀與魏則有戰無和; 吳與蜀則和多于戰, 吳與魏則戰多于和: 其不同者四。

三國之傳也, 蜀止二世, 魏則自丕及奐凡五主, 吳則及權及皓凡四主, 其不同者五。

三國之亡也, 吳居其後, 而蜀先之, 魏次之。魏則見奪于其臣, 吳, 蜀則見幷于其敵, 其不同者六。

不寧惟是, 策之與權, 則兄終而弟及; 丕之與植, 則舍弟而立兄; 備之與禪, 則父爲帝而子爲虜; 操之與丕, 則父爲臣而子爲君: 可謂參差錯落, 變化無方者矣。

今之不善畫者, 雖使繪兩人, 亦必彼此同貌; 今之不善歌者, 卽使唱兩調, 亦必前後同聲。文之合掌, 往往類是。古人本無雷同之事, 而今人好爲雷同之文。則何不取余所批『三國志』而讀之?

(6) 『삼국지』에는 전체 시작과 전체 종결 사이에 다시 각각 여섯 번의 시작과 종결이 있다.

헌제에 대한 서술은 둥줘董卓가 황제를 폐하고 다시 세운 것에서 시작해 차오피曹丕가 제위를 찬탈하는 것[220]제80회으로 종결된다.

서쪽의 촉에 대한 서술은 류베이가 청두成都에서 칭제한 것[221]제80회에서 시작해, 류찬劉禪이 몐주綿竹 땅을 잃고 나와 항복한 것[263]제117회으로 종결된다.

류베이, 관위, 장페이 세 사람에 대한 서술은 도원桃園에서 결의한 것제1회에서 시작해, 류베이가 바이디청白帝城에서 주거량諸葛亮에게 류찬劉禪을 부탁한 것[223]제85회으로 종결된다.

주거량에 대한 서술은 삼고초려[207]제37회에서 시작해, 치산祁山을 여섯 번 출정한 것[234]제104회으로 종결된다.

위나라에 대한 서술은 황초黃初로 연호를 바꾼 것[220]제80회에서 시작해, 쓰마옌司馬炎(재위 기간은 265~290)이 제위를 선양받는 것[265]제119회으로 종결된다.

　동쪽의 오나라에 대한 서술은 쑨젠孫堅(157~193)이 옥새를 숨긴 것[191]^{제6회}에서 시작해, 쑨하오孫皓가 항복하는 것[280]^{제120회}으로 종결된다.

　무릇 이 몇 단락의 문장들은 그 사이에서 서로 연결되어 있으니, 여기서 막 시작하면 저기서는 이미 종결되기도 하고, 또 여기는 아직 종결되지 않았는데 저기서는 다시 시작하기도 한다. 읽는 동안에는 그것들이 이어지고 끊어지는 흔적을 찾아볼 수 없지만, 자세히 고찰해본다면 그 나름의 장법章法이 있다는 사실을 알 수 있을 것이다.

　(6) 『三國』一書, 總起總結之中, 又有六起六結。
　其敍獻帝, 則以董卓廢立爲一起, 以曹丕篡奪爲一結;
　其敍西蜀, 則以成都稱帝爲一起, 而以綿竹出降爲一結;
　其敍劉, 關, 張三人, 則以桃園結義爲一起, 而以白帝託孤爲一結;
　其敍諸葛亮, 則以三顧草廬爲一起, 而以六出祁山爲一結;
　其敍魏國, 則以黃初改元爲一起, 而以司馬受禪爲一結;
　其敍東吳, 則以孫堅匿璽爲一起, 而以孫皓啣璧爲一結。
　凡此數段文字, 聯絡交互于其間, 或此方起而彼已結, 或此未結而彼又起。讀之不見其斷續之迹, 而按之則自有章法之可知也。

　(7) 『삼국지』에는 근본을 좇고 연원을 따져 묻는 묘미가 있다.

　세 나라로 나뉜 것은 지방의 여러 군벌들이 서로 각축을 벌였기 때문이다. 여러 군벌들이 서로 각축을 벌인 것은 둥줘董卓가 나라를 어지럽혔기 때문이다. 둥줘가 나라를 어지럽힌 것은 허진何進(?~189)이 변방에 있던 군사를 불렀던 일[189]^{제3회}에서 비롯되었다. 허진이 변방에 있던 군사를 불러들인 것은 십상시가 정치를 농단했던 데서 비롯되었다. 그러므로 삼국의 일을 서술하는 것은 십상시를 그 발단으로

삼아야 한다.^{제1회}

그러나 류베이가 처음 군사를 일으켰을 때는 여러 군벌들에 포함되지 않고 여전히 초야에 있었다. 대저 초야에서 영웅들이 의병을 모으고 여러 군벌들이 군사를 정비했던 것은 황건적이 난을 일으켰기 때문이다[184]. 그러므로 삼국지의 일을 서술하는 것은 다시 황건적을 그 발단으로 삼아야 한다.

그러나 황건적이 난을 일으키기 전에도, 하늘은 천재지변을 내려 이를 경계했고, 다시 충성스럽고 지혜로운 선비는 직언으로 간언하여 이를 예측한 바 있다.^{제1회} 만일 당시 군주가 하늘의 인애仁愛를 몸으로 깨닫고 어진 신하의 의견을 받아들여 과감하게 십상시를 들어내 물리쳤다면, 황건적이 난을 일으키지 않을 것이고, 초야의 영웅들이 군사를 일으키지 않았을 것이며, 여러 군벌들도 병사를 준비시키지 않아도 되었을 것이니, 결국 세 나라로 나누어지지 않았을 것이다. 그러므로 삼국의 일을 서술하는 것은 환제와 영제에게서 그 뿌리를 찾게 되니, 이는 마치 황허黃河의 연원이 싱쑤하이星宿海[29]에 있다고 말하는 것과 같다.

(7) 『三國』一書, 有追本窮源之妙。

三國之分, 由于諸鎭之角立。諸鎭角立, 由于董卓之亂國。董卓亂國, 由于何進之召外兵。何進召外兵, 由于十常侍之專政。故敍三國, 必以十常侍爲之端也。

然而劉備之初起, 不卽在諸鎭之內, 而尙在草澤之間。夫草澤之所以有英雄聚義, 而諸鎭之所以繕修兵革者, 由于黃巾之作亂。故敍三國, 又必以黃巾爲之端也。

---

29) 이곳은 현재 칭하이성青海省에 있으며, 하나의 단일한 호수는 아니고 거대한 습지라 하는 편이 맞다. 예전에는 이곳을 황허의 발원지라 여겼다.

乃黃巾未作, 則有上天垂災異以警戒之, 更有忠謀智計之士直言極諫以預料之。使當時爲之君者, 體天心之仁愛, 納良臣之讜論, 斷然擧十常侍而迸斥焉, 則黃巾可以不作, 草澤英雄可以不起, 諸鎭之兵革可以不修, 而三國可以不分矣。故敍三國而追本于桓, 靈, 猶河源之有星宿海云。

(8) 『삼국지』에는 절묘하게 거두고 환상적으로 매듭짓는 묘미가 있다.

위가 촉에 병합되는 것은 사람들이 마음속으로 간절히 원하는 바이고, 촉이 망하고 위가 통일을 이루는 것은 사람들이 마음속으로 크게 불평하는 바이다. 그러나 하늘의 뜻은 사람들이 마음속으로 간절히 원하는 바를 따르는 것도 아니요, 또한 사람들이 마음속으로 크게 불평하는 바를 따르는 것도 아니었으니, 다만 진나라의 손을 빌어 통일을 이루도록 하는 것이었다. 이것은 조물주의 환상적인 매듭짓기다.

그러나 하늘이 한나라의 명을 이어주지도 않고 또 위나라에게 천명을 내린 것도 아니라면, 어찌하여 오나라의 손을 빌지 않고 하필 진나라의 손을 빌었는가? 나는 이렇게 생각한다. 위나라는 본래부터 한나라의 적이었고, 오나라는 일찍이 관위關羽를 죽이고 징저우荊州를 빼앗았으며 위나라를 도와 촉한을 공격한 바 있으니 마찬가지로 한나라의 적이라 하겠다. 만약 진나라가 위나라를 빼앗는 것이 한나라를 대신해 원수를 갚는 것이라면, 오나라에 의해 통일이 되도록 하느니 차라리 진나라에 의해 통일되는 것이 낫다. 더군다나 오나라는 위나라의 적수였고, 진나라의 창건자는 위나라의 신하였다. 위나라는 신하가 임금을 시해하여 세운 나라이니, 진나라가 그와 똑같이 한 것은 그에 대한 응보가 되어, 천하와 후세에 본보기가 될 수 있다. 그러므로 위나라가 그의 적국에 병합되는 것보다는 자신의 신하에 의해 병합되게 하는 것이 더 통쾌한 일이 될 것이다. 이것은 조물주가 이야기를 절묘하게 거둔 것이다.

환상적인 매듭짓기는 이미 사람들의 예상을 뛰어넘고, 절묘하게 거둔 솜씨는 다시 사람들의 생각에 들어맞으니, 조물주는 진정 글을 잘 짓는다고 말할 수 있겠다. 지금 사람들은 붓을 들더라도 필경 이렇듯 환상적이고 절묘하게 해낼 수 없을 것이다. 그런즉 조물주의 천의무봉한 글을 읽을 것이지, 하필이면 요즘 사람들이 되는 대로 꾸며낸 글을 다시 읽을 필요가 있겠는가?

(8) 『三國』一書, 有巧收幻結之妙.

設令魏而爲蜀所幷, 此人心之所甚願也. 設令蜀亡而魏得一統, 此人心之所大不平也. 乃彼蒼之意, 不從人心所甚願, 而亦不出于人心之所大不平, 特假手于晉以一之, 此造物者之幻也.

然天旣不祚漢, 又不予魏, 則何不假手於吳, 而必假手於晉乎? 曰: 魏固漢賊也, 吳嘗害關公, 奪荊州, 助魏以攻蜀, 則亦漢賊也. 若晉之奪魏, 有似乎爲漢報讐者, 則與其一之以吳, 無寧一之以晉也. 且吳爲魏敵, 而晉篇魏臣; 魏以臣試君, 而晉卽如其事以報之, 可以爲戒于天下後世, 則使魏而見幷于其敵, 不若使之見幷於其臣之爲快也, 是造物者之巧也. 幻旣出人意外, 巧復在人意中, 造物者可謂善於作文矣. 今人下筆, 必不能如此之幻, 如此之巧, 然則讀造物自然之文, 而又何必讀今人臆造之文乎哉!

(9) 『삼국지』에는 손님을 이용해 주인을 돋보이게 하는 묘미가 있다. 이를테면 도원에서 의형제를 맺은 세 사람을 서술하기에 앞서^{제1회} 먼저 황건적의 세 형제를 서술했으니,^{제1회} 도원의 이야기가 그 주인이요 황건적 이야기는 그 손님인 격이다. 장차 중산정왕 류성劉勝의 후

예[류베이를 가리킴]를 서술하기에 앞서^{제1회} 먼저 노공왕 류위(재위 기간은 기원전 154~129)의 후예[류옌劉焉(~194)을 가리킴]를 서술했으니,^{제1회} 중산정왕 이야기가 그 주인이고 노공왕 이야기는 그 손님이다. 허진何進을 서술하기에 앞서^{제1회} 먼저 천판陳蕃(?~168), 더우우竇武(?~168)를 서술했으니,^{제1회} 허진이 이야기의 주인이고 천판, 더우우는 그 손님이다. 류베이, 관위, 장페이와 차오차오, 쑨젠孫堅의 걸출함을 서술하면서 동시에 여러 군벌과 제후들이 별 볼 일 없다는 것을 서술했으니, 류베이, 차오차오, 쑨젠이 이야기의 주인이고, 여러 군벌과 제후들은 이야기의 손님이다. 류베이가 주거량을 만나기에 앞서 먼저 쓰마후이司馬徽, 추이저우핑崔州平, 스광위안石廣元, 멍궁웨이孟公威 등과 같은 여러 사람을 만나니,^{제35~37회} 주거량이 이야기의 주인이요, 쓰마후이 등 여러 사람들은 이야기의 손님이다. 주거량이 두 명의 임금을 차례로 섬긴 반면에 그보다 먼저 나왔다 이내 소설에서 사라져버린 쉬수徐庶^{제35~36회}와 그보다 나중에 나왔다가 먼저 죽은 팡퉁龐統^{제57~63회}이 있으니, 주거량이 이야기의 주인이고 쉬수와 팡퉁은 또 그 손님이다. 자오윈趙雲은 먼저 궁쑨찬公孫瓚을 섬겼고,^{제7회} 황중黃忠은 먼저 한쉬안韓玄을 섬겼으며,^{제53회} 마차오馬超는 먼저 장루張魯를 섬겼고,^{제64회} 파정法正(176~220)과 옌옌嚴顔은 먼저 류장劉璋을 섬겼다가^{제60회, 63회} 이들 모두 나중에 류베이에게 귀순했으니, 류베이는 그 주인이고 궁쑨찬, 한쉬안, 장루, 류장은 손님이다. 타이스츠太史慈는 먼저 류야오劉繇를 섬겼다가 나중에 쑨처孫策에게 귀순했고,^{제15회} 간닝甘寧은 먼저 황쭈黃祖를 섬겼다가 뒤에 쑨취안孫權에게 귀순했으며,^{제38회} 장랴오張遼는 먼저 뤼부呂布를 섬겼고, 쉬황徐晃은 먼저 양펑楊奉(?~197)을 섬기다가 나중에 모두 차오차오曹操에게 귀순했으니, 쑨처 형제와 차오차오가 그 주인이요 류야오, 황쭈, 뤼부, 양펑 등 여러 사람들은 그 손님이다.

'한나라를 대신하는 것은 높고 길을 마주하고 있다'는 참언은 본래 위나라에 들어맞는 것인데, 위안수袁術는 자신을 두고 한 말로 잘못 받아들였으니,^{제17회} 위나라가 그 참언의 주인이고 위안수는 손님이다. '세 마리의 말이 구유에 같이 있다'는 꿈은 본래 쓰마 씨司馬氏 집안에 들어맞는 것인데, 차오차오는 마텅馬騰(?~212) 부자를 두고 한 말로 오해했으니,^{제78회} 쓰마 씨 집안이 그 꿈의 주인이요 마텅 부자는 손님이다. 수선대受禪臺 이야기는 리쑤李肅가 둥줘董卓를 속이기 위해 한 것^{제9회}이었는데, [나중에] 차오피曹조에게 실제로 성사되었고,^{제80회} 쓰마옌司馬炎에게도 실제로 일어났으니,^{제119회} 차오피와 쓰마옌이 그 이야기의 주인이고 둥줘는 손님이다.

어찌 사람에게만 주인과 손님이 있겠는가? 땅 역시 그러하다. 헌제가 도읍을 뤄양洛陽에서 창안長安으로 옮겼다가[190],^{제6회} 다시 창안에서 뤄양으로 옮겼으며[196],^{제14회} 마침내 쉬창許昌으로 옮겼으니[196],^{제14회} 쉬창이 주인이고 창안과 뤄양은 모두 손님이다. 류베이가 쉬저우徐州를 잃고^{제24회} 징저우荊州를 얻었으니,^{제51회} 징저우가 주인이고 쉬저우는 손님이다. 이어서 량촨兩川을 얻고^{제65회} 다시 징저우를 잃게 되니,^{제75~77회} 이번에는 량촨이 주인이고 징저우는 다시 손님이 되었다. 주거량諸葛亮이 북쪽으로 중원 땅을 정벌하기에 앞서 먼저 남만 지방을 평정했는데,^{제87~90회} 그의 뜻은 남만 지방에 있지 않고 중원 땅에 있었으니, 중원 땅이 그 주인이고 남만 지방은 손님인 것이다.

아, 어찌 땅에만 손님과 주인이 있겠는가? 사물에도 그와 같은 것이 있다. 리루李儒는 짐주鴆酒와 단도, 흰 명주를 지니고 들어가 황제 볜辨30)(재위 기간은 189)에게 선물했으니,^{제4회} 짐주가 이 사건의 주인

---

30) 소제少帝라고도 부름.

이요 단도와 흰 명주는 손님이다. 쉬톈許田에서 사냥할 때,[제20회] 차오차오가 사슴을 쏘아 맞추는 것을 서술하기에 앞서 먼저 류베이가 토끼를 쏘아 맞추는 것을 서술했으니, 사슴이 이 이야기의 주인이고 토끼는 손님이다. 츠비赤壁에서 크게 싸울 때[208][제43~49회] 주거량이 바람을 빌리는 것[제49회]을 서술하기에 앞서 먼저 주거량이 화살을 빌리는 것[제46회]을 서술했으니, 바람이 주인이고 화살은 그 손님이다. 둥청董承이 헌제로부터 옥대를 받았을 때 비단도포와 함께 그것을 받았으니,[제20회] 옥대가 주인이고 도포는 손님이다. 관위關羽가 적토마를 하사 받을 때[제25회] 금 도장과 붉은 도포 같은 여러 하사품을 같이 받았으니, 여기에서는 말이 주인이고 금 도장 등은 손님이다. 차오차오가 땅을 파 구리 참새를 얻고는 동작대銅雀臺를 세웠는데 여기에 옥룡대玉龍臺와 금봉대金鳳臺도 함께 세웠다.[제34회] 따라서 구리참새가 주인이고 용과 봉황은 손님이다.

이와 같은 예는 이루 다 헤아릴 수 없다. 이 책을 잘 읽어본다면, 이로부터 문장에서 손님과 주인을 나누어 다루는 방법을 터득할 수 있을 것이다.

(9) 『三國』一書, 有以賓襯主之妙。

如將敍桃園兄弟三人, 先敍黃巾兄弟三人: 桃園其主也, 黃巾其賓也。將敍中山靖王之後, 先敍魯恭王之後: 中山靖王其主也, 魯恭王其賓也。將敍何進, 先敍陳蕃, 竇武: 何進其主也, 陳蕃, 竇武其賓也。敍劉, 關, 張及曹操, 孫堅之出色, 幷敍各鎭諸侯之無用: 劉備, 曹操, 孫堅其主也, 各鎭諸侯其賓也。劉備將遇諸葛亮, 而先遇司馬徽。崔州平, 石廣元, 孟公威等諸人: 諸葛亮其主也, 司馬徽諸人其賓也。諸葛亮歷事兩朝, 乃又有先來卽去之徐庶, 後來先死之龐統: 諸葛亮其主也, 而徐庶, 龐統又其賓也. 趙雲先事公孫瓚, 黃忠先事韓玄, 馬超先事張魯, 法正, 嚴顏先事劉璋, 而後皆歸劉備: 備其主也, 公孫瓚, 韓玄, 張魯, 劉璋其賓也. 太史慈先事劉繇, 後歸孫策, 甘寧先事黃祖, 後歸孫權, 張遼先事呂布, 徐晃先事楊奉, 張郃先事袁紹, 賈詡先事李傕, 張繡, 而後皆歸曹操: 孫, 曹其主也, 劉繇, 黃祖, 呂布, 楊奉等諸人其賓也.

代漢當塗之讖, 本應在魏, 而袁公路謬以自許: 魏其主也, 袁公路其賓也. 三馬同槽之夢, 本應在司馬氏, 而曹操誤以爲馬騰父子: 司馬氏其主也, 馬騰父子其賓也. 受禪臺之說, 李肅以賺董卓, 而曹丕卽眞焉, 司馬炎又卽眞焉: 曹丕, 司馬炎其主也, 董卓其賓也.

且不獨人有賓主也, 地亦有之. 獻帝自洛陽遷長安, 又自長安遷洛陽, 而終乃遷于許昌: 許昌其主也, 長安, 洛陽皆賓也. 劉備失徐州, 而得荊州: 荊州其主也, 徐州其賓也. 及得兩川, 而復失荊州: 兩川其主也, 而荊州又其賓也. 孔明將北伐中原, 而先南定蠻方, 意不在蠻方而在中原: 中原其主也, 蠻方其賓也.

抑不獨地有賓主也, 物亦有之. 李儒持鴆酒, 短刀, 白練以貽帝辨: 鴆酒其主也, 短刀, 白練其賓也. 許田打圍, 將敍曹操射鹿, 先敍玄德射兔: 鹿其主也, 兔其賓也. 赤壁鏖兵, 將敍孔明借風, 先敍孔明借箭: 風其主也, 箭其賓也. 董承受玉帶, 陪之以錦袍: 帶其主也, 袍其賓也. 關公拜受赤兔馬, 而陪之以金印, 紅袍諸賜: 馬其主也, 金印等其賓也. 曹操掘地得銅雀, 而陪之以玉龍, 金鳳: 雀其主也, 龍, 鳳其賓也.

諸如此類, 不可悉數. 善讀是書者, 可於此悟文章賓主之法.

(10) 『삼국지』에는 같은 나무에서 다른 가지가 뻗어나고, 같은 가지에서 다른 잎이 생겨나며, 같은 잎에서 다른 꽃이 피어나고, 같은 꽃에서 다른 열매가 맺는 묘미가 있다. 글 짓는 사람은 중복을 잘 피하는

것을 능사로 여기고, 또 중복을 잘 구사하는 것 역시 능사로 여긴다. 만약 작가가 중복을 하지 않음으로써 중복을 피하려 한다면, 중복을 피하려는 의도가 제대로 드러나지 않게 된다. 다만 그가 중복을 인정하고 받아들인 연후에야 오히려 그것을 피할 수 있게 되는 것이다.

이를테면, 중정에서의 생활을 묘사할 때, 허 태후何太后(?~189)제2회에 대해 서술하고, 다시 둥 태후董太后(?~189)제2회를 서술한다. 푸 황후伏皇后(?~214)제66회에 대해 서술하고, 다시 차오 황후曹皇后(?~260)제80회를 서술한다. 탕 귀비唐貴妃제4회에 대해 서술하고, 다시 둥 귀인董貴人제24회을 서술한다. 간 부인甘夫人과 미 부인麋夫人에 대해 서술하고,제27회 다시 쑨 부인孫夫人제54~55회을 서술하고, 또 다시 베이디 왕비北地王妃제118회에 대해 서술한다. 위나라의 전 후甄后(183~221)제33회와 마오 후毛后(?~237)제105회에 대해 서술하고, 다시 [촉의] 장 후張后제109회에 대해 서술한다. 그런데 그렇게 하는 동안 한 글자도 같은 것이 없었다.

황실의 인척을 기록할 때에는 허진何進제2회 다음에 둥청董承제20~24회에 대해 서술하고, 둥청 다음에는 다시 푸완伏完제66회을 서술했다. 위나라의 장치張緝(?~254)제109회에 대해 서술하고, 다시 오나라의 취안상全尙(?~258)제113회을 서술했다. 이것 역시 그렇게 하는 동안 한 글자도 같은 것이 없었다.

권신에 대해 서술할 때는 둥줘董卓 다음에 다시 리줴李傕와 궈쓰郭汜에 대해 서술하고, 리줴와 궈쓰 다음에는 다시 차오차오를 서술했다. 차오차오 다음에는 다시 차오피曹丕를 서술했다. 차오비 다음에는 다시 쓰마이司馬懿를 서술하고, 쓰마이 다음에는 다시 쓰마스司馬師(208~255)와 쓰마자오司馬昭(211~265) 형제를 병렬해 서술했다. 쓰마스와 쓰마자오 다음에는 뒤이어 쓰마옌司馬炎을 서술하고, 곁다리로 오나라의 쑨린孫琳(231~259)에 대해 서술했다. 그렇게 하는 동안에도 역시 한 글자도 같은 게 없었다.

그밖에 형제간의 일에 대한 서술에서도 위안탄袁譚(?~205)은 위안상袁尙(?~207)과 화목하지 못했고,^{제31~33회} 류치劉琦(?~209)는 류중劉琮과 화목하지 못했으며,^{제34~41회} 차오피曹丕는 차오즈曹植와 화목하지 못했다.^{제34회, 79회} 그런데 위안탄과 위안상은 모두 죽었고,^{제33회} 류치와 류중의 경우에는 하나는 죽고 하나는 살았으며,^{제41회} 차오피와 차오즈는 둘 다 죽지 않았으니, 이 모든 것들이 크게 다르지 아니한가?

혼인에 관한 일을 서술한 경우에도, 이를테면 둥줘董卓가 쑨젠孫堅에게 혼사를 청했고,^{제6회} 위안수袁術는 뤼부呂布와 혼사를 약속했으며,^{제16회} 차오차오曹操는 위안탄袁譚에게 혼사를 약속하고,^{제32회} 쑨취안孫權은 류베이劉備에게 혼사를 약속했고,^{제54~61회} 또 관위關羽에게도 혼사를 청했다.^{제73회} 그런데 혹자는 거절하고 허락하지 않았고, 혹자는 허락했다가 다시 거절했으며, 혹자는 거짓으로 혼사를 약속했다가 도리서 성사가 되고, 혹자는 진심으로 혼사를 약속했는데 오히려 이루어지지 않은 경우도 있었으니, 이 모두가 크게 다르지 아니한가?

왕윈王允(137~192)이 미인계를 쓰고, 저우위周瑜 또한 미인계를 썼는데,^{제8~9회} 한쪽은 효과를 보고 다른 한쪽은 효과를 보지 못했으니, 서로 다르다. 둥줘董卓와 뤼부呂布가 서로 미워했고,^{제8~9회} 또 리줴李傕 역시 궈쓰郭汜를 미워했는데,^{제13회} 한쪽은 화해했고, 다른 한쪽은 화해하지 못했으니, 서로 다르다. 헌제가 두 번 밀조를 내렸는데, 처음 것은 숨겨졌고,^{제10회} 나중 것은 드러났다.^{제20~21회} 마텅馬騰 역시 두 번 역적을 토벌하려 했는데, 처음 것은 드러났고,^{제10회} 나중 것은 숨겨졌다.^{제57회} 이것 역시 서로 다른 것이다. 뤼부는 양부를 두 번 죽였는데, 처음 것은 재물에 마음이 동해서였고,^{제3회} 두 번째는 여색에 마음이 흔들렸기 때문^{제9회}이었다. 전자는 사사로운 욕심 때문에 공적인 것을 저버린 것이요, 후자는 공적인 명분을 내세워 사욕을 채웠으니, 이 또한 다른 것이다. 자오윈趙雲은 주군을 두 번 구했는데, 처음 것은 육지에서 구했고,제41~42회 나중 것은 강에서 구했다.제61회 전자는 주군의 어머니[미 부인麋夫人] 손에서 그를 받았고,제41회 후자는 주군의 또다른 어머니[곧 쑨 부인孫夫人] 품에서 그를 빼앗았으니,제61회 이것 또한 다른 것이다.

물에 대해 서술한 것 역시 한 번에 그치지 않았고, 불에 대해 서술한 것 역시 한 번에 그치지 않았다. 차오차오曹操는 샤피下邳에서 물을 사용했고,제19회 또 지저우冀州에서도 물을 사용했다.제32회 관위는 바이허白河에서 물을 사용했고,제40회 쩡커우촨罾口川에서도 물을 사용했다.제74회 뤼부는 푸양濮陽에서 불을 사용했고,제12회 차오차오는 우차오烏巢에서 불을 사용했으며,제30회 저우위는 츠비赤壁에서 불을 사용했고,제49~50회 루쑨陸孫은 샤오팅猇亭에서 불을 사용했고,제84회 쉬성徐盛은 난쉬南徐에서 불을 사용했으며,제86회 주거량은 보왕博望제39회과 신예新野제40회에서 불을 사용했고, 또 판서구盤蛇谷제90회와 상팡구上方谷제103회에서 불을 사용했다. 이 모든 것들이 앞뒤로 조금이라도 중복되는 것이 있는가? 심지어 멍훠孟獲를 사로잡은 것도 일곱 번제87~90회이요, 치산祁山으로 출정한 것도 여섯 차례제92~104회였고, 중원을 정벌한 것은 아홉 번제107~119회이었으되, 그 가운데 한 글자라도 중복되는 것을 찾으려 해도 찾을 수 없다.

이 모든 문장들이 절묘하도다. 비유컨대 나무는 여느 다른 나무와 같고 가지는 여느 다른 가지와 같으며 잎은 여느 다른 잎과 같고 꽃은 여느 다른 꽃과 같지만, 그것이 뿌리를 내리고 꼭지가 여물고 꽃망울을 토해내며 열매를 맺는 모양이 오색으로 어지럽게 흐드러지면서 제각각 이채를 띠는 것과 같은 것이다. 여기에서 독자는 문장에는 중복되는 것을 피하는 수법과 동시에 중복을 잘 활용하는 수법이 있다는 사실을 깨달을 수 있다.

(10) 『三國』一書, 有同樹異枝, 同枝異葉, 同葉異花, 同花異菓之妙. 作文者以善避爲能, 又以善犯爲能: 不犯之而求避之, 無所見其避也; 唯犯之而後避之, 乃見其能避也.

如紀宮掖, 則寫一何太后, 又寫一董太后; 寫一伏皇后, 又寫一曹皇后; 寫一唐貴妃, 又寫一董貴人; 寫甘, 糜夫人, 又寫一孫夫人, 又寫一北地王妃; 寫魏之甄后, 毛后, 又寫一張后, 而其間無一字相同.

紀戚畹, 則何進之後, 寫一董承, 董承之後, 又寫一伏完; 寫一魏之張緝, 又寫一吳之錢尙: 而其間亦無一字相同.

寫權臣, 則董卓之後, 又寫李傕, 郭汜; 傕, 汜之後, 又寫曹操; 曹操之後, 又寫一曹丕; 曹丕之後, 又寫一司馬懿; 司馬懿之後, 又並寫一師, 昭兄弟; 師, 昭之後, 又繼寫一司馬炎, 又旁寫一吳之孫琳: 而其間亦無一字相同.

其他敍兄弟之事, 則袁譚與袁尙不睦, 劉琦與劉琮不睦, 曹丕與曹植亦不睦, 而譚與尙皆死, 琦與琮一死一不死, 丕與植皆不死, 不大異乎?

敍婚姻之事, 則如董卓求婚于孫堅, 袁術約婚于呂布, 曹操約婚于袁譚, 孫權結婚于劉備, 又求婚于雲長, 而或絶而不許, 或許而復絶, 或僞約而反成, 或眞約而不就, 不大異乎?

至于王允用美人計, 周瑜亦用美人計, 而一效一不效, 則互異; 卓, 布相惡, 傕, 汜亦相惡, 而一靖一不靖, 則互異. 獻帝有兩番密詔, 則前隱而後彰; 馬騰亦有兩番討賊, 則前彰而後隱: 此其不同者矣. 呂布有兩番弒父, 而前動于財, 後動于色; 前則以私滅公, 後則假公濟私: 此又其不同者矣. 趙雲有兩番救主, 而前救于陸, 後救于水; 前則受之主母之手, 後則奪之主母之懷: 此又其不同者矣.

若夫寫水不止一番, 寫火亦不止一番. 曹操有下邳之水, 又有冀州之水; 關公有白河之水, 又有罾口川之水. 呂布有濮陽之火, 曹操有烏巢之火, 周郎有赤壁之火, 陸遜有猇亭之火, 徐盛有南徐之火, 武侯有博望, 新野之火, 又有盤蛇谷, 上方谷之火: 前後曾有絲毫相犯否? 甚者孟獲之擒有7, 祁山之出有六, 中原之伐有九, 求其一字之相犯而不可得.

妙哉文乎! 譬猶樹同是樹, 枝同是枝, 葉同是葉, 花同是花, 而其植根, 安蒂, 吐芳, 結子, 五色紛披, 各成異采. 讀者于此, 可悟文章有避之一法, 又有犯之一法也.

(11) 『삼국지』에는 별자리가 옮겨가고 비바람이 불며 뒤집히는 묘미가 있다. 두푸杜甫(712~770)의 시에 "하늘에 흰옷처럼 떠있는 구름, 이내 검푸른 개와 같이 뒤바뀌네"라는 구절이 있으니, 이는 세상일이란 예측할 수 없다는 것을 말한 것이다. 『삼국지』의 문장 역시 이와 같다.

애당초 허진何進은 환관들을 죽이려는 계획을 꾸몄는데,제2회 도리어 환관들이 허진을 죽였으니,제3회 사태가 일변한 것이다.

애당초 뤼부呂布는 딩위안丁原(?~189)을 도와야 했는데 도리어 뤼부가 딩위안을 죽였으니,제3회 사태가 일변한 것이다.

애당초 둥줘董卓는 뤼부와 좋은 관계를 맺어보려 했던 것인데,제3회 도리어 뤼부가 둥줘를 죽였으니,제9회 사태가 일변한 것이다.

애당초 천궁陳宮(?~199)은 차오차오를 풀어주려 했는데,제4회 도리어 천궁이 차오차오를 죽이려 한 꼴이 되고 말았으니,제4~5회 사태가 일변한 것이다.

천궁이 차오차오를 죽이려 한 것은 아니었는데,제4회 도리어 차오차오가 천궁을 죽여버렸으니,^{제19회} 사태가 일변한 것이다.

애당초 왕윈王允은 리줴李催와 궈쓰郭氾의 사면을 반대했는데,^{제9회} 도리어 리줴, 궈쓰가 왕윈을 죽였으니,^{제9회} 사태가 일변한 것이다.

애당초 쑨젠孫堅은 위안수袁術와 사이가 좋지 않았는데,^{제5회} 도리어 위안수가 편지를 보내 쑨젠에게 도움을 청했으니,^{제7회} 사태가 일변한 것이다.

애당초 류뱌오劉表는 위안사오袁紹에게 도움을 청했는데,^{제7회} 도리어 류뱌오가 쑨젠을 죽였으니,^{제7회} 사태가 일변한 것이다.

애당초 류베이는 위안사오袁紹를 따라 둥줘董卓를 토벌하려 했던 것인데,^{제5회} 도리어 궁쑨찬公孫瓚을 도와 위안사오를 공격했으니,^{제7회} 사태가 일변한 것이다.

애당초 류베이는 쉬저우徐州를 구해주려 했던 것인데,^{제11회} 도리어 류베이가 쉬저우를 취한 꼴이 되어버렸으니,^{제12회} 사태가 일변한 것이다.

애당초 뤼부는 쉬저우에 투항하려 했었는데, 도리어 쉬저우를 빼앗았으니,^{제13회} 사태가 일변한 것이다.

애당초 뤼부는 류베이를 공격하려 했다가,^{제15회} 다시 류베이를 맞아들였으니,^{제15회} 사태가 일변한 것이다.

애당초 뤼부는 위안수와 관계를 끊었으려 했다가,^{제16회} 다시 뤼부가 위안수에게 도움을 청하니,^{제19회} 사태가 일변한 것이다.

애당초 류베이는 뤼부를 도와 위안수를 토벌하려 했다가^{제17회} 다시 차오차오를 도와 뤼부를 죽였으니,^{제19회} 사태가 일변한 것이다.

애당초 류베이는 차오차오를 도우려 했다가^{제17회} 다시 차오차오를 토벌했으니,^{제31회} 사태가 일변한 것이다.

애당초 류베이는 위안사오를 공격하려 했다가^{제7회} 다시 위안사오에게 투항했으니,^{제24회} 사태가 일변한 것이다.

애당초 류베이는 위안사오를 도와 차오차오를 공격하려 했는데,[제24회] 다시 관위關羽가 차오차오를 도와 위안사오를 공격했으니,[제25~26회] 사태가 일변한 것이다.

애당초 관위關羽는 류베이를 찾으려 한 것이었는데,[제26회] 다시 장페이張飛가 관위를 죽이려 했으니,[제28회] 사태가 일변한 것이다.

애당초 관위는 쉬톈許田에서 차오차오를 죽이려고 했었는데,[제20회] 다시 화룽다오華容道에서 차오차오를 놓아주었으니,[제50회] 사태가 일변한 것이다.

애당초 차오차오는 류베이를 추격했었는데,[제39~42회] 다시 류베이가 동오와 연합하여 차오차오를 쳐부수었으니,[제43~50회] 사태가 일변한 것이다.

애당초 쑨취안孫權은 류뱌오劉表와 원수 사이였는데,[제7회] 다시 루쑤魯肅가 류뱌오를 조문하고[제42회] 또 류치劉琦를 조문하게 되었으니,[제53회] 사태가 일변한 것이다.

애당초 주거량諸葛亮은 저우위周瑜를 도왔는데,[제43~49회] 도리어 저우위가 주거량을 죽이려 했으니,[제49회] 사태가 일변한 것이다.

애당초 저우위는 류베이를 해치려고 했던 것인데,[제45회] 도리어 쑨취안이 류베이와 사돈 관계를 맺게 되니,[제54회] 사태가 일변한 것이다.

애당초 [쑨취안은] 쑨 부인孫夫人을 이용해 류베이를 묶어 두려 했던 것인데,[제54회] 도리어 쑨 부인은 류베이를 도왔으니,[제55회] 사태가 일변한 것이다.

애당초 주거량은 저우위를 화가 나서 죽게 만든 것인데,[제57회] 다시 주거량이 저우위를 위해 곡을 하니,[제57회] 사태가 일변한 것이다.

애당초 류베이는 류뱌오에게서 징저우荊州를 받지 않으려 했던 것인데,[제39회] 도리어 오나라로부터 징저우를 빌리게 되었으니,[제54회] 사태가 일변한 것이다.

　애당초 류장劉璋은 차오차오와 동맹을 맺으려 했던 것인데,^{제60회} 도리어 류베이를 맞아들이게 되었으니,^{제60회} 사태가 일변한 것이다.

　애당초 류장은 류베이를 맞아들였던 것인데,^{제60회} 도리어 류베이가 류장의 땅을 빼앗았으니,^{제65회} 사태가 일변한 것이다.

　애당초 류베이는 징저우를 나누려 했던 것인데,^{제66회} 다시 뤼멍呂蒙(178~219)이 징저우를 습격했으니,^{제75회} 사태가 일변한 것이다.

　애당초 류베이가 동오를 쳐부수었는데,^{제83~84회} 다시 루쑨陸遜이 류베이를 패퇴시키니,^{제84회} 사태가 일변한 것이다.

　애당초 쑨취안은 차오피曹丕에게 도움을 청했는데,^{제82회} 차오피는 도리어 쑨취안을 습격하려 했으니,^{제85회} 사태가 일변한 것이다.

　애당초 류베이는 동오와 원수 사이였는데,^{제78회} 다시 주거량이 동오와 동맹을 맺었으니,^{제86회} 사태가 일변한 것이다.

　애당초 류펑劉封(?~220)은 멍다孟達(?~228)의 말을 들었었는데,^{제76회} 도리어 류펑이 멍다를 공격했으니,^{제79회} 사태가 일변한 것이다.

　애당초 멍다는 류베이를 등졌다가^{제79회} 다시 주거량에게 돌아가고자 하였으니,^{제94회} 사태가 일변한 것이다.

　애당초 마텅馬騰과 류베이는 일을 같이 했는데,^{제20~21회} 다시 마차오馬超가 류베이를 공격했으니,^{제64회} 사태가 일변한 것이다.

　애당초 마차오는 류장을 구해줬는데,^{제64회} 도리어 마차오가 류베이에게 투항하니,^{제65회} 사태가 일변한 것이다.

　애당초 쟝웨이姜維는 주거량에게 대적했었는데,^{제92~93회} 도리어 주거량을 돕게 되었으니,^{제92회} 사태가 일변한 것이다.

　애당초 샤허우바夏侯霸는 쓰마이司馬懿를 도왔는데, 도리어 쟝웨이를 돕게 되었으니,^{제107회} 사태가 일변한 것이다.

애당초 중후이鍾會는 덩아이鄧艾를 미워했는데,^(제117~119회) 도리어 웨이관衛瓘(220~291)이 덩아이를 죽였으니,^(제119회) 사태가 일변한 것이다.

애당초 쟝웨이는 중후이를 속였었는데,^(제118~119회) 도리어 중후이의 여러 부관들이 중후이를 죽였으니,^(제119회) 사태가 일변한 것이다.

애당초 양후羊祜는 루항陸抗과 우호적인 사이였는데,^(제120회) 도리어 양후가 쑨하오孫皓를 정벌하기를 청했으니,^(제120회) 사태가 일변한 것이다.

애당초 양하오가 오나라 정벌을 청했지만,^(제120회) 도리어 그 일은 두위杜預와 왕쥔王濬(206~285)에 의해 이루어졌으니,^(제120회) 사태가 일변한 것이다.

이 작품의 호응 수법을 논하자면, 앞부분을 읽으면 반드시 그에 상응하는 뒷부분이 있다는 사실을 알게 된다. 이 작품의 변화무쌍함을 논하자면, 앞부분을 읽더라도 그 뒷부분은 더욱 헤아릴 수 없다. 이렇게 상응하는 뒷부분을 알 수 있다는 점에서 『삼국지』의 문장이 정밀하다는 사실을 엿보게 되고, 이렇게 뒷부분을 헤아릴 수 없다는 점에서 다시금 『삼국지』 문장의 절묘함을 보게 된다.

(11) 『三國』一書, 有星移斗轉, 雨覆風翻之妙。杜少陵詩曰:「天上浮雲如白衣, 斯須改變成蒼狗。」此言世事之不可測也。『三國』之文, 亦猶是爾。

本是何進謀誅宦官, 却弄出宦官殺何進, 則一變;

本是呂布助丁原, 却弄出呂布殺丁原, 則一變;

本是董卓結呂布, 却弄出呂布殺董卓, 則一變;

本是陳宮釋曹操, 却弄出陳宮欲殺曹操, 則一變;

陳宮末殺曹操, 反弄出曹操殺陳宮, 則一變;

本是王允不赦催, 汜, 却弄出催, 汜殺王允, 則一變;

本是孫堅與袁術不睦, 却弄出袁術致書于孫堅, 則一變;

本是劉表求救于袁紹, 却弄出劉表殺孫堅, 則一變;

本是昭烈從袁紹以討董卓, 却弄出助公孫瓚以攻袁紹, 則一變;

本是昭烈救徐州, 却弄出昭烈取徐州, 則一變;

本是呂布投徐州, 却弄出呂布奪徐州, 則一變;

本是呂布攻昭烈, 又弄出呂布迎昭烈, 則一變;

本是呂布絶袁術, 又弄出呂布求袁術, 則一變;

本是昭烈助呂布以討袁術, 又弄出助曹操以殺呂布, 則一變;

本是昭烈助曹操, 又弄出昭烈討曹操, 則一變;

本是昭烈攻袁紹, 又弄出昭烈投袁紹, 則一變;

本是昭烈助袁紹以攻曹操, 又弄出關公助曹操以攻袁紹, 則一變;

本是關公尋昭烈, 又弄出張飛欲殺關公, 則一變;

本是關公許田欲殺曹操, 又弄出華容道放曹操, 則一變;

本是曹操追昭烈, 又弄出昭烈投東吳以破曹操, 則一變;

本是孫權讐劉表, 又弄出魯肅弔劉表, 又弔劉琦, 則一變;

本是孔明助周郎, 却弄出周郎欲殺孔明, 則一變;

本是周郎欲害昭烈, 却弄出孫權結婚昭烈, 則一變;

本是用孫夫人牽制昭烈, 却弄出孫夫人助昭烈, 則一變;

本是孔明氣死周郎, 又弄出孔明哭周郎, 則一變;

本是昭烈不受劉表荊州, 却弄出昭烈借荊州, 則一變;

本是劉璋欲結曹操, 却弄出迎昭烈, 則一變;

本是劉璋迎昭烈, 却弄出昭烈奪劉璋, 則一變;

本是昭烈分荊州, 又弄出呂蒙襲荊州, 則一變;

本是昭烈破東吳, 又弄出陸遜敗昭烈, 則一變;

本是孫權求救于曹丕, 却弄出曹丕欲襲孫權, 則一變;

本是昭烈讐東吳, 又弄出孔明結好東吳, 則一變;

本是劉封聽孟達, 却弄出劉封攻孟達, 則一變;

本是孟達背昭烈, 又弄出孟達欲歸孔明, 則一變;

本是馬騰與昭烈同事, 又弄出馬超攻昭烈, 則一變;

本是馬超救劉障, 却弄出馬超投昭烈, 則一變;

本是姜維敵孔明, 却弄出姜維助孔明, 則一變;

本是夏侯霸助司馬懿, 却弄出夏侯霸助姜維, 則一變;

本是鍾會忌鄧艾, 却弄出衛瓘殺鄧艾, 則一變;

本是姜維賺鍾會, 却弄出諸將殺鍾會, 則一變;

本是羊祜和陸抗, 却弄出羊祜請伐孫皓, 則一變;

本是羊祜請伐吳, 却弄出一杜預, 又弄出一王濬, 則一變。

論其呼應有法, 則讀前卷定知其有後卷; 論其變化無方, 則讀前文更不料其有後文。於其可知, 見『三國』之文之精; 於其不可料, 更見『三國』之文之幻矣。

(12) 『삼국지』에는 가로누운 구름이 고개를 끊고, 가로놓인 다리가 시냇물을 빗겨 지르는 묘미가 있다. 문장에는 이어야 할 곳이 있고 끊어야 할 부분이 있는 것이다.

이를테면, 관위關羽가 다섯 관문에서 장수를 베고,[제27회] 류베이가 주거량의 오두막집을 세 번 찾아가고,[제37~38회] 주거량이 멍훠孟獲를 일곱 번 사로잡았다 풀어주는[제87~90회] 대목은 그 문장의 묘미가 이어지는 데 있다.

또 이를테면, 주거량이 저우위周瑜를 세 번 화나게 하고,[제51회] 치산祁山으로 여섯 번이나 출정하며,[제92~104회] 쟝웨이姜維가 중원 땅을 아홉 번 정벌하는 대목제107~119회은 그 문장의 묘미가 끊어지는 데 있다.

　대저 글이 짧은 경우에는 이어서 서술하지 않으면 하나로 꿸 수가 없고, 글이 긴 경우에는 이어서 서술하면 번잡하게 될까 염려된다. 그러므로 반드시 다른 사건을 서술하여 그 사이에 끼워 놓아야, 비로소 글의 기세가 얽히고설키며 그 변화를 다하게 된다. 후세의 소설가로 이런 경지에 도달한 이는 드물다.

　(12) 『三國』一書, 有橫雲斷嶺, 橫橋鎖溪之妙。文有宜于連者, 有宜于斷者。如五關斬將, 三顧草廬, 七擒孟獲, 此文之妙于連者也。如三氣周瑜, 六出祁山, 九伐中原, 此文之妙于斷者也。蓋文之短者, 不連敍則不貫串, 文之長者, 連敍則懼其累墜, 故必敍別事以間之, 而後文勢乃錯綜盡變。後世稗官家, 鮮能及此。

　(13) 『삼국지』에는 바야흐로 눈이 내리기에 앞서 싸라기눈이 보이고, 비 오기 전에 천둥소리가 들리는 묘미가 있다. 바야흐로 뒤에 본문이 나오기에 앞서 반드시 시답잖은 글이 그것을 이끌어 주고, 바야흐로 큰 글이 나오기에 앞서 반드시 작은 글이 그것을 열어 주는 것이다.

　이를테면, 장차 차오차오曹操가 푸양濮陽에 불을 놓는 일제12회을 서술하기에 앞서, 먼저 미주麋竺의 집안에 불이 나는 것제11회을 서술한 시답잖은 글이 그것을 열어준다. 장차 쿵룽孔融이 류베이에게 구원을 요청하는 일제11회을 서술하기에 앞서 쿵룽이 리잉李膺(110~169)을 찾아뵙는 일제11회을 서술한 시답잖은 글이 그것을 열어준다. 바야흐로 츠비赤壁에서 불을 놓는 큰 글제49~50회을 서술하기에 앞서, 보왕博望제39회과 신예新野제40회에서 불을 놓는 것을 서술한 두 대목의 작은 글이 그것을 열어준다. 바야흐로 주거량이 치산을 여섯 번 출정하는 큰 글제92~104회을 서술하기에 앞서, 먼저 멍훠孟獲를 일곱 번 사로잡았다 놓아준 것제87~90회을 서술한 작은 글이 그것을 열어준 것 등등이 바로 그것이다.

노나라 사람들은 하늘에 제사 드리기에 앞서 반드시 판궁頖宮에서 먼저 제사를 드린다31)고 하였으니, 문장의 묘미는 바로 이것과 같은 것이다.

(13) 『三國』一書有將雪見霰, 將雨聞雷之妙。將有一段正文在後, 必先有一段閒文以爲之引。將有一段大文左後, 必先有一段小文以爲之端。如將敍曹操濮陽之火, 先寫糜竺家中之火一段閒文以啓之; 將敍孔融求救于昭烈, 先寫孔融通刺于李弘32)一段閒文以啓之; 將敍赤壁縱火一段大文, 先寫博望, 新野兩段小文以啓之; 將敍六出祁山一段大文, 先寫七擒孟獲一段小文以啓之是也。魯人將有事于上帝, 必先有事于頖宮, 文章之妙, 正復類是。

(14) 『삼국지』에는 파도가 친 뒤에 파문이 일고 비 온 뒤 이슬비가 뿌리는 묘미가 있다. 무릇 뛰어난 문장이라면, 글 앞에 반드시 먼저 내는 소리先聲가 있고, 글 뒤에는 반드시 남은 여운餘勢가 있어야 한다.

이를테면, 둥줘董卓에 대한 이야기제1~9회 뒤에는 다시 그를 따르는 도적의 무리제9~17회가 있어 이야기를 이어가고, 황건적에 대한 이야기제1회 뒤에는 다시 잔당이 있어제2회 이야기를 늘려간다. 류베이가 주거량의 집을 세 번 찾아간 뒤제37~38회에는 다시 류치劉琦가 주거량에게

---

31) 이 구절은 『예기禮記』에 나오는데, 앞서 진성탄의 「제오재자서」 독법讀第五才子書法 (57)조에 비슷한 구절이 나온 적이 있다. "노나라 사람들은 타이산에 제사지낼 때 반드시 먼저 페이린에서 제사를 지냈다魯人有事于泰山, 必先有事于配林."
32) 李弘은 李膺이 맞다.

세 번 청하는 일단의 대목제39회이 있어 이를 돋보이게 한다. 주거량이 군사를 이끌고 출정하는 큰 글제92~104회 뒤에는 쟝웨이姜維가 위나라를 정벌하러 가는 일단의 문장제107~119회이 있어 그 여운을 이어준다. 이와 같은 예들은 다른 책에서는 찾아볼 수 없는 것들이다.

(14) 『三國』一書, 有浪後波紋, 雨後霢霂之妙。凡文之奇者, 文前必有先聲, 文後亦必有餘勢。如董卓之後, 又有從賊以繼之; 黃巾之後, 又有餘黨以衍之; 昭烈三顧草廬之後, 又有劉琦三請諸葛一段文字以映帶之; 武侯出師一段大文之後, 又有姜維伐魏一段文字以蕩漾之是也。諸如此類, 皆他書中所未有。

(15) 『삼국지』에는 찬 얼음으로 더위를 물리고 서늘한 바람이 먼지를 쓸어가는 묘미가 있다.

이를테면 관위가 다섯 관문에서 장수들을 벨 무렵 갑자기 전궈쓰鎭國寺에서 관위가 푸징장로普靜長老를 만나는 일단의 문장제27회이 나온다. 류베이가 말을 타고 탄시檀溪를 뛰어넘을 때,제34회 갑자기 수이징좡水鏡莊에서 쓰마후이司馬徽를 만나는 일단의 문장제35회이 나온다. 쑨처孫策가 강동을 완전히 장악할 무렵에 갑자기 위지于吉를 만나는 일단의 문장제29회이 나온다. 차오차오가 위왕魏王의 작위를 나아가 받을 때 갑자기 줘츠左慈를 만나는 일단의 문장제68~69회이 나온다. 류베이가 주거량의 오두막집을 세 번 찾아갈 때 갑자기 추이저우핑崔州平을 만나 자리를 깔고 앉아 한담을 나누는 일단의 문장제37회이 나온다. 관위가 위나라의 칠군七軍을 수몰시킬 때제74회 갑자기 죽은 관위의 혼백이 달밤에 위취안산玉泉山에서 푸징장로의 말을 듣고 깨닫는 바가 있어 귀의하는 일단의 문장제77회이 나온다.

이것뿐이랴. 주거량은 남만을 정벌하러 가는 도중제87~90회에 갑자기

멍졔孟節를 만난다.^제89회 루쏜陸孫은 촉의 군사를 추격하다 갑자기 황청옌黃承彦을 만난다.^제84회 장런張任은 적과 맞서기 직전에 갑자기 쯔쉬장런紫虛丈人에게 운수를 물어본다.^제62회 류베이는 오나라를 정벌하러 가는 도중에 갑자기 칭청산青城山의 노인에게 길흉을 물어본다.^제81회 이들은 모두 중이거나 도사거나 은자거나 속세를 버린 이들로, 모두 은둔자이니, 어느 경우든 지극히 혼란스럽고 어수선한 가운데 그들을 찾은 것이다. 진정 사람으로 하여금 조급한 생각을 잠시 멈추고, 답답한 마음을 모두 풀어낼 수 있게 해주는 역할이었던 것이다.

(15) 『三國』一書, 有寒冰破熱, 凉風掃塵之妙。

如關公五關斬將之時, 忽有鎭國寺內遇普靜長老一段文字; 昭烈躍馬檀溪之時, 忽有水鏡莊上遇司馬先生一段文字; 孫策虎踞江東之時, 忽有遇于吉一段文字; 曹操進爵魏王之時, 忽有遇左慈一段文字; 昭烈三顧草廬之時, 忽有一遇崔州平席地閒談一段文字; 關公水淹七軍之後, 忽有玉泉山月下點化一段文字。

至于武侯征蠻, 而忽逢孟節; 陸遜追蜀, 而忽遇黃承彦; 張任臨敵, 而忽問紫虛丈人; 昭烈伐吳, 而忽間青城老叟: 或僧, 或道, 或隱士, 或高人, 俱于極喧鬧中求之, 眞足令人躁思頓清, 煩襟盡滌。

(16) 『삼국지』에는 생황과 통소 소리를 북소리 사이에 끼워 넣고 거문고와 비파 소리를 종소리 틈새에 집어넣는 묘미가 있다.

이를테면 황건적이 난을 일으키는 것을 막 서술하고 있는데 갑자기 허 후何后와 둥 후董后 두 태후가 다투는 글이 한 대목 나온다.^제2회 둥줘董卓가 전횡하는 것을 서술하는 도중에 갑자기 댜오찬貂蟬의 펑이팅鳳儀亭에서 뤼부呂布를 만나는 글이 한 대목 나온다.^제8회 리줴李催와 궈쓰郭汜가 미쳐 날뛰는 것을 서술하고 있는데 갑자기

양뱌오楊彪(142~225)의 부인과 궈쓰郭汜의 처가 왕래하는 글이 한 대목 나온다.제13회

샤피下邳에서 차오차오曹操와 뤼부呂布가 서로 싸우는 것을 서술하고 있는데, 갑자기 뤼부呂布가 딸을 위안수袁術에게 보내려 하고,제19회 옌 씨嚴氏 부인이 남편을 붙잡는 글이 한 대목 나온다.제19회

차오차오가 지저우성冀州城을 공격하는 장면을 서술하고 있는데 갑자기 위안탄袁譚이 차오차오의 딸인 약혼녀를 잃고,제32회 차오피曹丕가 위안시袁熙(183~221)의 아내를 자기 아내로 거두어들이는 글이 한 대목 나온다.제33회

류뱌오劉表가 죽은 뒤 둘째아들이 징저우荊州를 다스리는 것을 서술하는데, 갑자기 징저우를 차오차오에게 바치자는 주장에 차이 부인蔡夫人이 찬성하는 글이 한 대목 나온다.제40회

바야흐로 츠비대전赤壁大戰으로 들어가는 과정을 서술하려는데,제49~50회 갑자기 차오차오가 얼챠오二喬를 얻고 싶어한다고 말하는 글이 한 대목 나온다.제48회

완청宛城에서 차오차오와 장슈張繡가 서로 공격하는 것을 막 서술하려는데 문득 장슈의 삼촌인 장지張濟(?~196)의 미망인[쩌우鄒 씨]과 차오차오가 만나게 되는 글이 한 대목 나온다.제16회

자오윈趙雲이 구이양桂陽을 얻는 과정을 서술하는 도중에 갑자기 자오판趙範이 남편을 여읜 형수에게 자오윈에게 술을 공손히 따르게 하는 글이 한 대목 나온다.제52회

류베이가 징저우荊州를 놓고 오나라와 다투는 것을 서술하다가 갑자기 쑨취안孫權의 누이동생과 화촉을 밝히는 글이 한 대목 나온다.제54회

쑨취안이 황쭈黃祖와 싸우는 것을 서술하다가 갑자기 쑨이孫翊(184~204)의 아내가 죽은 남편의 복수를 하는 글이 한 대목 나온다.제38회

쓰마이司馬懿가 차오솽曹爽(?~249)을 죽이는 장면을 막 서술하려는데 갑자기 누이인 신셴잉辛憲英(191~269)이 동생인 신창辛敞에게 조언하는 글이 한 대목 나온다.^{제107회}

위안사오袁紹가 차오차오를 토벌할 때 갑자기 정쉬안鄭玄의 하녀들을 곁들어 서술했고,^{제22회} 차오차오가 한중漢中을 구했던 날에는 갑자기 차이융蔡邕의 딸, 차이옌蔡琰에 대해서 곁들여 서술했으니,^{제71회} 이와 같은 예들은 하나 하나 들지 않더라도 충분할 것이다.

사람들은 단지 『삼국지』의 문장이 용과 호랑이가 서로 다투는 것을 서술한 것이라는 점만 알았지, 때로는 봉황이 되었다가, 난鸞새가 되었다가, 꾀꼬리도 되었다가, 제비가 되어 작품 안에서 이것들을 모두 마주하고 받아들일 겨를이 없다는 사실은 모르고 있다. 사람들로 하여금 창과 방패를 든 병사들 속에서 이따금 붉은 치마를 보게 하고, 군대의 깃발 나부끼는 가운데 항상 화장한 얼굴이 드러나게 하니, 아마도 호걸과 재사의 열전과 미인들의 열전을 한 책으로 합쳐놓은 것이라 하겠다.

(16) 『三國』一書, 有笙簫夾鼓, 琴瑟間鐘之妙。
如正敍黃巾擾亂, 忽有后何后, 董后兩宮爭論一段文字;
正敍董卓縱橫, 忽有貂蟬鳳儀亭一段文字;
正敍傕, 汜狂猖, 忽有楊彪夫人與郭汜之妻來往一段文字;
正敍下邳交戰, 忽有呂布送女, 嚴氏戀夫一段文字;
正敍冀州廝殺, 忽有袁譚失妻, 曹丕納婦一段文字;
正敍荊州事變, 忽有蔡夫人商議一段文字;
正敍赤壁鏖兵, 忽有曹操欲取二喬一段文字;
正敍宛城交攻, 忽有張濟妻與曹操相遇一段文字;

正敍趙雲取桂陽, 忽有趙範寡嫂敬酒一段文字;

正敍昭烈爭荊州, 忽有孫權親妹洞房花燭一段文字;

正敍孫權戰黃祖, 忽有孫翊妻爲夫報讐一段文字;

正敍司馬懿殺曹爽, 忽有辛憲英爲弟畫策一段文字。

至于袁紹討曹操之時, 忽帶敍鄭康成之婢; 曹操救漢中之日, 忽帶敍蔡中郎之女: 諸如此類, 不一而足。

人但知『三國』之文是敍龍爭虎鬪之事, 而不知爲鳳爲鸞, 爲鶯爲燕, 篇中有應接不暇者。令人于干戈隊裏, 時見紅裙; 旌旗影中, 常觀粉黛: 殆以豪士傳與美人傳合爲一書矣。

(17) 『삼국지』에는 한 해 전에 씨를 심어 놓고 [바둑에서] 나중의 수를 위해 앞서 복선의 수를 깔아 두는 묘미가 있다. 채마밭을 잘 가꾸는 사람은 땅에다 씨를 뿌리고는 때가 되어 싹이 나기를 기다린다. 바둑을 잘 두는 이는 수십 수 앞서 먼저 대수롭지 않은 한 수를 두니, 그 결과는 수십 수 뒤에 나타난다. 문장의 서사 기법도 역시 이와 같다.

이를테면 서촉의 류장劉璋은 류옌劉焉의 아들로, 바야흐로 첫 회에 류베이에 대해 서술하기에 앞서 먼저 류옌을 서술하였으니,제1회 나중에 류베이가 시촨西川[쓰촨의 서쪽 땅을 가리킴]을 취하는 것제65회을 위해 복선을 깔아둔 것이다.

또 류베이가 황건적을 격파할 때, 차오차오를 함께 서술하고제1회 둥줘도 같이 서술했으니,제1회 나중에 둥줘가 나라를 어지럽히고,제3회 차오차오가 권력을 전횡하는 것제20~78회을 위해 복선을 깔아둔 것이다.

자오윈趙雲은 구청古城에서 형제들이 다시 모이고 나서야 류베이에게 귀순하는데,제28회 사실 류베이가 자오윈을 만나는 것은 일찍이 판허磐河에서 궁쑨찬公孫瓚과 싸움을 벌일 때였으니,제7회 그때 이미 복선을 깔아둔 것이다.

마차오馬超가 류베이에게 귀순한 것은 쟈멍葭萌에서 쟝페이張飛와 싸운 뒤이니,제65회 류베이가 마차오의 아비인 마텅馬騰과 함께 일을 도모한 것이 일찍이 둥청董承이 헌제로부터 허리띠에 숨겨진 조서를 받았을 때로,제20~21회 그때 이미 복선을 깔아둔 것이다.

팡퉁龐統이 류베이에게 귀순한 것은 저우위周瑜가 죽은 뒤이나,제57회 그 전에 이미 [쓰마후이司馬徽의] 동자가 그의 이름을 언급한 적이 있었으니, 일찍이 [쓰마후이의 집인] 수이징좡水鏡莊에서제35회 그에 대한 복선을 미리 깔아둔 것이다.

주거량諸葛亮이 '일을 꾸미는 것은 사람에게 달렸지만, 일이 이루어지는 것은 하늘에 달렸도다謀事在人, 成事在天'라고 탄식한 것은 상팡구上方谷에서 화공으로 쓰마이司馬懿를 공격하려다 비가 내려 불이 꺼져 실패로 돌아갔을 때의 일인데,제103회 [그에 앞서] 쓰마후이司馬徽는 '와룽이 비록 그 주인은 얻었으나 아쉽게도 그 때는 얻지 못했구나!'라고 말했고,제37회 추이저우핑崔州平은 '하늘의 뜻을 사람이 억지로 바꿀 수는 없다'고 말했으니,제37회 결국 류베이가 주거량의 집을 세 번 찾아갔을 때 이미 그에 대한 복선을 깔아둔 것이다.

류찬劉禪이 황제로 있던 촉이 개국한 지 40년 만에 망하는 것은 110회 이후의 일인데,제118회 [그에 앞서] 일찍이 그가 신예新野에서 태어났을 때 학이 40번을 울었으니제34회 이때 이미 그에 대한 복선을 깔아둔 것이다.

쟝웨이姜維가 중원을 아홉 번 정벌한 것은 105회 이후의 일인데, 주거량이 쟝웨이를 거둔 것은 일찍이 처음 치산祁山으로 출정할 때였으니,제92~93회 그때 이미 그에 대한 복선을 깔아둔 것이다.

쟝웨이가 덩아이鄧艾를 만난 것은 그가 세 번째로 중원 정벌에 나섰을 때였고, 쟝웨이가 중후이鍾會를 만난 것은 아홉 번째 중원 정벌에 나섰을 때였으나,^{제112회} [그에 앞서] 샤허우바夏侯覇가 두 사람의 이름을 일러주었으니,^{제107회} 일찍이 중원 정벌에 나서기 전에 이미 그에 대한 복선을 깔아둔 것이다.

차오피曹丕가 한나라를 찬탈한 것은 80회이나, [이미 38회에서] 푸른 구름과 보라색 구름이 그가 태어난 집 위로 나타나는 상서로운 조짐이 있었으니,^{제38회} 일찍이 33회 이전에 그에 대한 복선을 깔아둔 것이다.

쑨취안孫權이 연호를 공표하는 것(222)은 85회 이후이나, 그에 앞서 우 부인吳夫人(?~207)이 해가 품에 들어오는 태몽을 꾼 조짐이 있었으니,^{제38회} 일찍이 38회 중에 그에 대한 복선을 깔아둔 것이다.

쓰마 씨가 위나라를 찬탈하는 것은 119회의 일인데, [78회에서] 차오차오가 꿈에 한 구유에서 세 마리의 말이 먹이를 먹는 꿈을 꾸는 조짐이 있었으니, 일찍이 78회 중33)에 이에 대한 복선을 깔아둔 것이다.

이것 말고도 복선을 깔아둔 곳은 이루 다 헤아릴 수 없을 정도다.

오늘날 소설가들을 보매, 그들은 줄거리 전개가 막혀 오도 가도 못할 때는 곧바로 뜬금없이 한 사람이 나타나 실마리도 없이 사건을 꾸며대니, 뒤 문장과 앞 문장이 서로 끊기고 더 이상 이어지지 않는다. 그들에게 『삼국지』 문장을 읽어보게 하면 부끄러워 얼굴에 진땀이 나지 않겠는가?

(17) 『三國』一書, 有隔年下種, 先時伏着之妙。善圃者投種于地, 待時而發; 善弈者下一閒着于數十著之前, 而其應在數十著之後。文章敍

---

33) 마오쫑강 독법의 원문은 이 부분이 "五十七回中"으로 나와 있으나, 사실 이 에피소드는 78회에 나온다.

事之法, 亦猶是已。

如西蜀劉璋乃劉焉之子, 而首回將敍劉備, 先敍劉焉, 早爲取西川伏下一筆。

又于玄德破黃巾時, 並敍曹操, 帶敍董卓, 早爲董卓亂國, 曹操專權伏下一筆。

趙雲歸昭烈在古城聚義之時, 而昭烈之遇趙雲, 早于磐河戰公孫時伏下一筆。

馬超歸昭烈在葭萌戰張飛之後, 而昭烈之與馬騰同事, 早于受衣帶詔時伏下一筆。

龐統歸昭烈在周郎旣死之後, 而童子述龐統姓名, 早于水鏡莊前伏下一筆。

武侯歎「謀事在人, 成事在天」在上方谷火滅之後, 而司馬徽「未遇其時」之語, 崔州平「天不可强」之言, 早于三顧草廬前伏下一筆。

劉禪帝蜀四十餘年而終, 在一百十回之後, 而鶴鳴之兆, 早于新野初生時伏下一筆。

姜維九伐中原, 在一百五回之後, 而武侯之收姜維, 早于初出祁山時伏下一筆。

姜維與鄧艾相遇, 在三伐中原之後, 姜維與鍾會相遇, 在九伐中原之後, 而夏侯霸述兩人姓名, 早于未伐中原時伏下一筆。

曹丕篡漢, 在八十回中, 而青雲紫雲之祥, 早于三十三回之前伏下一筆。

孫權僭號, 在八十五回後, 而吳夫人夢日之兆, 早于三十八回中伏下一筆。

司馬篡魏, 在一百十九回, 而曹操夢馬之兆, 早于五十七回中伏下一筆。

自此而外, 凡伏筆之處, 指不勝屈。

每見近世稗官家, 一到扭捏不來之時, 便平空生出一人, 無端造出一事, 覺後文與前文隔斷, 更不相涉. 試令讀『三國』之文, 能不汗顏?

(18) 『삼국지』에는 천을 덧대 비단을 기우고 바늘을 놀려 자수를 가지런히 하는 묘미가 있다. 무릇 서사 기법은 이편에서 모자라는 것은 저편에서 채우고, 상권에서 남은 것은 하권에 나누어 고르게 하는 법이다. 앞의 글이 늘어지지 않게 할 뿐만 아니라 뒤의 글 또한 적막하게 되도록 놔두지 않는다. 앞의 사건에서 빠지는 것이 없게 할 뿐만 아니라 뒤에 오는 사건 역시 지나치지 않게 한다. 이것이야말로 역사가의 절묘한 솜씨이다.

이를테면, 뤼부呂布가 차오뱌오曹豹(?~196)의 딸을 취한 일은 본디 쉬저우徐州를 빼앗기 전의 일제14회인데, 도리어 그가 샤피下邳에서 곤경에 처했을 때제16회에야 이 일을 서술했다.

차오차오曹操가 병사들로 하여금 매실을 떠올리게 하여 목마름을 멎게 한 일은 본디 장슈張繡를 공격하던 무렵의 일인데, 오히려 푸른 매실을 따고 술을 데워 류베이와 마시던 때제21회에 이 일을 서술했다.

관닝管寧이 화신華歆(157~231)의 속됨을 싫어하여 자리를 따로 앉은 일은 본디 화신이 벼슬을 하기 전의 일인데, 도리어 차오차오의 명을 받고 화신이 벽을 부수고 숨어있던 푸 황후伏皇后를 끌어냈을 때제66회에 그 일을 서술했다.

우 부인吳夫人이 품에 달이 들어오는 꿈을 꾸었던 것은 본디 쑨처孫策를 낳으려 할 때 있었던 일인데, 오히려 임종시 유언을 남길 때제38회에야 이 일을 서술했다.

주거량이 황 씨黃氏를 배우자로 삼았던 것은 본디 삼고초려 이전의 일제37회인데, 도리어 그의 아들 주거잔諸葛瞻이 재난을 만나 죽을 때제117회에 이르러서야 이 일을 서술했다.

　이와 같은 예는 이루 다 헤아릴 수 없다. 앞에서는 발자국을 남겨 뒤와 호응하고, 뒤에서는 앞과 호응하여 돌이켜 비춰보게 한다. 사람들에게 이를 읽어보게 한다면 진정 [이렇게 긴] 한 편의 소설이 [짧은 글] 한 구절과 같이 긴밀하게 얽혀 있는 것을 알 수 있을 것이다.

　(18) 『三國』一書, 有添絲補錦, 移針勻繡之妙。凡敍事之法, 此篇所闕者補之於彼篇, 上卷所多者勻之於下卷。不但使前文不沓拖, 而亦使後文不寂寞; 不但使前事無遺漏, 而又使後事增渲染: 此史家妙品也。

　如呂布取曹豹之女, 本在未奪徐州之前, 却于困下邳時敍之; 曹操望梅止渴, 本在擊張繡之日, 却于青梅煮酒時敍之; 管寧割席分坐, 本在華歆未仕之前, 却于破壁取后時敍之; 吳夫人夢月, 本在將生孫策之前, 却于臨終遺命時敍之; 武侯求黃氏爲配, 本在未出草廬之前, 却于諸葛瞻死難時敍之。

　諸如此類, 亦指不勝屈。前能留步以應後, 後能迴照以應前, 令人讀之, 眞一篇如一句。

　(19) 『삼국지』에는 가까운 산은 세세하게 그리고, 멀리 있는 나무는 가볍게 그리는 묘미가 있다. 화가의 기법은 산과 나무가 가까이 있으면 세밀하고 꼼꼼하게 그리고, 산과 나무가 멀리 있으면 가볍고 담담하게 그리는 법이다. 그렇게 하지 않으면, 아스라하게 멀리 있는 나무 우거진 산기슭과 이내가 겹겹이 둘러싼 산봉우리를 어찌 작은 화폭 안에 하나하나 세세하게 그려낼 수 있겠는가? 글을 짓는 것 또한 이와 같다.

　이를테면, 우리는 황푸쑹皇甫嵩이 황건적을 쳐부수었다는 이야기를 주쥔朱儁(?~195)의 심부름꾼이 말하는 것을 통해 듣게 된다.제2회 위안사오袁紹가 궁쑨찬公孫瓚을 죽였다는 이야기는 만충滿寵(?~242)이 차오차오에게 보고하는 것을 통해 듣게 된다.^제21회 자오윈趙雲이 난쥔南郡을 습격하고 관위關羽와 장페이張飛가 각각 샹양襄陽과 징저우荊州 두 군을 습격한 이야기는 저우위周瑜의 눈과 귀를 빌어 알게 된다.^제51회 류베이가 양펑楊奉과 한셴韓暹(?~197)을 죽인 일은 류베이의 입을 통해 나오게 된다.^제17회 장페이가 구청古城을 빼앗았다는 이야기는 관위의 귀를 빌어 듣게 된다.^제28회 젠융簡雍(168~243)이 류베이와 함께 위안사오에게 투항했었다는 이야기는 류베이의 입을 빌어 나오게 된다.^제28회

차오피曹丕는 세 갈래 군사를 이끌고 오나라를 정벌하러 갔다가 모두 패했는데, 한 갈래 군사 얘기는 직접 묘사했지만, 두 갈래의 군사에 대해서는 간접적으로 결과만 묘사했다.^제85회 주거량은 차오피의 다섯 갈래의 병사를 물리쳤는데, 오직 덩즈鄧芝를 사신으로 하여 오나라로 보내 다섯 갈래 중의 하나인 오나라의 군사를 막은 일은 직접 묘사했지만,^제85~86회 그 나머지 네 갈래 병사를 막은 일은 모두 간접적으로 결과만 묘사했다.^제85~86회

이와 같은 예는 이루 다 헤아릴 수 없다. 겨우 한두 구절에 불과한 것이 얼마나 많은 사정을 포함하고 있고, 얼마나 많은 필묵을 절약하고 있는지 정말 모르겠다.

(19) 『三國』一書, 有近山濃抹, 遠樹輕描之妙。畵家之法, 于山與樹之近者, 則濃之重之; 于山與樹之遠者, 則輕之淡之。不然, 林麓迢遙, 峯巒層疊, 豈能于尺幅之中, 一一而詳繪之乎? 作文亦猶是已。

如皇甫嵩破黃巾, 只在朱儁一邊打聽得來; 袁紹殺公孫瓚, 只在曹操一邊打聽得來; 趙雲襲南郡, 關, 張襲兩郡, 只在周郞眼中耳中得來; 昭烈殺楊奉, 韓暹, 只在昭烈口中敍來; 張飛奪古城, 在關公耳中聽來; 簡雍投袁紹, 在昭烈口中說來.

至若曹丕三路伐吳而皆敗, 一路用實寫 兩路用虛寫; 武侯退曹丕五路之兵, 唯遣使入吳用實寫, 其四路皆虛寫.

諸如此類, 又指不勝屈. 只一句兩句, 正不知包却幾許事情, 省却幾許筆墨.

(20) 『삼국지』에는 기이한 봉우리들이 서로 마주해 서 있고, 비단 병풍이 대치하고 있는 묘미가 있다. 그렇게 대비시키는 수법에는 서로 같은 점을 대비시키는 것正對, 서로 다른 점을 대비시키는 것反對, 같은 회에서 자연스럽게 대비시키는 것, 수십 회를 격하고 멀리서 대비시키는 것 등이 있다.

이를테면, 류베이劉備는 어려서부터 포부가 컸고, 차오차오曹操는 어려서부터 간사했다.[제1회]

장페이張飛는 줄곧 성질이 조급했고, 허진何進은 줄곧 성질이 느긋했다.[제2회]

원밍위안溫明園에서 황제를 폐할 것을 의논했으니 둥쥐董卓에게는 임금에 대한 충성이 없고, 양아버지 딩위안丁原을 죽였으니 뤼부呂布에게는 아버지에 대한 효성이 없다.[제3회]

위안사오袁紹가 판허磐河에서 한 전투는 승패를 종잡을 수 없고, 쑨졘孫堅이 셴산峴山에서 벌인 싸움은 생사를 헤아릴 수 없다.[제7회]

마텅馬騰은 왕실을 위해 힘써 비록 이룬 것은 없었지만 충성심은 잃지 않았고, 차오차오는 아버지의 원수를 갚으려다 끝장을 보지 못했으니, 효를 다하지 못한 셈이 되었다.[제10회]

위안사오는 기마와 보병 삼군을 일으켰지만 다시 돌아왔으니, 이는 힘으로는 싸울 만 했지만 결단을 내리지 못했기 때문이고, 류베이는 차오차오 휘하의 왕중王忠, 류다이劉岱 두 장수를 사로잡고도 다시 놓아주었는데^{제22회} 이는 세력으로는 상대할 수 없어 임시변통한 것이다.

쿵룽孔融이 미헝禰衡을 천거한 것^{제23회}은 [『시경』의]「검은 옷緇衣」에서 선비를 아낀 것34)과 같고, 미헝이 차오차오를 욕한 것은 「샹보巷伯」에 나타난 풍자하는 마음과 같다.35)

---

34) 이 시에 대해 「모시 서毛詩序」에서는 무공(武公)을 기린 시라 하였으나, 실제로는 지아비에 대한 지어미의 감정이라 볼 수도 있다.

검은 옷이 잘도 어울리네. 해지면 내가 다시 만들어 드리지요.
관청에 가셨다가 돌아오시면 내가 당신께 음식을 차려 올리지요.
검은 옷이 참 좋기도 해라. 해지면 내가 다시 지어 드리지요.
관청에 가셨다가 돌아오시면 내가 당신께 음식을 차려 올리지요.
검은 옷이 참 푸근하기도 해라. 해지면 내가 다시 맞추어 드리지요.
관청에 가셨다가 돌아오시면 내가 당신께 음식을 차려 올리지요.
緇衣之宜兮, 敝予又改爲兮。適子之館兮, 還予授子之粲兮。
緇衣之好兮, 敝予又改造兮。適子之館兮, 還予授子之粲兮。
緇衣之蓆兮, 敝予又改作兮。適子之館兮, 還予授子之粲兮。

35) 이 시는 『시경』 「소아」에 나오는 것으로, 내시인 멍쯔가 헐뜯는 사람을 풍자한 것이라 한다. 또는 누군가가 참소를 당해 뜻밖의 죄를 뒤집어쓰고 궁형을 받아 내시가 되자, 역시 내시였던 멍쯔가 이 시를 지었다고도 한다.

알록달록 아름답게 조개 무늬로 비단을 짰네. 남을 헐뜯은 저 사람아 너무 심하게 헐뜯었구나.
커다랗게 입을 벌려 남기성을 이루었으니, 남을 헐뜯는 저 사람아, 누구와 함께 헐뜯었던가?
쑥덕쑥덕 수군거리며 남을 헐뜯으려고 모의하니 그대들 말조심하게나 그대들을 못 믿겠다고 하겠네.
속닥속닥 소곤거리며 헐뜯을 말을 모의하니 어찌 그대들 말이 받아들여지지 않을까만 끝내는 그대들도 버림받는다네.
교만한 자들은 좋아들 하지만 괴로움 당하는 사람들은 시름겨워라. 푸른 하늘이여, 푸른 하늘이여, 저 교만한 자들을 보시고 이 괴로움 당하는 사람들을 류베이가 쓰마후이司馬徽를 만난 것은 별 뜻 없이 우연히 그리 된 것이고, 쉬수徐庶가 신예新野를 방문한 것은 애당초 류베이에게 자신을 소개할 마음이 있어서였다.^{제35회}

차오피曹丕는 생전에 차오즈曹植를 모질게 핍박했으니^{제79회} 이는 한 배에서 나왔어도 서로 창칼을 들이대는 것이며, 류베이는 죽은 관위關羽를 위해 통곡했으니^{제78회} 이는 비록 성은 달랐지만 골육의 정을 느꼈기 때문이다.

상팡구上方谷의 불길이 꺼진 것은 쓰마이司馬懿가 아직 죽을 때가 되지 않은 것이요, 우장위안五丈原에서 등불이 꺼진 것은 주거량의 명이 다한 것이다.^{제103회}

이와 같은 예 가운데 어떤 것은 서로 같은 점을 대비시키는 것正對도 있고, 서로 다른 점을 대비시키는 것反對도 있는데, 같은 회에서 자연스럽게 대비시킨 것이다.

이를테면, 그 자신이 황실의 친척이면서 다른 황실 친척[곧 둥중董

가엾게 여기소서.
　남을 헐뜯는 저 자들은 누구와 함께 헐뜯나? 저 헐뜯는 자들을 잡아다가 승냥이와 범에게 던져 주리라
　승냥이와 범도 먹지 않으면 북녘의 불모지에다 던져 버리리라. 북녘의 불모지에서도 받지 않으면 하느님께 던져 드리리라.
　양위안으로 가는 길이 무츄를 따라 나 있네. 시인 멍쯔가 이 시를 지었으니 여러 군자들께선 삼가 이 시를 들으소서.
　　萋兮斐兮, 成是貝錦。彼譖人者, 亦已大甚。
　　哆兮侈兮, 成是南箕。彼譖人者, 誰適與謀。
　　緝緝翩翩, 謀欲譖人。愼爾言也, 謂爾不信。
　　捷捷幡幡, 謀欲譖言。豈不爾受, 旣其女遷。
　　驕人好好, 勞人草草。蒼天蒼天, 視彼驕人, 矜此勞人。
　　彼譖人者, 誰適與謀。取彼譖人, 投畀豺虎。
　　豺虎不食, 投畀有北。有北不受, 投畀有昊。
　　楊園之道, 猗于畝丘。寺人孟子, 作爲此詩。凡百君子, 敬而聽之。

重]을 해친 사람으로는 허진何進이 있고,제2회 황실의 친척으로서 다른 황실 친척[둥청董承]을 천거한 것으로는 푸완伏完이 있다.제20회

리쑤李肅가 뤼부呂布를 설득해 딩위안丁原을 죽이게 한 것제3회은 잔꾀로 뤼부로 하여금 악행을 저지르게 한 것이요, 왕윈王允이 뤼부를 설득해 둥줘董卓를 죽이게 한 것제9회은 기지로 뤼부로 하여금 충성스러운 행위를 하게 한 것이다.

장페이張飛가 쉬저우徐州를 잃은 것제14회은 술 때문에 일을 그르친 것이고, 뤼부가 샤피下邳에서 함정에 빠진 것제19회은 그가 금주를 한 탓에 재앙을 불러들인 것이다.

관위關羽가 루쑤魯肅이 권한 술을 마신 것제66회은 신령스러운 권위가 넘치는 것이었고, 진晉의 양후羊祜가 오의 루항陸抗이 보내준 술을 마신 것제120회은 화기가 넘친 것이다.

주거량諸葛亮이 멍훠孟獲를 죽이지 않은 것제87~90회은 어진 이의 관대함이었고, 쓰마이司馬懿가 궁쑨위안公孫淵(?~238)을 기어이 죽이고만 것제106회은 간웅의 각박함이었다.

관위는 의리 때문에 차오차오를 놓아주었으니,제50회 이는 앞서 그가 베풀었던 은덕에 보답한 것이고, 장페이는 의리로 옌안嚴顏을 풀어주었으니,제63회 이는 나중에 그를 거두어 쓰려고 했기 때문이다.

주거량이 쯔우구子午谷를 지나 창안長安을 공격하자는 계책을 받아들이지 않은 것제92회은 신중하게 계략을 써 만전을 기한 것이요, 덩아이鄧艾가 인핑링陰平嶺을 넘는 것을 두려워하지 않은 것제117회은 모험을 감행해 요행수를 노리는 것이었다.

차오차오는 병이 생겼으나 천린陳琳이 격문을 지어 차오차오를 욕하자마자 곧 나았고,제22회 왕랑王朗(?~228)은 병이 없었는데 주거량이 그를 욕하자마자 금세 죽었다.제93회

쑨 부인孫夫人은 갑옷을 입고 무기를 지니기를 좋아하였으니제54회 이는 여자 가운데 장부라 하겠고, 쓰마이는 주거량에게서 여자가 쓰는 머릿수건과 옷을 받았으니제103회 이는 남자 가운데 여자라 하겠다.

쓰마이가 여드레 만에 상용上庸을 취한 것제94회은 신속함으로써 신기에 가까운 공적을 세운 것이고, 그가 백일만에 샹핑襄平을 얻은 것제106회은 더딘 것으로써 승리한 것이다.

주거량은 웨이수이渭水 가에서 둔전을 시행했으니제103회 이는 나아가 공세를 취하려는 계략이요, 쟝웨이姜維는 타중沓中에서 둔전을 시행했으니제115회 이는 물러나 화를 피하려는 술책이었다.

차오차오가 위공魏公으로 책봉되면서 한나라 황제로부터 구석九錫을 받은 것제61회은 차오차오가 더 이상 한나라의 신하가 아님을 보인 것이요, 쑨취안孫權이 오왕으로 책봉되면서 위나라 황제로부터 구석을 받은 것제82회은 쑨취안이 독립국의 군주가 아니라는 사실을 보여주는 것이다.

차오차오가 황제를 제치고 사슴을 쏘아 맞추었으니제20회 군신 사이의 마땅한 의義가 어그러졌고, 차오피曹丕가 아들 차오루이曹叡(205~239) 앞에서 사슴을 쏘아 맞추었으니제91회 모자간의 정에 감복했다.

양이楊儀(?~235)와 웨이옌魏延(?~234)은 군사를 되돌리는 날 서로 다투었고, 제104~105회 덩아이鄧艾와 중후이鍾會는 병력을 쓸 무렵 서로 시기하였다.제117~119회

쟝웨이는 주거량의 뜻을 이으려 하였으나제104~119회 사람의 일이 하늘의 뜻에 거슬렀고, 두위杜預는 양후羊祜의 계략을 받들 수 있었으니제120회 하늘의 때가 사람의 수고에 응답한 것이다.

이와 같은 예 가운데 어떤 것은 서로 같은 점을 대비시키는 것正對도 있고, 서로 다른 점을 대비시키는 것反對도 있는데, 모두 한 회 안에서

같이 있는 것이 아니라 수십 회를 격하고 멀리서 대비시킨 것이다.

진정 이런 것들을 서로 비교하여 견주어 본다면, 어찌 옛사람의 생각을 읽어내는 즐거움과 그들의 고매한 논의를 알아내는 능력이 부족할 게 있겠는가?

(20) 『三國』一書, 有奇峯對揷, 錦屛對峙之妙. 其對之法, 有正對者, 有反對者, 有一回之中自爲對者, 有隔數十回而遙爲對者.

如昭烈則自幼便大, 曹操則自幼便奸.

張飛則一味性急, 何進則一味性慢.

議溫明是董卓無君, 殺丁原是呂布無父.

袁紹磐河之戰, 勝敗無常; 孫堅峴山之役, 生死不測.

馬騰勤王室而無功, 不失爲忠; 曹操報父讐而不果, 不得爲孝.

袁紹起馬步三軍而復回, 是力可戰而不斷; 昭烈擒王, 劉二將而復縱, 是勢不敵而從權.

孔融薦禰衡, 是『緇衣』之好; 禰衡罵曹操, 是『巷伯』之心.

昭烈遇德操, 是無意相遭; 單福過新野, 是有心來謁.

曹丕苦逼生曹植, 是同氣戈矛; 昭烈痛哭死關公, 是異姓骨肉.

火熄上方谷, 是司馬之數當生; 燈滅五丈原, 是諸葛之命當死.

諸如此類, 或正對, 或反對, 皆一回之中而自爲對者也.

如以國戚害國戚, 則有何進; 以國戚薦國戚, 則有伏完.

李肅說呂布, 則以智濟其惡; 王允說呂布, 則以巧行其忠.

張飛失徐州, 則以飮酒誤事; 呂布陷下邳, 則以禁酒受殃.

關公飮魯肅之酒, 是一片神威; 羊祜飮陸抗之酒, 是一團和氣.

孔明不殺孟獲, 是仁者之寬; 司馬懿必殺公孫淵, 是奸雄之刻.

關公義釋曹操, 是報其德于前; 翼德義釋嚴顔, 是收其用于後.

武侯不用子午谷之計, 是慎謀以圖全; 鄧艾不懼陰平嶺之危, 是行險以徼幸。
　曹操有病, 陳琳一罵便好; 王朗無病, 孔明一罵便亡。
　孫夫人好甲兵, 是女中丈夫; 司馬懿受巾幗, 是男中女子。
　八日而取上庸, 則以速而神; 百日而取襄平, 則以遲而勝。
　孔明屯田渭濱, 是進取之謀; 姜維屯田沓中, 是退避之計。
　曹操受漢之九錫, 是操之不臣; 孫權受魏之九錫, 是權之不君。
　曹操射鹿, 義乖于君臣; 曹丕射鹿, 情動于母子。
　楊儀, 魏延, 相爭于班師之日; 鄧艾, 鍾會, 相忌在用兵之時。
　姜維欲繼孔明之志, 人事逆乎天心; 杜預能承羊祜之謀, 天時應乎人力。
　諸如此類, 或正對, 或反對, 皆不在一回之中, 而遙相爲對者也。
　誠于此較量而此觀焉, 豈不足快讀古之胸, 而長尙論之識!

(21) 『삼국지』에는 머리와 꼬리가 제대로 호응하고, 중간에서 결정적인 대목을 제대로 이어주는 곳이 있다.

이를테면, 첫 회에서 영제靈帝가 십상시를 편애하는 것으로 시작해, 마지막 회에서 [촉나라의] 류찬劉禪이 중상시 황하오黃皓를 총애하는 것제113~118회으로 끝맺고, 다시 [오나라의] 쑨하오孫皓가 중상시 천훈岑昏(?~280)을 총애하는 것제120회으로 거듭 끝맺었으니, 머리와 꼬리가 제대로 호응한 것이다. 또 이를테면, 첫 회에서 황건적이 요술을 부리는 것제1회으로 시작해, 마지막 회에서 류찬이 무당을 신봉한 것제116회으로 끝맺고, 다시 쑨하오가 술사 상광尙廣을 신봉한 것제120회으로 거듭 끝맺었으니, 이 또한 머리와 꼬리가 제대로 호응한 것이다.

머리와 꼬리가 서로 호응하더라도 그 사이에 있는 백여 회 안에서 만약 앞과 뒤를 서로 이어주는 것이 없다면 장법이 이루어지지 않는다. 이에 푸완伏完이 환관(무순穆順)에게 부탁해 편지를 보내려 하고,제66회 쑨량孫亮(243~260)이 꿀을 훔치려고 했던 환관을 조사하는 부분이 있어제113회 앞뒤를 연결하고, 다시 리줴李傕가 여자 무당을 좋아하고제13회 장루張魯가 사도邪道를 부리는 대목제59회이 있어 앞뒤를 연결한다. 무릇 이와 같은 것들은 모두 하늘이 만들고 땅이 세운 것으로서 전편의 뼈대를 이루는 것이다.

하지만 아직 여기에서 멈추지 않는다. 작자의 의도는 환관과 요술 이외에도 난신적자들을 엄정하게 징벌하는 데 좀 더 중점을 둠으로써, 『춘추』의 미언대의에 자연스럽게 부합된다. 이런 까닭에 이 작품에는 역적을 토벌하는 충성스러운 행위와 군주를 시해하는 악행이 많이 기록되어 있으니, 첫 회의 끝 부분을 장페이張飛가 분연히 둥줘董卓를 죽이려고 하는 것제1회으로 끝마치고, 마지막 회의 끝 부분은 쑨하오孫皓가 은연중에 쟈충賈充(217~282)을 죽이고 싶어하는 것제120회으로 끝마쳤다.

이러한 사실로 보건대 비록 연의라는 말을 붙이긴 했지만, 실로 『춘추』를 계승했다고 말해도 전혀 손색이 없을 것이다.

(21) 『三國』一書, 有首尾大照應, 中間大關鎖處.

如首回以十常侍爲起, 而末回有劉禪之寵中貴以結之, 又有孫皓之寵中貴以雙結之, 此一大照應也. 又如首回以黃巾妖術爲起, 而末回有劉禪之信師婆以結之, 又有孫皓之信術士以雙結之, 此又一大照應也.

照應旣在首尾, 而中間百餘回之內若無有與前後相關合者, 則不成章法矣. 于是有伏完之託黃門寄書, 孫亮之察黃門盜蜜以關合前後, 又有李傕之喜女巫, 張魯之用左道以關合前後. 凡若此者, 皆天造地設,以成全篇之結構者也。

然猶不止此也。作者之意, 自宦官, 妖術而外, 尤重在嚴誅亂臣賊子, 以自附于『春秋』之義, 故書中多錄討賊之忠, 紀弑君之惡。而首篇之末, 則終之以張飛之勃然欲殺董卓; 末篇之末, 則終之以孫皓之隱然欲殺賈充。

由此觀之, 雖曰演義, 直可繼麟經而無愧耳。

(22) 『삼국지』 서술의 뛰어남은 실로 『사기』와 흡사하나, 서사의 어려움은 『사기』보다 몇 배나 어렵다. 『사기』는 각각 분권이 되어 있어 사람마다 따로 실려 있고, 본기와 세가, 열전으로 나누어져 있다. 『삼국지』는 그렇지 아니하니, 본기와 세가, 열전을 모두 합하여 한 편으로 만든 것과도 같다. 나누면 글이 짧아서 솜씨를 부리기 쉽고, 합치면 글이 길어져 잘 엮어내기가 어렵게 마련이다.

(22) 『三國』敍事之佳, 直與『史記』彷彿; 而其敍事之難, 則有倍難于『史記』者。『史記』各國分書, 各人分載, 于是有本紀, 世家, 列傳之別。今『三國』則不然, 殆合本紀, 世家, 列傳而總成一篇。分則文短而易工, 合則文長而難好也。

(23) 『삼국지』를 읽는 것은 『열국지』를 읽는 것보다 낫다.

무릇 『좌전』과 『국어』는 진실로 문장 가운데 가장 훌륭한 것이라 할 수 있다. 그러나 쥐츄밍左丘明은 경經에 의거하여 전傳을 세웠으니, 경은 단락에 따라 각자가 별도로 문장을 이루고 있고, 전 역시 단락에 따라 각자가 문장을 이루고 있어 서로 연결되지 않는다. 『국어』는 경과 분리되어 그 자체로 한 권의 책이 되었으므로, 서로 연결될 수 있으나, 결국 『주어』, 『노어』, 『진어』, 『정어』, 『제어』, 『초어』, 『오어』,

『월어』로 여덟 나라가 여덟 편으로 나뉘어 역시 서로 연결되지 않는
다. 후대 사람들이 『좌전』과 『국어』를 합쳐 『열국지』를 만들었는데,
나라는 많고 사건들은 번잡하여, 그 단락들을 결국 한데 꿰어 연결할
수 없었던 것이다.

　이제 『삼국연의』를 처음부터 끝까지 읽어보면 어느 한 곳도 끊을
수 없으니, 이 책이 『열국지』보다 윗길이다.

　(23) 讀 『三國』 勝讀 『列國志』。

　夫 『左傳』, 『國語』, 誠文章之最佳者, 然左氏依經而立傳, 經旣逐段
各自成文, 傳亦逐段各自成文, 不相聯屬也。 『國語』則離經而自爲一書,
可以聯屬矣, 究竟 『周語』, 『魯語』, 『晉語』, 『鄭語』, 『齊語』, 『楚語』, 『吳
語』, 『越語』, 八國分作八篇, 亦不相連屬也。 後人合 『左傳』, 『國語』而爲
『列國志』, 因國多事煩, 其段落處到底不能貫串。 今 『三國演義』, 自首至
尾讀之, 無一處可斷, 其書又在 『列國志』之上。

　(24) 『삼국지』를 읽는 것이 『서유기』를 읽는 것보다 낫다.

　『서유기』는 요괴와 마귀의 일을 꾸며낸 것이라 황당무계하고 상식
에 어긋나니, 제왕의 일을 충실하게 서술하여 실제 일어난 일을 따져
가며 읽을 수 있는 『삼국지』만 못하다. 아울러 『서유기』의 좋은 점은
『삼국지』에도 이미 다 들어 있다. 이를테면, 야취안啞泉[제89회]이니, 헤
이취안黑泉[제89회]이니 하는 것들이 쯔무허子母河나 뤄타이취안落胎泉[36)]
의 기이함과 다를 게 뭐가 있는가? 둬쓰대왕朵思大王[제89~90회]이니 무
루대왕木鹿大王[제90회]이니 하는 것들이 뉴마왕牛魔王과, 누리다셴鹿力大
仙, 진쒜대왕金角大王, 인쒜대왕銀角大王 등과 같은 호칭[37)]과 다를 게

---

36) 이 두 샘물은 『서유기』 제53회에 나온다. 여기서 삼장법사는 쯔무허를 마시고
　　임신했다가, 뤄타이취안의 물을 마시고 곤경에서 벗어난다.

뭐가 있는가? 푸보장군伏波將軍의 혼령이 나타나 산신령으로 하여금 어려움을 해결해 주는 등의 것^{제89회}들이 남해관음이 나타나 구해 주는 것과 다를 게 뭐가 있는가? 한의 승상[곧 주거량諸葛亮을 말함]이 남방을 정벌한 단 한 권의 기록^{제87~90회}만으로도『서유기』한 부 전체에 필적할 수 있다.

아울러 앞에는 전궈쓰鎭國寺에서의 일이, 뒤에는 위취안산玉泉山에서의 일이 있으니, 앞서의 경우는 [푸징장로普靜長老] 계도를 들어 보이며 눈짓을 하여 관위關羽로 하여금 위험에서 벗어나게 하고,^{제27회} 뒤의 경우는 관위의 혼령이 허공에서 들려오는 몇 마디 말을 듣고 깨달음을 얻었다.^{제77회} 어찌 '마음의 산 위에 있는 영혼의 누대靈臺方寸'나 '기울어진 달과 세 별자리의 계곡斜月三星'과 같은 글38)을 외운다고 해서 그것이 참선의 의미를 깨닫는 것이겠는가?

(24) 讀『三國』勝讀『西游記』。

『西遊』捏造妖魔之事, 誕而不經, 不若『三國』實敍帝王之事, 眞而可考也。且『西遊』好處,『三國』已皆有之。如啞泉, 黑泉之類, 何異子母河, 落胎泉之奇? 朶思大王, 木鹿大王之類, 何異牛魔, 鹿力, 金角, 銀角之號? 伏波顯聖, 山神指迷之類, 何異南海觀音之救? 只一卷漢相南征記, 便抵得一部『西遊記』矣。

至于前而鎭國寺, 後而玉泉山; 或目視戒刀, 脫離火厄, 或望空一語, 有同棒喝: 豈必誦「靈臺方寸」,「斜月三星」之文, 乃悟禪心手哉!

---

37) 뉴마왕은『서유기』제59~61회에 나온다. 누리다셴은 제44~46회에 나온다. 진줴대왕과 인줴대왕은 제32~35회에 나온다.

38) 이 내용은『서유기』제1회에 나온다. 쑨우쿵孫悟空의 스승인 수보리는 '기울어진 달과 세 별자리의 계곡斜月三星'에 있는 '마음의 산 위에 있는 영혼의 누대靈臺方寸'에 살고 있다. 원문 '영대靈臺'와 '방촌方寸'은 흔히 사람의 마음을 가리킨다.

(25) 『삼국지』를 읽는 것이 『수호전』을 읽는 것보다 낫다.

『수호전』의 글이 가지는 진실함은 비록 『서유기』의 환상보다는 조금 낫지만, 무에서 유를 만들고, 멋대로 사건이 일어났다 없어졌다 하니, 그 솜씨가 『삼국』보다 까다롭지 않다. 그러니 [『수호전』은] 이미 정해져 있는 일을 서술하되 그 내용을 마음대로 바꾸는 일이 허용되지 않으므로 문장을 부리는 솜씨가 아주 어려운 경지에 이르게 된 『삼국지』만 못하다는 것이다.39)

또 『삼국지』에는 인재들이 풍성하게 등장해 그 각각이 모두 뛰어나게 묘사되어 있으며, [『수호전』의] 우용吳用이나 궁쑨성公孫勝 같은 인물보다 뛰어난 인물이 수없이 많다. 그래서 나는 재자서의 목록 가운데 마땅히 『삼국연의』를 으뜸으로 놓아야 한다고 생각한다.

(25) 讀『三國』勝讀『水滸傳』.

『水滸』文字之眞, 雖較勝『西遊』之幻, 然無中生有, 任意起滅, 其匠心不難, 終不若『三國』敍一定之事, 無容改易而卒能匠心之爲難也.

且三國人才之盛, 寫來各各出色, 又有高出于吳用, 公孫勝等萬萬者. 吾謂「才子書」之目, 宜以『三國演義』爲第一.

---

39) 마오룬毛綸의 「제칠재자서」 「총론」에도 이 두 작품을 비교한 내용이 실려 있다.

『비평제일기서금병매』 독법
『批評第一奇書金甁梅』讀法*

장주포張竹坡

(1) [작자는] 판진롄潘金蓮, 리핑얼李甁兒, 팡춘메이龐春梅 세 인물을 허구로 창조했다. 그들이 어떻게 한데 모였다, 어떻게 흩어지는지 보라. 전반부는 판진롄과 리핑얼만을 다루고 있고, 후반부에서는 춘메이만을 다루고 있다. 전반부에서 [시먼칭西門慶은] 갖은 수단과 방법을 동원해 남의 아내인 판진롄과 리핑얼을 손에 넣지만, 후반부에서는 오히려 자신의 팡춘메이가 남에 손에 쉽게 넘어간다.

(1) 劈空撰出金, 甁, 梅三個人來, 看其如何收攏一塊, 如何發放開去。看其前半部止做金, 甁, 後半部止做春梅。前半人家的金甁, 被他千方百計弄來, 後半自己的梅花, 却輕輕的被人奪去。

(2) 위황먀오玉皇廟에서 시작해제1회 융푸쓰永福寺에서 끝나는데,제100회

---

* 이하 독법의 번역문은 이무진의 『금병매의 양면성 연구』(고려대 석사논문, 1997)의 부록으로 실려 있는 번역을 바탕으로 『중국소설독법How to Read the Chinese Novel』(데이비드 L. 롤스톤David L. Rolston 주편, 프린스턴대학출판사Princeton University Press, Princeton, New Jersey, 1990)의 번역을 참고하였다. 이 자리를 빌려 원문과 번역문의 파일을 제공해주었을 뿐 아니라 번역문의 내용 확인에 대한 질문에 성실히 답해준 이무진 동학에게 고마움을 전한다. 참고로 여기에 인용한 『금병매』 판본은 다음과 같다. 『제일기서第一奇書』 (타이베이台北; 리런서국里仁書局, 1981).

이것이 제1회에서 모두 언급되고 있다.^제1회 이는 작품의 주요 관건이 되는 부분이다.

(2) 起以玉皇廟, 終以永福場寺, 而一回中已一齊說出, 是大關鍵處。

(3) 앞서 우 신선吳神仙은 시먼 씨 가문의 흥성을 총괄하고,^제29회 황진인黃眞人은 시먼 씨 가문의 쇠망을 지탱해주며,^제66회 마지막으로 푸징 선사普淨禪師는 그 집안의 업장을 소멸시켜 준다.^제100회 이것이 이 작품의 전후 맥락이 서로 조응하는 부분이다.

(3) 先是吳神仙總覽其盛, 便是黃眞人少扶其衰, 末是普淨師一洗其業, 是此書大照應處。

(4) [우 신선吳神仙이] 시먼칭西門慶의 가족들의 운명을 정확하게 예언한 것^제29회은 일종의 개괄이다. 그러나 유독 천징지陳經濟만은 빠져 있다. [시먼칭의 아내들이] 거북점을 보며 웃고 즐길 때에도^제46회 판진롄潘金蓮은 여기에서 빠져 있다. 그러나 곧이어 등장해 입을 열어 보충하는 까닭에,^제46회 판진롄이 아예 빠진 것은 아니라 할 수 있다. [그러니] 실제로 빠진 것은 시먼칭과 팡춘메이龐春梅뿐이다. 리핑얼李瓶兒은 시먼칭의 꿈속에 두 번 등장하며,^제67회 시먼칭[의 운명을 개괄해주는 것]을 보충해 준다. 또한 예터우퉈葉頭陀가 관상을 보며^제96회 천징지의 운명을 개괄해 준다.

(4) 永鑑定終身, 是一番結束, 然獨遺陳敬濟。嘻笑卜龜兒, 又遺潘金蓮。然金蓮卽從其自己口中補出, 是故亦不遺金蓮, 當獨遺西門慶與春梅耳。兩番瓶兒托夢, 蓋又單補西門。而葉頭陀相面, 纔爲敬濟一番結束也。

(5) [작자는] 판진롄潘金蓮이 등장하기 앞서^{제1회} 리핑얼李瓶兒을 등장시켰고,^{제1회} 판진롄이 시먼칭西門慶에게 시집간 뒤^{제9회} 팡춘메이龐春梅를 등장시켰다.^{제9회} 시먼칭이 판진롄을 맞아들이기에 앞서 멍위러우孟玉樓와 결혼하도록 하였고,^{제7회} 리핑얼을 맞아들이기에 앞서^{제19회} 천징지陳經濟를 등장시켰다.^{제17회} 이러한 문장의 삽입과 교차의 오묘함은 말로 다할 수 없다. 이를테면 쑹후이롄宋蕙蓮과 왕류얼王六兒, 번쓰싸오賁四嫂, 루이얼如意兒 등을 중간 중간 삽입해 묘사한 것 역시 천하에 둘도 없는 기교를 다한 것이다.

(5) 未出金蓮, 先出瓶兒; 旣娶金蓮, 方出春梅; 未娶金蓮, 却先娶玉樓; 未娶瓶兒, 又先出敬濟。文字穿插之妙, 不可名言。若夫夾寫蕙蓮, 王六兒, 賁四嫂, 如意兒諸人, 又極盡天工之巧矣。

(6) 『금병매』를 볼 줄 아는 이는 하반부를 볼 것이다. 또한 오직 볼 줄 아는 이라야만 단지 상반부를 볼 수 있다. 이를테면 [시먼칭西門慶이] 아들 관거官哥를 얻고 관직에 오를 때, 「한샹쯔韓湘子[1]가 숙부인 한위韓愈를 찾다」가 불려지며,^{제32회} 덧없는 인생은 한바탕의 꿈과 같

---

1) 한샹쯔韓湘子는 중국의 유명한 팔선인八仙人 가운데 한 명이다. 서기 820년경에 살았으며, 당의 유명한 학자인 한위韓愈의 조카였다. 그의 성품은 방탕하고 구속을 싫어했으며, 독서를 좋아하지 않고, 다만 음주만을 즐겼다. 20세 때 가족들과 헤어져 다시는 돌아가지 않았다. 그 뒤로 무려 20년 간 아무런 소식도 없이 지내다 당 원화元和(806~820) 연간 홀연히 창안長安에 나타났다. 옷은 해질 대로 해졌고, 괴이한 행동을 일삼았다. 한위가 이를 딱하게 여기고 학생들과 함께 책을 읽으라고 입학시켰으나, 제대로 토론이 이루어지지 않았다. 도박에 빠지기도 하고 한번 취하면 며칠씩 잠을 잤다. 한위가 보기에 한심해 물었다. "사람은 그 나름의 장점이 있다. 너는 장차 무엇이 되려고 하느냐?" 한샹쯔가 말했다. "나도 한 가지 기교가 있지요. 그걸 알지 못하는가요?" 당시는 한 겨울로 매우 추운 계절이었다. 한샹쯔는 모란이 여러 가지 색으로 꽃 피게 하고, 또 화분에 흙을 채워 삽시간에 꽃을 피웠다 한다.

다고 탄식하는 것제31회 등 일일이 헤아릴 수 없으니, 세세히 완상하면 그 맛을 알 수 있다.

(6) 會看『金甁』者, 看下半部。亦惟會看者, 單看上半部。如生子加官時, 唱〈韓湘子尋叔〉, 嘆浮生猶如一夢等, 不可枚擧, 細玩方知。

(7) 『금병매』에서는 판정대장법板定大章法이라는 것을 사용하고 있다. 이를테면, 판진롄潘金蓮이 어떤 일로 화가 나 있을 때 반드시 멍위러우孟玉樓가 옆에 있는 것 등이 이것이니, 100회가 다 이러하고 조금도 흐트러짐이 없다. 이것으로 그 장법의 노련함을 알 수 있다. 또 다른 예를 들면 시먼칭西門慶이 어디론가 술 마시러 문을 나설 때에는 반드시 한 사람 혹은 관리 하나가 등장하여 그에게 인사를 하고 머물러 앉는데 이는 아들을 얻고 관직에 오른 뒤 수십 회를 이루는 큰 장법이다.

(7) 『金甁』有板定大章法。如金蓮有事生氣, 必用玉樓在旁, 百遍皆然, 一絲不易, 是其章法老處。他如西門至人家飮酒, 臨出門時, 必用一人或一官來拜, 留坐, 此又是生子加官後數十回大章法。

(8) 『금병매』 100회는 [처음부터] 끝까지 두 개의 에피소드가 대비되는 장법이니, 그 제목을 합쳐보면 200편의 에피소드가 된다. 그러므로 한 회에는 앞뒤로 두 가지 에피소드가 나와 있고, 중간에는 다음으로 넘어가는 한 마디 말이 있다. 또 앞뒤 두 가지 에피소드는 암암리에 이음새가 있어 다음 이야기로 넘어간다. 이를테면 제1회에 등장하는 위안탄元壇의 호랑이가 그것이다.2)제1회

---

2) 자오위안탄趙元壇의 그림 속에 묘사된 호랑이를 말한다. 이 호랑이는 사람을 잡아먹는다고 소문이 나 인근을 공포로 몰아넣었는데, 나중에 우쑹武松이 죽인다.

또 두 에피소드를 두 단락으로 나누어 묘사해, 앞의 에피소드 반 단락을 서술하고 나서 바로 뒤의 에피소드 반 단락을 [이어] 쓰고, 다시 앞의 반 단락을 완성하고 재차 뒤의 반 단락을 완성하였다. 그런가 하면 두 에피소드가 서로 뒤섞여 있는 회도 있고 다른 이야기가 섞여 들어간 회도 있다. 총괄하자면 제목에 나타난 두 에피소드가 해당 회의 근간이 되는 것이다. 한 회 한 회를 따라가며 세세히 완상하면 그 맛을 알 수 있다.

(8) 『金甁』一百回, 到地俱是兩對章法, 合其目爲二百件事。然有一回前後兩事, 中用一語過節; 又有前後兩事, 暗中一笋過下。如第一回, 用元壇的虎是也。

又有兩事兩段寫者, 寫了前一事半段, 卽寫後一事半段, 再完前半段, 再完後半段者。有二事而參伍錯綜寫者, 有夾入他事寫者。總之, 以目中二事爲條幹, 逐回細玩卽知。

(9) 『금병매』의 한 회가 두 에피소드로 대비되어 써진 것은 맞는 얘기다. 게다가 두 회가 서로 멀리 떨어져 있으면서 대비되어 있는 것도 있다. 이를테면 판진롄潘金蓮이 비파를 타고^{제38회} 리핑얼李甁兒이 바둑象棋을 두는 것^{제44회}이 대비가 되어있고, 시먼칭의 하인인 수퉁書童을 위해 하녀인 위샤오玉簫가 마련한 술병을 친퉁琴童이 몰래 감춘 사건偸壺^{제31회}과 시먼칭이 리핑얼에게 준 금팔찌를 판진롄이 훔치는 사건偸金^{제43~44회}이 대비되어 있는 등 일일이 거론할 수 없다.

(9) 『金甁』一回兩事作對固矣, 却又有兩回作遙對者。如金蓮琵琶, 甁兒象棋作一對, 偸壺, 偸金作一對等, 又不可枚擧。

(10) 전반부의 곳곳에는 '차가움冷'이 있어 사람들은 계속 참고 읽

지 못한다. 후반부에는 곳곳에 뜨거움熱이 있으되 사람들이 이를 간파해내지 못한다. 전반부의 차가움은 가장 뜨거운 곳에 쓰여 있어 이를 완상하면 알 수 있다. 후반부의 뜨거움은 멍위러우孟玉樓가 시먼칭西門慶의 묘소에 갔을 때 청명절 봄날의 정경을 묘사한 데서 알 수 있다.^{제89회}

(10) 前半處處冷, 令人不耐看; 後半處處熱, 而人又看不出。前半冷, 當在寫最熱處, 玩之即知; 後半熱, 看孟玉樓上墳, 放筆描淸明春色便知。

(11) 작품 속에 등장하는 인물 중 품행이 단정하지 않고 별로 중요하지 않은 인물이지만 최후에 결말을 장식하는 이가 있는데, 이를테면 한아이졔韓愛姐와 같은 이가 그렇다. 작품에 등장하는 수많은 부인네들을 어찌 다 헤아릴 수 있겠는가마는 유독 한아이졔만이 지조와 절개를 지킨 것^{제99회}은 어째서일까? 아마도 그 가운데 작자의 깊은 뜻이 있을 것이다. 한아이졔의 어미[왕류얼王六兒]는 창기로, 한아이졔 역시 둥징東京에서 돌아오면서 사람들에게 웃음을 팔았다.^{제98회} 그러나 천징지陳經濟에게 마음을 두고 나서는 죽을 때까지 변하지 않았다.^{제100회} 작자는 이것으로 화쯔쉬花子虛에 대한 리핑얼의 태도와 저우 수비周守備에 대한 팡춘메이의 행동을 대비시켜 두 사람이 심히 부끄러워해야 마땅하다고 말하고 있는 것이다. 만일 판진롄이 시먼칭西門慶을 만난 후 한아이졔가 천징지를 만난 것처럼 행동했다면, 친퉁琴童과 관계를 갖고,^{제12회} 또한 천징지와 밀통하고,^{제53회} 게다가 왕차오얼王潮兒과 잠자리를 같이 하는^{제86회} 등 어찌 마음을 돌이킨 창기만도 못하게 되었겠는가? 이것이 한아이졔가 결말을 장식하여 여러 부인네들을 부끄럽게 만드는 이유이다. 또한 한아이졔를 통해 창녀가 이를 뉘우치고 수절을 감내하는 것을 말하였으니, 어찌 물질의 풍

요로움 속에 처해 있으면서 개과천선하지 아니하고 끝내 염치없이 죽음에 이르도록 반성하지 않는가!

(11) 內中有最沒正經, 沒要緊的一人, 却是最有結果的人, 如韓愛姐是也。一部中, 諸婦人何可勝數, 乃獨以愛姐守志結何哉? 作者蓋有深意存于其間矣。言愛姐之母爲娼, 而愛姐自東京歸, 亦曾迎人獻笑, 乃一留心敬濟, 之死靡他, 以視瓶兒之于子虛, 春梅之于守備, 二人固當愧死。若金蓮之遇西門, 亦可如愛姐之逢敬濟, 乃一之于琴童, 再之于敬濟, 且下及王潮兒, 何其比回心之娼妓亦不若哉? 此所以將愛姐作結, 以愧諸婦; 且言愛姐以娼女回頭, 還堪守節, 奈之何身居金屋而不改過悔非, 一竟喪廉寡恥, 于死路而不返哉!

(12) 『금병매』를 읽을 때에는 반드시 그 공간적 구성大間架處을 읽어내야 한다. 이 공간적 구성은 판진롄과 팡춘메이龐春梅가 한 곳, 리핑얼李瓶兒이 한 곳에 자리 잡는다. 그리고 이 세 사람은 앞뜰 한 곳에서 합쳐진다. 판진롄과 팡춘메이가 어울려 리핑얼李瓶兒을 고립시켰고, 앞 뜰 가까이에서 판진롄과 리핑얼이 서로 질투하였으며, 우웨냥吳月娘이 멀리 떨어져 있어 천징지가 판진롄에게 손을 댈 수 있었다.

(12) 讀『金瓶』, 須看其大間架處。其大間架處, 則分金, 梅在一處, 分瓶兒在一處。又必合金, 瓶, 梅在前院一處。金, 梅合而瓶兒孤, 前院近而金, 瓶妬, 月娘遠而敬濟得以下手也。

(13) 『금병매』를 읽을 때엔 [서사에서 하나의 요소가 다른 요소를 이끌어 가는 실마리로 사용되는] 입순처入筍處[3]를 보아야 한다. 이를테면

---

3) '순筍'은 우리말로 '장부'라 한다. 여기서 말하는 장부는 "한 부재의 구멍에 끼울 수 있도록 다른 부재의 끝을 가늘고 길게 만든 부분"을 가리킨다.

[시먼칭西門慶이 형제들과] 위황먀오玉皇廟에서 우스운 이야기를 할 때 호랑이 잡는 일을 끼워 넣었고,^제1회 화쯔쉬花子虛를 청하면서 [그가 시먼칭의 집] 후원에 맞붙은 옆집에 산다는 이야기를 삽입했고,^제1회 6회에서 판진롄潘金蓮이 열이 올라 욕하고 있을 때, 멍위러우孟玉樓를 끼워 넣었다.^제6회 잉보줴應伯爵에게 며칠 동안 어떻게 지냈냐고 물으면서 리구이제李桂姐를 끼워 넣었고,^제1회 여름 임시 거처를 짓는 것을 빌어 천징지陳經濟[와 판진롄潘金蓮이 사통하는 장면]을 끼워 넣었다.^제18회 자이 집사翟管家를 빌어 왕류얼王六兒를 끼워 넣었고,^제37회 페이추이쉬안翡翠軒에서 리핑얼李瓶兒과 관계를 갖는 장면을 빌어 그녀가 임신하였다는 사실을 끼워 넣었다.^제27회 호승의 약을 빌어 리핑얼이 병을 얻었다는 사실을 끼워 넣었고,^제50회 비샤궁碧霞宮을 빌어 푸징 선사普淨禪師를 끼워 넣었다.^제84회 시먼칭의 묘소를 들린 것을 빌어 리야네이李衙內를 끼워 넣었고,^제89~90회 모피 옷을 가지러 가는 장면을 빌어 다이안玳安과 샤오위小玉를 끼워 넣었다.^제46회

이와 같은 예들은 이루 헤아릴 수가 없으니, 대개 글을 쓰면서 그 흔적을 남기지 않는 것이다. 이렇게 흔적을 남기지 않을 수 있었던 것은 [작자가] 완곡한 필법曲筆과 발상을 거스르는 필법逆筆을 잘 사용했기 때문이다. 또 별도의 실마리로 이야기를 시작하지 않고, 곧바로 서술하는 필법直筆과 이야기 흐름을 따르는 필법順筆을 사용했다. 대저 이 책에서 사용된 실마리에 어찌 그 한계가 있겠는가? 만약 하나하나 일으킨다면 다 헤아릴 수도 없이 늘어날 것이다. 나 역시 집필할 때 완곡한 필법과 발상을 거스르는 필법을 사용하고 싶었으나, 작자와 같이 완곡하되 그 흔적이 없고, 발상을 거스르되 그 사실을 느낄 수 없게 할 수 없었으니, 이것이야말로 이 작품이 절묘하다고 말하는 까닭이다.

(13) 讀『金甁』, 須看其入筍處. 如玉皇廟講笑話, 插入打虎; 請子虛, 卽插入後院緊隣; 六回金蓮纔熱, 卽借嘲罵處插入玉樓; 借問伯爵連日那里, 卽插出桂姐; 借蓋捲棚卽插入敬濟, 借翟管家插入王六兒; 借翡翠軒插入甁兒生子; 借梵僧藥插入甁兒受病; 借碧霞宮插入普淨; 借上墳插入李衙內; 借拿皮襖插入玳安, 小玉.

諸如此類, 不可勝數. 蓋其用筆, 不露痕迹處也. 其所以不露痕迹處, 總之善用曲筆, 逆筆, 不肯另起頭緖, 用直筆, 順筆也. 夫此書頭緖何限? 若一一起之, 是必不能之數也. 我執筆時, 亦必想用曲筆, 逆筆, 但不能如他曲得無迹, 逆得不覺耳. 此所以妙也.

(14) 『금병매』에는 구절마다 파탄처破綻處가 드러나 있다. 이를테면 [남편인 우다武大의 상중에 판진롄潘金蓮과 시먼칭西門慶이 관계할 때] 방 안에서 나오는 교성을 중들이 엿듣고,^{제8회} [역시 판진롄이] 친퉁琴童과 사통할 때 쑨쉐어孫雪娥가 이를 암암리에 알게 되고, 치마에 차는 향낭[을 친퉁에게 준 것]이 위태로운 일이 되며,^{제12회} [시먼칭과 리핑얼李瓶兒이] 담장에서 몰래 신호를 주고받는 것을 판진롄이 눈치채고,^{제13회} 쑹후이롄宋蕙蓮[과 시먼칭]이 몰래 정을 통하는 것을 판진롄이 우연히 마주치며,^{제22회} 페이추이쉬안翡翠軒에서 리핑얼이 말한 것을 들었다고 말하지만,^{제27회} 이것은 포도 시렁에서[시먼칭과의 변태적 성관계가] 톄군鐵棍에게 목격된 것^{제28회}이다. 시먼칭이 먀오칭苗靑의 뇌물을 받아 순무의 노여움을 일으키고,^{제47~48회} 우웨냥吳月娘이 은혜를 구한 다음^{4) 제92회} 핑안平安의 참소가 있다.^{5) 제95회} [시먼칭의] 사위인 [천징지가]

---

4) 우웨냥이 자기 딸을 자살에 이르게 한 천징지를 처벌해 달라고 관아에 소장을 넣은 것을 말한다.
5) 핑안이 우웨냥을 무고하게 참소한 것을 이른다.

판진롄과 사통한 뒤 [이 사실을 모르는] 시먼칭이 판진롄의 음문을 만지며,[제53회] 시먼칭이 왕류얼王六兒의 두덩에 뜸을 뜰 때 후슈胡秀가 이를 발견한다.[제61회]

　　이와 같은 예들은 이루 헤아릴 수 없다. 이를 종합하면 작자는 아슬아슬한 필법險筆을 사용해 사람의 감정으로 야기되는 두려운 결과를 묘사한 것이다. 아울러 더욱 절묘한 것은 이미 드러나 파탄처를 한 마디 말로 풀어내면서도 절묘하게 군더더기를 덧붙이느라 힘을 들이지도 않았으니, 이것이야말로 이 작품이 천의무봉의 필치라 말하는 까닭이다.

　　(14)『金瓶』有節節露破綻處。如窓內淫聲, 和尙偏聽見。私琴童, 雪娥偏知道。而裙帶胡蘆, 更屬險事, 墻頭密約, 金蓮偏看見。蕙蓮偸期, 金蓮偏撞着。翡翠軒自謂打聽甁兒, 葡萄架早已照入鐵棍。纔受貺, 卽動大巡之怒。纔乞恩, 便有平安之譖。調婿後, 西門偏就摸者。燒陰戶, 胡秀偏就看見。

　　諸如此類, 又不可勝數。摠之用險筆以寫人情之可畏, 而尤妙在旣已露破, 乃一語卽解, 絶不費力累贅, 此所以爲化筆也。

　　(15)『금병매』에는 [작자가] 뜬금없이 왔다가 별다른 이유 없이 가버리는 사건과 인물을 만들어내는 경우가 있는데, 이를테면 수퉁書童이 바로 그런 인물이다. 작자가 얼마나 고심해서 수퉁이라는 인물을 만들어냈는지는 모르겠지만, 이것이 시먼칭西門慶의 음탕함이 남색에까지 이르렀다는 것을 묘사하려 했다는 것은 굳이 설명이 필요 없을 것이다. 아마도 작자는 [판진롄潘金蓮이라는] 한 인물이 [시먼칭의 가문에서] 쫓겨나게 되는 것 때문에 이 수퉁을 묘사했을 것이다. 어째서 이렇게 말하는가?

리핑얼과 우웨냥吳月娘은 처음에는 소원하였으나 나중에는 가까워졌다. 판진롄과 우웨냥吳月娘은 처음엔 친하였으나 나중에는 소원해졌다. 비록 라이자오來昭를 쫓아내고^{제29회} 라이왕來旺을 유배 보낸 것^{제26회} 때문이라고는 하지만, [판진롄이] 한바탕 화를 냈을 때만큼 심각한 것은 아니었다.^{제75회} [판진롄이] 화를 낸 것은 위샤오玉簫가 자진해서 우웨냥吳月娘이 [판진롄에게] 했던 말을 모두 고해바쳤기 때문이다.^{제75회} 위샤오는 어째서 그렇게 고해바쳤는가?^{제64회} 여기에는 세 가지 조건이 있었기 때문이다.^{제64회} 어째서 세 가지 조건을 받아들였는가? [판진롄이 위샤오와] 수퉁 사이에 있었던 일을 알아차렸기 때문이다.⁶⁾ ^{제64회} [작자는] 처음부터 위샤오와 수퉁의 일을 설명하고 싶어하지 않았다. 그래서 이에 앞서 [친퉁琴童이 일부러] 술병을 감추어 [위샤오玉簫를] 곤란하게 만든 사실을 묘사한 것이다.^{제31회} 그런즉 한참 앞에서 이에 대해 쓴 것은 판진롄이 한바탕 화를 내게 하려 했기 때문이다. 어째서 그런가? 반드시 이렇게 해야만 판진롄이 시먼 씨 가문의 문을 나설 때 우웨냥吳月娘이 조금도 불쌍하게 여기거나 애석해 하지 않고, 일단 떠나고 나면 돌아볼 필요가 없게 되어, 판진롄은 그것으로 인생이 끝나게 되는 것이다.^{제86회} 누가 『금병매』에는 뜬금없는 필법無謂之筆墨이 있다고 말하는가?

---

6) 수퉁書童과 위샤오가 눈이 맞아 재미를 보는 장면을 판진롄에게 들키자 판진롄은 위샤오에게 세 가지 조건을 따르면 눈감아 주겠다고 한다.
"용서만 해주신다면야 마님이 시키는 대로 골백 가지 일이라도 해드리겠어요."
"첫째, 큰마님 방에서 일어나는 일은 크든 작든 빼놓지 말고 모두 나한테 알려야 한다. 만약 네가 말하지 않은 것을 내가 알아낸다면 그땐 절대 용서가 없다. 둘째, 내가 너에게 무엇을 달라고 하면 곧 가져와야 한다. 셋째, 큰마님이 지금까지 아기가 선 일이 없는데 이번에는 어떻게 돼서 임신을 하였느냐? 어디 말해 봐."

(15) 『金瓶』有特特起一事, 生一人, 而來旣無端, 去亦無謂, 如書童是也。不知作者蓋幾許經營, 而始有書童之一人也。其描寫西門淫蕩, 並及外寵, 不必說矣。不知作者, 蓋因一人之出門, 而方寫此書童也。何以言之?

瓶兒與月娘, 始疎而終親, 金蓮與月娘始親而終疎。雖故因逐來昭, 解來旺起釁, 而未必至撒潑一番之甚也。夫竟至撒潑一番者, 有玉簫不惜將月娘底裏之言磬盡告之也。玉簫何以告之? 曰有三章約在也。三章何以肯受? 有書童一節故也。夫玉簫, 書童, 不使突起爐竈, 故寫藏壺構釁于前也。然則遙遙寫來, 必欲其撒潑。何爲也哉? 必得如此, 方于出門時, 月娘毫無憐惜, 一棄不顧頗, 而金蓮乃一敗塗地也。誰謂≪金瓶≫內, 有一無謂之筆墨也哉!

(16) 『금병매』에서는 [시먼칭西門慶의] 여섯 명의 부인을 묘사하고 있는데, 사실 제대로 묘사한 것은 그 가운데 네 명으로, 우웨냥吳月娘과 멍위러우孟玉樓, 판진롄潘金蓮, 리핑얼李瓶兒이 그들이다. 하지만 우웨냥은 전체 작품의 큰 중심축으로 삼아 묘사한 것이고, 멍위러우의 경우는 비록 묘사는 했다고 하나, 그가 뛰어난 재주와 미모에도 불구하고 굴욕을 당해 마음속에 불만이 가득했기에 또 다른 보조 축으로 삼아 묘사한 것이다. 그러므로 작자가 우웨냥을 묘사한 것은 어쩔 수 없어 부득이하게 묘사한 것이고, 멍위러우의 경우는 내키지 않지만 묘사한 것이다. 그러므로 이것은 모두 본격적인 묘사正寫가 아니다. 그러므로 본격적으로 묘사한 것은 리핑얼과 판진롄뿐이라 하겠는데, 리핑얼의 경우는 작자가 그에 대해 말하지 않고 묘사했다. 대저 말하지 않고 묘사했다는 것은 작자가 초점을 다른 데 두고 묘사했다는 것이니, 작자가 초점을 다른 데 두고 묘사했다는 것은 그 초점을 판진

롄에게만 두고 묘사했다는 것을 말한다. 작자는 단지 판진롄에게만 초점을 맞춰 묘사함으로써 그의 악행이 여러 사람들 가운데 으뜸이라는 것을 드러내고자 했다. 아! 문인의 붓끝이란 진정 두려울진저!

(16) 『金甁』內正經寫六個婦人, 而其實止寫得四個: 月娘, 玉樓, 金蓮, 甁兒是也。然月娘則以大綱, 故寫之。玉樓雖寫, 則全以高才被屈, 滿肚牢騷, 故又另出一機輔軸寫之。然則以不得不寫寫月娘, 以不肯一樣寫寫玉樓, 是全非正寫也。其正寫者, 惟甁兒, 金蓮。然而寫甁兒, 又每以不言寫之。夫以不言寫之, 是以不寫處寫之。以不寫處寫之, 是其寫處單在金蓮也。單寫金蓮, 宜乎金蓮之惡, 冠於衆人也。吁! 文人之筆, 可懼哉!

(17) 『금병매』에는 작자가 특별히 주의를 기울여 묘사한 인물이 둘 있는데, 그 결말 또한 볼 만하다. 이를테면 팡춘메이龐春梅와 다이안玳安이 이러한 인물이다. 다른 계집종들과 함께할 때 작자는 반드시 몇 차례 필묵을 더해 팡춘메이龐春梅가 자존심이 강하고 배포가 커서 그 기상이 다른 하녀들과 다르다는 식으로 묘사했다. 여러 하인들 중에서 작자는 겹겹으로 필묵을 더해 다이안玳安을 여러모로 호감이 가는 인물로 묘사하였다. 후반부에서 팡춘메이龐春梅는 저우 수비周守備의 부인이 되었고, 제95회 다이안玳安은 [시먼칭西門慶의 뒤를 이어] 원외랑이 되었다. 제100회 작자가 이렇게 한 까닭은 무엇일까? 인생의 염량세태가 작품 속에서 반전되기 때문이다. 사람들은 눈앞의 계집종은 알아도 훗날 대갓집 부인은 몰라봤던 것이고, 눈앞의 노복은 알아도 장래의 원외랑은 몰라본 것이다. 나중에 다른 이들은 태도를 바꿔 그들의 비위를 맞추었는데, 그 가운데서도 특히 우웨냥吳月娘은 팡춘메이龐春梅를 깍듯이 받들었으며제96회 마지막에는 다이안玳安에게 의지

하였다.^{제100회} 그런즉 사람들 눈앞의 염량세태가 무슨 소용 있는가? 이는 작자가 일부러 사람들에게 일침을 가한 것이다. [대비의 효과를 위해] 앞에서는 그들을 진흙탕에 처하게 했다가 뒤에 가서 반전을 꾀하려고 부득이하게 앞에서 이들의 신분에 걸맞은 남다른 풍모를 그려낸 것이다.

(17) 『金甁』內, 有兩個人爲特特用意寫之, 其結果亦皆可觀: 如春梅與玳安兒是也。于同作丫鬟時, 必用幾遍筆墨: 描寫春梅心高志大, 氣象不同。于衆小廝內, 必用層層筆墨, 描寫玳安色色可人。後文春梅作夫人; 玳安作員外, 作者必欲其如此, 何哉? 見得一部炎凉書中翻案故也。何則? 止知跟眼前作婢, 不知卽他日之夫人, 止知眼前作僕, 不知卽他年之員外。不特他人轉眼奉承, 卽月娘且轉而以上賓待之, 末路倚之。然則人之眼邊前炎凉, 成何益哉! 此是作者特特爲人下碈砆也。因要他於汚泥中, 爲後文翻案, 故不得不先爲之抬高身分也。

(18) 리쟈오얼李嬌兒, 쑨쉐어孫雪娥 이 두 사람은 왜 필요한가?

리쟈오얼에 대한 묘사를 통해 [작자는] 시먼칭西門慶이 판진롄潘金蓮과 리핑얼李甁兒을 아직 만나기 전에도 진즉이 음풍농월하면서 [많은 이들과] 간통하였으며, 수많은 불초한 짓거리와 여러 가지 끔찍한 일들을 자행했다는 것을 보여주고 있다. 판진롄과 리핑얼에 대한 묘사가 시먼칭의 악랄함을 실제로 묘사한 것實寫이라면, 리쟈오얼에 대한 묘사는 시먼칭의 악행을 간접적으로 묘사한 것虛寫이다. 묘사해낸 것이 이러할진대, 아직 묘사해내지 않았을 때에야 과거에 어떤 묻지도 못할 악행을 저질렀겠는가! 작자가 시먼칭을 얼마나 증오했으면 이렇게 했겠는가!

쑨쉐어의 경우에는 그 출신이 미천하고 신분 또한 통방通房[7])에 지나지 않는다. 어찌하여 작자는 필묵을 소모하면서까지 그에 대해 묘사했는가? 이는 또한 작자의 보살의 마음을 보여주는 것이라 하겠다. 시먼칭의 악행으로 인해 처첩이 창기로 전락하는 것을 보여주지 않는다면, 어찌 악인을 응보하겠는가?8) 그러나 여기에도 작자의 깊은 뜻이 있었던 것이니, [정실로 품행이 단정했던] 우웨냥의 경우에는 차마 그가 창기가 되게 할 수는 없는 노릇이었으니, 다른 식으로 묘사했던 것이다. [또한] 멍위러우의 경우는 본래 무고하게 고통만 당하고 있었으니, 어찌 그런 이에게 시먼칭 대신 응보의 짐을 지우겠는가? 리쟈오얼은 본래 창기였으니 달리 응보가 될 일이 없었다. 리핑얼은 시먼칭 생전에 응보로 삼았던 것이고, 판진롄은 그 스스로 치러야 할 업보가 있었고, 또 기꺼이 창기가 되었으니, 시먼칭에게 무슨 손해날 일이 있겠는가? 판진롄은 오히려 그런 상황이 자신에게 이득이라 그것을 즐기고 괴로워하지 않을 것이니, 어찌 응보라 말할 수 있겠는가? 그러니 쑨쉐어를 창기로 만들어^{제94회} 시먼칭의 악행을 매조지하고, [동시에] 쑹후이롄宋蕙蓮의 사건을 조용히 매듭지은 것暗結이다.^{제22~26회} 장성張勝과 천징지陳經濟의 후반부 이야기는 정절情節로 인해 문장이 만들어진 것情因文生이니 되는 대로 사건을 수습한 것이다. 그렇지 않다면 어떻게 쑨쉐어가 창기가 된 것으로 결말지었겠는가?^{제99회}

---

7) 하녀이면서 첩을 겸한 여자를 말함.
8) 이런 생각은 일찍이 『금병매』 초기 판본에 있는 신신쯔欣欣子의 서문에서 보인다. 하지만 장주포가 이 서문을 봤을 거라는 사실은 확증할 수 없다. 마찬가지로 같은 생각이 리위李漁(1611~1680)가 썼을 거라고 추정되는 『육포단肉蒲團』에서도 보인다. 혹자는 장주포 집안과 리위가 가깝게 지냈다는 사실로 두 사람이 서로를 알고 있었을 거라 추정하기도 하지만, 두 사람의 나이 차이로 보아 그럴 가능성은 희박하다고 본다.

(18) 李嬌兒, 孫雪娥, 要此二人何哉?

寫一李嬌兒, 見其未遇金蓮, 甁兒時, 早已嘲風弄月, 迎奸賣俏, 許多不肖事, 種種可殺。是寫金蓮, 甁兒, 乃實寫西門之惡。寫李嬌兒, 又虛寫西門之惡。寫出來的, 旣已如此。其未寫出來的時, 又不知何許惡端不可問之事于從前也。作者何其深惡西門之如是!

至孫雪娥, 出身微賤, 分不過通房, 何其必勞一番筆墨寫之哉? 此又作者菩薩心也。夫以西門之惡, 不寫其妻作娼, 何以報惡人? 然旣立意另一花樣寫月娘, 斷斷不忍寫月娘至於此也。玉樓本是無辜受毒, 何忍更令其頂缸受報。李嬌兒本是娼家。甁兒更欲用之孽報于西門生前。而金蓮更自有冤家債主在, 且卽使之爲娼, 于西門何損, 于金蓮似甚有益, 樂此不苦, 又何以言報也? 故用寫雪娥以至于爲娼, 以總張西門之報, 且暗結宋蕙蓮一段公案。至于張勝, 敬濟後事, 則又情因文生, 隨手收拾。不然雪娥爲娼, 何以結果哉?

(19) 리쟈오얼李嬌兒는 색의 세계에서 금전을 의미한다. 그녀가 시먼칭西門慶의 가문에서 금전을 관리하고[제11회] 그곳을 떠날 때 재물을 훔쳐 가는 것[제79회]을 보면 알 수 있다. 왕류얼王六兒는 금전의 세계에서 색을 의미한다. 그가 시먼칭과 관계할 때를 보라! 반드시 돈 될 만한 장사거리를 말하고 있다.[제50회] 하인들을 속이고[제38회] 먀오칭苗靑의 일을 성사시킬 때[제47회]에도 언제나 색을 빌어 발단을 일으켰다.

(19) 又嬌兒色中之財, 看其在家管庫, 臨去拐財可見。王六兒財中之色, 看其與西門交合時, 必云做買賣, 騙丫頭房子, 說合苗靑, 總是借色起端也。

(20) 작품 속에서 [작자가] 쑹후이렌宋蕙蓮을 반드시 묘사해야만 했

던 것은 판진롄潘金蓮의 악행을 다함없이 드러내려 했기 때문이고, 뒷부분에서 리핑얼李瓶兒을 시기할 때를 위해 비슷한 행위의 단초를 시험 삼아 보여주기 위한 것이었다. 어째서 그러한가? 쑹후이롄이 시먼칭西門慶에게 사랑 받을 때 이를 먼저 안 것은 판진롄이었는데,[제22회] [시먼칭이 리핑얼과 약속을 하고] 잉춘迎春이 고양이 소리로 신호를 보냈을 때도 판진롄이 이를 알아차렸다.[제13회] 팡춘메이龐春梅를 시켜 주산築山 동굴에 화로를 보낸 것[제23회]은 시먼칭西門慶에게 서둘러 리핑얼을 맞게 하고 잠시 함께 지냈던 것[제16회]과 뭐가 다른가? 쑹후이롄이 무릎을 꿇고 용서를 구할 땐 마음을 풀고 편히 대해 주는 척하다 [뒤에서는] 수많은 계략과 술수를 자행한 것[제23회]과 리핑얼이 시먼칭의 집안에 처음 왔을 때 술 취한 척하며 "이제 우리는 같은 길을 함께 가야 한다"고 말한 것[제21회]은 또 뭐가 다른가? 교묘한 언사로 쑨쉐어를 꼬여 쑹후이롄을 자극한 것[제26회]과 우웨냥吳月娘에게 리핑얼에 대한 이런 저런 이야기를 늘어놓은 것[제51회]은 또 뭐가 다른가? 간단히 말하자면, 라이왕來旺이 죽을 뻔하다가도 죽지 않고[제26회] 쑹후이롄이 죽지 않을 수 있었는데도 결국 죽은 것[제26회]은 모두 판진롄의 소행이다. 작자는 짐짓 리핑얼이 시먼칭의 집안에 들어올 때 이 대목을 덧붙여 리핑얼에게 경계한 것이나, 리핑얼은 이를 깨닫지 못하고 판진롄과 친해지려 하였으니, 분명하게 예견되는 화를 되돌리지 못하고 그대로 당해야 했던 것이다. 이는 판진롄의 악행을 드러내기 위해 묘사한 것이다. 그런 까닭에 나는 다음과 같이 말한다. 이렇게 비슷한 행위의 단초를 앞서 조금 시험삼아 보여주는 것은 대개 작자가 나중에 나오는 판진롄의 해악을 모르는 독자들을 위해 하나의 실례를 묘사한 것이다. 만일 그저 되는 대로 읽는다면 시먼칭이 또 집안 하인의 아내를 빼앗았다고 생각할 것이다. 대저 시먼칭은 지아비를 죽여 그의 아내를 빼앗고 그 재산을 차지했으며,^제5, 14회^ 주인을 살해한 하인을 비호하면서^제47회^ 국법을 놓고 흥정하였으니, 굳이 이런 에피소드를 일부러 지어내 그의 죄를 늘릴 필요가 있었겠는가? 그런 까닭에 독자들은 종종 작자에게 속아 넘어가는 것이다.

(20) 書內必寫蕙蓮, 所以深潘金蓮之惡于無盡也, 所以爲後文妬瓶兒時, 小試行道之端也。何則? 蕙蓮纔蒙愛, 偏是他先知, 亦如迎春喚猫, 金蓮睃見也。使春梅送火山洞, 何異敎西門早娶瓶兒, 願權在一塊住也。蕙蓮跪求, 便爾舒心。且詐多牢寵關鎖, 何異瓶兒來時, 乘醉說一跳板走的話也。兩舌雪娥, 使激蕙蓮, 何異對月娘說瓶兒是非之處也。卒之來旺幾死而未死, 蕙蓮可以不死而竟死, 皆金蓮爲之也。作者特特于瓶兒進門, 加此一段, 所以危瓶兒也。而瓶兒不悟, 且親密之, 宜乎其禍不旋踵, 後車終覆也。此深著金蓮之惡。吾故曰; 其小試行道之端, 蓋作者爲不知遠害者寫一樣子。若只隨手看去, 便說西門慶又刮上一家人媳婦子矣。夫西門慶殺夫奪妻, 取其財, 庇殺主之奴, 賣朝廷之法, 豈必於此特特撰此一事, 以增其罪案哉? 然則看官每爲作者瞞過了也。

(21) 후반부에서 또 루이얼如意兒과 시먼칭西門慶의 관계를 묘사한 것은 무슨 까닭일까? 이것은 또한 작자가 판진롄을 어찌하려는 게 명백하다. 왜냐하면 [시먼칭을 차지하기 위해] 판진롄이 쑹후이롄宋蕙蓮을 죽게 만들고 리핑얼을 죽게 만든 게 모두 쓸모없는 것이었음을 보여주기 때문이다. 어째서 그런가? 쑹후이롄이 죽었을 때^제26회^ 판진롄은 쾌재를 불렀다. 그러나 관거官哥가 태어나자 리핑얼이 시먼칭西門慶의 사랑을 독차지하였다.^제30회^ 관거가 죽고^제59회^ 리핑얼 역시 죽자^제62회^ 판진롄은 이번에도 크게 쾌재를 불렀다. 그러나 [이번엔] 루이얼如意兒의 붉은 입술연지가 리핑얼의 영전에서 향기를 내고 있었다.^제65회^ 하나를

제거하면 다시 하나가 생기니 판진롄이 비록 시먼칭의 총애를 얻고 다른 사람을 제압하는 데 뛰어났다고 하나, 이런 지경에까지 이르니 달리 해볼 도리 없이 팔짱만 끼고 있게 되었다. 사태가 이 지경에까지 이르렀으니, 어쩌겠는가! 그러므로 작자가 루이얼에 대해 묘사한 것은 모두 판진롄 때문이라 할 수 있다. 이 또한 쑹후이롄과 리핑얼의 울분을 풀어주기 위해서가 아니겠는가.

(21) 後又寫如意兒, 何故哉? 又作者明白奈何金蓮, 見其死蕙蓮, 死瓶兒之均屬無益也. 何則? 蕙蓮纔死, 金蓮可一快, 然而官哥生, 瓶兒寵矣. 及官哥死, 瓶兒亦死, 金蓮又一大快, 然而如意口脂, 又從靈座生香, 去掉一個, 又來一個, 金蓮雖善固寵, 巧於制人, 於此能不技窮袖手, 其奈之何? 故作者寫如意兒, 全爲金蓮寫, 亦全爲蕙蓮, 瓶兒憤也.

(22) 그렇다면 리구이제李桂姐, 우인얼吳銀兒, 정아이웨鄭愛月과 같은 여러 기녀들을 묘사한 것은 어째서일까? 이는 모두 시먼칭西門慶의 만족할 줄 모르는 탐욕을 묘사한 것이요, 또한 부박한 인품과 시정잡배의 구습을 보여주기 위한 것이다.

작품에서 리구이제에 대해 묘사한 것은 일부러 판진롄과 겹치게 한 것特犯이고, 우인얼을 묘사한 것은 리핑얼과 겹치게 한 것이다. 또 판진롄과 리핑얼 두 사람의 기질과 취향, 목소리와 숨결 등이 모두 창기와 서로 통해, 비록 그들의 신분이 창기가 아닐지라도 음탕한 마음과 난잡한 행위는 실로 그 악취가 서로 어우러져 오히려 창기들보다 더하다는 것을 보여주고 있다.

작자가 우아이웨에 대해 묘사한 것은 앞서와 달리 향기롭고 따스하며 깨끗하고 부드러운 필치를 사용해, 상스럽고 천박한 시먼칭이 세련된 고급 창기를 제대로 이해하고 알아보지 못하는 것을 보여주는 것이다. 그러니 우웨얼을 묘사한 것은 오히려 시먼칭의 그런 모습을 부각시키기 위함이다.^{제65회}

(22) 然則寫桂姐, 銀兒, 月兒諸妓, 何哉? 此則總寫西門無厭, 又見其爲浮薄立品, 市井爲習。

而于中寫桂姐, 特犯金蓮。寫銀姐, 特犯瓶兒。又見金, 瓶二人, 其氣味聲息, 已全通娼家。雖未身爲倚門之人, 而淫心亂行, 實臭味相投, 彼娼婦猶步後塵矣。

其寫月兒, 則另用香溫玉軟之筆, 見西門一味粗鄙, 雖章臺春色, 猶不能細心領畧, 故寫月兒, 又反襯西門也。

(23) 왕류얼王六兒과 번쓰賁四의 아내, 린 씨 부인林太太을 묘사한 것은 어째서인가? 왕류얼과 번쓰의 아내, 린 씨 부인 세 사람에 대해서는 각각 다른 필법을 사용했고, 그 의도하는 바도 달랐다.

왕류얼에 대한 묘사는 오로지 재물이 색을 부리는 하나의 수단이 될 수 있다는 것을 보여주기 위한 것이다. 시먼칭이 살아 있을 때, 왕류얼은 얼마나 그의 비위를 잘 맞추었던가. 하지만 그가 죽고 나자 하루아침에 재산을 훔쳐 멀리 도망쳤다.^{제81회} 그러므로 시먼칭은 왕류얼에게 돈을 빌려 색을 산 것에 불과하고 왕류얼은 또 색을 빌려 재물을 구한 것이다. 그러므로 시먼칭의 죽음은 필연적으로 왕류얼의 집에서 돌아온 직후 일어날 수밖에 없으니,^{제79회} 재물과 색은 모두 공허한 것이라. 왕류얼이 나중에 허 관인何官人을 만난 것 역시 색으로 재물을 구한 것^{제98회}이다. 심하도다! 색이 사람을 움직이게 하지만, 재물만큼 거침없이 통용되는 것은 아니니, 사람들이 모두 이것을 사랑하는 것이다. 그런즉 왕류얼을 묘사한 것은 단지 재물만 생각해서 그리한 것인 듯하며, 그래서 100회에 가서야 매듭을 짓는 것이다.

번쓰의 처의 경우는 오히려 다이안代安 때문에 쓴 것이다. 시먼칭 西門慶은 단지 끊임없이 자신의 욕구를 탐할 줄만 알았지 그 측근인 몸종 곧 다이안이 위에서 하는 것을 그대로 본받아 이미 주인을 속일 만큼 음행이 극에 달했다는 사실은 모르고 있었다. 그러니 그가 몰래 샤오위小玉와 결혼한 것^{제95회}은 이미 그에 앞서 번쓰의 처와의 관계에서 그 전조가 있었던 것^{제87회}이다. 만약 왕류얼에 대한 묘사의 곁다리로 번쓰의 처를 묘사한 것이라 여긴다면, 이것은 내다보는 수가 짧은 것이다.

또한 린 씨 부인에 대해서는 아마도 작자의 마음속에 어떤 분노가 치밀어 올라 그것을 판진롄에게 쏟아부은 것이리라. 작자는 판진롄을 죽여 토막을 낼 뿐 아니라,^{제87회} 그의 출신지와 그를 가르친 사람 모두를 사지에 몰아넣고서야 후련해 하고 있다. 어째서인가? 왕 초선王招宣의 저택은 예전에 판진롄이 팔려가서 가무를 배운 곳이다.^{제1회} 이제 보건대 판진롄의 교활함과 몰염치 그리고 수치심의 상실을 본래부터의 천성이라 말한다면 이것은 양심상 절대 그렇게 말할 수 없을 것이고, 사람의 본성이 원래 착하다는 주장과도 어긋날 것이다. 나는 그가 두세 살 때부터 그렇게 음탕했을 거라 보지 않는다. 판진롄이 왕 초선의 집에 들어갔을 때 그 집에서 남정네들이 예를 도탑게 하고 여인네들이 정절을 숭상하며, 음탕한 소리가 입 밖에 나오지 않고 음탕한 기색이 눈에 보이지 않았다면, 판진롄이 설사 본성이 음탕했다 하더라도 반드시 거듭나 정절을 지키는 올바른 여인이 되었을 것이다. 어찌 위풍당당한 초선의 지위에 있는 이가 천자를 위해 널리 사람들을 감복시키고 황제의 위엄과 덕망을 떨치지는 못할망정, 바느질 집의 아홉 살 난 여자아이를 집에 데려다가 많은 시간을 들여 눈썹을 그리고 화장하는 것을 가르치며, 그럴싸하게 치장하여 용모를 돋보이게 하는 것을 일러주었는가? 작은 계집종 하나 다루는 것이 이와 같을진대, 그 본부인의 경우는 말하지 않아도 알 만하다 하겠다. 왕싼관의 그릇되고 음란한 행실과 린 씨 부인의 방탕함이 지나친 것으로 말하자면, 이 모두가 왕초선이 가르친 것이 마땅하니, 대저 누구의 허물이란 말인가! 그런즉 왕초선이 판진롄을 가르쳐 남긴 해악은 끝이 없다 하겠다. 육신이 그 해를 입은 이로는 앞부분에서는 우다武大가, 뒷부분에서는 시먼칭이 있다. 린 씨 부인은 왕 초선 때문에 [시먼칭과 관계를 맺는] 응보를 받은 것^{제69회}이며, 이는 진실로 마땅한 것이라 하겠다. 그러므로 나는 말한다. 작자가 판진롄을 깊이 증오하고 아울러 그 출신지를 미워했기에 린 씨 부인을 묘사한 것이다. 그렇다면 장다후 역시 판진롄의 사악함에 책임이 있는 자인데,^{제1회} 어째서 묘사하지 않았는가? [장다후의 조카인] 장얼관은 시먼칭이 죽은 뒤 그를 대신해 천호千戶의 직함을 맡았는데, 잉보줴應伯爵가 그를 꾀어 리쟈오얼李嬌兒을 들여놓게 하여^{제80회} 또 하나의 시먼칭이 되게 하였으니, 그로 인해 그가 받아야 할 응보는 이루 다 말할 수 없을 것이다. 그러니 붓을 놀려 묘사하지 않은 곳 또한 물가의 자욱한 안개처럼 끝이 없다. 작자는 또 붓을 대지 않은 곳에 또 한 권의 대작을 숨겨 놓으려 했던 것이다. 이것이야말로 이른바 붓을 놀리지 않고 자신의 의도를 전달한 것이라 하겠다.

(23) 寫王六兒, 賁四嫂以及林太太何哉? 曰: 王六兒, 賁四嫂, 林太太 三人是三樣寫法, 三種意思。

寫王六兒者, 專爲財能致色一着做出來。你看西門在日, 王六兒何等 趨承, 乃一旦拐財遠遁。故知西門于六兒, 借財啚色, 而王六兒, 亦借 色求財。故西門死, 必自王六兒家來, 究竟財色兩空。王六兒遇何官人,究竟借色求財。甚矣! 色可以動人, 尤未如財之通行無阻, 人人皆愛也。然則寫六兒, 又似單講財, 故竟結入一百回內。

至于賁四嫂, 却爲玳安寫。蓋言西門止知貪濫無厭, 不知其左右親隨, 且上行下效, 已浸淫乎欺主之風, 而竊玉成婚, 已伏綫于此矣。若云陪寫王六兒, 猶是淺着。

再至林太太, 吾不知作者之心, 有何千萬憤懑而於潘金蓮發之。不但殺之割之, 而幷其出身之處, 教習之人; 皆欲致之死地而方暢也。何則? 王招宣府內, 固金蓮舊時賣入學歌學舞之處也。今看其一腔機詐, 喪廉寡恥, 若云本自天生, 則良心爲不可必, 而性善爲不可據也。吾知其自二三歲時, 未必便如此淫蕩也。使當日王招宣家, 男敦禮義, 女尚貞廉, 淫聲不出於口, 淫色不見於目, 金蓮雖淫蕩, 亦必化而爲貞女。奈何堂堂招宣, 不爲天子招服遠人, 宣揚威德, 而一裁縫家九歲女孩至其家, 卽費許多閒情教其描眉畫眼, 弄粉塗朱, 且教其做張做致, 喬模喬樣。其待小使女如此, 則其儀型妻子可知矣。宜乎三官之不肖荒淫, 林氏之蕩閑踰矩也。招宣實教之, 夫復何尤! 然則招宣教一金蓮, 以遺害無窮, 身受其害者, 前有武大, 後有西門, 而林氏爲招宣還報, 固其宜也。吾故曰: 作者蓋深惡金蓮, 而幷惡及其出身之處, 故寫林太太也。然則張大戶, 亦成金蓮之惡者, 何以不寫? 曰: 張二官頂補西門千戶之缺, 而伯爵走動說娶嬌兒, 儼然又一西門, 其受報亦必又有不可盡言者, 則其不着筆墨處, 又有無限烟波, 直欲又藏一部大書於無筆處也。此所謂筆不到而意到者。

(24) 『금병매』에서 우웨냥吳月娘을 묘사한 것을 두고, 사람들은 시면칭西門慶이 그의 내조를 저버렸다고 말한다. 모르긴 해도 작자가 우웨냥의 죄를 순수하게 은밀한 필치로 묘사한 것을 사람들이 알아

채지 못한 것이다. 어째서인가?

　남편이란 아내가 죽을 때까지 바라보고 의지하는 사람이다. 만약 그 남편이 대를 잇기 위해 천금을 주고 첩을 들였을 때 우웨냥이 백 번이고 고분고분 순종한다면, 이것이야말로『시경』「관저」편이 의미하는 바 이상적인 혼인이라 할 것이며, 천고의 현숙한 부인이라 하겠다. 만약 시먼칭이 남의 남편을 죽이고 그의 부인을 빼앗는다면 이는 진정 도적의 행위이다. 그 남편이 도적의 행위를 했는데도 그 아내가 울며 그 부당함을 고하지 않고, 그저 이렇다 저렇다 의사 표현도 없이 그저 길가는 행인처럼 상관하지 않으며, 좋은 게 좋은 거라는 식의 행위를 현숙함으로 여긴다면, 그런 마음씀씀이는 의문의 여지가 있다.

　천징지陳經濟의 경우에도 작자는 이미 대서특필하고 있으니, 우웨냥이 그를 집안으로 끌어들인 죄제18회야 이루 말할 게 있겠는가! 나중에 천징지와 판진롄이 간통을 한 것을 알고서도 어찌 해야 할 바를 알지 못하고 그저 대낮에 문 걸어 잠그는 것제85회으로 할 도리를 다했다고 여겼다. 뒤에 천징지를 쫓아내면서도제86회 시먼다졔西門大姐를 그에게 보냈으며, 제91회 팡춘메이龐春梅를 저우 수비周守備에게 팔아버릴 때제86회도 바람 가는 대로 자기 주견이라고는 전혀 없었다. 비구니가 독경을 하는 것을 듣고 어지러이 향을 피워대는 일 등은 모두 아녀자가 할 바가 아니었다.

　나중에 [제1회에 나오는] 책을 별로 읽지 않았다제1회는 말이 시먼칭의 일생을 망치고, 또 우웨냥의 일생을 망쳤다는 것을 알게 되었다. 어째서인가? 시먼칭이 예를 지켰다면 예로써 그 아내를 다잡았을 것이다. 단지 시먼칭이 책을 읽지 않았기 때문에 우웨냥이 비록 선한 자질이 있었으나, 마땅히 알아야 할 큰 예법을 모르는 지경에 빠졌던 것이다. 곧 그 집안의 일상적인 거동 가운데 [거안제미舉案齊眉와 같은] 아내가 남편을 공경하는 기풍이 전혀 없고, 그저 시늉만 내는 데 급급했던 것이다. 아마도 우웨냥에 대한 묘사는 그저 좋은 게 좋은 거라는 식으로 살아야 한다는 것만 알고 적절하게 예법에 따라 행하는 것은 모르는 아녀자들을 위한 것인 듯하다. 좋은 게 좋은 거라는 식으로 살아야 한다는 것만 알고 적절하게 예법에 따라 행하는 것을 모르는 것의 폐단은 끝이 없다. 천징지의 사악한 행위가 우웨냥 자신에게 귀결될진대, 하물며 그나마 좋은 게 좋은 거라는 식으로 살아야 한다는 것마저 배우지 못한 [시먼칭과 같은] 자는 어떻겠는가! 그런즉 천징지의 죄는 우웨냥이 만들었고, 우웨냥의 죄는 시먼칭이 자신의 처를 제대로 다잡지 못한 죄과라 하겠다.

(24) 『金瓶』寫月娘, 人人謂西門氏虧此一人內助。不知作者寫月娘之罪, 純以隱筆, 而人不知也。何則?

良人者, 妻之所仰望而終身者也。若其夫千金買妾, 爲宗嗣計, 而月娘百依百順, 此誠〈關雎〉之雅, 千古賢婦人也。若西門慶殺人之夫, 刼人之妻, 此眞盜賊之行也。其夫爲盜賊之行, 而其妻不涕泣而告之, 乃依違其間視爲路人, 休戚不相關, 而且自以好好先生爲賢, 其爲心尚可問哉!

至其于陳敬濟, 則作者已大書特書。月娘引賊入室之罪, 可勝言哉! 至後識破奸情, 不知所爲分處之計, 乃白日關門, 便爲處此已畢。後之逐敬濟, 送大姐, 請春梅, 皆隨風弄柂, 毫無成見。而聽尼宣卷, 胡亂燒香, 全非婦人所宜。

而後知不甚讀書四字, 誤盡西門一生, 且誤盡月娘一生也。何則? 使西門守禮, 便能以禮刑其妻。今止爲西門不讀書, 所以月娘雖有爲善之資, 而亦流於不知大禮, 卽其家常擧動, 全無擧案之風, 而徒多眉眼之處。蓋寫月娘, 爲一知學好而不知禮之婦人也。夫知學好矣, 而不知禮, 猶足遺害無窮。使敬濟之惡, 歸罪于己, 況不學好者乎! 然則敬濟之罪, 月娘成之, 月娘之罪, 西門慶刑于之過也。

(25) 문장 중에는 한 갑절을 더한 필법이 있는데 이 책에서는 이 필법을 잘 썼다.

이를테면 시먼칭西門慶의 뜨거움[위세]을 묘사하면서, 더불어 차이蔡와 쑹宋 두 어사를 묘사했고,^{제49회} 또 육황 태위六黃太尉^{제65회}와 차이 태사蔡太師^{제55회} 그리고 조정^{제71회}을 묘사했는데, 이것이 바로 한 갑절의 뜨거움을 더한 것이다. 또한 시먼칭西門慶의 차가움[몰락]을 묘사할 때에 또 천징지陳經濟가 거지 소굴에 있는 것^{제93회}을 묘사했고, 차이 태사가 귀양가고^{제98회} 휘종과 흠종 두 황제가 북쪽으로 끌려간 것^{제100회}을 묘사했으니, 진정 한 갑절의 차가움을 더한 것이다. 요컨대 한 갑절의 뜨거움을 더하여 시먼칭西門慶의 뜨거움이라는 것이 어떤 한계가 없어 시먼칭이 재물에 의지해 멋대로 악행을 저지르는 것을 묘사한 것이고, 한 갑절의 차가움을 더하여 시먼칭西門慶의 차가움이라는 것이 끝이 없어 시먼칭이 일찌감치 자신의 몰락의 기미를 알아채지 못했다는 것을 묘사한 것이다.

(25) 文章有加一倍寫法, 此書則善於加倍寫也。如寫西門之熱, 更寫蔡, 宋二御史, 更寫六黃太尉, 更寫蔡太師, 更寫朝房, 此加一倍熱也。如寫西門之冷, 則更寫陳敬濟在冷舖中, 更寫蔡太師充軍, 更寫徽欽北狩, 眞是加一倍冷。要之, 加一倍熱, 更欲寫如西門之熱者何限, 而西門獨倚財肆惡。加一倍冷者, 正欲寫如西門之冷者何窮, 而西門乃不早見幾也。

(26) [작자는] 우웨냥吳月娘을 불교를 좋아하는 이로 묘사해야만 했다. 그렇다면 독자들은 작자의 의도를 알고 있는가? 작자는 이야기를 시작하면서 여섯 가지 근본 곧 육감을 깨끗이 할 것제1회을 권하고 있다. 나는 그가 반드시 공空이라는 글자로 재물과 색 두 글자를 마무리할 것이라는 사실을 알고 있다. 대저 공으로 마무리한다는 것은 반드시 중이 되어야만 가능하다. 대저 시먼칭이라는 인간은 죽지 않으면 뉘우치지 않을 것이다. 그렇다면 시먼칭이 죽고 나면 또 누가 중이 되겠는가? 우웨냥이 시먼칭이 죽은 뒤 집안일을 돌보지 않고 머리를 깎고 입산하면 어떻게 시먼칭에게 설법을 하겠는가? 이제 그 일은 여전히 시먼칭 자신이 떠맡아야 하는 것이다. 그런데 시먼칭이 이미 죽었으니, 어찌할 것인가? 작자는 얼마동안 주저하다 시먼칭이 죽는 순간 [그의 아들] 샤오거孝哥가 태어나도록 해9)제79회 끝내 시먼칭이 뉘우치고 자신의 출가와 해탈을 받아들이게 하고자 하였다.제100회 결국 성현의 마음으로 보살의 발원을 드러내 보임으로써 세상에 잘못을 감추게 하는 사람이 없게 하고 자신의 잘못을 고치지 않는 이가 없게 한 것이다. 대저 [작자는] 사람이 이미 죽었어도 내세에라도 그 잘못을 고치기를 바랐던 것이다. 작자가 얼마나 관대하고 측은한 마음으로 시먼칭을 대하고 있으며, 어쩌면 그리고 간절하게 이 세상 후대 사람들을 권면하고 있는가? 그런 까닭에 이 단락의 대단원은 이미 작자의 가슴 속에 있었던 것이다. 만약 갑자기 뒤 문장에서 푸징 선사普淨禪師가 나와 샤오거孝哥를 출가시켜 데리고 가는데, 두서가 없이 그리한다면 첫째는 진부함에 빠질 것이고, 둘째는 뭔가 중간에 빠져 있는 듯한 느낌이 들 것이다. 그러므로 먼저 우웨냥을 불교를

---

9) 마지막 회에서 푸징 선사는 우웨냥에게 샤오거가 시먼칭의 화신이라는 사실을 일러준다.

좋아하는 이로 묘사해야만 있는 듯 없는 듯 풀밭 속의 뱀처럼 희미한 흔적이 남아, 뒤에 다시 짐짓 [우웨냥이] 비샤궁碧霞宮의 에피소드^{제84회}를 드러내고, 쉐젠둥雪澗洞으로 자리를 바꾸고, 푸징 선사를 얼핏 비추었다가^{제84회} 10년이 지난 뒤 다시 그들을 거두어 융푸쓰永福寺에 이르게 할 수 있다. 그런 뒤 환영幻影 속에서 등장인물들을 꽃이 피고 콩이 튀겨지듯 드러내 보여주었다가, 다시 하나하나 안개가 걷히고 불이 꺼지듯 사라지게 한다.^{제100회} 대저 생사이별은 각각의 등장인물들의 전傳에서 각각 매듭이 지어지니, 이것이야말로 하나의 큰 매듭이라 하겠다. 작자는 한 권의 책 속의 여러 가지 번다한 실마리들을 구사해 천변만화를 다한 뒤 태허太虛로 돌아가게 했다. 그러니 우웨냥을 불교를 좋아하는 이로 묘사한 것이 어찌 평범하게 불심이 돈독한 촌부의 일상을 한가하게 묘사한 것이겠는가? 이 책의 오묘함은 여기 저기 깔려 있는 복선에 있다. 작자는 안이한 문장이나 의미 없는 연결은 사용하지 않았던 것이다. 이것이 『금병매』가 다른 책들에 비해 훌륭하다고 하는 까닭이다.

(26) 寫月娘, 必寫其好佛者, 人抑知作者之意乎? 作者開講, 早已勸人六根淸淨, 吾知其必以空結此財色二字也。夫空字作結, 必爲僧乃可。夫西門不死, 必不回頭。而西門旣死, 又誰爲僧? 使月娘於西門一死, 不顧家業, 卽削髮入山, 亦何與於西門說法。今必仍令西門自己受持方可。夫西門已死則奈何? 作者幾許痴躓, 乃以孝哥兒生于西門死之一刻, 卒欲令其回頭受我度脫。總以聖賢心發菩薩願, 欲天下無終諱過之人, 人無不改之過也。夫人之旣死, 猶望其改過於來生。然則作者之待西門, 何其忠厚慨惻, 而勸勉于天下後世之人, 何其殷殷不已也。是故旣有此段大結束在胸中, 若突然於後文, 生出一普淨師, 幻化了去, 無頭無緖, 一者落尋常巢臼, 二者筆墨則脫落痕迹矣。故必先寫月娘好佛, 一路屍屍閃閃, 如艸蛇灰線, 後又特筆出碧霞宮, 方轉到雪澗, 而又只一影普師, 遲至十年, 方纔復收到永福寺, 且于幻影中, 將一部中有名人物, 花開豆爆出來的, 復一一烟消火滅了去。蓋生離死別, 各人傳中, 皆自有結, 此方是一總大結束。作者直欲使一部千針萬線, 又盡幻化了還之于太虛也。然則寫月娘好佛, 豈泛泛然爲吃齋村婦, 閑寫家常哉? 此部書總妙在千里伏脈, 不肯作易安之筆, 沒筍之物也, 是故妙絶羣書。

(27) 또 우웨냥吳月娘이 불교를 좋아한 것에는 세 비구니들의 많은 음모와 계략이 숨겨져 있다. 그네들은 우웨냥吳月娘이 [시먼칭과 화해하기 위한 수단으로] 저녁에 향을 피우도록 꼬드기고^{제21회} 약을 먹어 애를 만들게 하는 등^{제40, 50, 53, 64회} 못하는 짓이 없었다. 따라서 불교를 좋아하는 것을 묘사한 것은 우웨냥吳月娘의 숨겨진 악행을 묘사한 것이라는 사실을 알 수 있다.

(27) 又月娘好佛, 內便隱三個姑子, 許多隱謀詭計, 敎唆他燒夜香, 吃藥安胎, 無所不爲。則寫好佛, 又寫月娘之隱惡也, 不可不知。

(28) 작품 속에서 유독 멍위러우孟玉樓의 운명만 좋게 매듭지어진 것^{제91~92회}은 어째서인가? 이는 대개 리핑얼과 판진롄 두 여인을 권계하려고 했기 때문이다. 전 남편이 일찍 죽는 불행 속에서 멍위러우 자신은 비록 수절할 수는 없었지만^{제7회} 적어도 규방에 조용히 기거하며 매파에게 혼인을 성사시키도록 하였다. 비록 남편 무덤에 부채질한다는 비난을 면할 수는 없었지만 이것은 과부에게는 응당 있을 수 있는 정황이다. 시먼칭西門慶에게 개가한 후 한철 애용되는 비단 부

채처럼 슬픈 일이 많았지만 역시 넉넉한 마음으로 이를 감내하며 자신의 운명에 자족하였다. 이러한 멍위러우의 고운 마음씨는 여러 부인들보다 한 수 높은 것이다. 팡춘메이龐春梅는 내내 대담했고, 멍위러우는 내내 소심했다. 그 때문에 뒷날 팡춘메이龐春梅는 결국 몸을 망치고 욕망을 탐닉하는 위태로운 지경에 빠졌던 것제100회이고, 멍위러우는 비록 한 번의 고초를 겪었으나 평생 편안하게 살았다.

(28) 內中獨寫玉樓有結果, 何也? 蓋勸瓶兒, 金蓮二婦也。言不幸所天不壽, 自己雖不能守, 亦且靜處金閨, 令媒妁說合事成。雖不免扇墳之誚, 然猶是孀婦常情。及嫁而紈扇多悲, 亦須寬心忍耐, 安於數命, 此玉樓俏心腸, 高諸婦一着。春梅一味托大, 玉樓一味膽小, 故後日成就, 春梅必竟有失身受嗜慾之危, 而玉樓則一勞而永逸也。

(29) 천징지陳經濟가 [멍위러우孟玉樓를 협박하려고] 옌저우嚴州에 [갔으나 실패한] 사건제92회은 사족인 듯이 보인다. [하지만] 작자는 아마도 세 가지 용도로 이것을 묘사하려 했던 듯하다. 첫째는 천징지가 몰락해 거지 소굴에 들게 되는 빌미가 되고,제93회 둘째는 시먼다제西門大姐의 죽음에 대한 복선제92회이 되며, 셋째는 멍위러우가 리 공자10)를 백년지기로 만나게 해 시먼칭의 집안에서 3, 4년 간 감내해야 했던 한스러운 삶을 보상하기 위한 것이다. 이를 어떻게 알 수 있나? 멍위러우는 천징지의 유혹에 넘어가지 않고 오직 리 공자에게만 마음을 두었다. 리공자는 차라리 죽을지언정 멍위러우를 저버리지 않았으니, 세상에 차라리 죽을지언정 저버리지 않는 정이 있다는 것은 자신을 알아주는 사람의 정이 아니겠는가? 멍위러우는 [줘원쥔卓文君의]「백두

---

10) 지현의 아들인 리야네이李衙內를 말한다.

음白頭吟」 따위는 읊지 않아도 될 것이다.11) 멍위러우의 아름답고 우아한 자태를 보건대 진정 가장 뛰어난 미인이라 할 것이다. 그런데 시먼칭은 판진롄에게만 술잔을 채워주었다. 따라서 멍위러우를 묘사함으로써 시먼칭이 시정잡배로 음탕한 자일 뿐 진정한 아름다움을 아는 호색의 경지에는 이르지 못했다는 사실을 분명하게 말한 것이다.

---

11) 줘원쥔卓文君(?~?)은 원래 이름이 원허우文後이며 서한西漢 때 사람이다. 쓰촨四川 린츙臨邛의 거상 줘왕쑨卓王孫의 딸로 음률에 밝고 문장에도 뛰어났다. 열여섯 살에 결혼했으나 몇 년 후에 남편이 세상을 떠나자 친정으로 돌아와 지내던 중, 집에서 열린 연회에서 쓰마샹루司馬相如를 만났고 쓰마샹루가 연주한 「봉구황鳳求凰」이란 곡을 듣고 마음을 빼앗겨 그날 밤으로 둘이 도주하였다. 쓰촨四川에 이른 두 사람은 술집을 하면서 연명하였다. 나중에 줘원쥔의 아버지가 이 소식을 듣고 친구에게 부탁하여 두 사람을 후원한 뒤로 생활이 나아졌다. 한 무제 때 이름이 알려진 쓰마샹루가 마오링茂陵에서 첩을 맞이하려는 것을 알아챈 줘원쥔이 「백두음白頭吟」을 지었고, 이것을 본 샹루가 마음을 돌려 부인에게 돌아왔다고 전한다.

백두음白頭吟

皚如山上雪	희기로는 산에 있는 눈을 닮았고
皎若雲間月	깨끗하기 구름 사이 달과 같지요
聞君有兩意	듣자니 그대가 두 마음을 가졌다니
故來相決絕	우리 이제 이렇게 끝이 나는 건가요
今日斗酒會	오늘은 술잔과 함께 있지만
明旦溝水頭	내일 아침엔 개천에 나가있겠지요
躞蹀御溝上	궁에서 나오는 개천을 배회할 테지만
溝水東西流	개천 물은 동쪽으로 흘러가겠지요
淒淒復淒淒	쓸쓸하고 또 쓸쓸하여도
嫁娶不須啼	시집간 여자는 울지도 못한다지요
願得一人心	바라건대 한 사람의 마음을 얻어
白頭不相離	흰머리 될 때까지 잘 살아야 할 텐데
竹竿何嫋嫋	대나무는 어찌 그리 낭창거리고
魚尾何簁簁	물고기들은 어찌 저리 꼬리 치나요
男兒重意氣	장부는 뜻과 기개 무겁게 지녀야 하는데
何用錢刀爲	어쩌자고 돈 따위를 위해 써버리나요

(29) 陳敬濟嚴州一事, 豈不蛇足哉? 不知作者一筆而三用也。 一者爲敬濟墮落入冷舖作因, 二者爲大姐一死伏線, 三者欲結玉樓實實遇李公子, 爲百年知己, 可償在西門家三四年之恨也。 何以見之? 玉樓不爲敬濟所動, 固是心焉李氏。 而李公子寧死不捨, 天下有寧死不捨之情, 非知己之情也哉? 可必其無〈白頭吟〉也。 觀玉樓之風韻嫣然, 實是第一個美人, 而西門乃獨于一濫觴之金蓮厚, 故寫一玉樓, 明明說西門爲市井之徒, 知好淫, 而且不知好色也。

(30) 멍위러우가 시먼칭西門慶에게 시집올 때 궁합을 보고 식을 올렸으니,^{제7회} 이를 [판진롄潘金蓮,^{제9회} 리핑얼李瓶兒^{제13회}을 들였을 때처럼] 몰래 간통한 이를 데려다 잔치를 여는 것과 비교한다면 어찌 하늘과 땅 차이뿐이겠는가? 길흉의 양상이 애초부터 서로 달랐던 것이다. 멍위러우가 리야네이李衙內에게 시집갈 때도 여전히 궁합을 보고 약혼을 한 후 식을 올렸으며, 우웨냥吳月娘이 친지로서 그녀를 리야네이에게 데려다 주었으니,^{제91회} 대판 싸우면서 시먼칭西門慶의 집을 나간 늙은 창기 리쟈오얼李嬌兒^{제80회}과 라이왕來旺과 야반도주한 쑨쉐어孫雪娥,^{제90회} 왕파에게 이끌려 가면서 이별의 눈물이라고는 조금도 흘리지 않았던 판진롄潘金蓮^{제86회} 등과 비교한다면 밝고 어두운 양상이 또한 각기 다르다 할 것이다. 그러므로 작자가 일부러 멍위러우 같은 참된 미인을 쓴 것은 시먼칭西門慶이 풍류의 우아함을 모르는 작자라는 사실을 확실히 드러내 보이고자 한 것이다.

(30) 玉樓來西門家, 合婚過禮, 以視偸娶迎奸赴會, 何啻天壤? 其吉凶氣象, 已自不同。 其嫁李衙內, 則依然合婚, 行茶過禮, 月娘送親, 以視老鴇爭論, 夜隨來旺, 王婆領出, 不垂別淚, 其明晦氣象, 又自不同。故知作者特特寫此一位眞正美人, 爲西門不知風雅定案也。

(31) 판진롄과 리핑얼은 시먼칭西門慶의 집에 들어오면서 모두 모욕을 당하였다.^{제12, 19회} 오직 멍위러우만이 시종일관 아무 비난을 받지 않았다. 아, 작자는 또한 심지가 있는 사람이구나!

(31) 金蓮與瓶兒, 進門皆受辱。獨玉樓自始至終, 無一褒貶。噫, 亦有心人哉!

(32) 시먼칭西門慶은 막돼먹은 악한이다. 우웨냥吳月娘은 교활한 위선자이며, 멍위러우는 착한 사람이다. 판진롄潘金蓮은 사람도 아니고, 리핑얼李瓶兒는 얼빠진 인간이며, 팡춘메이龐春梅는 제멋대로 구는 인간이다. 천징지陳經濟는 천박한 소인배이고, 리쟈오얼李嬌兒는 아둔한 인간이며, 쑨쉐어孫雪娥는 어리석고, 쑹후이롄宋蕙蓮은 자기 분수를 모르는 인간이다. 루이얼如意兒은 그저 남의 역할을 대신하는 인간이고 왕류얼王六兒과 린 씨 부인 등은 그저 리구이젠李桂姐 무리와 같은 종류의 인간들로 모두 사람이라 할 수 없다. 잉보줴應伯爵, 셰시다謝希大 일당은 모두 양심 없는 인간들이다. 아울러 차이蔡 태사나 차이蔡 장원, 쑹宋 어사 등은 모두 잘못 태어난 인간들이다.

(32) 西門是混帳惡人, 吳月娘是奸險好人, 玉樓是乖人, 金蓮不是人, 瓶兒是痴人, 春梅是狂人, 敬濟是浮浪小人, 嬌兒是死人, 雪娥是蠢人, 宋蕙蓮是不識高低的人, 如意兒是頂缺之人。若王六兒與林太太等, 直與李桂姐輩一流, 總是不得叫做人。而伯爵, 希大輩, 皆是沒良心的人。兼之蔡太師, 蔡狀元, 宋御史, 皆是枉爲人也。

(33) 셰쯔졔獅子街는 우쑹武松이 복수를 한 곳^{제87회}으로, 시먼칭西門慶은 하마터면 이곳에서 죽을 뻔했다.^{제9회} 그 후로 얼마 지나지 않아 화쯔쉬花子虛는 또 그곳에서 해를 입고,^{제14회} 시먼칭西門慶은 [화쯔쉬花

子虛의 집 앞에서 리핑얼李甁兒를 유혹하려고] 이리저리 서성거렸다.제16회 바로 그 다음에 왕류얼王六兒 역시 공교롭게도 시먼칭西門慶을 위해 이 거리로 이사했으며,제38회 판진롄은 등롱을 구경하기 위해 두 차례 이곳에 온 적이 있었다.제15회, 24회 소인배들이 대담하게 환난을 망각하며 악행을 즐기고도 후회하지 않는 정경을 작자는 셰쯔제 한 곳에서 모두 드러내 보여주었다.

(33) 獅子街, 乃武松報仇之地, 西門幾死其處。曾不數日, 而子虛又受其害, 西門倘佯來往。俟後王六兒, 偏又爲之移居此地。賞燈, 偏令金蓮兩遍身歷其處。寫小人托大忘患, 嗜惡不悔, 一筆都盡。

(34) 『금병매』는 한편의 『사기』이다. 쓰마쳰司馬遷은 『사기』에서 한 사람으로 하나의 전傳을 쓰기도 했고, 여러 사람으로 하나의 전을 쓰기도 하였으되, 모두 각각을 나누어 서술했다. 『금병매』는 오히려 일백 회가 하나의 전으로, 수많은 사람이 하나의 전으로 엮어져 있으나, 작품 속에는 오히려 끊어질 듯 이어질 듯하면서도 각각의 인물마다 자신의 전이 하나씩 있다. 따라서 『금병매』를 지은이는 반드시 『사기』를 지을 수 있을 거라는 사실을 분명하게 알 수 있다. 어째서인가? 이미 이렇게 어려운 일을 해냈으니, 그처럼 쉬운 것을 짓는 게 뭐 어려울 게 있겠는가?

(34) 『金甁梅』是一部『史記』。然而『史記』有獨傳, 有合傳, 却是分開做的。『金甁梅』卸是一百回共成一傳, 而千百人總合一傳, 內却又斷斷續續, 各人自有一傳, 固知作『金甁』者, 必能作『史記』也。何則? 旣已爲其難, 又何難爲其易。

(35) 이 책을 비평하면서 다른 책을 폄하하여 이 책의 장점을 논하

는 이들이 있다. 그들은 문장이란 공공의 것이라는 사실을 모르는 듯하다. 이 글이 절묘하다는 게 어찌 저 글이 절묘한 것에 방해가 되겠는가? 내 어쩌다 보니 이 글의 절묘함을 평하고는 있지만, 그렇다고 저 글의 절묘함이 이 글의 절묘함에 가려지는 것은 아니다. 내가 글 한 편을 지었는데, 내 글이 세상에 나왔다고 해서 세상의 글들이 모두 절묘하지 않다고 할 수는 없는 노릇이거니와 또 세상에 이것보다 절묘한 글이 다시없다고 할 수도 없는 것이다. 어째서 그러한가? 이 사람의 글을 비평하면서 이것을 마치 자신의 소유물인양 한다면 반드시 세상의 글들은 모두 이만 못하다고 여길 것이다. 이런 마음 씀씀이는 편벽되고 사사로우며 시야가 좁다 할 것이니, 결코 좋은 글을 써낼 수 없다. 대저 좋은 글을 써낼 수 없는데, 또 어떻게 다른 사람의 좋은 글을 비평할 수 있겠는가?

　내가 『사기』를 쓰는 것이 『금병매』를 쓰는 것보다 쉽다고 말한 것은 『사기』는 나누어 썼고, 『금병매』는 합쳐서 썼기 때문이다. 따라서 쓰마첸이 다시 살아난다고 해도 내가 『금병매』를 옹호한다고 말할 수는 없을 것이며, 나 역시 『사기』가 『금병매』보다 절묘하지 않다는 게 아니라 오히려 『금병매』가 『사기』의 절묘함을 모두 갖고 있다고 말한 것일 따름이다. 문장의 잘되고 못되고는 오직 식견이 있는 자만이 알 것이다. 나는 단지 그 문장의 절묘함을 완상한 것일 뿐, 어느 겨를에 그 사람이 옛날 사람이고 후대 사람이고를 논하고, 또 그들을 대신해 논쟁을 벌이고 그들을 대신해 겸양할 것인가?

(35) 每見批此書者, 必貶他書, 以褒此書。不知文章乃公共之物, 此文妙, 何妨彼文亦妙? 我偶就此文之妙者而評之, 而彼文之妙, 固不掩此文之妙者也。卽我自作一文, 亦不得謂我之文出, 而天下之文皆不妙, 且不得謂天下更無妙文妙于此者。奈之何? 批此人之文, 卽若據爲己有, 而必使凡天下之文皆不如之, 此其用心, 偏私狹隘, 決做不出好文, 夫做不出好文, 又何能批人之好文哉!

吾所謂『史記』易於『金甁』, 蓋謂『史記』分做, 而『金甁』合做, 卽使龍門復生, 亦必不謂予左袒『金甁』, 而予亦並非謂『史記』反不妙于『金甁』。然而『金甁』却全得『史記』之妙也。文章得失, 惟有心者知之。我止賞其文之妙, 何暇論其人之爲古人, 爲後古之人, 而代彼爭論, 代彼謙讓也哉?

(36) 이 소설의 작자는 결코 [자신들의] 이름을 남기지 않았는데, 이는 작품 중의 등장인물 각자가 함축적인 의미가 있거나 혹은 암암리에 어떤 이를 가리켜 지었기 때문이다. 작자는 악행을 감추고 선행을 드러내려 그 등장인물의 실명을 쓰지 않고 또한 작자 자신의 이름을 드러내지 않은 것인데, 그럼에도 후대 사람들은 단서를 찾으려 애를 쓰니 도대체 실제 이름을 알아내어 어쩌자는 것인가? 그 소회가 어찌 이리도 각박한가! 더욱이 항간에 떠도는 말이란 것은 대부분 견강부회한 것으로 깊이 믿을만한 것이 못된다. 이를 정리해보자면, 작자에게 마음에 크게 느끼는 바感慨가 없으면 책을 쓰지 않을 것이라는 말로 대신할 수 있다. 작자가 말하고 싶은 사람은 모두 작품 속에 드러나 있다. 그러나 마음에 크게 느끼는 바가 있더라도 차마 드러내놓고 말할 수 없는 것이거늘, 우리같이 마음속에 그다지 느끼는 바가 없는 이들이 오히려 그것을 지적해내려 하니 진정 어리석은 일이 될 것이다.

[이를테면] 옌스판嚴世蕃의 호가 둥러우東樓라든지, 어릴 때 이름이 칭얼慶兒이었다는 것12) 등은 대개 물을 필요가 없는 것들이다. 곧 [나

---

12) 옌스판의 별호가 둥러우라는 것과 시먼칭의 성인 서문의 유사성과 이름에 '칭

는] 이 책을 지은 이는 그저 작자라고만 칭할 것이다. 그가 이 책에 자신의 이름을 드러내지 않았는데, 내 어찌 공연한 짓을 하겠는가? 요즘 마오쭝강毛宗崗이 비평한 『비파기』를 보니 여기 저기 보이는 것이 왕쓰王四라는 이름13)이다. 비록 비평자 각자의 의도가 있겠으나, 나는 이렇게 공연한 짓거리에 매달리는 것보다는 그 문장의 처음과 끝을 관통해 흐르는 무수한 곡절을 밝히는 게 더 낫다고 생각한다. 어쩌다 여기에 적어 요즘 사람들에게 고한다.

(36) 作小說者, 槩不留名, 以其各有寓意, 或暗指某人而作。夫作者旣用隱惡揚善之筆, 不存其人之姓名, 並不露自己之姓名, 乃後人必欲爲之尋端竟委, 說出名姓何哉? 何其刻薄爲懷也! 且傳聞之說, 大都穿鑿不可深信。總之, 作者無感慨, 亦必不着書, 一言盡之矣。其所欲說之人, 卽現在其書內: 彼有感慨者, 反不忍明言, 我沒感慨者, 反必欲指出, 眞沒搭撒, 沒要緊也。故別號東樓, 小名慶兒之說, 槩置不問。卽作書之人, 亦止以作者稱之。彼旣不著名于書, 予何多贅哉? 近見七才子書, 滿紙王四, 雖批者各自有意, 而予則謂何不留此閒工, 多曲折於其

慶' 자가 들어간다는 사실 때문에 두 사람은 같은 인물이라는 주장이 있어 왔다. 이에 대해서는 우한吳晗의 『『금병매』의 저작 시기와 그 사회 배경金甁梅的著作時期及其社會背景』『讀史箚記』(北京; 三聯書店, 1956), 1~38쪽을 참고할 것. 옌스판 이외에도 시먼칭이 탕순즈唐順之(1507~1560)를 모델로 한 것이라는 설과 이 소설의 작자가 왕스전王世貞(1526~1590)이라는 설도 있다.

13) 이것은 마오쭝강이 눈이 보이지 않게 된 그 아비 마오룬毛綸의 말을 구술한 평점에서 『비파기琵琶記』라는 제목 가운데 '비파琵琶'라는 글자에 '왕王' 자가 네 개 있는 것으로 볼 때 이 작품의 작자인 가오밍高明이 자신의 지인인 '왕쓰王四'라는 사람을 비판하기 위해 쓴 것이라 주장한 것을 말한다. 마오룬毛綸, 『제칠재자서第七才子書』 총론總論」, 『비파기자료휘편琵琶記資料彙編』(北京: 書目文獻出版社, 1989), 276~278쪽. 『비파기』에 대한 여타의 근대 이전 작자들과 왕쓰에 대해서는 쟝루이짜오蔣瑞藻의 『휘인소설고증彙印小說考證』(台北: 商務印書館, 1975), 20~21쪽을 참고할 것.

文之起盡也哉。偶記于此, 以白當世。

(37) 『사기』에는 연표가 있고, 『금병매』에는 또한 날짜와 시간이 있다. 처음에 시먼칭西門慶은 스물일곱 살이라고 하였다.[제1회] 우 신선 吳神仙이 관상을 보았을 때, 그의 나이는 스물아홉이었고,[제29회] 죽을 때에는 서른셋이었다.[제79회] 관거官哥는 정화 4년 병신년(1114)에 태어났고, 정화 오년 정유년(1115)[제59회]에 죽었다. 시먼칭西門慶이 스물 아홉에 아들을 보았으니 병신년을 기준으로 그의 나이 서른셋이 되는 해를 계산하면 경자년(1120)이라 해야 한다. 그러나 시먼칭西門慶은 무술년(1118)[제79회]에 죽었다고 하였다. 리핑얼李瓶兒 또한 정화 5년 (1115)에 죽었다고 해야 하는데 정화 7년(1117)[제63회]이라 하였다. 이것은 모두 작자가 일부러 들쑥날쑥하게 한 것이다. 어째서인가? 이 책이 다른 책들과 다르기 때문이다. 『금병매』에 묘사된 3, 4년의 일들을 보면 오히려 하루, 한 시간 단위로 날짜를 세어나간다. 봄, 여름, 가을, 겨울은 말할 나위도 없을 뿐더러 어떤 이의 생일이나 어떤 이를 어느 날 술자리에 청했다든가 몇 월 며칠에 어떤 이를 초대했다든가 며칠은 무슨 명절이라는 등 가지런하게 시간 순으로 진행된다. 만일 3년에서 5년 사이의 일들을 육갑의 순서로 흐트러짐 없이 배열한다면, [이 작품은] 마치 일부 무지몽매한 비평가들이 말하고 있는 것처럼,[14] 진정 시먼칭西門慶의 장부책이 될 것이다. 그래서 작자는 일부러 연대의 순서를 흩트려 놓은 것이다. 대략 3년에서 5년 사이의 시먼칭 집안의 번화함이 이와 같으니, 작품에서 어느 날 어떤 명절을

---

14) 여기서는 위안쭝다오袁宗道(1570~1624)를 가리킴. 패트릭 D. 해넌의 「『금병매』의 텍스트The Text of the Chin P'ing Mei」 Asia Major, n.s.9.1:44, 1962를 볼 것.

이야기하는 것이 모두 눈앞에서 벌어지는 듯 생동감 있게 묘사되어 절대 판에 박은 듯이 고루하지 않다. 방울을 꿰듯 사건 하나하나를 순서대로 배열하여 보는 이의 눈을 어지럽혀 마치 하루하루가 연이어 지나가는 것처럼 느껴지게 하였으니, 이것은 신묘한 필치라 할 만하다. 아! 기교가 이와 같은 경지에 이르니 천의무봉이라 하겠다. 진정 천고의 지극한 문장으로, 나는 감히 이 작품을 소설로 보지 않으련다.

(37) 『史記』中有年表, 『金甁』中亦有時日也。開口云西門慶二十七歲, 吳神仙相面則二十九, 至臨死則三十三歲。而官哥則生于政和四年丙申, 卒于政和五年丁酉。夫西門慶二十九歲生子, 則丙申年至三十三歲, 該云庚子。而西門乃卒于戊戌。夫李甁兒亦該云卒于政和五年, 乃云七年。此皆作者故爲參差之處。何則? 此書獨與他小說不同。看其三四年間, 却是一日一時推着數去, 無論春秋冷熱, 卽某人生日, 某人某日來請酒, 某月某日請某人, 某日是某節令, 齊齊整整捱去, 若再將三五年間, 甲子次序排得一絲不亂, 是眞個與西門計帳簿, 有如世之無目者所云者也。故特特錯亂其年譜, 大約三五年間, 其繁華如此。則內云某日某節, 皆歷歷生動, 不是死板。一串鈴可以排頭數去, 而偏又能使看者五色瞇目, 眞有如捱着一日日過去也。此爲神妙之筆。嘻, 技至此亦化矣哉! 眞千古至文, 吾不敢以小說目之也。

(38) 백 회가 한 회이니, 반드시 눈을 크게 뜨고 한 번에 끝까지 읽어야 그 처음과 끝의 구성을 알 수 있다.

(38) 一百回是一回, 必須放開眼光作一回讀, 乃知其起盡處。

(39) 백 회는 하루아침에 지은 것은 아니지만, 어느 날 어느 시각에

처음으로 구상된 것이다. 작품에 대한 작자의 착상이 처음 이루어졌을 때 어찌 그 때부터 작품 속에 내재된 수많은 맥락을 알고 있었겠는가? 아마도 많은 계획과 삽입, 재단을 거쳐서 된 것일 것이다.

(39) 一百回不是一日做出, 却是一日一刻創成。人想其創造之時, 何以至于創成, 便知其內許多起盡, 費詐多經營, 許多穿插裁剪也。

(40) 『금병매』를 볼 때 그것을 실제 있었던 사실로 여긴다면, 그것에 속아 넘어가는 것이다. 반드시 이것을 글로 여겨야만 속아 넘어가지 않을 것이다.

(40) 看『金甁』, 把他當事實看, 便被他瞞過。必須把他當文章看, 方不被他瞞過也。

(41) 『금병매』를 볼 때 그것을 작자의 문장으로만 여긴다면, 오히려 그것에 속아 넘어가게 된다. 반드시 그것을 자기 문장으로 읽어야 속아 넘어가지 않는다.

(41) 看『金甁』, 將來當他的文章看, 猶須被他瞞過; 必把他當自己的文章讀, 方不被他瞞過。

(42) 이 작품을 자신의 문장으로 여기고 읽는 것은 옳은 것이다. 그러나 이는 자신이 작품 속으로 들어가 문장을 헤아려 만들어 보는 것만 못할 것이다. 자신이 먼저 마음을 『금병매』에 집어넣고 곡절하게 헤아려 보고 나서 이것이 나를 속일 수 없다고 말해야 비로소 내가 속아 넘어가지 않을 수 있는 것이다.

(42) 將他當自己的文章讀, 是矣。然又不如將他當自己纔去經營的文章, 我先將心與之曲折算出, 夫而後謂之不能瞞我, 方是不能瞞我也。

(43) 글을 짓는다는 것은 정情과 리理 두 글자에 지나지 않는다. 지금 이 100회의 장편소설을 짓고 나니 이것 역시 정과 리 두 글자에 지나지 않는다. 한 사람의 마음에서 한 사람의 정과 리를 헤아려내면 그 사람을 이해할 수 있게 된다. 비록 앞뒤에 여러 사람의 말이 끼어 있지만, 어느 한 사람이 입을 열면 그것은 그의 정과 리이다. 그가 입을 열면 곧바로 정과 리가 얻어지는 게 아니라, 그의 정과 리를 헤아려내고 나서야 그의 입과 귀가 열리게 되는 것이다. 이 때문에 수많은 사람들을 묘사했음에도 모두 한 사람을 묘사한 것처럼 되었고, 끝내 이렇게 방대한 100회의 대작이 나오게 된 것이다.

(43) 做文章不過是情理二字。今做此一篇百回長文, 亦只是情理二字。於一個人心中, 討出一個人的情理, 則一個人的傳得矣。雖前後夾雜衆人的話, 而此一人開口, 是此一人的情理。非其開口便得情理, 由於討出這一人的情理, 方開口耳。是故寫十百千人, 皆如寫一人, 而遂洋洋乎有此一百回大書也。

(44) 『금병매』에서는 종종 [사건이 최고조에 이르러] 지극히 바쁠 때마다 [별로 중요하지 않은] 다른 사건이 삽입되는 경우가 있다. 이를테면, 판진례를 아직 맞아들이지 않았을 때,^{제9회} 먼저 멍위러우와 혼인한 것^{제7회}을 삽입하였고, 멍위러우를 맞아들일 때^{제8회} 시먼다졔西門大姐의 혼인을 삽입했다. 아들 관거官哥가 태어났을 때, 우뎬언吳典恩이 돈을 빌려가고,^{제31회} 관거가 위독할 때 셰시다謝希大가 돈을 빌려간다.^{제59회} 리핑얼이 죽을 때 위샤오玉簫가 판진례의 세 가지 조건을 받아들이고,^{제64회} 리핑얼의 장례 날짜를 잡아 발인할 때 육황 태위六黃太尉 등의 일^{제65회}이 있다.

이는 모두 한창 바쁠 때 고의로 한가한 필치로 쓴 것이니, 작자의 재기가 출중하지 않다면 그것을 어떻게 할 수 있었겠는가? 이밖에도 우쑹武松이 푸傳 지배인에게 시먼칭이 어디에 있느냐고 물을 때도 황망한 가운데 한 달에 두 냥을 받고 일할 뿐이라고 대답하는 것^{제9회} 등은 임시로 가벼운 필치로 신묘한 이치를 도모한 것이지, [앞서 논의한] 장법 아래 속하는 것은 아니다.

(44) 『金甁』每於極忙時, 偏夾敍他事入內。如正未娶金蓮, 先插娶孟玉樓, 娶玉樓時, 卽夾敍嫁大姐。生子時, 卽夾敍吳典恩借債。官哥臨危時, 乃有謝希大借銀。甁兒死時, 乃人玉簫受約。擇日出殯, 乃有請六黃太尉等事。

皆於百忙中, 故作消閒之筆, 非才富一石者何以能之? 外如武松問傅夥計西門慶的話, 百忙裡說出二兩一月等文, 則又臨時用輕筆討神理, 不在此等章法內筭也。

(45) 『금병매』의 절묘함은 겹치는 필법犯筆을 잘 사용하면서도 겹치지 않게 하는 데 있다. 이를테면, 잉보줴應伯爵를 묘사하면서 셰시다謝希大도 묘사하고 있지만, 잉보줴는 잉보줴이고, 셰시다 역시 셰시다일 뿐이니, 각자의 신분이 그대로 있고, 각자의 말투 역시 한 올도 흐트러지지 않았다. 판진롄을 묘사하면서 또 리핑얼도 묘사하고 있어 겹친다고 말할 수 있으나, 그 처음과 끝, 모이고 흩어지는 것이나, 그 말투 행동에 있어 각자가 한 올도 흐트러짐이 없다. 왕류얼王六兒을 묘사하면서 다른 한편으로 번쓰賁四의 아내를 묘사하고, 리구이졔李桂姐를 묘사하면서 다시 우인얼吳銀兒, 정아이웨鄭愛月을 묘사했다. 왕파王婆를 묘사하면서 매파 쉐 씨薛氏, 펑 씨馮氏 아줌마, 원 씨文氏댁, 매파 타오 씨陶氏를 묘사했다. 비구니 쉐 씨薛氏를 묘사하면서 다른 한편으로 비구니 왕 씨王氏, 비구니 류 씨劉氏를 묘사했다.

이와 같은 부류의 사람들이 모두 일부러 겹치게 하였으나, 오히려 각자가 개성이 있어 절대 비슷하지 않다.

(45) 『金瓶梅』妙在善於用犯筆而不犯也。如寫一伯爵, 更寫一希大, 然畢竟伯爵是伯爵, 希大是希大, 各人的身分, 各人的談吐一絲不紊。寫一金蓮, 更寫一瓶兒, 可謂犯矣, 然又始終聚散, 其言語擧動又各各不亂一絲。寫一王六兒, 偏又寫一賁四嫂; 寫一李桂姐, 偏又寫一吳銀姐, 鄭月兒。寫一王婆, 偏又寫一薛媒婆, 一馮媽媽, 一文嫂兒, 一陶媒婆。寫一薛姑子, 偏又寫一王姑子, 劉姑子, 諸如此類, 皆妙在特特犯手, 却又各各一款, 絶不相同也。

(46) 『금병매』에서 시먼칭西門慶은 문아한 필치로 쓰지 않았고, 우웨냥吳月娘은 드러내는 필치로 쓰지 않았으며, 멍위러우는 순전히 아름다운 필치를 사용하였다. 판진롄은 무딘 필치로 쓰지 않았고, 리핑얼은 심오한 필치로 쓰지 않았으며, 팡춘메이龐春梅는 순전히 오만한 필치를 사용하였다. 천징지陳經濟는 운치 있는 필치로 쓰지 않았고, 서문대저는 수려한 필치를 쓰지 않았으며, 잉보줴應伯爵는 미련한 필치를 사용하지 않았고, 다이안玳安은 어리석은 필치를 사용하지 않았다. 이것이야말로 각각의 인물이 개성적으로 묘사될 수 있었던 까닭이다.

(46) 『金瓶梅』于西門慶, 不作一文筆; 于月娘, 不作一顯筆; 于玉樓, 則純用俏筆; 于金蓮, 不作一鈍筆; 于瓶兒, 不作一深筆; 于春梅, 純用傲筆; 于敬濟, 不作一韻筆; 於大姐, 不作一秀筆; 于伯爵, 不作一呆筆; 於玳安兒, 不着一蠢筆。此所以各各皆到也。

(47) 『금병매』에는 시작 부분에 그냥 지나가는 한 남자와 여자가

있고, 결말에도 그냥 지나가는 한 남자와 한 여자가 있다. 이를테면 부즈다오卜志道와 쥐듀얼卓丟兒는 처음에 그냥 지나가는 인물이고, 추윈楚雲과 리안李安은 마지막 부분에서 그냥 사라지는 인물이다.

대저 시작 부분에서 그냥 사라지는 부즈다오라는 인물은 화쯔쉬花子虛의 자리를 잠시 대신하는 사람일 뿐이다. 작자는 화쯔쉬花子虛를 직접 내세우지도 않고, 또한 열 사람[의 의형제] 중 아홉 사람을 분명하게 묘사하지도 않고 단지 한 사람의 자리를 비워두어 화쯔쉬花子虛를 찾아 채우게 하였다. 그래서 먼저 한 사람을 소개하고 되는 대로 그를 죽게 하여 빈자리를 만들어 화쯔쉬花子虛를 내세웠으며^{제1회} 화쯔쉬花子虛가 나올 때 더불어 리핑얼李瓶兒도 나오게 하였다.^{제1회} 그렇게 하지 않고 먼저 열 사람 가운데 화쯔쉬를 등장시켰다면, 나중에 리핑얼이 등장할 때 또한 필묵을 낭비하였을 것이다. 따라서 비록 부즈다오가 화쯔쉬의 자리를 잠시 대신한다고 하더라도 리핑얼의 등장을 위한 설자楔子 구실을 하고 있다고 할 수 있다. 그저 설자 구실을 할 뿐이라고 하면 어찌 유념하여 이름을 지었겠는가? 그럼에도 이름은 필요했기에, 그저 부즈다오不知道¹⁵⁾라고 하였을 뿐이다. 쥐듀얼은 멍위러우의 자리를 잠시 대신 하였다.

시먼칭西門慶이 멍위러우를 아직 들이지 않았을 때 먼저 쥐듀얼을 집안에 들이고 멍위러우와 혼인하고 나서는 그녀를 완전히 잊어버렸다.^{제1회} 어찌 이것이 리핑얼李瓶兒이 죽은 날 그의 영정을 지키고, 다음날 아침 지전을 태우며 그의 몸종, 유모와 빈방에서 동침하고^{제62~67회} 두 차례 꿈에서 리핑얼을 본^{제67회} 시먼칭西門慶의 모습과 같은 것이겠는가? 진정 그의 뇌리에서 완전히 사라진 까닭에 '듀얼丟兒'¹⁶⁾이라 하

---

15) 중국어로는 "卜志道"나 "不知道"나 발음이 모두 "부즈다오"로 똑같다.
16) '듀얼丟兒'은 글자 그대로 '버린다'는 뜻이다.

였던 것이다. 이렇듯 처음에 그냥 사라지는 인물은 모두 이들을 모두 보내고 나서 화쯔쉬와 멍위러우孟玉樓 등을 출현시키려 했던 데 작자의 의도가 있었다.

뒷부분에 등장하여 그냥 사라지는 인물 가운데, 추윈楚雲은 대개 시먼칭 집안의 부귀영화가 오색 구름처럼 쉽게 흩어지는 것을 암시한다.[제77회] 미인의 아름다움은 끝이 없을 것 같지만, 인생에는 끝이 있다. 죽음이 눈앞에 닥쳤을 때, 비록 시스西施와 왕자오쥔王昭君 같은 미인이 있다한들 내게 무슨 상관이 있겠는가? 그런즉 작자는 짐짓 몇 마디의 말로 이러한 것들을 입증한 것[제1회]이다.

리안을 묘사한 것은 또 한아이제韓愛姐를 묘사한 것과 같은 의도이다. 작자는 매우 호의적인 필치로 한 사람의 효성스럽고 행실이 바르며 의기로운 선비를 묘사하여 역경에 굴하지 않는 강한 인물로 만들었다. 어째서인가? 작품 속에는 위로는 차이 태사에서 아래로는 허우린얼侯林兒 등의 무리에 이르기까지 백여 명의 많은 인물이 있으나 한 사람의 선한 이도 없으니 간통을 하거나 자신의 몸을 파는 이가 아니면 세력 있는 이에 달라붙어 뜨거움炎을 좇는 무리들뿐이다. 만일 리안과 같은 효자가 없었다면 양심 있는 이의 씨가 마르지 않았을까? 리안 모자가 서로 의지하며 사는 모습을 보라. 이 한편의 이야기로 진정 옥과 같이 깨끗하게 자신을 지키고, 부모로부터 받은 몸을 상하게 하지 않는 효자의 모습을 볼 수 있으며,[제100회] 시먼칭, 천징지陳經濟와 같은 무리는 진정 개, 돼지만도 못한 인간들이라는 것을 알 수 있다.

따라서 마지막 부분에서 작자는 두 사람은 그냥 지나가게 하면서도 다른 이들은 그냥 보내지 않으니, 이 두 사람을 그냥 지나가게 함으로써 후대 사람들이 깊이 자신을 돌아보게 한 것이다.

(47) 『金甁梅』起頭放過一男一女, 結末又放去一男一女, 如卜志道, 卓丟兒, 是起頭放過者: 錦雲17)與李安, 是結末放去者。

夫起頭放過去, 乃云卜志道, 是花子虛的署缺者, 不肯直出子虛, 又不肯明明于十個中止寫九個, 單留一個缺, 去尋子虛頂補, 故先着一人, 隨手去之, 以出其缺, 而便於出子虛, 且于出子虛時, 隨手出甁兒也。不然。先出子虛於十人之中, 則將出甁兒時, 又費筆墨, 故卜志道雖爲子虛署缺, 又爲甁兒做楔子也。旣云做楔子, 又何有顧意命名之義? 而又必用一名, 則只云不知道可耳, 故云卜志道。至于丟兒, 則又玉樓之署缺者。

夫未娶玉樓, 先娶此人, 旣娶玉樓, 卽丟開此人。豈如李甁兒今日守靈, 明朝燒紙, 丫鬟, 奶子相伴空房, 且一番兩番託夢也。是誠丟閒腦後之人, 故云丟兒也。是其起頭放過者皆意在放過那人去, 放入這人來也。

至其結末放去者, 曰楚雲者, 蓋爲西門家中, 彩雲易散作一影字, 又見得美色無窮, 人生有限, 死到頭來, 雖有西子, 王嬙, 于我何涉? 則又作者特特爲起講數語作証也。

至于李安, 則又與韓愛姐同意, 而又爲作者十二分滿許之筆, 寫一孝子正人義士, 以作中流砥柱也。何則? 一部書中, 上自蔡太師, 下至侯林兒等輩, 何止百有餘人, 幷無一個好人, 非迎奸賣俏之人, 卽附勢趨炎之輩, 使無李安一孝子, 不幾使良心種子滅絕; 看其寫李安母子相依, 其一篇話頭, 眞見得守身如玉, 不敢毀傷髮膚之孝子, 以視西門, 敬濟輩, 眞猪狗不如之人也。

然則, 末節放過去的兩人, 又放不過衆人, 故特特放周此二人, 以深省後人也。

---

17) 추원楚雲의 오기이다.

(48) 작자는 작품 첫머리에서 십 형제 가운데 화쯔쉬花子虛를 묘사하면서 왜 곧바로 리핑얼李瓶兒을 등장시키지 않았는가? 대저 작자가 붓을 들었을 때 이미 리핑얼이라는 인물이 그의 의중에 있었을 것이다. 이미 리핑얼이 작자의 의중에 있었기 때문에, 후에 어떻게 시먼칭西門慶과 몰래 언약하고 어떻게 간통하였으며제13회 또 어떻게 따로 주산竹山에게 시집갔다가제17회 마음을 바꿔 다시 시먼칭에게 시집을 갔는가제19회 하는 것 등의 수순을 [먼저] 헤아린 뒤에 그 남편의 이름을 어떻게 지을 것인가를 생각한 것이다. 그러니 화쯔쉬라는 이름을 상황에 맞게 붙인 것에 불과하니, 장차 그는 있으나 마나 한 존재가 될 것이기에 이름을 '쯔쉬子虛'[18]라 한 것이요, 화병瓶은 본디 꽃을 위해 있는 것이므로 그의 성을 '화花'라고 한 것이다.

애당초 작자가 작품을 쓰려고 했을 때는 시먼칭의 정전正傳을 쓰려고만 생각했다. 시먼칭의 전에 리핑얼이 나오지 않으면 어떻게 나중에 리핑얼과 얽힌 사건들公案을 넣을 수 있었겠는가? 또 특별히 리핑얼만을 따로 서술하려 했다면, 시먼칭을 소개하는 처음 대목에서 어찌하여 옆집에 성을 '화'라고 하고 이름을 아무개라고 하는 이와 그의 처 리 씨 성을 가진 아무개라는 여인에 대해 이야기하지 않았겠는가? 만약 그렇게 했다면 붓놀림에 두서가 없게 되어 반드시 앞뒤가 맞지 않게 될 것이다. 그런즉 판진롄潘金蓮이 시먼칭의 집에 들어온 다음제9회 리핑얼에 대해 다시 서술했다면 어떻게 되었겠는가? 다른 소설은 에피소드 하나하나를 차례대로 써나가다 도중에 다른 실마리를 일으킨다. 다만 『금병매』만이 순전히 태사공의 필법을 따르

---

[18] 이 이름의 기원은 쓰마샹루司馬相如(기원전 179~117)의 「자허부子虛賦」로 거슬러 올라간다. 그 뜻은 이 인물이 허구로 만들어진 것이며 알레고리적인 의미를 갖고 있다는 것을 보여준다.

고 있는 것이다. 대저 쓰마첸司馬遷의 문장 가운데 특별히 유의하여 한 사람의 관한 문장을 쓰면서 열의 팔 할을 그 사람됨을 그리고도 처음 1회부터 옷깃이나 꽃자루처럼 중요한 맥락을 대체로 드러내지 않은 것이 어찌 있었겠는가? 그러니 [금병매를] 태사공의 문장이라 한 것이다.

요즘 사람들은 전기傳奇19)를 지으면, 서두의 몇 절에서 반드시 주요 인물들을 점고한다. 하물며 『금병매』와 같은 천하의 기서는 어떻겠는가! 작자는 또 그 자신이 달리 실마리를 일으켜 말할 수 없었기에, 시먼칭 패거리들이 결의형제할 때를 빌어 화쯔쉬花子虛를 작품 속에 끌어들여야만 했다.제1회 대저 잉보줴應伯爵과 같은 일군의 무리가 그보다 앞서 시먼칭과 친하지 않았다면 어떻게 결의형제 했겠는가? 만약 화쯔쉬를 [처음부터] 10명의 형제에 넣었다면, 하루 종일 서로 볼 수 있었을 것이다. [그렇다면] 시먼칭이 잉보줴를 만났을 때, 화쯔쉬와도 이미 친숙한 사이였을 것이므로, 구태여 그의 부인 리핑얼을 언급할 필요가 있었겠는가? 또 리핑얼에 대해 언급했다 하더라도 어찌 뜬금없이 담 하나 두고 사는 사이라는 둥, 리핑얼이 좋은 사람 같다는 둥 하는 말들을 했겠는가?제1회 그러니 화쯔쉬를 모임의 바깥에 있는 사람으로 묘사하고 당일 모임에 끌어들여야 바로 이웃이라는 사실을 빌어 시먼칭이 몇 마디 말을 지껄일 수 있었을 것이고, 이미 말하지 않더라도 화쯔쉬의 일가 식구들은 모두 작품 속에 드러나게 된다. 작자는 다시 부즈다오卜志道의 죽음제1회을 빌미로 화쯔쉬를 모임에 가입하게 만든다.

작자는 그야말로 귀신같은 솜씨로 필력을 발휘하여 곡절 있게 문

---

19) 여기서 말하는 전기는 당시 유행했던 희곡을 가리킨다.

장을 써 나가 그저 보는 이들의 눈을 어지럽게 하고 독자들이 작품 중에 절묘하게 이어진 부분은 알아차리지 못하게 하였다. 이 때문에 내가 쓰마첸의 문장이라 한 것이다. 이런 문장을 읽을 때마다 나는 온 신경을 집중해 그 곡절을 살피고, 그 문장이 드나들고 시작되었다 다하는 것을 따져보니, 어찌 유명한 산천에 들어가 기이한 풍광을 감상하는 것과 다를 바 있겠는가? 나는 진심으로 이것을 즐기되, 조금도 피로한 줄 모르겠다.

(48) 寫花子虛, 卽于開首十人中。何以不便出甁兒哉? 夫作者于提筆時, 固先有一甁兒在其意中也。先有一甁兒在其意中, 其後如何偸期, 如何迎奸, 如何另嫁竹山, 如何轉嫁西門, 其着數俱已籌就, 然後想到其夫, 當令何名? 夫不過令其應名而已, 則將來雖有如無, 故名之曰子虛。甁本爲花而有, 故卽姓花。

忽然於出筆時, 乃想敍西門氏正傳也, 于敍西門傳中, 不出甁兒, 何以入此公案: 特敍甁兒, 則敍西門起頭時, 何以說隔壁一家, 姓花名某, 其妻姓李名某也? 此無頭緖之筆, 必不能入也。然則俟金蓮進門, 再敍何如? 夫他小說, 便有一件件敍去, 另起頭緖于中。惟『金甁梅』純是太史公筆法。夫龍門文字中, 豈有于一篇特特着意寫之人, 且十分有八分寫此人之人, 而于開卷第一回中, 不總出樞紐, 如衣之領, 如花之蕾, 而謂之太史公之文哉。

近人作一本傳奇, 于起頭數折, 亦必將有名人數點到, 況『金甁梅』爲海內奇書哉! 然則, 作者又不能自己另出頭緖說, 勢必借結弟兄時, 入花子虛也。夫使無伯爵一班人, 先與西門打熱, 則弟兄又何由而結? 使寫子虛, 亦在十人數內, 終朝相見, 則於第一回中, 西門與伯爵會時, 子虛係你知我見之人, 何以開口便提起他家二嫂? 卽提起二嫂, 何以忽說與咱院子止隔一墻? 而二嫂又何如好也哉? 故用寫子虛爲會外之人, 今日拉其入會, 而因其隣墻, 乃用西門數語, 則瓶兒已出隣墻, 已明不言之表, 子虛一家, 皆躍然紙上。因又筭到, 不用卜志道之死, 又何因想起拉子虛入會。

作者純以神工鬼斧之筆, 行文故曲曲折折, 止令看者瞇目, 而不令其窺彼金針之一度。吾故曰, 純是龍門文字。每于此等文字, 使我悉心其中, 曲曲折折, 爲之出入其起盡, 何異入五岳三島, 盡覽奇勝? 我心樂此, 不爲疲也。

(49) 『금병매』에 나오는 우스갯소리나 노랫가락은 모두 상황에 맞게 쓰여져 있든지, 아니면 본회本回의 의도를 직접적으로 드러내거나 전회의 [미진한] 내용을 메우거나 다음 회의 내용을 귀띔해 주는 데 쓰였다. 이하의 것들은 따로 나누어 주에서 다루겠다.

(49) 『金瓶』內, 卽一笑談一小曲, 皆因時致宜; 或直出本回之意, 或足前回, 或透下回。當于其下, 另自分註也。

(50) 『금병매』의 글 짓는 방법으로 말할 것 같으면, 두루 갖추지 않은 바가 없어, 일시에 그 모든 것들을 세세하게 말하기 어렵다. 마땅히 각각의 해당 회에서 그것을 밝히도록 하겠다.

(50) 『金瓶梅』一書于作文之法, 無所不備, 一時亦難細說, 當各于本回前著明之。

(51) 『금병매』에서 서술하고 있는 음란한 이야기는 판진롄과 왕류얼王六兒에 대한 것이 가장 많고, 그 다음은 리핑얼李瓶兒에 대한 것이 많으며, 우웨냥吳月娘, 멍위러우孟玉樓 같은 이들은 그저 한 차례 정도

보일 뿐이나, 팡춘메이龐春梅는 암시만[20] 되어 있다. 어째서인가?

우웨냥吳月娘에 대한 음란한 묘사는 그녀가 눈을 쓸어 차를 끓인 바로 전날 등장하는데,[제21회] 우웨냥吳月娘의 추한 모습과 시먼칭西門慶의 추한 모습을 드러내려 했기 때문이다. 멍위러우에 대한 음란한 묘사는 그가 속쓰림으로 고생한 날 밤[제75회]에 등장하는데, 멍위러우의 억울함을 드러내면서 시먼칭西門慶의 추악함을 보여주려 했기 때문이다. 이러한 것들은 모두 음탕함 자체를 의도하고 쓴 것이 아니다.

팡춘메이龐春梅의 경우에는 [나중에] 염량세태가 전복되는 양상을 보여주기 위해 유보한 것이었기에, 그 면목을 세워주지 않을 수 없었던 것이고, 그 묘사 또한 암시적으로만 사용되었을 분이다. 리구이제李桂姐나 정아이웨鄭愛月와 같은 창기조차도 입에 담을 수 없는 갖가지 후안무치하고 감내하기 어려운 것들이 모두 판진롄과 왕류얼의 입에서 나오고 있으니, 그 난감한 상황은 또 어찌된 것인가? 이는 작자가 시먼칭을 몹시 증오해 이렇게 개 돼지 같은 인간들을 시먼칭이 편애하는 것으로 그가 참으로 인간도 아니라는 사실을 드러내 보여주려 했던 것이다. 그러므로 왕류얼과 판진롄이 같은 날 시먼칭과 관계하여 시먼칭을 죽게 만들었으니, 이는 작자의 깊은 뜻이라 하겠다.[제79회]

리핑얼李瓶兒의 경우는 비록 자신의 처지를 참아냈으나, 그것은 스스로 자초한 괴로움으로 다른 이와는 상관이 없는 것이었다. 그러나 남편인 화쯔쉬花子虛를 화병으로 죽게 만들었고, 시먼칭西門慶과 간통해 그에게 개가하였으니 판진롄潘金蓮과 별반 차이가 없다고 할 수

---

[20] 원문인 점염點染에서 '점點'은 직접적인 서술이라 할 수 있고, '염染'은 간접적이고 우회적인 서술이라 할 수 있다. 여기서 팡춘메이龐春梅의 음란한 묘사가 점염처에서 쓰였다는 것은 팡춘메이龐春梅가 판진롄潘金蓮의 영향을 받아 그녀의 패턴을 답습하는 곳에서 음란한 묘사가 사용되었다는 이야기인 듯하다.

있다. 그렇기에 작자는 그녀의 추태를 묘사하는 데 거리낌이 없었다. 그러나 리핑얼은 병약했고 판진롄은 모질었기 때문에, 리핑얼의 음란함을 판진롄보다는 다소 호의적으로 썼을 뿐이니, 작자는 시먼칭西門慶이 최음제를 그에게 시험해볼 때 그의 죽음을 암시하며^{제50회} 여인이 색을 탐하면 남에게 해를 끼치거나 자신에게 해를 입힌다고 이야기하고 있다. 아, 이 얼마나 두려운 일인가!

쑹후이롄宋蕙蓮이나 루이얼如意兒 같은 무리들에게서는 또 무슨 올바른 품행이라 할 만한 것을 찾아볼 수 있겠는가? 그렇기에 작자는 주저하지 않고 그들의 당돌한 행동을 드러내 보여주었던 것이다. 왕초선 집안의 린 씨 부인은 상술한 바와 같이 판진롄潘金蓮에게 좋지 않은 영향을 주었으니 인과응보를 쓰고자 했던 작자가 그녀의 당돌한 행동을 표현함에 어찌 주저하였겠는가?

(51) 『金甁梅』說淫話, 止是金蓮與王六兒處多, 其次則甁兒, 他如月娘, 玉樓止一見, 而春梅則惟于點染處描寫之。何也?

寫月娘, 惟掃雪前一夜, 所以醜月娘, 醜西門也。寫玉樓, 惟于含酸一夜, 所以表玉樓之屈, 而亦以醜西門也。是皆非寫其淫蕩之本意也。

至于春梅欲留之爲炎凉翻案, 故不得不留其身分, 而止用影寫也。至于百般無恥, 十分不堪, 有桂姐, 月兒不能出之于口者, 皆自金蓮, 六兒口中出之。其難堪爲何如? 此作者深罪西門, 見得如此狗彘, 乃偏喜之, 眞不是人也。故王六兒, 潘金蓮有日一齊動手, 西門死矣。此作者之深意也。

至于甁兒, 雖能忍耐, 乃自討苦吃, 不關人事。而氣死子虛, 迎奸轉嫁, 亦去金蓮不遠, 故亦不妨爲之馳張醜態。但甁兒弱而金蓮狠, 故寫甁兒之淫, 畧較金蓮可些, 而亦早自喪其命于試藥之時, 甚言女人貪色, 不害人卽自害也。吁, 可畏哉!

若蓮蕙, 如意輩。有何品行? 故不防唐突。而王招宣府內林太太者, 我固云爲金蓮波及, 則欲報應之人, 又何妨唐突哉!

(52) 『금병매』를 드문드문 보아서는 안 된다. 만약 드문드문 보게 되면 음란한 곳만을 보게 된다. 따라서 며칠 동안 한 번에 다 보아야 작자가 의도한 작품 속에 내재된 기복과 층 차가 기맥을 관통하여 하나의 선으로 꿰뚫고 있다는 사실을 알게 된다.

(52) 『金瓶梅』不可零星看。如零星, 便止看其淫處也。故必盡數日之間, 一氣看完, 方知作者起伏層次, 貫通氣脈, 爲一線穿下來也。

(53) 무릇 『금병매』를 음서라 하는 자는 분명 그 음탕한 부분만을 보기 때문이다. 내가 보기에는 순전히 태사공太史公 쓰마첸司馬遷의 문장으로 되어있다.

(53) 凡人謂『金瓶』是淫書者, 想必伊止知看其淫處也。若我看此書, 純是一部史公文字。

(54) 『금병매』를 지은 이에게 만일 충신과 효자에 관한 글을 지으라고 한다면 그는 반드시 지을 수 있을 것이니, 그 수완을 발휘하여 이러한 충신과 효자의 정신과 그림자까지 그대로 본뜨고 혼백까지 끄집어내어 따로 충효에 대한 문장을 지어낼 것이다. 내가 그것을 어떻게 아는가? 난잡한 남정네와 음란한 여인네들을 그대로 모사한 것을 보면 알 수 있다.

(54) 做『金瓶梅』之人, 若令其做忠臣孝子之文, 彼必能又出手眼, 摹神肖影, 追魂取魄, 另做出一篇忠孝文字也。我何以知之? 我于其摹寫奸夫淫婦知之。

(55) 지금 화상和尙이 『금병매』를 읽으면 사람들은 반드시 그를 질책할 것이고, 그 역시도 사람들의 눈을 피해 몰래 그것을 읽을 것이다. 모르긴 해도 진정한 화상이라면 『금병매』를 읽어도 될 것이다.

(55) 今有和尙, 讀『金瓶』, 人必叱之。彼和尙亦必避人偸看。不知眞正和尙, 方許他讀『金瓶梅』。

(56) 지금 『금병매』를 읽는 학생이 있다면 그의 부모나 스승은 그것을 금지할 것이다. 설사 그 자신이라 할지라도 사람들 앞에서 대놓고 읽지 못할 것이다. 모르긴 해도 진정한 학자라면 『금병매』를 읽어도 될 것이다. 사람들의 눈을 피해 읽는 이는 진정 음서를 보는 것이다.

(56) 今有讀書者看『金瓶』, 無論其父母師傅, 禁止之。卽其自己, 亦不敢對人讀。不知眞正讀書者, 方能看『金瓶梅』。其避人讀者, 乃眞正看淫書也。

(57) 『금병매』를 지은 이는 선재동자21)의 화신이다. 그런 까닭에 백번 천번 해탈하고, 온갖 것들을 벗어날 수 있었다. 그렇지 않았다면 꿈에라도 그와 같은 것을 보아내기 어려웠을 것이다.

---

21) 선재동자善財童子Sudhana는 『화엄경華嚴經』 중 「입법계품入法界品」에 나오는 불교신앙의 모범적인 구도자이다. 부처의 제자인 500명의 동자와 500명의 동녀 가운데 대표격 인물이다. 『화엄경』에 의하면 선재동자는 복성장자福城長者의 아들로, 일체의 진상을 모두 알고자 하여 문수보살文殊菩薩의 안내를 받아 선지식善知識을 찾아 천하를 유행遊行하며 53명의 선지식을 두루 만났다. 마지막으로 보현보살實賢菩薩을 만나 십대원十大願을 들은 뒤, 아미타불阿彌陀佛의 극락정토에 왕생往生하여 입법계入法界의 큰 뜻을 이루었다고 전한다.

(57) 作『金甁』者, 乃善才化身, 故能百千解脫, 色色皆到, 不然, 正難夢見。

(58) 『금병매』를 지은이가 몸을 바꾸어 보살의 인과법을 증거할 수 있었던 것은 대개 그가 자신의 뜻을 설파한 것이 기린의 뿔과 봉황의 부리같이 뛰어난 문장이었기 때문이다.

(58) 作『金甁』者, 必能轉身, 証菩薩果。蓋其立言處, 純是麟角鳳嘴文字故也。

(59) 『금병매』를 지은 이는 반드시 환난과 빈궁 그리고 근심 걱정과 인정세태를 일일이 다 겪었을 것이다. 인간 세상에 대한 깊은 체험을 바탕으로 했기에, 여러 등장인물들을 생생하게 묘사할 수 있었던 것이다.

(59) 作『金甁梅』者, 必曾于患難窮愁, 人情世故, 一一經歷過。人世最深, 方能爲衆脚色摹神也。

(60) 『금병매』를 지을 때, 만약 모든 것을 두루 경험을 한 뒤라야 이런 책을 쓸 수 있다고 한다면 『금병매』는 절대 이루어질 수 없었을 것이다. 어째서인가? 이를테면 음탕한 여인이 사내와 간통하는 것도 모두 각양각색이니 만일 반드시 자신이 직접 겪고 난 후에야 알게 된다면 이러한 것들을 어떻게 모두 경험 할 수 있겠는가? 그러므로 재능 있는 이才子가 무소불통할 수 있었던 것은 오직 한 마음으로 집중했기 때문이라는 사실을 알 수 있다.

(60) 作『金甁梅』, 若果必待色色歷遍, 纔有此書, 則『金甁梅』又必做不成也。何則? 卽如諸淫婦偸漢, 種種不同, 若必待身親歷而後知之,將何以經歷哉? 故知才子無所不通, 專在一心也.

(61) 한 마음으로 통하게 되면, 실제로 그 사람이 되고, 비로소 그 사람의 입장에서 말할 수 있게 된다. 그러니 여러 음탕한 부인을 묘사하되, 진정으로 각각의 부인으로 현신해야만 다른 사람에게 교훈을 줄 수 있다.

(61) 一心所通, 實又眞個現身一番, 方說得一番. 然則其寫諸淫婦, 眞乃各現淫婦人身, 爲人說法者也.

(62) 이 책에 묘사된 것 가운데 인정세태를 다하지 않은 게 없다. 그러니 진정 수많은 인물들로 몸을 바꾸고 각각의 사람들로 현신하여 그들을 통해 교훈을 주고 있는 것이다.

(62) 其書凡有描寫, 莫不各盡人情. 然則眞千百化身, 現各色人等, 爲之說法者也.

(63) 등장인물 각각은 인정세태를 다하였으니, 각자가 하늘의 도리를 묘사하지 않은 게 없다. 곧 예전부터 하늘이 음란한 자에게 화를 주고 선한 이에게 복을 주었으며, 힘 있고 간사한 무리들의 운명을 뒤집어 놓은 것이 작품 속에 이렇게 분명하게 드러나 있는 것이다. 그래서 이 작품을 읽으면 일찍이 한 사람이 직접 붓을 잡고 칭허 현淸河縣의 시먼칭의 집에서 집안의 크고 작은 일이나 앞뒤로 이어지는 이야기들, 집안의 접시와 밥그릇까지도 일일이 마치 그 일이 실제 있는 듯 기록하였으니, 이것을 되는 대로 붓을 잡고 종이를 펼쳐 만들어낸 것이라 말하지 못하는 것이다. 그래서 내가 하늘의 도리를 다 묘사하지 않은 게 없다고 말한 것이다.

(63) 其各盡人情, 莫不各得天道。卽千古筭來, 天之禍淫福善, 顚倒權奸處, 確于如此。讀之似有一人親曾執筆, 在淸河縣前西門家裡, 大大小小, 前前後後, 碟兒碗兒一記之, 似眞有其事, 不敢謂爲操筆伸紙做出來的。吾故曰: 得天道也。

(64) 『금병매』를 읽을 때에는 마땅히 담담하게 묘사한 부분白描處을 보아야 한다. 글 배우는 이들이 그렇게 담담하게 묘사한 부분을 보아낼 수 있다면, 반드시 달리 힘들이지 않고도 절묘한 문장을 만들어낼 수 있을 것이다.

(64) 讀『金甁』, 當看其白描處。子弟能看其白描處, 必能自做出異樣省力, 巧妙文字也。

(65) 『금병매』를 읽을 때는 마땅히 새로운 인물이 등장하고 이미 있는 인물을 탈락시킨 곳을 보아야 한다. 글 배우는 이들이 이렇게 새로운 인물이 등장하고 이미 있는 인물이 탈락하는 곳을 보아낼 수 있게 되면, 반드시 에피소드 사이를 잘 연결해 그런 대목들이 잘 넘어가는 문장을 지을 수 있을 것이다.

(65) 讀『金甁』, 當看其脫卸處。22) 子弟看其脫卸處, 必能自出手眼作過節文字也。

(66) 『금병매』를 읽을 때는 마땅히 묘사하기 어려운 부분을 잘 피한 것을 보아야 한다. 글 배우는 이들이 이렇게 묘사하기 어려운 부

---

22) 원문인 '탈각처脫卸處'는 줄거리가 전개되어 가는 중에 한편으로는 새로운 인물과 사건을 끊임없이 추가하면서 다른 한편으로는 이미 나온 인물과 사건을 탈락시켜 나가는 방법이다.

분을 피하고 쉬운 부분으로 나아간 것을 보아낼 수 있다면, 반드시 무거운 필치를 내던지고 가벼운 필치로 재치 있고 매끄러운 문장을 지을 수 있을 것이다.

(66) 讀『金甁』, 當看其避難處。 子弟看其避難就易處, 必能放重筆, 拿輕筆, 異樣使乖脫滑也。

(67) 『금병매』를 읽을 때는 마땅히 번다한 사건을 가벼운 필치로 묘사한 부분을 보아야 한다. 글 배우는 이들이 이것을 터득하면 복잡하게 얽혀있는 문장을 지을 수 있을 것이다.

(67) 讀『金甁』, 當看其手閒事忙處。 子弟會得, 便許作繁衍文字也。

(68) 『금병매』를 읽을 때는 [플롯이 엇섞여] 삽입된 곳을 보아야 한다. 글 배우는 이들이 이것을 터득하면 꽃이 무더기로 피어 비단 무늬를 이루듯 오색찬란한 문장을 지을 수 있을 것이다.

(68) 讀『金甁』, 當看其穿揷處。 子弟會得, 便許他作花團錦簇, 五色眯人的文字也。

(69) 『금병매』를 읽을 때는 그 혈맥이 모이고 시작되며, 서로 연결되고 대응하는 곳을 보아야 한다. 글 배우는 이들이 이것을 터득하면 『좌전』이나 『국어』, 『장자』, 『이소』, 『사기』와 제자서諸子書를 읽을 수 있을 것이다.

(69) 讀『金甁』, 當看其結穴發脈, 關鎖照應處。 子弟會得, 纔許他讀『左』, 『國』, 『莊』, 『騷』, 『史』, 子也。

(70) 『금병매』를 읽을 때는 작자의 의도가 숨어 있는 곳을 알아야

된다. 곳곳에서 작자가 왜 그렇게 묘사를 했는가를 깨달아야만 『금병매』를 제대로 읽고 그 스스로 문장을 읽어냈다고 말할 수 있을 것이다.

(70) 讀『金甁』, 當知其用意處。夫會得其處處所以用意處, 方許他讀『金甁梅』, 方許他自言讀文字也。

(71) 어려서 서당에서 책을 읽을 때 선생님께서는 내 급우를 회초리로 때리시며 다음과 같이 말씀하셨다. "글을 읽을 때에는 한 자씩 생각하며 읽으라고 가르쳤지 한꺼번에 뭉뚱그려서 삼키라고 했더냐?" 나는 그때 아직 어렸으나 곁에서 이 말씀을 듣고서 깊이 마음속에 되새기고는 글을 읽을 때 한 글자 한 글자를 마치 곤극을 하듯 긴 소리로 늘어뜨리고 어조를 바꿔가며 수차례 거듭 읽었고 반드시 스스로 그 글자를 응용할 수 있겠다는 생각이 들 때까지 읽고 나서야 이를 멈추었다. 때문에 아직도 『논어』 「술이」편의 "옛 것을 좋아하여 민첩하게 그것을 구한다"라는 구절이 생각이 난다. 이렇게 한 지 사흘이 채 안되었을 때 선생님께서는 "군자는 행동을 신중히 하고 남과 다투지 아니한다"라는 제목의 시험문제를 내셨는데 글을 쓸 때 별반 힘이 들지 않는 것을 느낄 수 있었다. 글이 완성되었을 때 선생님께서는 이를 보시고 크게 놀라시며 말씀하셨다. "다른 사람의 문장을 베꼈구먼. 그렇지 않다면 어째서 배우는 속도가 이렇게 빠르겠나?" 나 또한 이러한 물음에 대답할 수 없었다. 그 이후로 선생님께서는 나의 동향을 주의 깊게 살피시다 내가 글을 읽을 때 책상에 엎드려 손으로 글자를 가리키며 한 자씩 소리 내어 읽는 것을 보시고는 크게 기뻐하시며 내가 당신을 속이지 않았다고 말씀하셨다. 또한 고개를 돌려 급우들을 보시고는 그들이 나만 못하고 또한 내가 했던 것처럼

하지 않아 지금껏 문장의 의미를 모르고 있다고 훈계하셨다. 따라서 책을 읽을 때에는 절대로 책을 조각조각 읽어 넘겨서는 안 된다고 생각한다.

어찌 다만 전아한 문장을 읽을 때뿐이겠는가? 『금병매』와 같은 소설을 읽을 때에도 만일 띄엄띄엄 읽어 내려간다면 그 맛이 초를 씹듯 무미건조할 것이고 또한 작품 속에는 여인네들에 관한 내용만 가득 보일 테니 어찌 그 훌륭한 문장을 알 수 있겠는가? 그 훌륭한 문장을 보지 않고 기묘한 사건[에피소드]만을 본다면 이는 조롱할 만한 것이다.

(71) 幼時在舖中讀文, 見窓友爲先生夏楚云: 我敎你字字想來, 不曾敎你囵圇吞. 予時尙幼, 旁聽此言, 卽深自徹省, 于念文時, 卽一字一字作崑腔曲, 拖長聲, 調轉數四念之, 而心中必將此一字, 念到是我用出的一字方罷. 猶記念的是「好古敏以求之」, 一句的文字. 如此不三日, 先生出會課題乃, 君子矜而不爭. 予自覺做時, 不甚怯力. 而文成, 先生大驚, 以爲抄寫他人, 不然, 何進益之速. 予亦不能白. 後先生留心驗予動靜, 見予念文, 以頭伏棹一手指文二字一字唱之, 乃大喜曰: 子不我欺. 且回顧同窓輩曰: 爾輩不若也. 今本不通. 然思讀書之法, 斷不可成片念過去. 豈但讀文, 卽如讀金甁梅小說, 若連片念去, 便味如嚼蠟, 止見滿篇老婆舌頭而已, 安能知其爲妙文也哉. 夫不看其妙文, 然則止要看其妙事乎, 是可一大揶揄.

(72) 『금병매』를 읽으려면 석 달 동안 정좌해야 된다. 그렇지 않으면 눈빛이 흐려져 힘찬 기세를 눈으로 뿜어내며 읽을 수 없다.

(72) 讀『金甁』, 必須靜坐三月方可. 否則, 眼光模糊, 不能激射得到.

(73) 재능이 뛰어나지 못한 것은 꼼꼼하지 않기 때문이다. 꼼꼼하

지 않은 것은 들떠있기 때문이다. 꼼꼼하지 않으면 들뜨게 되고, 들뜰수록 꼼꼼하지 않게 될 것이니, 그저 좋은 문장을 짓지 못할 뿐 아니라 좋은 문장을 읽어낼 수도 없다. 이런 사람은 절대『금병매』를 읽어서는 안 된다.

(73) 才不高, 由于心粗。心粗由于氣浮。心粗則氣浮, 氣愈浮, 則心愈粗, 豈但做不出好文, 幷亦看不出好文, 遇此等人, 切不可將金甁梅與他讀。

(74)『금병매』를 읽기 전에 자신의 문장이 그저 그랬는데『금병매』를 읽은 후에도 자신의 문장이 여전히 그저 그렇다면 그 사람은 바로 자신의 필묵을 태워버리고 쟁기로 밭이나 일궈야 한다. 즐겁고 유쾌한 삶을 위해 다시는 필묵으로 글을 써 사서 고생하는 일이 없어야 한다.

(74) 未讀『金甁梅』, 而文字如是, 旣讀『金甁梅』, 而文字猶如是。此人直須焚其筆硯, 扶犁耕田, 爲大快活, 不必再來弄筆硯自討苦吃也。

(75)『금병매』를 지은이는 진정 재능 있는 사람이지만, 그의 학문은 보살의 학문이지, 성현의 학문이 아니다. 대개 그가 사람들에게 가르친 것은 오로지 공空일 뿐이다. 만약 한 걸음 더 나아가 공이 아닌 곳에 이른다면,『금병매』는 이와 같이 지어지지 않았을 것이다.

(75) 做書者是誠才子矣, 然到底是菩薩學問, 不是聖賢學問, 蓋其專敎人空也。若再進一步, 到不空的所在, 其書便不是這樣做也。

(76)『금병매』는 공空으로 끝을 맺고 있으나 주의 깊게 본다면 공으로만 일관한 것은 아니다. 가만히 보면 샤오거孝哥로 매듭지은 것을

알 수 있는데, [시먼칭이 샤오거로] 환생한 것은 곧 모든 악을 교화시키는 것은 효라는 사실을 말하는 것이다.

(76)『金瓶』以空結, 看來亦不是空到地的, 看他以孝哥結便知。然則所云的幻化, 乃是以孝化百惡耳。

(77)『금병매』는 결국 울분의 기상을 담고 있으니,『금병매』야말로 쓰마첸이 다시 태어난 것임에 틀림없다.

(77)『金瓶梅』到底有一種憤懣的氣象。然則『金瓶梅』斷斷是龍門再世。

(78)『금병매』는 사람들의 잘못을 바로잡아 주는 책이다. 이것은 한아이제韓愛姐로 끝맺은 것을 보면 알 수 있다. 대개 삼 년 묵은 쑥으로 칠 년 묵은 병을 고치고자 하였다.23)

(78)『金瓶梅』是部改過的書。觀其以愛姐結便知。蓋欲以三年之艾, 治七年之病也。

(79)『금병매』는 결국 크게 깨달은 사람이 지은 것인 까닭에, 그 가운데 승려들의 올바르지 않은 행동을 하나하나 써냈다. 이것은 그가 진정한 보살이고 진정 깨달은 자라는 것을 보여준다.

(79)『金瓶梅』究竟是大徹悟的人做的, 故其中將僧尼之不肖處, 一一寫出。此方是眞正菩薩, 眞正徹悟。

---

23)『맹자』「이루離婁」에 나오는 말이다. "지금 천하의 왕이 되려고 하는 자는 마치 7년 묵은 병을 고치려고 3년 말린 쑥을 구하는 것과 같다. 만약 지금부터라도 준비해 두지 않으면, 죽을 때까지도 얻을 수가 없다. 제후들이 지금부터라도 어진 정치에 뜻을 두지 않으면, 죽을 때까지 걱정하고 욕을 보다가 죽음의 구렁으로 빠지고 말 것이다. 今之欲王者, 猶七年之病, 求三年之艾也。苟爲不畜, 終身不得, 苟不志於仁, 終身憂辱, 以陷於死亡。"

(80) 『금병매』의 작자가 만약 그때 당시 발심하여 이 한편의 세속적인 글을 짓지 않았다면, 그는 반드시 필치를 달리 하여 『서상기西廂記』와 같이 꽃같이 아름답고 달처럼 요염한 문장을 지었을 것이다.

(80) 『金甁梅』倘他當日發心, 不做此一篇市井的文字, 他必能另出韻筆作花嬌月媚, 如『西廂』等文字也。

(81) 『금병매』는 절대 글을 지을 줄 모르는 이가 읽어서는 안 된다. 만일 글을 지을 줄 모르는 이가 읽는 다면 진정 세상 사람들이 그야말로 말하는 바, '『금병매』를 읽은 것'이 된다. 그러나 글을 지을 줄 아는 이가 『금병매』를 읽는다면 진정 『사기』를 읽은 것이다.

(81) 『金甁』必不可使不會做文的人讀。夫不會做文字人讀, 則眞有如俗云: 讀了『金甁梅』也。會做文字的人讀『金甁』, 純是讀『史記』。

(82) 『금병매』는 절대 부녀자들이 보게 해서는 안 된다. 세상에는 금실로 장식한 휘장 아래에서 술잔을 기울이고 낮은 소리로 노래를 읊조리며 『금병매』한 회를 처첩들에게 들려주는 이가 허다하다. 모르긴 해도 남자들 가운데도 작품 속에 담긴 경계와 감화의 내용을 제대로 아는 이가 드물 것인데, 여인들 가운데는 작품을 읽고 그런 감화를 느끼는 이가 몇이나 될 것인가? 또 그들 가운데 적은 수라도 그것을 본받아 행하려 하는 이가 있다면 이것은 또 어찌할 거나? 『금병매』의 문장과 필법은 또 여자들이 배울 수 있는 게 아닐 뿐더러 배울 필요도 없는 것이다. 설령 글씨와 역사에 정통한 이라면 마땅히 『좌전左傳』과 『국어國語』, 「국풍國風」과 같은 경전과 사서를 읽어야 할 것이다. 그런즉 『금병매』는 보아서는 안 될 책이다.

그렇다면 나는 또 어째서 이 책을 비평해 세상을 그릇되게 하는가? 모르긴 해도 내가 『금병매』를 반드시 보아야 할 절묘한 글이라고 하면서도 다만 여인들이 봐서는 안 되는 책이라고 한 것은 아마도 사람들이 그 안에 담겨 있는 권계의 의미를 잘 알지 못하고 도리어 『금병매』를 탓할까 두려워서였을 것이다. 그런 까닭에 먼저 이렇게 말하여 『금병매』가 비난의 대상이 되지 않게 한 것이다.

그런즉 남자들 가운데 조금이라도 이 책을 볼 줄 아는 이라면, 누군들 『금병매』를 읽지 않겠는가? [그러나] 이 책을 보고 즐기는 자들은 『금병매』의 입장에서는 두려운 일이다. 그것은 즐기게 하는 이유도 모르면서 단지 음란한 부분만 즐기기 때문이다. 이렇게 하면 『금병매』가 사람들을 그릇되게 한다 할 것인데, 하지만 좀더 따져보면 『금병매』가 그를 그릇되게 한 것이 아니라 사람들 스스로 그 자신을 그릇되게 한 것이다. 또한 이 책을 보고 혀를 차는 사람들은 『금병매』의 입장에서는 섭섭한 일이다. 그것은 사람들이 탓할 만한 구석이 있는 것도 아닌데, 그저 사람들은 그 묘사가 음란하다는 것을 탓하고 싶어하기 때문이다. 이렇게 하면 사람들이 『금병매』를 그릇되게 하는 것인데, 하지만 좀 더 따져 보면 사람들이 그릇되게 한 것이 아니고, 『금병매』가 그릇되게 한 것도 아니니, 단지 시먼칭西門慶이 그릇되게 한 것일 따름이다.

그렇다면 『금병매』가 사람들을 그릇되게 한다는 것은 무엇 때문인가? 무릇 책을 제대로 읽지 못하는 이들은 조심성이 없고 부박하기에 그들에게 경전이나 사서를 주면 제대로 읽어내지 못한다. 이런 이들은 『금병매』를 즐겨 읽더라도 [이 책의 핵심이라 할] 『금병매』의 후반부는 읽으려 하지 않는다. 이럴 경우 『금병매』를 사람들을 그릇되게 할 것이다.

사람들이 스스로 자신을 그릇되게 한다는 것은 무엇 때문인가? 대저 사람들에게 도적에 관해 이야기를 하면서 원래는 이것을 경계하고자 했던 것인데, 듣는 이가 도리어 도적질하는 방법을 배우게 된다면, 과연 이것이 도적 이야기를 들려준 사람의 잘못이겠는가. 그것은 도적 이야기를 들은 이가 본래 그렇게 하고자 하는 마음이 있어 도적이 된 것일 따름이다. 그러니 『금병매』를 허물할 일이 아니다.

또 사람들이 『금병매』를 그릇되게 한다고 말하는 것은 무엇 때문인가? 『금병매』에서 묘사한 간통한 사내와 음란한 여인, 탐관오리와 사악한 노복들, 무뢰배와 창기들은 모두 작자가 자신이 갖고 있는 모든 역량과 지혜를 동원해 그야말로 절치부심하여 이토록 절묘한 문장을 만들어낸 것이다. 그런데 안목이 없는 독자들이 끝내 이렇게 절묘한 문장을 음서 목록에 올려 높은 누각에 두고 사람들 손에 닿지 않게 한다면, 작자가 절치부심 이 절묘한 문장을 지어 그 자신을 위해서 뿐 아니라 누대에 걸친 재사才士들을 즐겁게 하고자 했던 것이 속인들에 의해 가려지고 흐르는 물처럼 사라져버릴 것이다. 이것이야말로 세상 사람들이 『금병매』를 그릇되게 한다고 말하는 것이다.

시먼칭西門慶이 『금병매』를 그르쳤다고 하는 것은 무엇 때문인가? 독자들이 『금병매』를 읽을 때 시먼칭西門慶의 일로 읽지 않고 전부 오늘날의 문학적 안목을 가지고 당시의 훌륭한 문장을 역으로 취해 읽는다면 이는 『사기』를 읽는 것보다 낫다고 할 것이다. 그러나 유감스럽게도 책을 펼칠 때, 시먼칭西門慶이 어찌 어찌 했다는 것만을 알고 작자가 글을 쓸 때 고심한 것을 모르니, 따라서 시먼칭西門慶이 『금병매』를 그르쳤다고 한 것이다. 그런즉 여전히 독자들은 시먼칭西門慶의 『금병매』로 오독하고 작자가 지은 『금병매』는 알지 못한다. 어떤 이는 『금병매』를 가리켜 시먼칭西門慶의 장부책이라고 하였는데,24) 그렇게 안목이 없다는 사실에 웃음이 나올 뿐이다. 대저 모년 모월

모일에 작자가 시먼칭西門慶에 집안에 고용되어 장부책을 썼단 말인가? 더욱이 혹자는 천징지陳經濟가 판진롄潘金蓮을 유혹하고 팡춘메이龐春梅를 팔아버린 것^{제82회}에 대해, 시먼칭西門慶 대신 크게 분노하며 말하고 있다. 어찌 그리도 안목이 없는가? 아마도 그 사람은 『금병매』를 잘못 읽을 것이리라. 판진롄은 원래 시먼칭의 소유가 아니었고, 작자가 특별히 팡춘메이에 대해 쓴 것 역시 그가 시먼칭이 항상 소유할 사람이 아니라는 사실을 쓰고자 했을 따름이다. 이것이야말로 작자가 절묘한 필치로 이렇게 절묘한 문장을 지어낸 것이니, 어찌 이 때문에 맹목적인 분통을 터뜨리는가?

따라서 『금병매』를 읽은 이는 많으나 『금병매』를 잘못 읽은 이도 많다고 할 것이다. 내가 외람되게도 급히 비평을 가하여 가르침을 청하고자 한 것은 비록 작자의 의도를 깊이 헤아렸다고 감히 말할 수는 없으나, 작자가 끊임없이 [자신에게 가해진 터무니없는 비방에] 억울함을 호소하였기 때문이다. 그리하여 내 비록 안목은 없으나 이를 돌아보지 아니하고 작자를 대신하여 쟁론한 것일 따름이다. 아울러 글 짓는 데 뜻을 둔 사람으로서 오랜 시간 깨어있으면서 수마를 견디고 문장지법에 조금이나마 보탬이 되고자 한 것이다. 뉘라서 [이를 두고] 가치 없는 일이라 하겠는가?

(82) 『金瓶梅』切不可令婦女看見。世有銷金帳底, 淺斟低唱之下, 念一回于妻妾聽者, 多多矣。不知男子中尚少知勸戒觀感之人, 彼女子中能觀感者幾人哉。少有效法, 奈何奈何! 至于其文法筆法, 又非女子中所能學, 亦不必學。卽有精通書史者, 則當以『左』, 『國』, 〈風雅〉, 經史與之讀也。然則『金瓶梅』是不可看之書也,

---

24) 위안쭝다오를 가리킴. 앞서의 독법 37조를 참고할 것.

我又何以批之以誤世哉？不知我正以『金瓶』爲不可不看之妙文, 特爲婦人必不可看之書, 恐人自不知戒, 而反以是咎『金瓶梅』, 故先言之, 不肯使『金瓶』受過也。

然則男子中少知看書者, 誰不看『金瓶梅』, 看之而喜者, 則『金瓶梅』懼焉。懼其不知所以喜之, 而第喜其淫逸也。如是, 則『金瓶』誤人矣。究之, 非『金瓶』誤之, 人自誤之耳。看之而怪者, 則『金瓶梅』悲焉。悲其本不予人以可怪, 而人想怪其描寫淫逸處也。如是, 則人誤『金瓶』矣。究之, 非人誤之, 亦非『金瓶』誤之, 乃西門慶誤之耳。

何爲『金瓶』誤人。不善讀書人粗心浮氣, 與之經史, 不能下嚥, 偏喜讀『金瓶梅』, 且最不喜讀下半本『金瓶梅』, 是誤人者『金瓶梅』也。

何爲人自誤之？夫對人說賊, 原以示戒, 乃聽者反因學做賊之術, 是非說賊者之過也。彼聽說賊者, 本自爲賊耳。故『金瓶梅』, 不任受過。

何以謂人誤『金瓶』？『金瓶梅』寫奸夫淫婦, 貪官惡僕, 幫閒娼妓, 皆其通身力量, 通身解脫, 通身智慧, 嘔心嘔血, 寫出異樣妙文也。今止因自己日無雙珠, 遂悉令世間將此妙文目爲淫書, 置之高閣, 使前人嘔心嘔血, 做這妙文, 雖本自娛, 實亦欲娛千百世之錦繡才子者, 乃爲俗人所掩, 盡付流水。是謂人誤『金瓶』。

何以謂西門慶誤『金瓶』？使看官不作西門的事讀, 全以我此日文心, 逆取他當日的妙筆, 則勝如讀一部史記。乃無如開卷便止知看西門慶如何如何, 全不知作者行文的一片苦心, 是故謂之西門慶誤『金瓶梅』。然則, 仍依舊看官誤看了西門慶的『金瓶梅』, 不知爲作者的『金瓶』也。常見一人批此『金瓶梅』曰: 此西門之大帳簿。其兩眼無珠, 可發一笑。夫伊于甚年月日, 見作者偏工于西門慶家寫帳簿哉？更有讀至敬濟弄一得雙, 乃爲西門大憤曰: 何其剖其雙珠。不知先生又錯看了也。金蓮原非西門所固有, 而作者特寫一春梅, 亦非欲爲西門慶所能常有之人而寫之也。此自是作者妙筆妙撰以行此妙文, 何勞先生爲之傍生瞎氣哉。

故讀『金瓶』者多, 不善讀『金瓶』者亦多。予因不揣乃急欲批以請敎, 雖不敢謂能探作者之底裡, 然正因作者叫屈不歇, 故不擇狂瞽, 代爲爭之。且欲使有志作文者, 同醒一醒長日睡魔, 少補文家之法律也, 誰曰不宜?

(83) 『금병매』는 두 부분으로 끊을 수 있는데 상반부는 뜨거움이고 하반부는 차가움이다. 상반부의 뜨거움 중에는 차가움이 있고, 하반부의 차가움 중에는 뜨거움이 있다.

(83) 『金瓶』是兩半截書。上半截熱, 下半截冷。上半熱中有冷, 下半冷中有熱。

(84) 『금병매』에서는 시먼칭西門慶 일가를 언급하면서 여러 집안을 묘사하고 있다. 이를테면 우다武大 집안와 화쯔쉬花子虛 집안, 챠오대호喬大戶 집안, 천훙陳洪 집안, 우카이吳鎧, 장 대호張大戶 집안, 왕초선王招宣, 잉보줴應伯爵 집안, 저우 수비周守備, 허 천호何千戶 집안, 샤옌링夏延齡 집안 가정을 묘사했다. 기타 자이윈펑翟雲峰의 집안처럼 둥징東京에 있는 집안은 치지 않았고, 또한 시먼칭西門慶에게 고용된 사람들의 집과 처첩의 일가로 왕래하지 않은 이들도 치지 않았다. 이 몇 개의 집안만으로도 대략 칭허현淸河縣의 관원과 이름난 집안을 두루 손가락 꼽아가며 헤아릴 수 있으니, 시먼칭 한 사람에 대한 묘사만으로 하나의 현을 아우른 셈이다. 아! 하나의 악의 근원이 크나큰 패덕의 원인이 되는구나. 여기서 언급한 것은 물론이려니와, 시먼칭西門慶의 손에 완전히 망하거나 심각하게 해독을 입은 집안은 또 얼마나 되던가? 가증스럽고, 또 가증스럽도다.

(84) 『金甁梅』因西門慶一分人家, 寫好幾分人家。如武大一家, 花子虛一家, 喬大戶一家, 陳洪一家, 吳大舅一家, 張大戶一家, 王招宣一家, 應伯爵一家, 周守備一家, 何千戶一家, 夏提刑一家, 他如翟雲峰在東京不筭, 夥計家, 以及女眷不往來者不筭, 凡這幾家, 大約淸河縣官員大戶屈指已遍, 而因一人寫及一縣。吁, 一元惡大憞憞矣。且無論此回, 有幾家全傾其手; 深遭荼毒也。可恨可恨。

(85) 『금병매』에서 시먼칭西門慶은 한 사람의 일가친척도 없으니, 위로는 부모가 없고 아래로는 자손이 없으며, 그 가운데에는 형제가 없다. 다행스러운 것은 우웨냥吳月娘은 두 번째 정실이라고 자처하지 않았다는 것이다. 그가 판진롄 때문에 남편인 시먼칭과 끝내 얼굴을 마주하고 말을 하지 않았다고는 하지만,^{제18~20회} 모르긴 해도 그렇다고 시먼칭의 사람됨으로 어찌 쾌락을 추구하지 않았겠는가? 그런데도 시먼칭은 스스로 잘못을 고치고 자신을 돌아보기는커녕, 멋대로 아무런 거리낌 없이 악행을 저질렀으니, 죽을 때까지 후회하지 않은 게 당연하다.

(85) 『金甁梅』寫西門慶無一親人, 上無父母, 下無子孫, 中無兄弟, 幸而月娘猶不以繼室自居。設也月娘因金蓮終不通言對面, 吾不知西門慶何樂乎爲人也。乃于此不自改過自修, 且肆惡無忌, 宜乎就死不悔也。

(86) 책 속에 묘사되어 있는 시먼칭西門慶의 많은 친지들은 모두 가짜이다. 이를테면 챠오훙喬洪은 거짓 친척이고, 디쳰翟謙은 더더군다나 거짓 친척이다. 고모 양 씨[멍위러우孟玉樓 전 남편의 고모]는 도대체 누구의 고모란 말인가? 더더욱 가짜 고모다. 잉보줴應伯爵는 거짓 형제이고, 셰시다謝希大는 거짓 친구이다. [화쯔쉬花子虛의 형제인] 화 씨

큰 삼촌과 둘째 삼촌은 더욱 가소로울 뿐이니, 진실과 거짓이 문장의 도리에 들어맞지 않는 지경에까지 이른 것이다. 천징지陳經濟는 상복을 두 차례나 입었으나,^{제63회, 79회} 거짓 효자이다. [우웨냥吳月娘의] 형부라고 하는 선 씨沈氏와, [멍위러우孟玉樓의] 형부라고 하는 한 씨韓氏의 경우는 그들의 부인에 대해 들은 적이 없으니, 역시 가짜 형부이다.25) 오직 우 씨吳氏 큰 처남과 작은 처남[우웨냥吳月娘의 형제]만이 친척이라 할 수 있으나, 이 중 둘째 처남은 또한 음험한 인물이었고, 큰 처남만이 조금 괜찮은 구석이 있었다. 따라서 마지막에 우웨냥吳月娘은 큰 오빠의 도움을 얻을 수 있었던 것^{제84회, 92회, 95회}이다.

[그러나 바로 앞의 우 씨와 비교해 본다면] 시먼칭西門慶은 한 사람의 친지도 없었으니, 하늘의 응보가 이렇게 참혹하며, 글 쓰는 이의 증오 역시 이렇게 악독한 것이다. 어찌하여 세상 사람들은 근본이 같은 일가친척들을 무심하게 바라보는가? 또한 이들을 배척하고 없애지 못해 안달하니, 이것이 어찌 서로 친밀해야 할 친척 사이의 일이겠는가?

(86) 書內寫西門許多親戚, 通是假的。如喬親家, 假親家也。翟親家, 愈假之親家也。楊姑娘, 誰氏之姑娘, 愈假之姑娘也。應二哥, 假兄弟也。謝子純, 假朋友也。至于花大舅, 二舅, 更屬可笑, 眞假到沒文理處也。敬濟兩番披蔴戴孝, 假孝子也。至于沈姨夫, 韓姨夫, 不聞有姨娘

---

25) 이것은 장주포가 잘못 알고 있는 것이다. 두 사람은 실제로 형부가 맞다. 선 씨沈姨夫는 우웨냥의 언니인 우다이吳大姨의 남편이고, 한 씨韓姨夫는 멍위러우의 언니 멍다이孟大姨의 남편이다. 선 씨나 한 씨 그리고 우다이, 멍다이는 모두 소설에 등장하지만, 선 씨와 우다이, 한 씨와 멍다이의 명확한 부부 관계 설명은 본문에 등장하지 않는다. 그들의 부인姨娘에 대해 들은 바가 없다는 것은 이들의 부부관계에 대한 명확한 설명이 없다는 의미로 보아야 할 것이다. 아울러 모든 인척 관계는 문장의 첫머리에서 시먼칭을 중심으로 설명하고 있기 때문에 우웨냥과 멍위러우의 형부인 선 씨나 한 씨는 시먼칭의 입장에서 보자면 동서지간이라 할 수 있다.

來, 亦是假姨夫矣。惟吳大舅, 二舅, 而二舅又如鬼如蜇虫或, 吳大舅少可, 故後卒得吳大舅昬昬照應也。

彼西門氏並無一人, 天之報施亦慘, 而文人惡之者亦毒矣。奈何世人于一本九族之親, 乃漠然視之, 且恨不排擠而去之, 是何肺腑?

(87) 왜 작자는 『금병매』에서 시먼칭西門慶을 일가친척이 하나도 없는 홀몸으로 써야 했을까? 대개 이렇게 해야 처음의 뜨거움이 가소로운 것임을 드러내 보일 수 있고, 후반부의 차가움도 더욱 철저하게 차가워져 다시 뜨거워질 수 없기 때문이다.

(87) 『金瓶』何以必寫西門慶孤身一人, 無一着己親哉。蓋必如此, 方見得其起頭熱得可笑, 後文一冷, 便冷到徹底, 再不能熱也。

(88) 작자는 칭허 현清河縣의 시먼 씨를 철저하게 차갑게 하여 한 사람의 씨도 남기지 않았다. 비록 이것이 우언寓言에 속하기는 하지만, 이런 사람들을 증오하여 백년 천년이 지나도 다시는 본받을 수 없게 한줌의 재로 만들어버린 것임을 알 수 있다. 아! 글 쓰는 이가 이렇게 독할 수도 있구나.

(88) 作者直欲使此淸河縣之西門氏冷到徹底, 並無一人。雖屬寓言, 然而其恨此等人, 直使之千百年後永不復望一復燃之灰。吁, 文人亦狠矣哉!

(89) 『금병매』에 등장하는 인물들 가운데 리안李安은 효자이고,^{제100회} 왕싱안王杏菴은 의로운 선비이다.^{제93회} 안퉁安童은 의로운 하인이며, ^{제47회} 황 퉁판黃通判은 유익한 벗이다.^{제47회, 48회} 쩡 어사曾御史는 충신이며,^{제48회, 49회} 우쑹武松은 호걸이자 진실한 아우이다.^{제1~10회} 누가 한

조각 음욕세계 가운데 하늘의 뜻과 사람들의 미덕이 모두 사라져 없어졌다고 하겠는가?

(89) 『金瓶』內有一李安是個孝子, 却還有一個王杏菴, 是個義士, 安童是個義僕, 黃通判是個益友, 曾御史是忠臣, 武二郎是個豪傑悌弟, 誰謂一片淫欲世界中, 天命民彛, 爲盡滅絶也哉。

(90) 『금병매』에는 비록 선한 이들이 등장하지만, 모두 남자이고 여자는 한 명도 없다. 두 남편을 섬기지 않은 여인을 꼽아보면 오직 우웨냥吳月娘 한 사람을 꼽을 수 있으나, 오히려 그녀는 부녀의 도리가 무엇인지를 몰랐고, 예로써 집안을 다스릴 줄 몰랐기 때문에 종종 사단을 일으켰다. 한아이제韓愛姐는 말년의 절개가 진실로 아름답다 할 수 있으나, 또한 올바르지 않은 절개를 지킨 것이고, 더욱이 초년에 [그가 보인 행동은] 깨끗하다고 보기 어렵다.^{제98~100회} 거추이핑葛翠屛 같은 이는 친정에서 그를 데려갔고,^{제100회} 작자 역시 정확하게 그 뒷이야기를 적지 않았으니, 어찌 반드시 한 남편만을 섬겼다고 하겠는가? 심하도다! 여인네들의 음기에 있어 어찌 정절을 지킨 열녀가 없겠는가? 그러나 이를 지키지 못하는 이를 찾는 것은 쉬운 일이다. 모든 것은 각각의 사람들의 가정교육에 달려 있는 법이니, 이것을 보고 깨달아야만 삼가 두려운 마음으로 여인들에게 제대로 된 본보기를 보일 수 있을 것이다. 집안을 다스리는 이들이 어찌 삼가지 않겠는가!

(90) 『金瓶』雖有許多好人, 却都是男人, 並無一個好女人。屈指不二色的, 要筭月娘一個, 然却不知婦道, 以禮持家, 往往惹出事端。至于愛姐, 晚節固可佳, 乃又守得不正經的節, 且早年亦難清白。他如葛翠屛, 娘家領去, 作者固未定其末路, 安能必之也哉。甚矣, 婦人陰性, 雖豈無貞烈者? 然而失守者易, 且又在各人家敎, 觀於此, 可以稟型于之懼矣。齊家者可不愼哉?

(91) 『금병매』에는 두 명의 진인[우 신선,제29회 황 진인제65회]과 한 명의 생불[푸징普淨제84회]이 등장하나, 그들 모두 한 명의 요승이 세상에 퍼뜨린 해독을 구제하지는 못한다. 요승이 누구에게 춘약을 주었던가?제49회

(91) 『金甁梅』內, 却有兩個眞人, 一尊活佛, 然而總不能救一個妖僧之流毒。妖僧爲誰施春藥者也。

(92) 우다武大가 먹은 독약은 시먼칭西門慶의 집에서 나온 것제5회이다. 따라서 시먼칭西門慶이 먹은 독약은 진실로 어떤 이가 현신하여 내려와 준 것제49, 79회이다. 신선이나 진인, 생불 같은 이가 어찌 하늘의 뜻을 어기고 그를 구할 수 있겠는가?

(92) 武大毒藥, 旣出之西門慶家, 則西門毒藥, 固有人現身而來。神仙, 眞人, 活佛, 亦安能逆天而救之也哉。

(93) 『금병매』를 읽을 때 넋을 놓고 봐서는 안 된다. 넋 놓고 보게 되면 그르치게 된다.

(93) 讀『金甁』, 不可呆看, 一呆看便錯了。

(94) 『금병매』를 읽을 때는 무언가를 쾅하고 치기 위해 타구를 가까이에 두어야 한다.

(94) 讀『金甁』, 必須置唾壺于側, 庶便于擊。

(95) 『금병매』를 읽을 때에는 반드시 보검을 우측에다 두었다가,

때로 칼을 허공에 휘둘러 분을 발산할 수 있도록 해야 한다.

(95) 讀『金甁』, 必須列寶劍于右, 或可劃空泄憤。

(96) 『금병매』를 읽을 때에는 반드시 거울을 앞에 걸어 놓고, 때로 충분히 자신을 비춰 볼 수 있어야 한다.

(96) 讀『金甁』, 必須懸明鏡于前, 庶能圓滿照見。

(97) 『금병매』를 읽을 때에는 반드시 술을 좌측에다 두었다가, 때로 마음껏 마심으로써 이러한 세정의 악을 해소해야 한다.

(97) 讀『金甁』, 必置大白于左, 庶可痛飮, 以消此世情之惡。

(98) 『금병매』를 읽을 때에는 반드시 좋은 향을 탁자에 놓고 때로 멀리 선인[곧 작자]에게 감사해야 한다. 그가 곡절 있는 절묘한 문장을 지어 나를 즐겁게 해주었음에 감사해야 하는 것이다.

(98) 讀『金甁』, 必置名香于几, 庶可遙謝前人, 感其作妙文曲曲折折以娛我。

(99) 『금병매』를 읽을 때에는 반드시 좋은 차를 책상에 두고, 작자의 노고를 기려야 한다.

(99) 讀『金甁』, 必須置香茗于案, 以奠作者苦心。

(100) 『금병매』는 순전히 선가의 문장으로, 원만무애한 통달의 경지에 올라 하나의 법을 이루었다. 나는 『금병매』를 비평하되, 또한 그와 같이 원만무애하게 통달한 곳을 비평하였다.

(100) 『金甁』純是禪門, 圓通後做法。我批『金甁』, 亦批其圓通處也。

(101) 『금병매』에는 작자 자신도 모르는 가운데 원만무애한 통달의 경지에 깊이 이르렀으니, 나 역시 작자 자신도 모르는 사이에 원만무애한 통달의 경지에 깊이 이른 부분을 찾아내 비평하였다.

(101) 『金甁』亦並不曉得有甚圓通, 我亦正批其不曉有甚圓通處也。

(102) 『금병매』는 공空으로 시작해 공으로 마무리하였다.^{제1회, 100회} 나 역시 『금병매』의 시작과 끝을 공으로 비평하였을 따름이다. [하지만] 공이라는 글자로 성현[쿵쯔]의 뜻을 훼손하려 하지 않았다.

(102) 『金甁』以空字起結, 我亦批-其以空字起結而已。到底不敢以空字誣我聖賢也。

(103) 『금병매』의 곳곳에는 사람 사는 세상의 정리人情와 하늘의 도리天理가 세세히 스며들어 작품 전체에 배어있다. 이는 작자가 깊이 깨달은 사람이라는 사실을 보여준다. 이것은 작자가 공허하지 않았다는 것을 말한다.

(103) 『金甁』處處體貼人情天理, 此是其眞能悟徹了; 此是其不空處也。

(104) 『금병매』는 대작이다. 즉 작자가 매우 꼼꼼하게 생각하여 지어낸 것이다.

(104) 『金甁梅』是大手筆, 却是極細的心思做出來者。

(105) 『금병매』는 사람을 일깨우는 책이다. 따라서 이것을 계율이라 말하여도 좋을 것이다. 비록 『금병매』는 입세入世의 책이라 일컬

어지기도 하지만, 출세간의 책이라 하여도 무방할 것이다.

(105) 『金瓶梅』是部懲人的書, 故謂之戒律亦可。雖然又云『金瓶梅』是部入世的書, 然謂之出世的書, 亦無不可。

(106) 금, 병, 매 세 글자를 연달아 쓴 것은 작자 스스로의 은유이다. 이 책에는 비록 봄날 같은 색정적인 색채로 감싸져 있으나, 오히려 한 송이 한 송이 꽃봉오리와 잎새들은 봄기운이 온힘을 다해 피워낸 것이니, 마땅히 '황금 꽃병金瓶'에 꽂아 방안 가득 향이 퍼지게 해 천고의 비단같이 아름다운 재사가 책상머리에서 완상하도록 한 것이다. [그러니] 결코 [그 가치를 알 바 없는] 시골뜨기나 속된 이들이 베갯머리에 둘 물건이 아니다. 아! 황금 화병에 꽂힌 매화[『금병매』]는 모두 사람의 힘을 빌었으되, 천의무봉의 기교를 더했으니, 마치 이 책은 곳곳에서 문장이 성스러운 경지에 도달한 예술가의 기교화工를 훔쳐낸 듯하다.

(106) 金, 瓶, 梅三字連貫者, 是作者自喩。此書內雖包藏許多春色; 却一朶一朶一瓣一瓣, 費盡春工, 當注之『金瓶』, 流香芝室, 爲千古錦繡才子, 作案頭佳玩, 斷不可使村夫俗子, 作枕頭物也。噫, 夫金瓶梅花, 全憑人力以補天工, 則又如此書, 處處以文章奪化工之巧也夫。

(107) 이 책은 『살구기殺狗記』[26]의 속작이다. 작품의 곳곳에 형제를 암시적으로 쓰고 있는 것을 보라! 이를테면, 허쥬何九에게는 그 아우 허스何十가 있고, [제76회] 양다랑楊大郞에게는 아우 양얼랑楊二郞이

---

26) 작품 속에서 『살구기』는 시먼칭의 장례식 프로그램 가운데 하나로 공연되고 있다. 제80회. 같은 회의 회평에서 장주포는 이 연극과 소설의 특별한 관계에 대해 다시 한 번 언급하고 있다. 이에 대해서는 캐서린 칼리츠Catherine Carlitz의 『금병매의 수사The Rhetoric of Chin p'ing mei』(Bloomington, Indiana: Indiana University Press, 1986), 99쪽을 볼 것.

있으며,^{제93회} 저우슈周秀에게는 아우 저우쉬안周宣이 있고,^{제100회} 한다오궈韓道國에게는 아우 한얼韓二이 있었다.^{제33회~34회} [독자들은] 예상했겠지만, 오직 시먼칭西門慶과 천징지陳經濟에게만 형제가 없었다.

(107) 此書爲繼『殺狗記』而作。看他隨處影寫兄弟! 如何九之弟何十, 楊大郞之弟楊二郞, 周秀之弟周宣, 韓道國之弟韓二搗鬼。惟西門慶, 陳敬濟無兄弟可想。

(108) 멍위러우가 완阮을 타는 것으로 시작하여 한아이제韓愛姐가 완을 품은 것²⁷⁾으로 끝나는 것은 작가가 가슴 가득 정신없이 흘러내리는 눈물을 도처에서 쏟아내고 있는 것이다. 따라서『금병매』는 눈물 천지이다.

(108) 以玉樓彈阮起, 愛姐抱阮結, 乃是作者滿肚皮倡狂之淚, 沒處洒落, 故以『金甁梅』爲大哭地也。

---

27) '완을 타는 것彈阮'과 '완을 품는 것抱阮'은 일종의 쌍관어로 볼 수 있다. 베이징 표준 발음으로 '완阮'은 그 발음이 'ruan'이지만, 장주포張竹坡의 고향인 우吳 지역의 방언에서는 'yuan'으로 발음하기에 '원망'을 의미하는 '원冤'과 발음이 같다. 곧 장주포는 '탄완彈阮'과 '포완抱阮'의 의미를 '원망을 탄식하고歎冤', '원망을 품는抱冤' 것으로 보고『금병매』를 일종의 '애서哀書'로 여기고 있으나, 이와 같은 장주포의 인식은 다소 견강부회한 면이 없지 않다. 실제로 작품 속에서 멍위러우가 악기를 연주하는 것은 27회로 처음 도입부가 아니고, 한아이제韓愛姐가 연주하는 것은 '완阮'이 아니라 '월금月琴'이기 때문이다.

『유림외사』 셴자이라오런 서
閑齋老人序*

셴자이라오런閑齋老人

    고금古今의 패관稗官과 야사野史는 수백 수천 종이 넘는다. [그 가운데] 『삼국지三國志』, 『서유기西遊記』, 『수호전水滸傳』 및 『금병매金瓶梅』 등의 연의소설演義小說을 세상 사람들은 사대기서四大奇書라 하여 즐겨 읽는데, 나는 이 점에 대해 석연치 않게 여기고 있다.

    패관은 그래도 정사正史의 지류라 할 수 있으니, 이것을 잘 읽으면 정사의 경지에 들어갈 수 있다. 그런 까닭에 이런 책들은 선한 것은 선하게 악한 것은 악하게 그려내善善惡惡[1] 독자로 하여금 읽고 느낀 바 있어 삼가고 두렵게 하여 풍속과 인심을 유지하고 무너지지 않게 해준다.

    『서유기西遊記』는 애당초 허망하고 황당하나 논자에 따라 도를 논한 책이라고도 말한다. 이른바 말과 같이 길길이 날뛰는 의념과 원숭

---

* 원문은 리한츄李漢秋 집교輯校, 『유림외사회교회평본儒林外史會校會評本』(上海; 上海古籍出版社, 1984)을 바탕으로 홍상훈 외, 『유림외사』(을유문화사, 2009) 한글 번역본의 각 회 말에 붙어 있는 워셴차오탕臥閑草堂의 회평 번역과 『중국소설독법How to Read the Chinese Novel』(데이비드 L. 롤스톤David L. Rolston 주편, 프린스턴대학출판사Princeton University Press, Princeton, New Jersey, 1990)의 번역을 참고하였다.

1) 이것은 쓰마첸司馬遷이 쿵쯔孔子의 『춘추春秋』를 논할 때 한 말이다.

이처럼 질정 없는 마음意馬心猿이니, 쑨우쿵孫悟空(金公)과 주바제豬八戒(木母)[2]니 하는데, 대저 마음이란 불교의 요지이니 나는 감히 안다고 할 수 없다.

『삼국연의三國演義』는 정사와 완전히 합치하지는 않으나, 위魏가 한漢나라를 찬탈하고 진晉이 위나라를 찬탈한 것은 위가 한 짓을 진이 그대로 본받은 것이니, 천도의 순환은 찬탈자들에게 귀감이 될 만하다. 그밖에 촉과 오의 흥망성쇠의 까닭 역시 사람들로 하여금 깊이 반성케 하니 내 어찌 이 책의 시비를 말할 수 있겠는가?

『수호전水滸傳』과 『금병매金甁梅』는 도둑질과 음탕함을 가르치는 책이라 하여 오랫동안 금서로 묶여 있었다. 사람들은 흥미진진하게 이 책들의 뛰어난 구성章法과 교묘한 붓놀림用筆을 과장해 말하고, 또 인물이나 사건, 곧 일상생활의 자질구레한 것들에 대한 묘사가 그 본질이나 외양을 모두 철저하게 그려냈다고 하였으니, 장인의 기교 畵工와 성스러운 경지에 도달한 예술가의 기교化工가 하나로 합쳐져 종래의 패관에서는 이보다 나은 것이 없다 하겠다.

오호라! 그들은 『유림외사儒林外史』라는 책을 본 적이 없단 말인가?

대저 '외사外史'라 한 것은 애당초 정사의 반열에 오르지 못한 것을 의미하며, '유림儒林'이라 함은 애당초 허망하고 황당한 것과는 거리가 멀다는 것을 의미한다. 이 책의 뼈대를 이루는 것은 '부귀공명'으로, '부귀공명'을 간절히 바라는 마음에 다른 사람에게 잘 보이려 하고 아첨을 떠는 이가 있는가 하면, '부귀공명'에 의지해 남에게 교만을 떨고 오만하게 구는 이도 있으며, 짐짓 부귀공명에는 뜻이 없는 척 고아한 선비인 양 굴다가 다른 사람들의 웃음거리가 되는 이도 있

---

[2] 오행으로 따지면 원숭이는 '금金'에 속하고 돼지는 '목木'에 속하기에, '금공金公'은 '쑨우쿵孫悟空'을 가리키고, '목모木母'는 '주바제豬八戒'를 가리킨다고 한다.

다. 마지막으로는 부귀공명을 끝까지 마다해 그 인격이 최상층에 속하는 이들이 있으니, 이들은 황허黃河의 세찬 물살 속에서도 흔들림 없이 우뚝 서 있는 기둥과 같은 존재다.

이 책 속에 실려 있는 사람들을 모두 열거할 수는 없으나, 각각의 사람들의 성정과 마음 씀씀이의 근원이 하나하나 책 속에 살아 움직이는 듯하다. 독자들은 어떤 품성의 사람이든 취하여 자신을 비춰보는 거울로 삼아야 할 것이다.

전傳3)에 이르기를, "선한 것은 사람의 선한 마음을 움직여 드러나게 하고, 악한 것은 사람의 나쁜 뜻을 징벌한다"고 했다. 이 책에는 이 모두가 들어 있다.

심하도다. 『수호전』과 『금병매』와 같은 책을 써낼 재주가 있음이여! 하지만 『수호전』이나 『금병매』가 풍속과 인심을 해치는 지경에 이르는 것만 못하리. 그런 즉 『수호전』이나 『금병매』를 읽느니 차라리 『유림외사』를 읽어야 할 것이다. 세상에 패관을 제대로 읽는 사람이라면 내 말을 흘려듣지 않으리!

건륭 원년(1736) 봄 2월
센자이라오런閑齋老人 씀.

古今稗官野史不下數百千种, 而《三國志》, 《西游記》, 《水滸傳》及《金甁梅演義》, 世稱四大奇書, 人人樂得而觀之。余窃有疑焉。

稗官爲史之支流, 善讀稗官者可進于史; 故其爲書亦必善善惡惡, 傳

---

3) 주시朱熹의 『사서집주四書集注』 가운데 『시경』의 시에 대한 말이다. 장주포張竹坡 역시 자신의 「제일기서는 음서가 아니라는 사실을 논함第一奇書非淫書論」에서 바로 이 내용을 인용한 바 있다. "所以云, 詩三百, 一言以蔽之曰思無邪。註云, 詩有善有惡, 善者起發人之善心, 惡者懲創人之逆志。"

讀者有所觀感戒懼，而風俗人心庶以維持不壞也。

《西游》元虛荒渺，論者謂爲談道之書，所云意馬心猿，金公木母，大抵心卽是佛之旨，予弗敢知。

《三國》不盡合正史，而就中魏晋代禪，依樣葫芦，天道循環，可爲篡就者鑒。其他蜀與吳所以廢興存亡之故，亦具可發入深省，予何敢厚非。

至《水滸》，《金瓶梅》誨盜誨淫，久干例禁，乃言者津津夸其章法之奇，用筆之妙，且謂其摹寫人物事故，卽家常日用米鹽瑣屑，皆各窮神盡相，畫工化工合爲一手，從來稗官無有出其右者。

嗚呼！其未見《儒林外史》一書乎？

夫曰"外史"，原不自居正史之列也；曰"儒林"，迥異元虛荒渺之談也。其書以功名富貴爲一篇之骨，有心艶功名富貴而媚人下人者，有倚仗功名富貴而驕人傲人者，有假托無意功名富貴自以爲高，被人看破耻笑者，終乃以辭却功名富貴，品地最上一層，爲中流砥柱。

篇中所載之人，不可枚擧，而其人性情心術，一一活現紙上。讀之者無論是何人品，無不可取以自鏡。

傳云："善者，感發人之善心，惡者，懲創人之逸志"是書有焉。甚矣！有《水滸》，《金瓶梅》之筆之才，而非若《水滸》，《金瓶梅》之致爲風俗人心之害也。則與其讀《水滸》，《金瓶梅》，無寧讀《儒林外史》。世有善讀稗官者，當不河漢予言也夫！

乾隆元年春二月，閑齋老人序。

『유림외사』와평
『儒林外史』臥評*

워셴차오탕臥閑草堂

제1회

원대 사람들의 잡극 첫머리開卷는 대개 '설자楔子'로 시작된다. 설자란 다른 사건을 빌려 서술하려는 사건을 이끌어내는 것이다. 하지만 [설자가] 본 사건과 별로 상관없는 것이라면, 용렬한 자의 평범한 글이 되어 버릴 것이다. [본래 취지와 달리] 자기 멋대로 써넣은 것이라면 어떻게 글의 묘미를 보여 주겠는가? [이 소설의] 작자는 역사가의 재능을 갖춘 훌륭한 소설가稗官라서, 설자 한 편만 봐도 글 전체의 맥락이 분명하게 드러나게 해 놓았다. 진정 필묵을 낭비하지 않는 솜씨라 하겠다.

'부귀공명'이라는 네 글자는 이 책 전체의 착안점이기 때문에 시작하자마자 설파하되, 다만 가볍게 그 실마리만 제시해 놓았을 따름이다. 이후로 펼쳐지는 온갖 변화들은 모두 이 네 글자로부터 변형되어 나타난 지옥의 형상地獄變相들에 지나지 않으니, 진정 한 줄기 가는 풀이 한 길이 넘는 금불상으로 변모한 것이라 할 수 있겠다.

헐렁한 옷을 입고 높은 모자를 쓰는 것, 황하가 북쪽으로 흐르는

---

* 원문은 리한츄李漢秋 집교輯校, 『유림외사회교회평본儒林外史會校會評本』(上海; 上海古籍出版社, 1984)을 참고하였다.

것에 탄식하는 것 등은 모두 왕멘王冕1)「본전本傳」2)에 들어가 있는 일로서, 이런 식으로 원용하되 그 흔적이 남지 않았다.

부귀공명이란 [그것을 차지하기 위해] 사람들이 서로 다투기 마련인 것이나, 왕멘만은 이를 추구하지 않았을 뿐만 아니라 그것을 피하기까지 하였다. 왕멘만 피한 것이 아니라, 그의 모친 역시 부귀공명을 두려워했다. 아! 참으로 그 성정이 남달랐던 것일까? 이 드넓은 천지에 무엇인들 없겠는가만, 본래 속세의 익힌 음식火食은 먹지 않는 사

---

1) 왕멘王冕(1287~1359년?)은 원나라 때의 화가이자 시인이다. 자는 위안장元章이고, 호는 주스산눙주치성煮石山農竹齋生이며, 저쟝성浙江省 주지諸暨 사람이다. 가난한 농민 집안 출신으로, 공부를 좋아하여 고학을 하였다. 구이지會稽의 유학자 한싱韓性의 제자가 되어 유학에 통달하게 되었다. 여러 차례 진사시험에 응시하였다가 낙방하고 병법兵法을 공부하였다. 난이 일어날 것을 예견하고 쥬리산九里山에 은거하여 그림을 그려 생계를 이었다. 묵매화를 잘 그려 남송南宋의 양부즈楊補之가 그린 묵매화와 비견되었다. 왕멘의 묵매화는 많은 가지와 꽃이 빽빽하여 생기가 넘치고 꽃을 그릴 때 한 번의 붓질에 두 번 꺾는 새로운 방법을 써 변화무쌍하게 느껴진다. 묵의 농담을 변화시켜 절기와 날씨가 다를 때 각기 다른 모습으로 피어 있는 매화의 자태를 표현하는 데 뛰어났다. 그림 속의 시에는 백성의 고난을 반영한 강한 민족의식이 스며 있다. 도장 조각에도 뛰어나 화유석花乳石을 도장 재료로 사용한 것도 그가 처음이라고 한다. 주요 작품에 『묵매도墨梅圖』, 『매화도梅花圖』, 『조수고매도照水古梅圖』, 『삼군자도三君子圖』가 있으며, 주요저서에 『죽제시집竹齋詩集』이 있다.
2) 왕멘의 전기는 주이쭌朱彝尊(1629~1709)이 썼다. 주이쭌은 자가 시창錫鬯이고, 호는 주퉈竹垞로, 저쟝성浙江省 사람이다. 처음에는 벼슬에 뜻이 없어 각지를 편력하면서 학문에 정진하고 또 사적史蹟의 고증에 힘썼다. 1679년 박학홍사과博學鴻詞科에 추천되어 한림원검토翰林院檢討가 되고『명사明史』의 편찬에 종사하였다. 얼마 후 사직하고 향리로 돌아와 여생을 자적自適과 저술로 보냈다. 그의 대표작『경의고經義考』(30권)는 역대 경서의 연혁沿革과 존망存亡을 기록한 책이다. 박학하고 시詩에 뛰어나 왕스전王士禎과 함께 '남주북왕南朱北王'이라 일컬어졌으며, 그의 사詞는 남송의 쟝쿠이姜夔의 영향을 받아 절서사파浙西詞派의 창시자라 불린다. 시문집『폭서정曝書亭』(80권) 외에 베이징北京의 역사와 지리를 기록한『일하구문日下舊聞』,『명시종明詩綜』,『사종詞綜』등의 저서·편저가 있다.

람들이 있는데, 이들은 세속의 사람들과 입맛을 같이 하기 곤란할 뿐이다.

매판買辦 자이 씨翟氏가 스 지현施知縣을 대신해 일하고, 스 지현은 웨이쑤危素[3] 선생을 대신해 일한 것은 결국 각자가 자기 일을 한 셈인데, 왕몐은 그들이 신경 썼던 사람이 아니었다. 세상에는 지현과 교유를 맺을 수만 있다면 살아가며 지기를 얻은 셈이니 죽어도 여한이 없다고 자랑하는 궁한 처지의 서생들이 있을 터인즉, 어찌 스 지현이 웨이쑤 선생 때문에 온 것이 아니라는 사실을 알 수 있겠는가!

이름을 모르는 세 사람은 이 책에 등장하는 모든 사람들의 그림자이고, 그들이 나누는 담론 또한 이 책 전체에 담긴 언사言辭의 [정형화된] 양식이다. 자잘한 대목 하나의 내용도 전서全書와 밀접한 관계를 맺고 있다.

연꽃 그리는 것을 공부하는 부분 앞에 비 갠 후의 호수 풍경을 묘사했고, 별들이 떨어지는 장면 앞에 이슬이 내린 고요한 밤 정경을 그려냈으니, 문사가 참으로 빼어나다.

친 씨秦氏 노인은 참으로 정이 많은 인물이다. 그는 비록 글공부를 하지도 벼슬을 살지도 않았으나, 참으로 제대로 된 군자라 해도 무방하다. 작가가 이 인물에 기탁해 개탄한 바가 적지 않다.

---

[3] 웨이쑤(1303~1372)는 원말명초元末明初의 문장가로 자는 타이푸太樸, 호는 윈린雲林이며, 쟝시성江西省 진시金溪 사람이다. 젊은 나이에 장원 급제하여 한림학사가 되었으며, 지정至正 연간(1341~1368)에는 경연검토經筵檢討의 관직에 있으면서 송宋, 요遼, 금金의 삼사三史를 편수하는 데 참여하였다. 명대에 들어서는 한림시강학사翰林侍講學士가 되어 그의 문하생인 쑹롄宋濂과 『원사元史』 편수에 참여했으며, 홍문관학사弘文館學士를 겸직했다. 글씨를 잘 써 모든 체에서 뛰어났으며, 정계政界의 명신이나 불사도관佛寺道觀 등의 많은 비문이 그에 의해 쓰여졌다고 전한다. 만년에는 허저우和州로 귀양 가서 위궤余闕(1303~1358)의 묘를 지키며 울분 속에 지내다 죽었다.

元人雜劇開卷率有楔子。楔子者,借他事以引起所記之事也。然與本事毫不相涉,則是庸手俗筆,隨意填湊,何以見筆墨之妙手?作者以史漢才作爲稗官,觀楔子一卷,全書之血脉經絡無不貫穿玲瓏,眞是不肯浪費筆墨。

"功名富貴"四字是全書第一着眼處。故開口卽叫破,却只輕輕点逗。以後千變萬化,無非從此四個字現出地獄變相。可謂一莖草化丈六金身。

穿闊衣,戴高帽,嘆黃河北流,都是王元章本傳內事,用來都不着形迹。

功名富貴人所必爭,王元章不獨不要功名富貴,幷且躱避功名富貴;不獨王元章躱避功名富貴,元章之母亦生怕功名富貴。嗚呼,是眞其性與人殊歟?盖天地之大,何所不有,原有一种不食烟火之人,難與世間人同其嗜好耳。

翟買辦替時知縣辦事,時知縣替危老師辦事,各人辦各人的事,元章非其注意之人也。世有窮書生得納交于知縣,詡詡然自謂人生得一知己死可不恨者,安知其不因危老師而來也?

不知姓名之三人是全部書中諸人之影子, 其所談論又是全部書中言辭之程式。小小一段文字亦大有關系。

學畫荷花,便有雨霽湖光一段;將摘星辰,便有露凉夜靜一段。文筆異樣烘染。

秦老是极有情的人。却不讀書,不做官,而不害其爲正人君子。作者于此寄慨不少。

제2회

'부귀공명'이야말로 이 책의 큰 주제이며, 작자가 천변만화의 필치를 아낌없이 발휘해 묘사하고 있는 것이다. 첫머리에서는 왕후장상에 대해 묘사하지 않고, 오히려 샤 총갑夏總甲 한 사람만을 묘사한다. 대저 총갑이 어찌 부귀공명에 들어맞는 신분이겠는가? 그러나 저 의기양양하며 스스로 기꺼워하는 모습은 자못 "벼슬하는 이는 상서를 바라고, 아전은 우두머리를 바란다"는 것과 맞아떨어지는 구석이 있다. 석가모니가 말한 '삼천대천세계'나 쫭쯔莊子(기원전 369?~286?)가 말한 "하루살이는 한 달의 시작과 끝을 모르고, 쓰르라미는 봄과 가을을 모른다"는 것과 같은 뜻이다. 문장의 오묘함이 이런 경지에 이르렀음에랴.

메이쥬梅玖는 스스로에 대해 자부심을 갖고 기꺼워하고 있는데, 이 세상에는 [그보다 더한] 왕후이王惠 같은 이도 있다는 사실은 모르고 있는 것이다. 심하도다! 부귀공명에 어찌 등급이 있단 말인가!

왕후이의 시험장에 귀신이 뛰어든 것은 거짓 꿈이지만, 쉰메이荀玫가 왕후이와 같은 해에 진사에 급제한다는 것은 진짜 꿈이다. 하지만 편벽되게도 가짜 꿈은 굳이 믿을 만하다 여기고, 진짜 꿈은 믿을 수 없다고 여긴다. 이것으로 어리석고 용렬한 이들의 심리와 성정을 생생하게 묘사했다.

저우진周進은 진부하고 고지식한 선비이다. 그 속내를 들여다보면 아는 거라고는 관음보살에게 맹세한 대로 채식을 고집하는 일과 거인擧人인 왕후이의 답안지를 열심히 읽는 일뿐이다. 이것 말고는 아무것도 없다는 사실을 알 수 있다.

채식으로부터 꿈 이야기를 이끌어내고, 또 메이쥬梅玖의 꿈을 통해 왕후이의 꿈을 넌지시 예시했다. 문장이 그물처럼 꽉 짜인 가운데 형형색색의 오묘함이 담겨 있다.

책 속에서는 황 나리黃老爹나 리 나리李老爹, 구 상공顧老相公 같은 사람은 등장하지 않지만, 여러 사람들의 입을 통해 흥미진진하게 언급되니, 마치 실제로 그런 사람이 있는 듯하다. 그런즉 『사기』의 필법에 정통하지 않으면 이렇게 써내기 힘들 것이다.

진유위金有餘는 "사람이 한 세상 살면서 차려놓은 밥을 거저 얻어먹기는 힘든 법"이라고 말했다. 이 말은 천고의 영웅호걸들을 모두 통곡하게 만들 만하다. 퉁소 부는 대부[4]나 낚싯대 드리운 왕손[5]만 처량하고 외로운 것은 아니리라. 물건을 사러 성안에 들어가는 것은 극히 심상한 일이지만, 오히려 그 와중에 과거 시험장을 개보수하는 모습을 보게 되었으니, 이 모든 것이 얼마나 사실에 가깝게 그려졌는가?

"功名富貴"四字, 是此書之大主腦, 作者不惜千變萬化以寫之。起首不寫王侯將相, 却先寫一夏總甲。夫總甲是何功名, 是何富貴? 而彼意氣揚揚, 欣然自得, 頗有"官到尙書吏到都"的景象。牟尼之所謂"三千大千世界", 莊子所謂"朝菌不知晦朔, 蟪蛄不知春秋"也。文筆之妙乃至于此。

梅三相顧影自怜, 得意极矣。不知天地間又有王大爺在。甚矣, 功名富貴宁有等級耶!

場中鬼跳是假夢, 苟玫同榜乃眞夢也。偏于假夢鋭得鑿鑿可据, 轉以眞夢爲不足信。活活寫出妄庸子心術性情。

周進乃一老腐迂儒, 觀其胸中, 只知吃觀音齋, 念念王擧人的墨卷,

---

[4] 전설에 의하면 유명한 우쯔쉬伍子胥는 자기 아버지와 형을 죽인 초 평왕楚平王에게 복수하기 위해 오나라로 망명한 뒤 사람들의 주목을 끌기 위해 저자거리에서 퉁소를 불고 다녔다고 한다.

[5] 주 무왕周武王을 도와 주나라를 세운 태공망太公望 뤼상呂尙은 아직 초야에 묻혀 있을 때 웨이수이渭水에서 곧은 낚시를 드리웠다. 사람들이 그 까닭을 묻자 자기는 물고기를 낚으려는 게 아니고 사람을 낚기 위해 때를 기다리는 것이라 대답했다. 뒤에 주 무왕을 만나 주나라를 세운 뒤 그 공으로 제齊나라 제후에 봉해져 그 시조가 되었다. 그를 태공망이라고 부른 것은 무왕의 선군인 태공太公이 바랐던[望] 인물이었기에 그렇게 불렀다고 전해진다.

則此外一無所有可知矣。

　從吃齋引出做夢, 又以梅玖之夢掩映王惠之夢, 文章羅絡勾聯, 有五花八門之妙。

　書中幷無黃老爹, 李老爹, 顧老相公也者, 据諸人口中津津言之, 若實有其人在者, 然非深于《史記》筆法者未易辨此。

　金有餘云: "人生在世, 難得的是一碗現成飯。"此語能令千古英雄豪杰同聲一哭! 盖不獨吹簫之大夫, 垂釣之王孫爲凄凉獨絶人也。到省買貨極尋常之事, 偏偏遇着修理貢院, 何其情事逼眞乃爾。

제3회

　저우진이 호판을 보고 통곡하다가 피를 토하는 지경에까지 이른 것은 가난하고 보잘것없는 유생이 평생 온갖 고생을 했기 때문이다. 저우진이 메이쥬나 왕후이 같은 여러 사람들을 만났지만 여기에 이르러 한꺼번에 마음을 드러냈으니, 그의 식견이 그것밖에는 안 되었던 것이다. 롼지阮籍[6]나 선중沈炯[7] 같이 [저우진과] 급이 다른 사람들

---

[6] 롼지阮籍(210~263)는 삼국 시대 위나라 말의 시인이다. 자는 쓰쭝嗣宗이고, 천류陳留(지금의 허난성) 사람이다. 지캉嵇康과 함께 죽림칠현의 중심인물이다. 부친인 롼위阮瑀(?~212)는 차오차오曹操를 섬겼던 건안칠자建安七子 가운데 한 사람이었다. 위나라 말기의 정치적 위기 속에서 강한 개성과 자아自我 및 반예교적反禮敎的 사상을 관철하기 위하여 술과 기행奇行으로 자신을 위장하고 살았다. 많은 기행 중 '청안백안靑眼白眼'의 고사는 특히 유명하다. 정권을 빼앗으려는 쓰마 씨司馬氏의 막료를 지냈으나, 권력과의 밀착을 싫어했고, 곤란한 처세와 고독한 사상을 시문에 의탁하였다. 대표작인「영회詠懷」의 시 85수는 자기의 내면세계를 제재로 한 철학적 표현의 연작連作이었다. 그것은 뒷날 타오첸陶潛의「음주飮酒」20수에서 리바이李白의「고풍古風」59수에 이르는 장대한 오언시 연작의 선구였다. 전통적인 유교사상이나 기성권력에 반항하는 자세를 노래한 몇 편의 부賦 작품 외에,『대인선생전大人先生傳』과 원초적인 노장사상老莊思想을 추구하는 작품을 남겼다. 그 밖의 저서에『달장론達莊論』,『통역론通易論』등이

이 다른 일로 상심했던 것과는 비할 수 없다.

진유위 및 여러 행상들의 행위는 얼마나 감동적인가! 천하에서 참으로 호쾌하고 정의로운 일을 뜻밖에도 글을 읽지도 벼슬살이도 하지 않은 이런 사람들이 해낼 수 있었던 것이다. 이것이 작자의 숨은 뜻이요, 세상에서 실제로 벌어지고 있는 일이기도 하다.

저우진의 사람됨은 원래부터 볼 만한 데가 없고, 마음에 담아두고 있는 것이라곤 팔고문 답안지밖에는 없다. 읽은 글이 이처럼 고리타분하니 지은 글 역시 고리타분할 것이라는 사실은 명약관화하다. 여기에 저우진이 말년에야 과거에 급제한 까닭이 은연중에 드러나 있으니, 그 필치가 머리카락처럼 섬세하다.

저우진이 판진의 답안지를 읽는 대목에서 웨이하오구魏好古가 자연스럽게 등장하니, 문장에 비로소 변화가 생겼다. 옛사람들이 서예를 할 때 획 하나하나에 운치를 담으려고 노력하지, 마늘쫑처럼 획이 일률적이고 반듯하게 되지 않도록 했던 것에 비유할 수 있다.

있다. 『문선文選』에 그의 시문이 약간 수록되어 있고, 그의 전기는 『삼국지三國志』 21권, 『진서晉書』 49권에 실려 있다.

7) 선중沈炯(503~561)은 자가 추밍初明 또는 리밍禮明이고, 남조 양梁나라 우캉武康(지금의 저쟝성 더칭현德淸縣) 사람이다. 양나라 때 상서좌호시랑尚書左戶侍郎을 지내다 우吳 지방을 다스리게 되었는데, 허우징侯景의 반란군에게 성이 함락당한 뒤 허우징의 부하 장수인 쑹쯔셴宋子仙 밑에서 서기書記 노릇을 했다. 반란이 평정된 뒤에도 글 솜씨를 인정받아 양나라 원제元帝가 그를 원경현후原卿縣侯에 봉해 주었고, 뒤에 급사황문시랑給事黃門侍郎을 거쳐 상서좌승尚書左丞까지 지냈다. 또 서위西魏가 징저우荊州를 점령하고 그를 포로로 붙잡은 뒤에도 여전히 우대하여 의동삼사儀同三司의 벼슬을 주었다. 556년에는 어사중승御史中丞을 지냈고, 진陳나라 무제武帝와 문제文帝 때에도 중용되었다. 죽은 뒤에는 시중侍中 벼슬이 추증되었고, 시호는 공자恭子이다. 문집 20권을 남겼다고 하나 지금은 남아 있지 않고, 현재는 『한위육조삼백가집漢魏六朝三百家集』에 그의 시가 모아져 『선중집沈炯集』이라는 제목으로 전하고 있다.

"과거 공부學業"와 "잡학雜覽". 이 주제는 이후의 문장에서 무한히 발휘되는데, 오히려 여기에서는 아무렇지도 않게 숨겨져 있으니, 글의 기세가 천리 넘게 뻗은 용처럼 구불구불 중단 없이 이어지고 있는 것이다.

가볍게 백정 후胡 씨를 그려냈는데, 인물과 행적을 이 정도로 표현한 솜씨는 참으로 독자들의 감탄을 자아낸다. 그래서 나의 벗은 이렇게 말했다.

"『유림외사』를 읽지 마라. 읽고 나면 결국 평소 살아가며 겪는 일들이 『유림외사』에 묘사된 것과 조금도 다를 바 없음을 깨닫게 된다."

이는 주조한 솥에 사물을 새겨 넣되[8] 심지어 도깨비들의 터럭까지 생생하게 드러낸 것과 마찬가지다.

판진范進이 생원 시험에 합격했을 때는 장인 후 씨가 자기 혼자서 곱창과 술을 들고 와서, 돌아갈 때는 옷을 풀어 헤치고 남산만한 배를 두드렸다. 그런데 판진이 거인 시험에 합격했을 때는 하인을 시켜 예닐곱 근의 고기와 4, 5천 전의 돈을 들려 가져와서, 돌아갈 때는 고개를 숙이고 실실 웃으면서 갔다. 앞뒤 내용이 잘 들어맞고 글이 빈틈없이 잘 짜여 있다.

후 씨의 말이 아주 틀린 건 아니니, 그가 판진을 욕한 것은 바로 그를 아꼈기 때문이다. 다만 타고난 성정이 그렇게 생겨먹었기에 그런 말을 내뱉었을 따름이다. 자세히 보면 본디 그리 나쁜 사람은 아니다.

---

[8] 이것은 『좌전 · 선공 3년左傳 · 宣公三年』에 나오는 말이다. "예전에 하나라 시절 바야흐로 덕이 있었을 때 먼 곳의 기이한 사물들을 구주의 장관들이 바친 구리로 정鼎을 만들어 그 위에 새기되 모든 사물들을 빠짐없이 갖추어 백성들이 어느 것이 좋은 신이고 어느 것이 나쁜 신인지 알 수 있게 했다. 昔夏之方有德也, 遠方圖物, 貢金九牧, 鑄鼎象物, 百物爲之備, 使民知神奸."

저우 씨 집안周府과 장 씨 집안張府에 대한 이야기는 묘하게도 모두 후 씨의 입을 통해 나왔으니, 이것은 참으로 거미줄이나 말의 족적과 같이 절묘한 데가 있다.

장스루張師陸는 판진을 만나자마자 은자며 집을 내주니, 호방하고 교유를 즐기는 듯하나 실은 천박하기 이를 데 없는 자이다. 작자의 붓에서 나온 문장은 흰 눈과 같아서 네모난 데에 넣으면 네모난 옥珪이 되고, 둥근 데 넣으면 둥근 옥璧이 된다. 또한 물과도 같아서 그릇이 둥글면 둥글게, 그릇이 네모나면 네모나게 되는 것이다.

見了号板痛哭至于嘔血, 乃窮老腐儒受盡畢生辛苦, 如梅三相, 王大爺等相遭不知几輩, 至此一齊提出心頭, 其見解不過如此, 非如阮嗣宗, 沈初明一流人別有傷心處也。

金有餘以及衆客人何其可感也。天下極豪俠极義氣的事, 偏是此輩不讀書不做官的人做得來, 此是作者微辭, 亦是世間眞事。

周進之爲人本無足取, 胸中大槪除墨卷之外了無所有, 閱文如此之鈍拙, 則作文之鈍拙可知。空中自描出晩遇之故, 文筆心細如髮。

于閱范進文時卽順手夾出一個魏好古, 文字始有波折。譬如古人作書, 必求筆筆有致, 不肯作蒜條巴子樣式也。

"擧業""雜覽"四個字後文有無限發揮, 却于此處閑閑伏案, 文筆如千里來龍, 蜿蜒夭矯。

輕輕点出一胡屠戶, 其人其事之妙一至于此, 眞令閱者嘆賞叫絶。余友云:"愼毋讀《儒林外史》, 讀竟乃覺日用酬酢之間無往而非《儒林外史》。"此如鑄鼎象物, 魑魅魍魎毛髮畢現。

范進進學, 大腸瓶酒是胡老爹自携來, 臨去是披着衣服, 腆着肚子; 范進中擧, 七八斤肉, 四五千錢是二漢進來, 臨去是低着頭笑迷迷的。

前後映帶, 文章謹嚴之至。

　胡老爹之言未可厚非, 其罵范進時, 正是愛范進處, 特其氣質如此, 是以立言如此耳。細觀之, 原無甚可惡也。

　周府, 張府妙在都從胡老爹口中一一帶出, 眞有蛛絲馬迹之妙。

　張靜齋一見面便贈銀贈屋, 似是一個慷慨好交游的人, 究竟是個極鄙陋不堪的。作者之筆, 其爲文也如雪, 因方成珪, 遇圓成璧; 又如水, 盂圓則圓, 盂方則方。

제4회

　이번 회는 협곡을 지나는 물, 곧 전환점과 같아 사건의 서술이 가장 많다. 그 사건의 서술을 보면 문장의 기복이 잘 어우러지고 앞뒤가 적당히 호응하니, 그 안에 무수한 작문의 법도가 들어 있다. 경솔히 붓을 쥐었다 가볍게 붓을 던지는 자라면 꿈에도 이런 경지에 이를 수 없다.

　승려가 장원에 가서 술을 마시는 것은 있어서는 안 될 일인데, 전호들이 일제히 들이닥친 것은 실로 생각지도 못한 일이다. 허메이즈何美之가 술을 따를 때 그의 아내가 들어 와서 후이민慧敏의 앞자리에 앉아 있던 상황은 거의 외설에 가깝다 하겠다. 허메이즈의 마누라가 내뱉은 말들은 범진의 부인을 시샘하는 것에 불과하다. 하지만 그 문장은 대단히 전아하니, 바로 '부귀공명'이란 네 글자를 어리석은 부인의 가슴에 적어 넣고 있다. 이걸 보면 작자의 뛰어난 구성력과 훌륭한 표현력의 끝이 어디인지 알 수가 없다.

　재당齋堂에서 웨이하오구魏好古가 손님을 접대하고 승려들이 이를 놀리는 대목에서 또 슬쩍 저우周 씨 집안 둘째 딸 혼사 이야기를 끌어내니, 이야기를 엮어내는 솜씨가 그지없이 뛰어나다.

관제묘에서 간단히 술을 마시는 장면은 장인의 기교畵工로는 도저히 그려낼 수 없고, 성스러운 경지에 도달한 예술가의 기교化工라야 겨우 그려낼 수 있을 정도로 빼어나다. 도입부의 몇 마디는 더욱 기가 막히다. 독자들은 책을 덮고 찬찬히 생각해 보라. 설령 그대가 직접 쓴다 해도 이 도입부 부분을 써낼 수 있겠는가? 옛사람들은 두포杜甫(712~770)의 시구 "창쟝長江과 한수이漢水에서 고향 생각하는 나그네江漢思歸客"을 읽고 아무리 생각해도 다음 구절을 얻지 못하다가, "천지간의 한 썩은 선비라乾坤一腐儒"는 다음 시구를 읽고9) 비로소 탄성을 질렀던 것이다.

옌다웨이嚴大位가 "털끝만큼도 다른 사람의 이익을 탐한 적이 없다"고 말하기가 무섭게 집 안에 이미 남의 집 돼지 한 마리를 가둬 둔 게 드러나니, 괜한 설명을 않고도 독자들은 이미 다 알게 된다. 만약 졸렬한 필치로 썼다면 틀림없이 "여러분 들어 보세요. 알고 보니 옌다웨이의 됨됨이가 이러저러 했답니다" 운운했을 터이니, 문장은 텁텁하니 아무 맛도 없었을 것이다.

판진范進이 자리에 앉아 은을 상감한 잔과 젓가락을 쓰지 않겠다고 고집한 부분은 작자가 심혈을 기울여 써낸 것이다. 천하에 충효와 청렴이라는 큰 원칙은 제쳐 두고 지엽적이고 사소한 것을 끝까지 따지는 것보다 꼴사나운 짓도 없을 것이다. 온 세상 사람이 이렇게 행동하고 누구도 이를 나무라지 않으니 잘못을 그대로 따라하는 사람

---

9) 시의 전문은 다음과 같다.
"江漢思歸客, 乾坤一腐儒。
片雲天共遠, 永夜月同孤。
落日心猶壯, 秋風病欲蘇。
古來存老馬, 不必取長途。"

들이 넘쳐 난다. 그래서 작자는 거창한 말로 나무라지 않고 해학적인 말로 꾸짖은 것이다.

장스루張師陸가 쇠고기를 [노인에게] 쌓아 놓으라고 탕펑湯奉에게 권한 대목에서 굳이 류지劉基[10] 선생의 이야기를 꺼내고 있다. 자리에 앉은 손님과 주인 세 사람이 모두 전고가 틀린 줄도 모르고 당당하게 이야기하며 조금도 부끄러워하지 않으니, 독자들은 이들이 얼마나 무식하고 꽉 막힌 자들인지 저절로 알게 된다. 이것이 바로 작자가 바람을 그리고 물을 그려내는 수법이니, 이른바 사건을 그대로 기록할 뿐 평어를 덧붙이지 않는데도 그 시비가 저절로 드러나는 것이다.

此篇是文字過峽, 故序事之筆最多。就其序事而觀之, 其中起伏照應, 前後映帶, 便有無數作文之法在。率爾操觚輕心掉之者, 夢不到此也。

和尙到莊上吃酒, 乃是行所無事, 佃戶一齊打進, 實出意料之外。當其美之斟酒, 渾家打橫時, 几近淫褻矣。及觀何美之渾家口中數語, 只

---

10) 류지劉基(1311~1375)는 저장성浙江省 추저우處州 출신으로 자字는 보원伯溫이다. 문종文宗 때에 진사과에 합격하였으며 가오안 현승高安縣丞·강절유학부제거江浙儒學副提擧 등의 관직을 지냈으나 여러 차례 배척당한 뒤 관직을 버리고 고향에 숨어 지냈다. 1348년(지정至正 8)에 팡궈전方國珍이 저장성 칭위안慶元에서 동란을 일으키자 강절행성江浙行省 원수부元帥府에 도사都事로 기용되어 반란군들을 소탕할 것을 주장하고 안일한 정책에 반대하였으나, 1354년(지정至正 14)에는 다시 관직을 버리고 지방의 군인들을 이끌고 산에 들어갔다.
1358년 주위안장朱元璋이 진화金華와 리수이현麗水縣을 공략한 뒤에는 주원장의 모사謀士가 되어 중국을 통일하는 데 중요한 역할을 하였으며, 명나라 건국 후 어사중승御史中丞과 태사령太史令 등의 관직을 맡아 역법曆法 제정과 군정체제 건립에 공헌하였다. 1375년에 귀향하여 65세의 나이로 세상을 떠났다.
어려서부터 총명하고 책읽기를 좋아하여 천문·기상·역법·군사 등의 분야에 정통하였다. 시풍은 질박하고 웅장했으며 산문에도 뛰어나 원나라 말기 사회의 여러 가지 모순과 부조리를 풍자한 글을 많이 썼다. 저서로는 『성의백문집誠意伯文集』과 우언체 산문집 『욱리자郁離子』가 있다.

不過氣不忿范太太, 何其用筆之雅, 直將"功名富貴"四字寫入愚婦人胸中, 吾不知作者之錦心綉口居何等也。

齋堂中魏相公陪客, 衆和尚搗鬼, 輕輕又帶出周二姑娘做親, 針線之妙, 難以盡言。

關帝廟中小飲一席話, 畫工所不能畫, 化工庶几能之。開端數語尤其奇絶, 閱者試掩卷細想, 脫令自己操觚, 可能寫出開端數語?古人讀杜詩"江漢思歸客", 再三思之不得下語, 及觀"乾坤一腐儒", 始叫絶也。

才說"不占人寸絲半粟便宜", 家中已經關了人一口猪, 令閱者不繁言而已解。使拙筆爲之, 必且曰: 看官听說, 原來嚴貢生爲人是何等樣, 文字便索然無味矣。

上席不用銀鑲杯箸一段, 是作者极力寫出。蓋天下莫可惡于忠孝廉節之大端不講, 而苛索于末節小數。擧世爲之, 而莫有非之, 且效尤者比比然也。故作者不以莊語責之, 而以謔語誅之。

張靜齋勸堆牛肉一段, 偏偏說出劉老先生一則故事, 席間賓主三人侃侃面談, 毫無愧怍, 閱者不問而知此三人爲極不通之品。此是作者繪風繪水手段, 所謂直書其事, 不加斷語, 其是非自見也。

제5회

이 회에서는 '부귀공명' 네 글자에서 우연찮게도 '부' 자 하나를 뽑아 비루한 소인배들이 살아가는 모습을 묘사하고 있다. 수전노의 인색함, 속된 수재[왕더王德와 왕런王仁]들의 교활함을 하나하나 그려내고 있는데, 머리카락 한 올 한 올이 모두 살아 움직이는 듯하다. 설령 과거에 급제한 이들이 쓴다 해도 이보다 월등히 나을 수는 없을 것이다.

옌다웨이嚴大位의 사람됨은 모두 동생인 옌다위嚴大育의 입을 통해 그려지고 있다. 그 집안은 온통 먹는 것만 밝히고 집안의 가르침이라고는 전혀 없으며, 아무런 계획도 없는 것을 갖가지로 묘사해냈는데, 정말 동생의 사람됨과는 정반대이다. 하지만 옌다웨이는 평생 사람들을 속이고 거짓말을 일삼으면서도 그럭저럭 잘 지냈으며, 어렵고 힘든 날이 하루도 없었다. 그러나 동생인 옌다위는 부질없이 10만 금이 넘는 재산을 가지고도 늘상 가난을 걱정하고 날마다 무슨 일이 생길까 두려워하면서 마음 편히 넘긴 날이 하루도 없었다. 이러한 조물주의 오묘한 안배를 작자가 어떻게 엿보고 천기를 누설할 수 있었는지 알 수가 없다.

자오 씨趙氏는 본처의 자리에 오르기를 남편 옌다위와 함께 오랫동안 꿈꿔 왔다. 자오 씨가 침상 발치에서 울며 한 말들은 목석같은 사람도 감동시킬 수 있었지만, 왕 씨의 마음이나 하는 말로 봐서 자오 씨의 말을 곧이곧대로 여긴 것 같지는 않다. 이것을 묘사한 필치는 마치 구곡주九曲珠에 실을 꿴 개미11)와 같다.

왕 씨 형제는 성정과 마음 씀씀이가 같지만, 자세히 살펴보면 왕런의 재능이 왕더보다 낫다는 것을 알게 된다. 이른바 때에 따라 할 일을 아는 자를 준걸俊傑이라 부른다. 유품을 아직 보지 않았을 때는 "얼굴을 찌푸리며 한 마디도 하지 않"다가 유품을 보고 나서는 "울어서 두 눈이 빨개져 있었다." 때에 맞게 행동하는 것이 조금도 어긋남이 없다. 이런 무리들은 필시 자신의 재주와 성정으로 모든 것을 마음대로 부릴 수 있다고 생각할 것이다. 이것이 습관이 되면 오히려 그렇게

---

11) 쿵쯔孔子가 진陳나라에서 곤란에 처했을 때 우연히 구곡주九曲珠에 실을 꿰게 되었다. 뽕나무밭 사이에서 여자가 비결을 가르쳐 주어 방법을 알려 주니 그것은 바로 개미에 실을 묶어 꿀로 유인해 구슬을 통과시키는 것이었다. 이에 대한 것은 『조정사원祖庭事苑』에 실려 있다.

하는 게 자연스러운 것이 되어 조금도 부끄러워하지 않게 된다.

섣달그믐 가족 모임에서 갑자기 고양이가 뛰어오르는 바람에 대바구니가 뒤집어져 은자가 쏟아지고, 이 일로 죽은 이를 추념하던 마음이 점차 병이 되고 마니, 이 또한 어려운 시절 동고동락했던 부부의 진실한 정이리라. 부인 왕 씨가 죽어 안채는 썰렁해졌는데 그가 쓰던 물건은 아직 남아 있으니,12) 이처럼 마음 아픈 일이 어디 있으랴? 문장의 묘처는 참으로 말이나 문자로 형언할 수 없는 데 있다.

此篇是從"功名富貴"四個字中偶然拈出一個"富"字, 以描寫鄙夫小人之情狀. 看財奴之吝嗇, 簞飯秀才之巧黠, 一一畵出, 毛髮皆動, 卽令龍門執筆爲之, 恐亦不能遠過乎此.

嚴大老官之爲人, 都從二老官口中寫出, 其擧家好吃, 絶少家敎, 漫無成算, 色色寫到, 恰與二老官之爲人相反. 然而大老官騙了一世的人, 說了一生的謊, 頗可消遣, 未見其有一日之艱難困苦; 二老官空擁十數萬家貲, 時時憂貧, 日日怕事, 幷不見其受用一天. 此造化之微權, 不知作者從何窺破, 乃能漏泄天机也.

趙氏謀扶正之一席, 想與二老官圖之久矣. 在床脚頭哭泣數語, 雖鐵石人不能不爲之打動, 而王氏之心頭口頭, 若老大不以爲然者. 然文筆如蟻, 能穿九曲之珠也.

王氏兄弟是一樣性情心術, 細觀之, 覺王仁之才又過乎王德. 所謂識

---

12) "어느 해 겨울, 쉰찬荀粲은 사랑하는 아내가 병이 들어 열이 나자 이내 마당으로 나가 자기 몸을 식혀 돌아와 아내의 열을 내렸다. 아내가 죽자 쉰찬은 얼마 안 있어 죽었다. 이것으로 세상 사람들의 원망을 들었다. 荀奉倩與婦至篤, 冬月婦病熱, 乃出中庭自取冷, 還以身熨之. 婦亡, 奉倩後少時亦卒. 以是獲譏于世."(『세설신어世說新語』「혹닉惑溺」) 쉰찬은 차오차오曹操의 모사인 쉰위荀彧의 아들이고, 그의 아내는 차오훙曹洪의 딸이다. 『유림외사』의 저자인 우징쯔吳敬梓 역시 일찍 상처하고 그 아픔을 쉰찬의 일에 빗대 시를 쓴 적이 있다.(『문목산방집文木山房集』).

時務者呼爲俊杰也。未見遺念時本喪着臉不則一聲, 旣見遺念時, 兩眼便哭的紅紅的。因時制宜, 毫髮不爽。想此輩必自以爲才情可以駕馭一切, 習慣成自然了, 不爲愧怍矣。

除夕家宴, 忽然被猫跳翻蔑簍, 掉出銀子來, 因而追念逝者, 漸次成病, 此亦柴米夫妻同甘共苦之眞情。覺中庭取冷, 遺挂猶存, 未如此之可傷可感也。文章妙處眞是在語言文字之外。

제6회

이 회에서는 옌다웨이의 가증스런 모습을 그리고 있다. 그런데 글을 쓰는데 두서가 있고 앞뒤가 분명한 것이 마치 샘물이 웅덩이를 가득 채우고 넘쳐 바다로 흘러가는 것과 같으니, 여러 지류로 갈라져도 큰 흐름은 분명하다. 저속한 소설가稗官라면 가증스런 인물을 그릴 때마다 그를 때리고, 욕하고 죽이고, 찌르려 덤비면서 독자들이 그를 미워하지 않을 것만 걱정한다. 그래서 결국 적어 넣은 일들이 인정과 세상 이치에서 벗어날 뿐 아니라 이 세상에서는 도저히 일어날 수 없는 일들이 되고 만다. 이것이야말로 옛사람들이 말했던 "보이지 않는 귀신이나 괴물을 그리기는 쉬워도 눈에 보이는 사람이나 사물을 그리는 것은 어렵다畵鬼怪易, 畵人物難"고 하는 이치다. 세상에서 가장 평범하고 누구든 볼 수 있는 것이야말로 '본질까지 생생히 그려내기神似'가 가장 힘든 법이다.

성에서 향시를 치르고 돌아와 옷 두 벌과 은자 2백 냥을 보았을 때 옌다웨이嚴大位는 기뻐 어쩔 줄 모르며, 말끝마다 "제수씨二奶奶"를 불러댔다. 아마도 이때는 그가 바라는 것이 그 정도에 불과했을 것이다. 마음이 흡족한 마당에 또 무엇을 구하겠는가? 이런 장면으로 요즘 사람들의 인정세태를 그려냈는데, 고생스럽게 공들인 솜씨라 할 수 있다. 만약 이때 벌써 옌다웨이의 흉중에 제수씨의 재산을 가로채려는 계산이 서 있었다는 식으로 말했다면 그런 일은 세상에 있지도 않을 뿐더러 정리에도 맞지 않는다. 옌다웨이가 한낱 막돼먹은 사람임을 이야기하려 할 뿐인데, 굳이 그를 독사나 맹수로 묘사할 필요가 있겠는가?

옌다웨이를 묘사하는 어조는 무미건조해야 하고, 왕 씨 형제를 묘사하는 어조는 두서없고 난잡해야 한다. 세 사람이 한 자리에서 이야기를 나눌 때면 서로에게 날을 세우고 한 마디도 그냥 흘리는 법이 없으니, 참으로 볼 만하다.

옌다웨이가 평생 자기 입으로 내뱉은 말은 거의 모두 거짓말이나, 그래도 그 가운데 한두 마디는 진짜였다. 예를 들어 장스루張師陸가 중매를 섰다는 말은 믿을 수 없어도 저우周 씨 집과 맺은 혼사는 사실이다. 선상에서 병이 났던 사건의 경우, 지금껏 그 진위를 가릴 수 있는 사람은 아무도 없다. 그러나 운편고가 약이 아니란 사실에 대해선 선주나 짐꾼, 하인인 쓰더우쯔四斗子뿐 아니라 독자들도 잘 알고 있으니, 어째서인가? 운편고 속에는 인삼이나 황련이 절대 들어갈 리 없기 때문이다.

자오趙 씨 부인은 만사를 왕 씨 형제에게 맡기고 태산 같은 의지처로 여겼으나, 정말 중요한 순간에는 전혀 기댈 수 없음을 뉘라서 알았으랴? 천하에는 이런 인간이 가장 많고 또 이런 인간은 스스로 그런 행동을 교묘하고 수완 있는 것이라 여긴다. 그러므로 나는 옌다웨이보다 왕런王仁이 훨씬 싫다.

옌다웨이는 평생 사리에 어긋나는 짓을 저지르지만 그래도 제법 명사의 분위기가 난다. 시도 때도 없이 자신이 향신임을 들먹이지만 결국 세공생歲貢生이 뭐 대단할 게 있겠는가? 시도 때도 없이 탕평湯奉과 친한 사이라고 떠벌리지만 결국 탕평은 그를 나 몰라라 하지 않는가! 이런 두꺼운 낯가죽은 역시 그만이 갈고 닦아 선보일 수 있는 것이다.

웃음이 나오거나 욕이 나오는 사건이 정말 많다. 가령 악사를 부르는 장면, 붉고 검은 색의 모자를 쓴 자들을 세워 놓은 장면, "즉보현정당卽補縣正堂"이란 패를 내건 장면 등을 떠올려 보라. 뜻밖에도 이것을 쓰더우쯔四斗子의 입을 통해 "지랄 맞은 꼴臭排場" 단 한 마디로 갈무리하고 있으니, 참으로 문장 가운데 어디 하나 중요하지 않은 구석이 없다.

此篇是放筆寫嚴大老官之可惡, 然行文有次第, 有先後, 如源泉盈科, 放乎四海, 雖支分派別, 而脉絡分明, 非猶俗筆稗官, 凡寫一可惡之人, 便欲打, 欲罵, 欲殺, 欲割, 惟恐人不惡之, 而究竟所記之事皆在情理之外, 幷不能行之于當世者. 此古人所謂"畵鬼怪易, 畵人物難". 世間惟最平實而爲萬目所共見者, 爲最難得其神似也.

省中鄕試回來, 看見兩套衣服, 二百兩銀子, 滿心歡喜, 一口一聲稱呼"二奶奶", 蓋此時大老意中之所求不過如此. 旣已心滿志得, 又何求乎? 以此寫晚近之人情, 乃刻棘刻楮手段. 如謂此時大老胸中已算定要白占二奶奶家産, 不惟世上無此事, 亦無此情. 要知嚴老大不過一混賬人耳, 豈必便是毒蛇猛獸耶.

嚴老大筆下必定干枯, 二王筆下必定雜亂. 三人同席談論時, 針鋒相對, 句句不放過, 眞是好看殺.

嚴老大一生所說之話大槪皆謊也, 然其中亦有一二句是眞的. 就如靜齋作伐之說雖不可信, 周家結親之事則眞. 惟有船上發病一事, 則至今無有人能辨其眞僞者。至于雲片糕之非藥, 則不獨駕長知之, 脚子知之, 四斗子知之, 卽閱者亦知之也。何也?以其中斷斷不得有人參黃連也。

趙氏自以爲得托于二王, 平生之泰山也, 孰知一到認眞時, 毫末靠不得。天下惟此等人最多, 而此等人又自以爲奸巧得計。故余之惡王子依更甚于惡嚴老大。

嚴老大一生离离奇奇, 却頗有名士風味。此批不合。時時刻刻說他是個鄕紳, 究竟歲貢生能有多大; 時時刻刻說他相與湯父母, 究竟湯公幷不認得他。似此一副老面皮, 也虧他磨練得出。

許多可笑可厭的事, 如叫吹手, 擺紅黑帽, 帖"卽補縣正堂"等件, 却從四斗子口中以"臭排場"三字結之, 文筆眞有通身筋節。

제7회

이 회의 이야기는 세 부분으로 나뉜다. 첫 번째는 메이쥬梅玖가 시험에서 4등이 된 일로, 독자들은 통쾌한 마음으로 큰 술잔을 단번에 비우게 된다. 그런데 메이쥬는 4등 성적을 받고도 전에 '오랜 벗老友'[13]라며 거들먹거릴 때의 잘난 체하는 말투와 태도로 거침없이 말을 하며 부끄러운 줄도 모르니, 세상에는 본래 이렇게 낯짝이 두꺼운 사람이 적지 않다. 나는 메이쥬와 옌다웨이嚴大位가 동일한 부류의 인물이라고 생각한다. 가령 옌다웨이가 세공歲貢[14]에 뽑힌 몸으로 늘 향신을 자처하며 지현과 가깝게 지내려 했다면, 메이쥬는 4등 성적을 얻고도 여전히 오랜 벗老友임을 자랑하며 학정 판진范進에게 애써 선심을 부탁했던 것이다.

---

13) 명청대에는 수재秀才를 '오랜 벗老友'이라 불렀다.
14) 명청대에 해마다 지방에서 우수한 학생을 선발해 경사京師의 국자감國子監에 입학시켜 공부하게 한 제도이다.

두 번째는 천리陳禮가 신선을 불러 점을 치는 장면이다. 뜨내기 점쟁이山人를 묘사하되 점쟁이의 말투를 생생하게 그려내니, 황당하면서도 참말 같기도 하고 거짓말 같기도 하며, 기이한 호칭들을 주절주절 늘어놓았다. 제일 우스운 것은 관제關帝가 「서강월西江月」 가락의 사詞를 지을 줄 안다는 것15)이니, 조금이라도 식견이 있는 사람이라면 절대 믿으려 하지 않을 것이다. 그런데도 왕후이王惠와 쉰메이荀玫는 두려워 머리카락이 모두 곤두설 지경에 이르렀다. 식견 없는 사람을 묘사할 경우, 그 사람의 골수骨髓까지 그려내는 것이다.

세 번째는 쉰메이가 모친상을 보고하는 장면이다. 오호라! 세상에 모친상을 보고하면서 '잠시 다시 상의해 볼'16) 수 있는 자가 어찌 있을 수 있단 말인가? 이부의 관리17)에게 일을 의논하자, 그는 따로 방도가 있을 것이라 했고, 스승들께 의논드리자 그들이 '알아보겠네만 될 것 같네'라는 답을 주었으나, 결국 아무 방도도 못 내자 별수 없이 보고하게 되는 데에 이 장면의 묘미가 있다. 당시에 세상 누구도 이런 행태를 잘못으로 여기지 않았으며 본 회의 제목에서도 '우의를 돈독히 했다'는 표현으로 모친상을 숨기라고 한 왕후이의 행동을 용납

---

15) 삼국시대의 관위關羽가 훨씬 뒤인 송대에 유행한 사詞를 지었다는 것이 시대착오적 발상이라는 사실을 말한다.
16) 이 말은 곁에 있던 왕후이가 한 것이다. "여보시게. 이 일은 잠시 다시 상의해 보세. 지금 곧 과도科道가 정해질 참인데, 자네와 나는 모두 상당히 유망한 자격을 갖추었네. 만약 모친상을 알리고 집으로 돌아간다면 또 3년이 늦어질 터인데, 그럼 어쩔 참인가? 차라리 이 일을 잠시 숨기고 있다가 직책이 정해진 다음 처리하는 게 좋겠네." (제7회)
17) 곧 진둥아이金東崖이다. 그는 이렇게 말한다. "관직에 있는 사람이 상을 당한 사실을 숨기는 것은 안 될 일입니다. 다만 뛰어난 사람일 경우, 부사에 남겨 계속 일을 맡도록 하는 것은 괜찮습니다. 하지만 여러 나리들께서 보증하여 천거해 주셔야 합니다. 저희로서는 힘이 닿지 않습니다. 만약 부서의 논의에 부쳐진다면 저도 당연히 힘을 보태겠습니다. 이건 말씀드릴 필요도 없지만요." (제7회)

했다. 그렇다면 작자 또한 생각이 어리석어 이런 무리가 성왕의 치세에서는 용납되지 않으리라는 것을 끝내 몰랐던 것일까? 아니다. 어찌 모를 수 있겠는가! 이것이 바로 옛사람들이 말했던 바, 사실을 있는 그대로 서술하고 거기에 논단論斷을 덧붙이지 않더라도 잘잘못이 그대로 드러난다는 것이다.

쉐쟈지薛家集에서의 사건을 다룬 대목을 읽다 보면 책을 덮고 탄식하지 않을 수가 없다. 아! 초라한 선비가 머리 숙이고 글을 가르치며 평생 애면글면하다가 이름자는 향시에 올리지도 못하고, 발자취는 시골 마을을 벗어나지 못 하면 모든 이들이 그를 야유하고 조롱한다. 그러다 어느 날 청운의 날개를 펴고 출세를 하게 되면, 고향 사람들은 시체 앞에서도 축하를 하지만, 정작 그는 보지도 듣지도 못하는 것이다. 일생의 정력을 다해 부귀공명을 추구하여 결국 그 안에 들어서게 되더라도 세상 인심은 각박하고 벼슬길에는 풍파가 사나운지라 잠시도 편할 날이 없다. 바이쥐이白居易의 시「어쩌다 느낀 바 있어 짓고 스스로 즐거워하다自感一作自歡」에서는 이렇게 노래했다.

> 손님들은 즐거워하고 하인들은 배부르니
> 비로소 알겠네, 벼슬살이가 남을 위한 것임을.

결국 부귀공명이란 무엇을 위한 것이란 말인가!

此篇文字分爲三段。第一段是梅三相考四等, 令閱者快然浮一大白。然三相旣考四等之後, 口若懸河, 刮刮而談, 仍是老友口聲氣息, 恬不爲恥, 世上固不少此老面皮之人。吾想梅三相與嚴大老官是一類人物, 假使三相出了歲貢, 必時時自稱爲鄕紳, 與知縣爲密邇至交; 大老官考了四等, 必仍然自詡爲老友, 說學台爲有意賣情也。

陳和甫請仙爲第二段。寫山人便活畫出山人的口聲氣息, 荒荒唐唐, 似眞似假, 称謂离奇, 滿口嚼舌。最可笑是關帝亦能作《西江月》詞, 略有識見者必不肯信, 而王, 荀二公乃至悚然毛髮皆竪, 寫無識見的人, 便能寫出其人之骨髓也。

荀員外報丁忧是第三段。嗚呼! 天下豈有報丁憂而可以"且再商議"者乎?妙在謀之于部書而部書另自有法, 謀之于老師而老師"酌量而行", 迨至萬無法想, 然後只得遞呈。當其時舉世不以爲非, 而標目方且以"敦友誼"三字許王員外。然則作者亦胸怀貿貿竟不知此輩之不容于圣王之世乎?曰: 奚而不知也?此正古人所謂直書其事, 不加論斷, 而是非立見者也。

閱薛家集一段文字, 不禁廢書而嘆曰: 嗟乎! 寒士伏首授書, 窮年矻矻, 名姓不登于賢書, 足迹不出于里巷, 揶揄而訕笑之者比比皆是。一旦奮翼青雲, 置身通顯, 故鄉之人雖有尸而視之者而彼不聞不見也。夫竭一生之精力以求功名富貴, 及身入其中, 而世情嶮巇, 宦海風波, 方且刻無宁晷。香山詩云: "賓客歡娛童僕飽, 始知官宦爲他人", 究竟何爲也哉!

제8회

이 회에서는 왕후이王惠의 이야기를 매듭짓고 러우婁 씨 형제 이야기로 넘어가는데, 문장이 점점 전아해지고 있다. 마치 산에 유람 가서 기이한 봉우리와 괴상한 암석, 험한 바위와 깎아지른 벼랑을 모두 지나자 갑자기 짙푸른 숲이 사람을 맞으며 또 다른 경치가 펼쳐지듯, 잠시도 눈을 쉴 수 없게 만든다.

러우 씨 형제는 젊은 날 일이 뜻대로 풀리지 않자 그에 대한 반발로 불만을 품게 되는데, 이것은 그야말로 쑤스蘇軾(1037~1101)가 말한 것처럼 "온통 시세에 들어맞지 않는다一肚皮不合時宜"[18]는 것이다. 비록 이것이 명사들의 나쁜 습성이라 할지라도 시나 짓고 그림이나 그리면서 풍류가風流家인 체하는 '두방명사斗方名士'들과는 본래 다른 것이다.

此篇結過王惠, 進入二婁, 文筆漸趨于雅。譬如游山者, 奇峰怪石, 陡岩絶壁已經歷盡, 忽然蒼翠迎人, 別開一境, 使人應接不暇。

二婁因早年蹭蹬, 激成一段牢騷, 此正東坡所謂"一肚皮不合乎時宜"也。雖是名士習氣, 然與斗方名士自是不同。

제9회

러우婁 씨네 두 형제는 젊을 때 일찍 진사에 급제해 한림원에 들어가지 못했기 때문에, 뱃속 가득 불평불만이 생겼는데, 이것이 그들이 근본부터 병이 든 까닭이다. 그들이 취유蘧佑 앞에서 주제 넘는 소리를 하자, 취유는 정색을 하고 그 말을 막았었다. 그런데 뜻밖에도 궁벽한 시골의 까막눈 촌부인 쩌우지푸鄒吉甫의 견해가 자기들과 똑같았으니, 그를 두고 식견 있는 말이라고 보지 않을 수 있었겠는가? 하지만 자세히 물어보고 나서야 그런 생각을 밝힌 사람이 따로 있었음

---

18) 이 말은 쑤스가 직접 한 말이 아니라 한다. 쑤스는 중년 이후 배가 많이 나왔는데, 하루는 여러 기생들을 불러 놓고 자기 배 안에 들어 있는 것이 무엇인지 알아맞히게 했다. 기생들은 제각기 재주와 학식이 들었느니 지혜가 들었느니 말했지만, 쑤스의 애첩 자오윈朝雲은 "나리의 그 안에는 온통 시세에 맞지 않는 것만 들어 있어요相公那裏面是一肚皮不合時宜"라고 말했다. 그러자 쑤스는 고개를 끄덕이며 맞다고 칭찬했다고 한다. 이것은 왕안스王安石를 중심으로 한 '신당파新黨派'와의 당쟁에서 '구당파舊黨派'의 일원으로 많은 고초를 겪은 쑤스의 심사를 대변하는 일화이다.

을 알게 되었다. 이때 아무리 많은 사람이 양윈楊允을 꽉 막힌 머저리 영감이라 이야기한들, 친교를 맺으려는 두 형제의 은근한 마음을 꺾지는 못했으리라. 그러므로 양윈이 오지 않을수록, 형제가 그를 흠모하는 마음은 더욱 깊어지고 굳어지는 것이다. 그런 와중에서 집을 보는 노파나 마름 파는 아이의 이야기 같은 것들은 무심히 적어 내려가 맥락에 맞는 듯 맞지 않는 듯 행간에서 빼어난 운치가 한껏 생겨난다.

러우 씨 가문을 사칭하여 선장을 을러대는 이야기[19]와 진줴晉爵를 시켜 양윈을 석방시키는 앞부분[20]의 이야기를 서로 대조해 보아야 비로소 진정한 향신의 면모가 드러나게 된다. 이것은 옌다웨이가 수시로 명첩을 써도 탕평의 얼굴조차 못 본 것과 비교할 수 없다. 그리고 문장에서 가장 삼가야 할 것이 평이한 서술이니, 가령 두 형제가 일엽편주를 타고 신스진으로 가서 바로 양윈을 만나고, 오가는 길에서도 아무 사건이 생기지 않았다면, 그거야말로 요즘 소설들의 범속하기 짝이 없는 솜씨가 아니고 무엇이겠는가? 그렇게 한다면 무슨 재미가 있겠는가!

婁氏兩公子, 因不能早年中進士, 入翰林, 激成一肚子牢騷, 是其本源受病處. 狂言發于蘧太守之前, 太守遂正色以拒之. 不意窮鄉之中,

---

19) 러우 씨 형제가 배를 타고 양윈을 만나러 가는데 우연히 러우 씨네 이름을 사칭한 배를 만난다. 그 배의 선원이 러우 씨 가문의 위세를 빌어 러우 씨 형제가 타고 있는 선장을 을러대니 그제서야 러우 씨 형제가 모습을 드러내 그들을 꾸짖는 대목을 말한다.
20) 러우 씨 형제는 옥에 갇혀 있는 양윈을 석방시키기 위해 진줴에게 7백 냥의 은자를 들려보내나 진줴는 러우 씨 형제의 편지를 위조해 지현에게 보내니 러우 씨 가문의 위세에 눌린 지현은 공금으로 양윈이 유용한 돈을 메워 넣고 양윈을 석방한다. 결과적으로 진줴는 중간에서 7백 냥을 횡령한 것이다.

乃有不識字之村父, 其見解竟與己之見解同, 雖欲不以爲知言, 烏可得已?一細叩之, 而始知索解者別有人在. 此時卽有百口称說楊執中爲不通之老阿呆, 亦不能疏兩公子納交之殷也. 故執中愈不來, 而公子想慕執中之心愈濃愈确. 其中如看門之老嫗, 賣菱之童子, 無心点逗, 若离若合, 筆墨之外, 逸韻橫生.

冒姓打船家一段, 與上文吩咐晋爵贖楊執中一段, 兩兩對勘, 才夾出眞鄕紳身分, 非如嚴貢老時時要寫帖子, 究竟不曾與湯父母謀面者比. 且文字最嫌直率, 假使兩公子駕一叶之扁舟, 走到新市鎭, 便會見楊執中, 路上一些事也沒有, 豈非時下小說庸俗不堪之筆墨, 有何趣味乎!

제10회

이 회의 이야기를 옌다웨이의 둘째 아들의 혼례식과 대조해 보면, 한쪽은 비단 이불이 화려하게 펼쳐진 듯하고, 한쪽은 궁상맞기가 이를 데 없다.

현사를 구하고 도인을 찾으려는 러우 씨 형제의 간절한 마음에 루편수魯編修가 찬물 한 바가지를 끼얹은 장면은 실로 빙저우幷州의 가위처럼 예리하고[21] 아이衰 집안의 배처럼 맛이 있다.[22] 하지만 또

---

21) 이것은 두푸杜甫의 시에 나오는 비유다. 원시는 다음과 같다. 굵은 글자가 해당 부분이다.

"戱題王宰畫山水圖歌

十日畫一水, 五日畫一石.
能事不受相促迫, 王宰始肯留眞迹.
壯哉崑崙方壺圖. 掛君高堂之素壁.

巴陵洞庭日本東, 赤岸水與銀河通.
中有雲氣隨飛龍. 舟人漁子入浦溆,
山木盡亞洪濤風.

루 편수가 사회적인 지위만을 가지고 사람을 평가하면서 입만 열면 "우리 관아敝衙門" 운운하며 상투적인 말을 늘어놓으니, 러우 씨 형제와 루 편수 양쪽의 천박함을 동시에 보여 준 묘사라고 하겠다. 그러므로 "어쨌거나 그 양반도 속되기 짝이 없는 사람이야"라는 러우찬婁瓚의 한 마디는 정곡을 찌른 셈이다.

혼례식 연회에서 갑자기 일어난 두 가지 기이한 사건[23]은 다음 이야기에서 루 편수가 곧 병들어 죽게 된다는 것을 미리 암시하고 있다. 그래서 "루 편수는 이 일련의 일들이 불길하게 느껴졌다"고 밝혀 주고 있는 것이다. 그러나 독자가 이 부분을 읽을 때는 줄지어 일어나는 기상천외한 일들에 쉴 틈도 없이 포복절도하느라, 그 속에 감춰진 복선의 묘미를 음미하기란 힘들 것이다.

此篇文字要與嚴二相公娶親對看, 乃覺一處錦鋪綉列, 一處酸氣逼人。

兩公子一片求賢訪道之盛心, 被魯編修兜頭一瓢冷水, 眞有幷剪哀梨之妙。却又能畵出編修惟以資格論人, 開口便是"敝衙門"俗套, 可謂双

　　尤工遠勢古莫比, 咫尺應須論萬里.
　　焉得幷州快剪刀, 剪取吳松半江水."
22) 이것은 『세설신어』「경저輕詆」편에 나오는 이야기이다. "진나라 때 진링金陵의 아이哀 씨 집안에서 나는 배는 입에 넣으면 살살 녹을 만큼 맛이 좋았다. [그러나] 만약 이것을 익혀 먹는다면 맛이 변하게 된다. 대장군 환원은 매번 불만이 있을 때마다, '넌 아이 씨 배 얻으면 다시는 익히지 마라'라고 하며 상대방의 어리석음을 비꼬았다. 晉朝時期, 金陵哀仲家种的梨味道鮮美, 入口便化解了, 如果蒸一下就會變了味道。大將軍桓溫每對人不滿, 便說：'你得到哀家的梨, 能不能不再蒸了。' 譏笑對方眞愚蠢。"
23) 첫 번째는 대들보에서 쥐 한 마리가 제비집 요리 그릇 속으로 떨어져 소동이 벌어진 것이고, 두 번째는 주방 하인이 음식을 핥아먹는 개를 걷어차려고 발길질하다 징이 박힌 신발이 벗겨져 점쟁이 천리陳禮의 음식 그릇에 떨어진 것이다.

管齊下矣。四公子云:"究竟也是個俗氣不過的人", 又被一語道破也。

　　吉期飮宴時忽然生出兩件奇事, 是埋伏後文編修將病而死, 所以点明"編修自覺此事不甚吉利"。但閱者至此, 惟覺峰飛天外, 絶倒之不暇, 亦不足尋味其中線索之妙。

제11회

　　시문에 재능을 가진 여성이야 예전에도 있었지만, 팔고문 짓기에 뛰어난 여성은 아직 없었다. 여자이면서도 팔고문 짓는 데 뛰어났으니 그 속됨을 알 수 있겠다. 아마도 작가는 루 편수魯編修의 속됨을 애써 묘사하고 싶었던 듯한데, 하지만 일률적으로 직접적인 표현正筆을 하는 대신 곳곳에서 역설적 표현反筆이나 간접적 표현側筆으로 은근히 일깨우는 수법形擊을 사용하고 있다. 루 씨 아가씨의 속됨을 묘사하는 것이 바로 루 편수의 속됨을 묘사하는 것이다.

　　이 책에는 팔고문 짓기에 대해 언급한 대목이 많다. 가령 쾅즁匡迥과 마징馬靜의 선집 작업,[24] 웨이티산衛體善과 쑤이천안隋岑庵[25]의 문풍 바로잡기, 그리고 가오 시독高侍讀[26]의 장원 비결에 대한 언급 같은 것들이 그것이다. 그들은 제각기 자신들을 뛰어난 인재라고 여기지만, 팔고문의 진정한 전문가는 루 씨 아가씨 하나뿐이라는 사실임을 모르고 있다. 루쥬위안陸九淵[27]의 문인[28]은 '영웅의 위대한 자

---

24) 쾅즁은 자가 차오런超人으로 제15회부터 등장하며, 마징은 자가 춘상純上으로 본문에서는 마얼선생馬二先生으로 불리기도 하는데, 제13회부터 등장한다.
25) 제18회에 등장하는 인물들로 팔고문 선집가이다.
26) 한림원에서 시독을 맡고 있는 인물로, 제34회에 등장한다.
27) 루쥬위안陸九淵(1139~1192)은 남송南宋의 유학자로, 쟝시성江西省 진시金谿 사람이다. 자字는 쯔징子靜이고, 호號는 춘자이存齋 또는 샹산象山이라 하였고, 형제인 루쥬사오陸九韶와 루쥬링陸九齡 등과 함께 '삼육자三陸子'라고 일컬어진

질은 남자에게 체현되어 있지 않고 여인네에게 체현되어 있다'고 했다. 작가가 암시하려는 의도가 참으로 심원하다.

양윈楊允은 영락없는 멍청이다. 그의 멍청한 모습과 멍청한 말을 속된 글 솜씨를 가진 이에게 그려내라고 했다면 과연 어디에서부터 묘사해 내었을까? 이 글에서는 향로를 문질러 닦는 장면, 러우 씨 성을 류柳 씨로 오인하는 장면, 술에 취한 아들이 들이닥치는 장면을 묘사함으로써 한 머저리 영감의 목소리와 우스꽝스러운 모습을 생생하게 드러내고 있다. 이를 일러 '뺨 위에 터럭 세 갈래를 덧그린 격'29)이라 하니 절세의 문인이 아니라면 이렇게 해내기란 쉽지 않은 법이다.

다. 어려서부터 재능이 뛰어나 관직에 올랐으나 곧 물러나 구이시貴溪(현재 쟝시성江西省 광신푸廣信府)의 샹산象山에 강당을 짓고 후학 양성에 전념하였다. 당시 유일한 석학이었던 주시朱熹와 대립하여 중국 전체를 양분兩分하는 학문적 세력을 형성하였으나, 사상적 계보로는 모두 청하오程顥와 청이程頤의 학문을 계승하였다. 다만 주시가 청이의 학통에 의한 도문학道問學[問學第一]을 좀 더 존중한 데 반하여, 루쥬위안은 청하오의 존덕성尊德性[德性第一]을 존중하였기 때문에, 주시는 격물치지格物致知의 성즉이설性卽理說을 제창하였고, 루쥬위안은 치지致知를 주로 한 심즉이설心卽理說을 제창하였다. 곧 그는 우주는 이理로 충만한 것이며, 인간에 있어서는 '그 마음이 곧 이心卽理'라는 명제를 정립하고, 이로써 심心을 성정과 정情, 도심道心과 인심人心, 천리天理와 인욕人慾으로 구별한 주시朱熹의 학설에 반대하였던 것이다. 그의 심즉리설은 왕양밍王陽明이 실천에 중점을 두는 심학心學, 즉 지행합일설知行合一說로 계승됨으로써 육왕학파陸王學派로 성립되었다. 저서에는 『루샹산전집陸象山全集』 36권이 있다.

28) 여기서 루쥬위안의 문인이란 셰시밍謝希孟을 가리킨다. 셰시밍이 린안臨安에 기녀를 위해 위안양러우鴛鴦樓를 지은 것을 두고 루쥬위안이 비난하자, 셰시밍은 「원앙루기鴛鴦樓記」라는 글에서 이렇게 말했다. "빼어난 기운은 세상의 남자가 아닌 여인들에게 모여 있다英靈之氣, 不種於世之男子, 而種於婦人."

29) '문장이나 그림의 묘사가 생생하다', '문장이 윤색을 거친 뒤 더욱 훌륭해지다'라는 뜻이다. 구카이즈顧愷之가 페이카이裴楷의 초상을 그릴 때 뺨 위에 털 세 가닥을 더 그려 넣었더니, 갑자기 생생한 기운이 돌았다는 데서 나온 말이다.

갑자기 누군가 밖에서 문을 두드리니, 러우 씨 형제일 것이라 여기게 마련이다. 그런데 뜻밖에도 고주망태가 되도록 취한 술꾼(양원의 아들)이 문틈으로 들어오는 장면은 독자들의 눈을 번쩍 뜨게 하기에 충분하니 참으로 뜻밖의 상황이 벌어졌기 때문이다. 지극히 평범한 문장에 오히려 지극히 기이하고 돌발적인 봉우리와 언덕이 있는 것이다. 여기에서 등장인물이 나타나는 대목出落處이 가장 중요하다는 것을 알 수 있다. 절대 붓 가는 대로 끌어갈 수 없는 것이다.

멍청한 영감 양원이 재상집에 들어가서는 고상한 선비 하나를 추천한다. 독자들은 이 장면에서 이 멍청이의 사람됨을 익히 알고 있기에 그가 추천한 사람의 평범함이야 헤아릴 수 있을 것이지만, 그 인물이 양원보다 한층 더 가소로울 것이라는 사실은 모르고 있다. 비유컨대 우다오쯔吳道子[30]가 귀신을 그리되, [염라대왕의 시종인] 소대가리를 그리면 이미 소대가리의 추악함을 다한 것이어늘, 말의 얼굴을 그리면 [앞서의 소대가리와는 또 다른] 말 얼굴의 추악함이 드러나는 것과 같다. 나로서는 작가의 흉중에 도대체 얼마나 많은 괴물이 들어 있는지 알 도리가 없다.

嫻于吟詠之才女古有之, 精于擧業之才女古未之有也。夫以一女子而精于擧業, 則此女子之俗可知。蓋作者欲极力以寫編修之俗, 却不肯

---

30) 우다오쯔吳道子(700?~760?)는 허난성河南省 위현禹縣 출신이다. 다오쯔는 어렸을 때의 이름으로, 뒤에 현종玄宗(재위기간은 712~756)이 다오쉬안道玄이라 고쳐주었다 한다. 처음에는 지방의 낮은 벼슬아치였으나, 현종에게 그림재주를 인정받아 궁정화가가 되었다. 당초에는 서예에 뜻을 두어 장쉬張旭와 허즈장賀知章에게 배우고, 뒤에 양梁나라의 화가 장썽야오張僧繇를 사숙私淑하여 '소회疎畵의 체'라는 서화일치의 화체를 확립하였다. 육조풍六朝風의 화려하고 섬세한 필치를 넘어, 날카롭고 속도감 있으며 억양이 심한 필치로 단숨에 그림을 그렸는데 백묘白描의 벽화 등이 이런 경향을 대표한다.

用一正筆, 處處用反筆, 側筆, 以形擊之。寫小姐之俗者乃所以寫編修之俗也。

書中言擧業者多矣, 如匡超人, 馬純上之操選事, 衛體善, 隋岑庵之正文風, 以及高翰林之講元魁秘訣, 人人自以爲握灵蛇之珠也, 而不知擧業眞當行, 只有一魯小姐。陸子靜門人云: 英雄之俊偉不鐘于男子, 而鐘于婦人。作者之喩意其深遠也哉。

楊執中是一個活呆子, 今欲寫其呆狀, 呆聲, 使俗筆爲之, 將從何處寫起?看此文只用摩弄香爐一段, 叙說誤認姓柳的一段, 闖進醉漢一段, 便活現出一個老阿呆的聲音笑貌。此所謂頰上三毫, 非絶世文心未易辨此。

忽然外面敲門, 必以爲兩公子至矣, 却是闖進一個稀醉的醉漢, 能令閱者目光一閃, 眞出諸意外。極平實的文字, 偏有极奇突的峰巒, 于此知文章出落處最爲吃緊, 萬不可信筆拖去也。

老阿呆才進相府, 便荐出一位高人。閱者此時已深知老阿呆之爲人, 料想老阿呆所荐之人平常可知, 然而不知其可笑又加此老一等。譬如吳道子畵鬼, 畵牛頭, 已極牛頭之丑惡矣, 及畵馬面, 又有馬面之丑惡。吾不知作者之胸中能容得多少怪物耶!

제12회

러우 씨 형제는 친구를 목숨처럼 여겨 예를 다해 대접하곤 하니, 어찌 혼탁한 세상의 어진 공자들이 아니겠는가? 하지만 상대를 너무 쉽게 믿고 함부로 사귀며, 게다가 그 사람의 평소 행실을 알아보지도 않고 소문만 듣고 친교를 맺곤 하니, 이것은 예궁이 용을 좋아했으나 그것들이 모두 잉어라는 것을 몰랐던 것31)과 같다. 양원은 러우 씨 집에 온 뒤 자신에게 힘이 되어 줄 것이라 생각하여 서둘러 취안우융權勿用을 끌어들여 도움을 구했다. 하지만 취안우융이 온 지 며칠 되지도 않아 5백 문의 돈 때문에 갑자기 서로 사이가 틀어지게 된다. 이걸 보면 인과응보를 행하는 귀신이 왜 귀신인지 알 만하다.

婁氏兄弟以朋友爲性命, 迎之致敬以有禮, 豈非翩翩濁世之賢公子哉?然輕信而濫交, 幷不夷考其人平生之賢否, 猝爾聞名, 遂與訂交, 此叶公之好龍而不知其皆鯪鯉也. 楊司訓之來也, 自惧其勢之孤, 故汲汲引權潛齋以助之. 乃其甫來, 不越數日, 卽因五百靑蚨頓相抵牾, 此鬼之所以爲鬼也.

제13회

가죽 부대를 여는 장면은 독자들을 실소케 하지만, 이 책에는 이런 사람들이 심심찮게 나온다. 대개 세도를 따지고 권력을 중시하는 이들은 모두가 가면을 쓰고 귀신을 놀래 주려는 자들이다. 작자는 장톄비張鐵臂라는 한 인물을 빌려 무수한 [가짜 협객] 장톄비들을 이끌어 내고 있다.

장톄비가 하는 많은 일들을 보면 영락없이 묘수공공妙手空空[32]이다. 이 어찌 명사의 허울만 익히고 알맹이는 하나도 없는 다른 무리

---

31) 류샹劉向의 『신서新書』 「잡사雜事」에는 예궁쯔가오葉公子高가 용을 좋아해서 온 집안에 용 무늬를 장식했는데, 하늘의 용이 그 소문을 듣고 찾아와 보니 예궁쯔가오가 알아보지 못하고, 오히려 놀라 도망쳤다는 이야기가 실려 있다. 이것은 꾸며진 겉모습에만 미혹되어 진정한 인재를 알아보지 못하는 이를 풍자하는 뜻으로 쓰인 말로 여기서는 약간 변용되었다.
32) 신묘하고 변신술에 능해 종적을 찾기 어려운 것을 이른다. 여기서 의미가 파생되어 소매치기, 임기응변에 능한 자, 빈털터리를 뜻하기도 하는데, 여기서는 신출귀몰한 듯하지만 실제로는 보잘 게 없다는 뜻으로 쓰였다.

들과 다를 게 있는가? 작자는 이런 무리들에게 일침을 가하고 있는 것이다.

革囊一開, 使閱者失笑, 然書中正不乏此等人。凡講勢要, 矜權貴, 無非帶假面嚇鬼。作者正借一張鐵臂, 引起無數張鐵臂也。

看張鐵臂許多做作, 儼然妙手空空, 此何異徒習名士腔調, 而不知其中之烏有也。作者殆又力若輩對下一針。

제14회

마징馬靜이 풍경을 보고 찬탄하면서 할 수 있는 말이라곤 고작 『중용中庸』몇 구절33)뿐이니, 그의 머릿속에는 사서오경 해설서 한 권만이 들어 있음을 알 수 있다.

馬二先生贊嘆風景, 只道得≪中庸≫數語, 其胸中僅容得高頭講章一部可知。

제15회

마징은 평생 곤궁하게 지내면서도 의기 넘치는 대장부로 행동할 수 있었기에 오히려 사기꾼 홍한셴洪憨仙에게 보상을 받았다.34) 작자가 여기에서 세상 사람들을 일깨운 바가 적지 않다.

馬二先生以一窮酸而能做慷慨丈夫事, 却取償于洪憨仙, 作者于此, 点醒世人不少。

---

33) "화산을 싣고 있으면서도 무겁게 여기지 않고, 하해를 거두면서도 흘리지 않으며 만물을 싣고 있다.載華嶽而不重 振河海而不洩 萬物載焉"(『중용中庸』26장)
34) 마징은 홍한셴이 죽기 전에 그에게서 은 몇 덩이를 받은 적이 있다. 하지만 결국 이 은은 홍한셴이 죽은 뒤 그의 장례 등에 다 써버리게 된다.

제16회

쾅중匡迥은 타고난 착한 성품으로 부모를 극진히 공경하지만, 벼슬길에 오르자마자 아내를 버려둔 채 다시 장가를 드는 이야기가 앞으로 펼쳐지게 된다. 추세가 그렇게 만드는 것일까, 아니면 벼슬에 오르는 길과 짐승의 길이 본래 이렇게 똑같이 윤회하는 것이기 때문일까?

寫匡超人孺慕之誠, 出于至性, 及才歷仕途, 便爾停妻再娶, 勢使然耶, 抑亦達官道, 畜生道, 固同此一番輪回也?

제17회

이 책의 붓놀림에는 수많은 변화가 있어서 한 부분만 들어 그 오묘함을 말할 수 없다. 여자와 소인배, 미천한 이들을 묘사할 때도 그 모습을 극히 공들여 묘사해냈는데, 풍류가인 척하는 문인들과 유명한 시인들이야 이 소설의 중심인물들이니, 어찌 자세히 묘사하지 않을 수 있겠는가? 앞서 양윈楊允이나 취안우융權勿用 등의 인물은 그 목소리가 들리고 그림자가 보일 듯이 생동감 있게 묘사하여 독자들로 하여금 책상을 치며 감탄하게 했으니, 주조한 솥에 사물을 새겨 넣되 이런 지경에 이르면 진정 더할 나위가 없다고 할 만하다. 그런데 누가 알았으랴? 자오제趙潔와 징번후이景本蕙 등을 묘사할 때에는 또 필치를 바꿔서 양윈이나 권물용과는 전혀 달라질 줄은! 젠장궁建章宮[35]에 문과 창문이 수천만 개라고 하였는데, 문필의 기이함 역시 어찌 그와 다르겠는가!

쓰마광司馬光(1019~1086)은 "쑤스蘇軾 때문에 착실한 종복 노릇만

---

35) 한 무제 때 세운 궁전 이름으로, 웨이양궁未央宮 서쪽에 있었다고 한다.

나빠졌다"36)고 했다. 쾅즁쿠이匡迥의 사람됨은 학문도 깊지 않고 품성도 안정되지 않았지만, 평생 만난 이들이 모두 마징 같은 무리였다면 갑자기 권세와 이익을 좇는 사람이 되지 않았을지도 모른다. 공교롭게도 집을 나서자마자 징번후이景本惠나 자오졔趙潔 같은 사람들을 만났으니, 권세와 이익을 추구하지 않으려 해도 어찌 가능했겠는가! 삼밭에서 자란 쑥은 세우지 않아도 곧게 자라고,37) 아무리 하얀 명주실도 다른 색으로 물들지 않을 수는 없다. 나는 젊은 자제들 가운데 약간이라도 총명한 이들은 되는 대로 칠언율시 몇 구절을 지껄이며 풍류가인 척하는 문인들과 사귐으로써 명성을 얻으려 하는 경우를 본 적이 있는데, 나는 그런 이들은 평생토록 결코 성공할 수 없다는 것을 안다. 어째서인가? 풍류가인 척하는 문인들이란 자기 자신은 부귀해지지 못하면서 다른 사람의 부귀를 선망하고, 자기 자신은 절대 공명을 이루지 못하면서도 다른 사람의 공명을 선망하기에, 크게는 '계명구도鷄鳴狗盜'의 잔재주나 부리는 무리가 될 뿐이고, 작게는 남이 먹다 남은 술잔이나 식은 안주나 주워 먹는 괴로움에 빠진다. 인간 세상의 생지옥을 바로 이런 이들이 겪고 있으면서도 더욱 기꺼워하며 스스로 명사라고 여기니 어찌 슬프지 않은가!

　是書之用筆, 千變萬化, 未可就一端以言其妙。如寫女子小人, 輿儓

---

36) 이것은 진성탄金聖嘆(1608~1661)의 『수호전』 평점에서도 두 차례나 언급된 바 있다. "은연중에 쑤스가 쓰마광의 성실한 종을 잘못 가르쳐 망쳐놓은 일을 인용하고 있다.暗用蘇東坡敎壞司馬君實僕事"(『수호전회평본水滸傳會評本』 제37회 697쪽) "쓰마광의 성실한 종을 쑤스가 잘못 가르쳐 망친 것이다.司馬君實僕, 蘇東坡敎得壞"(『수호전회평본水滸傳會評本』 제37회 709쪽) 아울러 원래 이야기는 쿵핑중孔平仲(1040~1105)의 『공씨담원孔氏談苑』(옌중치얀嚴中其 편編, 『쑤둥포일사휘편蘇東坡軼事彙編』, 長沙; 岳麓書社, 1984, 109쪽을 볼 것)
37) 이 말은 『순자荀子』 「권학勸學」 편에 나온다.

皂隷, 莫不盡態极姸; 至于斗方名士, 七律詩翁, 尤爲題中之正面, 豈可不細細爲之寫照?上文如楊執中, 權勿用等人, 繪聲繪影, 能令閱者拍案叫絶, 以爲鑄鼎象物, 至此眞無以加矣; 而孰知寫到趙, 景諸人, 又另換一副筆墨, 絲毫不與楊, 權諸人同。建章宮中千門萬戶, 文筆奇詭何以異兹!

司馬君實云: "好好一個老實蒼頭被東坡敎壞了"。匡超人之爲人, 學問旣不深, 性氣又未定, 假使平生所遇, 皆馬二先生輩, 或者不至陡然變爲勢利熏心之人; 無如一出門卽遇見景, 趙諸公, 雖欲不趨于勢利, 宁可得乎! 蓬生麻中, 不扶自直, 苟爲素絲, 未有不遭染者也。余見人家少年子弟, 略有几分聰明, 隨口謅几句七言律詩, 便要納交几個斗方名士以爲藉此通聲氣, 吾知其畢生斷無成就時也。何也?斗方名士, 自己不能富貴而慕人之富貴, 自己絶無功名而羨人之功名, 大則爲鷄鳴狗吠之徒, 小則受殘杯冷炙之苦, 人間有個活地獄正此輩當之, 而尤欣欣然自命爲名士, 豈不悲哉!

제18회

징번후이景本蕙는 자오제趙潔 한 사람만을 떠받들 줄 안다. 그러나 대개 공자의 제자들七十子이 공자에게 마음으로 복종한 것[38]과 다를 뿐 아니라 그 식견 또한 이처럼 비루하다.

---

38) 『맹자』 「공손추 상公孫丑上」에는 다음과 같은 내용이 실려 있다. "탕 임금은 칠십 리의 땅을 문왕은 백 리의 땅을 기반으로 천하의 주인이 되었다. 힘으로 사람들을 굴복시키면 마음으로 복종하지 않으니, 그가 힘이 부족해서 굴복한 것이기 때문이다. 덕으로 사람들을 굴복시키면 마음으로 기뻐하면서 진심으로 복종하게 되나니, 공자의 제자들이 공자에게 복종한 것과 마찬가지이다.湯以七十里, 文王以百里。以力服人者, 非心服也, 力不贍也 以德服人者, 中心悅而誠服也, 如七十子之服孔子也。"

내친 김에 진둥아이金東崖와 옌다웨이嚴大位 두 사람을 끌어내어, 앞에서 아직 끝내지 않았던 사안을 여기서 매듭지었다. 이 얼마나 대단한 필력인가!

웨이티산韋體善과 쑤이천안隨岑庵은 뻔뻔스럽게 팔고문을 얘기하지만 척 보기에도 제대로 알지 못한다는 것을 알겠다. 그런데 도리어 부처라도 난 것처럼 스스로 으스대니 정말 가소롭구나. 마징은 평소에 잡학雜覽을 가장 싫어했으나, 뜻밖에도 웨이티산과 쑤이천안은 그가 잡학을 옹호한다고 비난하고 있다. 글이 앞뒤가 맞물려 그물처럼 촘촘히 엮어 가는 솜씨가 아주 절묘하다.

후전胡縝은 본디 돈에 집착하는 성벽이 있는데, 요행히도 훙한셴洪憨仙에게 사기를 당하지는 않았으나 풍류가인 척하는 문인들과는 기꺼이 교유했다. 시후西湖에서의 모임은 너무나도 역겨워서 지금 읽어도 당장 신물이 올라올 지경이다.

景蘭江只知俎豆一趙雪齋, 盖不啻七十子之服孔子, 其識見卑鄙如此。

順手帶出金東崖, 嚴致中兩人, 將上文未了之案, 至此一結, 是何等筆力。

衛體善, 隨岑庵老着臉皮講八股, 一望而知其不通, 却自以爲一佛出世, 眞可發一笑! 馬純上生平最惡雜覽, 不料衛, 隨卽以雜覽冤之。文章交互回環, 極盡羅絡鉤連之妙。

胡三先生素有錢癖, 幸而不爲憨仙撞騙, 却又喜結交斗方名士。湖上一會, 酸氣逼人, 至今讀之尤令人嘔出酸餡也。

제19회

　이번 회는 오로지 판쯔예潘自業을 묘사하기 위한 것이다. 판쯔예는 시정잡배에 불과하니 그의 행실을 본래 심하게 질책할 필요는 없다. 하지만 나는 그의 호쾌함과 분명함, 과감한 행동력을 대단하게 여긴다. 말끝마다 공자 왈 운운하면서 비루하고 자질구레한 데에 집착하는 무리에 견주어 보면, 그 차이는 하늘과 땅의 차이보다 더하다. 그 때문에 읽으면서 나도 모르게 여러 번 탄식하였다. 아! 작자가 안배한 함의가 지극히 심오하구나.

　무릇 조물주는 사람을 태어나게 하면서 각자에게 눈과 귀, 손과 발을 주었다. 그러니 만약 미련하고 우둔한 이가 아니라면 누가 뻣뻣이 손발이 묶인 채 추위와 배고픔을 달게 견디며 전전하다가 도랑과 골짜기에서 죽어가려 하겠는가! 그러므로 선왕께서 사람을 쓰실 때, 위로는 경대부로부터 아래로는 하급 관리에 이르기까지 한 가지 재주나 기술만 가지고도 모두 힘껏 능력을 발휘할 수 있게 하고, 차마 그들을 세상 밖에 버림받게 하지 않았다. 하지만 과거 제도가 행해지면서부터 삼장三場[39]을 통과한 자나 양방兩榜[40]의 출신자가 아닌 사람은 모두 '탁류이도濁流異途'라 하고, 그 사람 자신도 역시 '청류정도淸流正途'인 자와는 서로 비교할 수 없다고 여기게 되었다. 그 중에 몇몇 교활한 이들은 스스로 그 총명함과 재능을 가지고도 남들보다 뛰어날 수 없다고 여기고, 마침내 당시의 법률을 어기고 세상의 재부를 교묘하게 취하지 않을 수 없게 되는 것이다. 법령이 점점 많아지는데도 간사한 짓과 도적질은 끊이지 않으니, 이것은 모두 사람들 스스로

---

[39] 과거 시험에서 초장初場, 중장中場, 종장終場의 3단계 시험을 말한다.
[40] 향시의 거인擧人과 회시會試의 진사에 급제한 사람을 말한다.

하늘로부터 받은 천성을 잃어버렸기 때문인가? 아니면 위에 있는 사람들이 그들을 그렇게 만든 것인가? 아! 정말 탄식할 만하도다.

　此篇專爲寫潘三而設。夫潘三不過一市井之徒, 其行事本不必深責。然余獨賞其爽快瀏亮, 敢作敢爲, 較之子曰行中鄙瑣沾滯之輩, 相去不啻天壤。讀竟不覺爲之三嘆曰: 嗟乎, 作者之命意至深遠矣!

　夫造物之生人, 各賦以耳目手足, 苟非頑然不灵, 孰肯束縛枯槁而甘守飢寒以轉死于溝壑哉! 故先王之用人也, 上而卿大夫, 下而府吏胥徒, 雖一材一藝, 皆得有以自效, 而不忍使之見弃于世。自科擧之法行, 非三場得手兩榜出身者, 槪謂之曰濁流異途, 乃其人自顧亦不敢與淸流正途者相次比, 而其中一二狡黠者, 旣挾其聰明才智, 自分無可爲出頭之地, 遂不得不干犯當時之文网, 巧取人間之富厚。法令滋張, 而奸盜不息, 豈盡人之自喪其天良歟?抑亦上之人有以驅之使然也?嗚呼, 可胜嘆哉!

제20회

　이 회는 쾅쭝匡逈이 우공생優貢生이 되자마자 처음 품었던 마음이 변하는 것을 묘사하고 있다. 그는 그릇이 작아 쉽사리 차고 넘치니 여러 악행을 저지르고 있다. 부친이 임종할 때 남긴 유언과 하나같이 반대로만 행동하는 것이다.

　판쯔예潘自業는 죽어 마땅한 죄를 지었으니 조정도 그를 죽일 수 있고 형부의 관리도 그를 죽일 수 있으나, 쾅쭝만큼은 그를 죽일 수 없다. 그를 죽일 수 없을 뿐만 아니라, 이때의 쾅쭝으로서는 필히 판쯔예에게 밥을 넣어 주고 구명이 되도록 도와주며 석방되도록 돈을 내서 지금까지 그가 자신에게 베풀어 준 두터운 은혜를 갚는 것이 마땅하다 하겠다. 그런데도 어이없게 이런 저런 핑계를 대어 양심을 속이면서 조정을 대신해 징벌을 행한다고 하질 않나, 거기에 한 술 더 떠 자신이 지현이었어도 그를 잡아 가뒀을 것이라고 하니 실로 이리처럼 음흉하며 독을 품은 뱀과 지네처럼 악독하기가 이보다 더한 경우는 없을 것이다. 예전에 차이융蔡邕[41]이 둥쥐董卓의 시신에 엎드려 통곡한 것[42]을 두고 군자들이 그르다 하지 않은 것은 친구 간엔 친구로서의 정이 있기 때문이다. 세상 사람들이 하나같이 쾅즁 같은 위인이라면 친구의 도리란 것은 존재하기 힘들 것이다.

此寫匡超人甫得優貢, 卽改變初志, 器小易盈, 种种惡賴。與太公臨死遺言, 一一反對。

潘三之該殺該割, 朝廷得而殺割之, 士師得而殺割之, 匡超人不得而殺割之也。匡惟不得而殺割之, 斯時爲超人者, 必將爲之送茶飯焉, 求救援焉, 納贖鋑焉, 以報平生厚我之意然後可耳。乃居然借口昧心, 以爲代朝廷行賞罰, 且甚而曰使我當此亦須訪拿。此眞狼子野心, 蛇虫螫毒未有過于此人者。昔蔡伯喈伏董卓之尸而哭之, 而君子不以爲非者, 以朋友自有朋友之情也。使天下之人盡如匡超人之爲人, 而朋友之道苦矣。

---

41) 차이융蔡邕(132~192)은 후한後漢의 학자·문인·서예가로 젊어서부터 박학했고 비백체飛白體를 창시했으며 문장에 뛰어났다. 자는 보제伯喈이고, 천류지현陳留杞縣(허난성河南省 지현杞縣)에서 태어났다. 170년 영제靈帝의 낭중랑中이 되어 동관東觀에서 서지 교정에 종사하였으며, 175년 제경諸經의 문자평정文字平定을 주청하여 스스로 써서 돌에 새긴 후 태학太學의 문 밖에 세웠다. 이것이 '희평석경熹平石經'이다. 후에 중상모략을 받고 유배되었다가 대사령大赦令을 받았으나 귀향하지 않고 우吳 땅에서 10여 년을 머물렀다. 189년 둥쥐董卓에게 발탁되어 시어사侍御史, 시중侍中에서 좌중랑장左中郎將까지 승급하였으나 둥쥐가 벌을 받고 죽음을 당한 후 투옥되어 옥중에서 사망하였다. 조정의 제도와 칭호에 대하여 기록한 『독단獨斷』, 시문집 『채중랑집蔡中郎集』이 있다.
42) 이 이야기는 『삼국연의』에도 나온다.

제21회

뉴푸牛浦가 시를 배우고자 한 것은 고관대작들과 알고 지내고 싶다는 마음에서였으니, 그는 세상에서 가장 비루한 인물이다. 참으로 자신에게 부귀공명이 없으면서 다른 사람의 부귀공명을 선망하는 자이기 때문이다. 우리 선유先儒들께서 말씀하셨듯이 "교언영색으로 남에게 아부하기는 여름날 밭에서 일하기보다 힘든 것"43)이요, 위린국사玉琳國師의 말씀처럼 "남의 똥이나 받아먹는 개는 훌륭한 개가 아닌 것"44)이다.

뉴牛 노인과 부卜 노인은 배우지 못하고 가난한 사람들이지만, 사람됨이 진실하고 친구를 사귐에 성실함이 오히려 식자들이나 가진 자들보다 훨씬 낫다. 작자는 이런 점을 공들여 묘사하였고, 거기에 담은 의미도 깊다.

남의 재물을 훔치는 자가 도적이라면, 남의 명성을 훔치는 자도 도적이다. 뉴푸는 뉴부이牛布衣가 지은 시를 훔치고 노스님이 준 바라며 경쇠 따위까지 훔쳤으니, 도적임이 분명하다. 그러니 그는 이 책의 등장인물 가운데서도 제일 하급의 인물로서, 작자가 지독히 미워

---

43) 이것은 『맹자』의 한 대목을 변형시킨 것이다. 「등문공 하滕文公下」에는 다음과 같은 구절이 있다. "쩡쯔曾子가 말했다. '어깨를 수긋하고 아첨하며 웃는 것이 여름날 밭에서 일하는 것보다 더 힘들다.' 쯔루子路가 말했다. '뜻이 같지 않은데 억지로 영합하여 말하는 자는 그 얼굴빛을 보면 무안하며 붉어진다. 이는 내 알 바가 아니다.' 이것으로 보자면, 군자가 중히 여기는 바를 알 수 있을 것이다. 曾子曰; 脅肩諂笑, 病於夏畦。子路曰; 未同而言, 觀其色, 赧赧然, 非由之所知也。由是觀之, 則君子之所養, 可知已矣。"

44) 청 옹정제雍正帝가 펴낸 『어선어록御選語錄』 「옹정십일년계축팔월삭일雍正十一年癸丑八月朔日」 조목에 들어 있는 〈어선대각보제능인위린슈수국사어록御選大覺普濟能仁玉琳琇國師語錄〉에서 나온 말이다. 이것은 앞서 진성탄金聖嘆의 「제오재자서' 독법讀第五才子書法」 제28조에서도 약간 변형이 되어 나온 바 있다.

한 자이다.

 牛浦想學詩, 只從相與老爺上起見, 是世上第一等卑鄙人物, 眞乃自己沒有功名富貴而慕人之功名富貴者。吾儒所謂"巧言令色, 病于夏畦", 大雄所謂"咬人矢橛, 不是好狗"也。

 牛, 卜二老者, 乃不識字之窮人也, 其爲人之懇摯, 交友之胐誠, 反出識字有錢者之上。作者于此等處所, 加意描寫, 其寄托良深矣。

 窃財物者謂之賊, 窃聲名者亦謂之賊。牛浦旣窃老布衣之詩, 又窃老僧之鏡磬等件, 居然一賊矣。故其開口便是賊談, 擧步便是賊事, 是書中第一等下流人物。作者之所痛惡者也。

제22회

 부卜 씨 형제가 비록 장사나 하는 무지렁이들이지만 뉴푸牛浦를 그다지 박정하게 대하지는 않았는데, 왜 굳이 일을 만들어 그들에게 모욕을 주었는가? 뉴푸가 처음에 우연찮게 명첩을 손에 넣고 '둥董 나리'를 알게 되었지만, 그럴듯하게 그를 맞이할 곳이 없는지라 어쩔 수 없이 부 씨 형제를 생각해 낸 것이다. 세상에는 정말 이런 못된 놈이 있다. 일단 그런 놈을 집안에 들이면 온갖 악랄한 짓을 저지르게 되는데, 정말 어찌 할 도리가 없다.

 '나리'라는 말은 그다지 특별할 게 없는 말이지만, 부신卜信이 차를 내온 일로 세 사람이 말다툼을 하면서 무수히 많은 '나리'라는 말을 불꽃같이 쏟아내니 그 말을 하면 할수록 더욱 더 기이해진다. 마치 『사기』 「핑위안쥔열전平原君列傳」의 마오쑤이毛遂 이야기에 등장하는 수많은 '선생'이라는 말 가운데 한두 개라도 없애버리면 문장의 법도가 어그러지고 글의 맛이 크게 줄어드는 것과 같다.

뉴푸는 권세와 이익에 마음이 흔들리는 비천하기 짝이 없는 인간이다. 그런 그가 문을 나서자마자 뉴야오牛瑤를 만나 수많은 하인들과 풍성한 음식, 드높은 위세를 보았으니 속으로 부러워해 마지않으며, 마치 기름에 튀긴 뜨거운 음식을 훔친 개가 삼키지도 못하고 뱉지도 못하는 것처럼 부러워하면서도 두려워한다. [그런데 뉴야오를] '아재叔公'로 모시게 되었으니 진정 그가 마음으로 원하는 바였다. 판자 틈으로 훔쳐볼 때부터 이미 정신없이 빠져들어 있었던 것이다.

뉴야오가 비록 말할 수 없을 정도로 비루한 무리이긴 하지만, 어떻게 포주 왕이안王義安과 의형제를 맺는 지경에까지 이르렀을까? 여기엔 분명히 어떤 이유가 있을 것이다. 세상사는 끝없이 변하기 마련인지라, 지금은 옛날과 비할 수밖에 없다. 20년 전에 의형제를 맺었다고 했으니, 20년 전의 왕이안은 아직 포주 노릇을 하지 않고 있었음을 알 수 있다. 어쩌면 왕이안 역시 진득하니 한 군데 붙어있는 사람이 아닌지라 강호를 떠돌던 때에 뉴야오와 의형제를 맺어 서로 형아우로 칭했을 수도 있는데 그건 이미 오래된 일일 터이다. 이제 갑자기 만나게 되었으니, 깊은 얘기를 나누기 전에 서로 인사하고 옛이야기를 하게 되는 것은 인지상정이다. 뉴야오가 둘이 같이 치齊 나리의 관아에 있을 때를 언급하자 왕이안이 깜짝 놀란 것을 보면, 뉴야오가 단지 허풍을 쳐서 뉴푸를 놀라게 하려고 했던 것이지 정말 헤어질 무렵의 일을 기억해낸 게 아니라는 것을 알 수 있다.

자신의 명망에 대해 뉴야오가 떠벌이는 두 대목이 바로 그의 생애 최고의 작품으로, 그는 가는 곳마다 그걸 가지고 사람들을 속여 왔다. 하지만 뜻밖에도 뉴푸는 이미 이것을 간파하고 있었으니, 나는 뒤에 도사에게 들은 이야기가 없었더라도 분명 충분히 뉴야오를 요리할 수 있었을 거라고 알고 있다. 어째서인가? 세상에서 오직 가장 부드러운 것만이 가장 굳센 것을 제압할 수 있는데, 늙은 뉴 씨는 굳세고 젊은 뉴 씨는 부드럽다는 차이가 있기 때문이다.

혹자는 왕이안이 공연히 방건을 쓰고 식당에 간 것은 무슨 까닭인지 묻는다. 그러나 이것은 이상하게 여길 까닭이 없다. 양저우揚州 풍속에서 기원妓院을 관장하는 이는 처첩[즉 기생]을 이용해서 장사하는 사람이 아니라 그 일을 총괄하는 사람일 뿐이다. 이런 사람들이 종종 화려한 집에 살면서 다양한 사람들과 사귀고 지체 있는 선비들과도 어울리는 것은 흔한 일이었다. 그 속사정을 모르는 이들이 멋모르고 비난하는 것이다. 두 수재는 분명 비린 밥을 먹고사는[기생을 등쳐 먹고사는] 건달 유생들이어서, 왕이안도 평소 두려워하던 인물들이었을 것이다. 그렇기 때문에 그는 얻어맞으면서도 감히 변명하지 못했으리라.

卜氏兄弟雖做小生意之蠢人, 其待牛浦頗不薄, 何苦定要生事以侮弄之? 蓋牛浦初竊得一"董老爺", 本無處可以賣弄, 不得不想到卜氏弟兄. 天下實有此等惡物, 一容他進門, 他便做出許多可惡勾當, 眞無可奈何也.

"老爺"二字, 平淡無奇之文也, 卜信捧茶以後, 三人角口, 乃有無數"老爺"字, 如火如花, 愈出愈奇. 正如平原君毛遂傳, 有無數"先生"字, 刪去一二, 卽不成文法, 而大減色澤矣.

牛浦乃勢利熏心卑鄙不堪之人, 一出門卽遇見牛玉圃, 長隨之盛, 食品之豊, 體統之闊, 私心艶羨, 猶夫狗偸熱油, 又愛又怕. 認爲叔公, 固其情愿. 觀于板縫里偸張時, 早已醉心欲死矣.

牛玉圃雖鄙陋不足道之徒, 然亦何至與烏龜拜盟? 此其中必有緣故. 夫時世遷流, 今非昔比. 旣云二十年前拜盟, 則二十年前之王義安,尚未做烏龜可知。或者義安亦是一個不安分之人, 江湖浮蕩, 當時曾與玉圃訂交, 彼此兄弟相稱, 其事已久, 今卒然見面, 未及深談, 而握手道故, 亦人情也。玉圃云, 憶會晤在齊大老爺處, 而義安愕然, 是玉圃徒欲說大話以嚇牛浦, 非眞記得別時情事又可知也。

牛玉圃自述兩段, 乃其生平得意之筆, 到處以之籠絡人者。而不知已爲牛浦窺破, 他日雖無道士之閒談, 吾知牛浦亦必有以處玉圃。何也？天下惟至柔能制至剛, 老小二牛實有剛柔之別也。

或謂王義安無故戴方巾上飯館, 何爲也者？曰此無足怪也。 揚郡風俗, 妓院之掌柜者, 非以妻妾爲生意者也, 總持其事而已。往往住華居, 侈結納, 混迹衣冠隊中, 是其常事。不知其底里者, 無從而責之也。兩秀才必系吃葷飯的學霸, 王義安素所畏服, 故受其打而不敢辯說耳。

제23회

뉴푸牛浦는 안둥 현安東縣의 지현 둥잉董瑛과 아는 사이였고, 나중에 그가 안둥 현에 갔을 때 둥잉이 예를 갖추어 적절하게 그를 맞이했던 것 역시 사실이다. 그러나 쯔우궁子午宮에서 도사를 만났을 때는 아직 안둥 현에 가서 둥잉을 만나기 전이었다. 뉴푸는 막힘없이 술술 이야기를 풀어내지만 대부분은 모두 꾸며낸 말이다. 책 속의 도사는 그가 거짓을 말한다는 걸 몰라도 책 밖의 독자는 그것이 거짓임을 잘 알고 있다. 글의 오묘함이 실로 리궁린李公麟[45])이 백묘화를 그

---

45) 리궁린李公麟(1049?~1106)은 북송北宋의 문인화가이다. 자가 보스伯時이고, 호는 룽몐龍眠으로, 안후이성安徽省 수청舒城에서 태어났다. 박학다식하고, 불교 이론에도 통하였으며, 옛 동기銅器를 많이 수집한 것으로도 유명하다. 또 많은 기자奇字를 알고 있었기 때문에 고증에 능하였고, 서예는 진眞·행行·초草에 뛰어나 진송晉宋의 풍격을 갖추었다. 그림은 구카이즈顧愷之·루탄웨이陸探微·장셩야오張僧繇 및 전대의 명수들을 연구, 화가로서 일가를 이루었다. 그

려내던 솜씨 같다.

생각해 보면 완쉐자이萬雪齋는 도사에게 시주를 별로 한 적이 없는데도 뉴야오는 시시때때로 떠받드니, 이미 진즉이 도사는 그 소리에 진력이 났을 터이다. 그가 찻집에서 [뉴푸牛浦와] 나누는 이야기는 공연한 소리이긴 하지만, 이 역시 그 동안 쌓였던 불만이 터져 나온 것이다.

뉴푸의 재주가 뉴야오보다 열 배는 낫다. 예를 들어 뉴푸가 현의 동지同知를 만났다고 둘러대는 장면은 그가 대단히 사려 깊고 신중하다는 사실을 보여준다. 만일 지현을 만났다고 했다면 뉴야오는 분명 믿지 않았을 것이니, 뉴푸가 절대 그런 인물은 못 된다는 것을 알고 있기 때문이다. 오직 동지만이 너무 높지도 낮지도 않은 적당한 위치에 있는 자인 것이다. 실로 혀 위에서 연꽃을 피워 내는 필치다.

[뉴야오가] 뉴푸를 때리는 장면에서는 그저 "못된 농간을 부려 놓고"라는 한 마디만 던졌을 뿐 다른 말을 할 필요가 없었다. 이는 또 뉴야오가 잘 대처한 부분이다. 만일 세세하게 따져 댔다면 분명 뉴푸는 다음과 같이 대답할 말이 있었을 것이다.

"숙공 입으로 직접 그러셨잖아요. 청밍칭程明卿 선생과는 20년 된 의형제 사이라고."

그렇게 되었다면 뉴야오가 도리어 변명할 말이 없게 되었을 것이다.

牛浦未嘗不同安東董老爺相與, 後來至安東時, 董公未嘗不迎之致敬以有禮, 然在子午宮會道士時, 則未嘗一至安東與董公相晋接也。 刮刮而談, 謅出許多話說。 書中之道士, 不知是謊, 書外之閱者, 深知其

의 회화의 본령은 쑤스蘇軾가 칭찬한 것처럼 말을 그리는 데 있었으며, 오랜 전통이 있는 백묘화白描畵를 부흥하기도 하였다. 그의 진적眞跡으로는 『오마도권五馬圖卷』이 있다.

謊。行文之妙, 眞李龍眠白描手也。

想萬雪齋亦無甚布施道士處, 而牛玉圃時時呵奉, 道士又厭听久矣。茶社中一席之談, 固是多嘴, 亦是不平之鳴。

牛浦之才十倍玉圃。如說會見本縣二公, 可謂斟酌盡善之至。若說會見縣尊, 則玉圃必不見信, 知牛浦斷乎無此臉面也, 惟有二公, 在不卽不离之間。眞舌上生蓮之筆。

打牛浦時, 只說得一句"你弄的好乾坤!"更不必多話。此又是玉圃極在行處。假使細細數說, 牛浦必有辭以對曰: 叔公曾親口說, 與明卿先生是二十年拜盟弟兄。而玉圃反無說以自解矣。

제24회

이 회의 전반부에서 뉴푸 이야기를 매듭짓고 다음으로 바오원칭鮑文卿의 이야기로 넘어간다. 인명에 관련된 세 건의 사건은 그 내용이 어처구니가 없다는 점에서는 같다. 하지만 앞의 두 사건은 황당무계한 고발이고 [뉴부이牛布衣의 아내인] 뉴 부인의 [뉴푸에 대한] 고소는 실체가 있는 것이었으니, 그 서술의 대비 효과가 흔적을 찾아볼 수 없을 정도로 교묘하다. 별다른 필묵을 쓰지 않고도 샹딩向鼎의 뛰어난 재주를 한두 마디로 짚어내고 또 바오원칭의 말을 빌려 서술했으니, 대상을 직접 그리지 않고도 그 특징을 잘 드러낸 솜씨避實擊虛가 돋보인다.

바오원칭이 배우 노릇을 하는 것은 조부로부터 이어받은 가업이기 때문이다. 그런데 그는 배우 무리에 섞여 있으면서도 초연히 자신의 본분을 지키니 실로 정직하고 바른 선비라고 불리기에 손색이 없다. 그가 비록 배우 노릇을 하고 있지만 그게 무슨 흠이 되겠는가? [이와 반대로] 세상에 사대부이면서도 배우 노릇을 하고 다니는 자가 어찌 없겠는가? 명목은 선비랍시고 정작 하는 짓은 배우 행색인 것이다. 바오원칭은 분명 배우이지만 실로 사대부들의 반열에 들기에 부끄럽지 않으니, 명목은 배우이지만 그 실제는 진정한 선비라 하겠다. 『장자』에서는 "나더러 명목을 위해 일하라는 말인가요? 명목이란 실질의 객이라 할 수 있습니다. 나더러 객이 되라는 것인가?"46)라고 했다.

이 글에 나오는 양저우揚州, 시후西湖, 난징南京 같은 곳은 최고의 명승지이므로 공들여 두드러지게 묘사해야 한다. 작자는 고심하여 『형초세시기荊楚歲時記』47), 『동경몽화록東京夢華錄』48) 같은 책의 필법을

---

46) 이것은 전설의 요임금이 쉬유許由에게 천하를 넘기려 하자 쉬유가 대답한 대목이다. "그대가 천하를 다스리되, 그 천하가 이미 잘 다스려지고 있습니다. 그런데 내가 그대를 대신하다니 나더러 명목을 위해 일하라는 말인가요? 명목이란 실질의 객이라고 할 수 있습니다. 나더러 객이 되라는 것인가요? 뱁새가 깊은 숲 속에 집을 짓되 나뭇가지 하나면 족하고, 두더지가 황하의 물을 마신다 해도 배만 채우면 그뿐입니다. 임금이시여, 돌아가소서. 제게는 천하가 아무짝에도 쓸모가 없습니다! 요리사가 비록 솜씨가 없다 한들 시축이 주제넘게 제기를 들고 그를 대신할 수는 없는 노릇입니다. 子治天下, 天下旣已治也。而我猶代子, 吾將爲名乎名者, 實之賓也, 吾將爲賓乎! 鷦鷯巢於深林, 不過一枝; 偃鼠飲河, 不過滿腹歸休乎君, 予無所用天下爲! 人雖不治, 尸祝不越樽俎而代之矣。"

47) 중국의 양쯔강揚子江 중류 유역을 중심으로 한 징추荊楚 지방의 연중세시기를 기록한 책이다. 원래는 10권이었으나 명대明代에 현재의 1권으로 종합되었다. 양梁나라의 쫑린宗懍이 6세기경에 지은 『형초기荊楚記』를 7세기 초 수隋나라의 두궁산杜公贍이 증보 가주加注하여 『형초세시기』라 하였다. 현존하는 중국 세시기 중에서 가장 오래된 것으로 초나라 특유의 세시뿐만 아니라 일반적인 풍습도 기술되어 있다.

48) 저자인 멍위안라오孟元老의 호는 유란거사幽蘭居士이지만 그 외 평생 사적에 대해서는 정확히 알 수 없다. 이 책은 1147년(소흥 17)에 완성되었으며, 북송 말 변경의 상업 및 민간의 풍속에 관한 유명한 필기이다. 따라서 건축, 하거河渠, 가항街巷, 상점, 주루酒樓, 화물, 야시夜市, 음식, 풍속 등에 대한 사료적 가치가 높다. 우리말 번역본은 김민호 역주, 『동경몽화록』(소명출판, 2010)이 있다.

망라하였기에 읽는 독자들은 어느새 자기도 모르게 그 정경에 빠져 버리게 된다.

배우는 천한 무리라 감히 사대부와 같을 수 없으니 구분이 있어야 마땅하다. 하지만 요즘 사대부들은 종종 노래를 들으며 술 마시는 자리에서 툭하면 이런 무리들을 잡아끌어 같은 자리에서 어울리는 것을 고상한 취미이며 탈속함이라고 여긴다. 그래서 배우들도 점차 익숙해져서 결국 자기 분수에 맞는 일이라고 여기고, 그렇게 하지 못하는 이들은 변변치 못하다고 여기게 되었다. 그리고 자리에 궁색한 선비 한두 명이 있으면 갖가지 방법으로 그들을 조롱한다. 저 부귀한 사람들도 그것을 태연히 두고 보면서 웃으며 나무라지도 않는다. 아! 그들의 식견은 참으로 바오원칭보다 못하구나.[49]

此篇前半結過牛浦郞, 遞入鮑文卿傳. 命案三件, 其情節荒唐略同, 兩虛一實, 襯托妙無痕迹. 寫向知縣是個通才, 却不費筆墨, 只用一二句点逗大略, 又從鮑文卿口中傳述, 行文深得避實擊虛之妙.

鮑文卿之做戲子, 乃其祖父相傳之世業, 文卿溷迹戲行中, 而矯矯自好, 不愧其爲端人正士, 雖做戲子, 庸何傷? 天下何嘗不有士大夫而身爲戲子之所爲者? 則名儒而實戲也. 今文卿居然一戲子, 而實不愧于士

---

49) 바오원칭은 옛 극단 동료였던 곰보 첸錢麻子 씨를 우연히 만나 그가 배우에 걸맞지 않은 행색을 하고 있는 것을 나무란다. "그 옷이며 장화는 우리 같은 사람들이 걸칠 수 있는 게 아니라는 거지. 자네가 이런 옷을 입으면 저 책 읽는 나리들은 뭘 입으시라는 건가?" "요즘은 상관없이. 그런 건 20년 전에나 따지던 거라고! 여기 난징의 향신 집에 생일 잔치나 다른 경사가 있을 때, 초나 하나 들고 가면 그분들은 한 상에서 같이 밥을 먹고 가라고 우리를 붙잡지. 아무리 높은 벼슬아치라도 아랫자리에 앉는단 말씀이야. 같은 자리에 만약 궁상맞은 선비가 앉아 있으면 나는 본 척도 안 한다네." "이봐, 그렇게 분수를 벗어난 말을 하면, 다음 생에 다시 배우 노릇이나 하게 될 걸세. 아니, 나귀나 말로 태어나도 싸지."

大夫之列, 則名戲而實儒也。《南華》云: "吾將爲名乎? 名者, 實之賓也, 吾將爲賓乎?"

書中如揚州, 如西湖, 如南京, 皆名胜之最, 定當用特筆提出描寫。作者用意, 已囊括《荊楚歲時》,《東京夢華》諸筆法, 故令閱者讀之, 飄然神往, 不知其何以移我情也。

优伶賤輩, 不敢等于士大夫, 分宜爾也。乃曉近之士大夫, 往往于歌酒場中, 輒拉此輩同起同坐, 以爲雅趣也, 脫俗也。而此輩久而習慣, 竟以爲分內事; 有不如是者, 卽目以爲不在行; 一二寒士在坐, 不惜多方以揶揄之。彼富貴中人, 方且相視而笑, 恬然不怪。嗚呼! 其識見眞出文卿下也。

제25회

과거 제도가 시행된 이후로 천하에 급제의 영예를 얻기 위해 사력을 다하지 않는 이가 없다. 사실 수천 수백 명이 그 명성을 구하지만 손에 넣는 자는 한둘에 불과하다. 이렇게 과거에 실패한 이들은 아무 짝에도 쓸모가 없다. 밭도 일굴 줄 모를 뿐더러 장사도 할 줄 모르고 그저 있는 재산을 까먹을 줄만 아니, 자식을 팔아먹는 지경에 이르지 않는 이가 얼마나 되겠는가! 니쌍펑倪霜峰은 "예전에 죽은 글 나부랭이나 잘못 공부했던 게 한스럽다"고 했다. 죽은 글이란 표현이야말로 일찍이 유례가 없는 절묘한 통찰로서, 시대를 구할 명약일 뿐 아니라 세상을 일깨우는 새벽 종 소리가 될 만하다 하겠다.

샹딩向鼎의 겸허함과 바오원칭鮑文卿의 한없는 겸손은 실로 현명한 주인에 훌륭한 손님처럼 잘 어울린다고 할 수 있다. 샹딩이 바오원칭 부자를 아끼는 행동이 그야말로 진심에서 우러나온 것임을 잘 그려냈고, 바오원칭 부자가 그 은혜에 감격하여 아무런 보답을 바라지 않는 마음 또한 손에 잡힐 듯 역력히 보여준다. 『시경』에 "마음 속 깊이 품고 있거늘, 한시라도 그를 잊을 날 있으랴?"[50] 라는 구절이 있는데, 샹딩이 바로 그러했다. 『주역』에 이르기를, "겸손한 군자는 스스로 몸을 낮추어 처신한다"[51]고 했는데, 바오원칭이 바로 그러했다.

 自科擧之法行, 天下人無不銳意求取科名。其實千百人求之, 其得手者不過一二人。不得手者, 不稼不薔, 旣不能力田, 又不能商賈, 坐食山空, 不至于賣兒鬻女者几希矣, 倪霜峰云: "可恨當年誤讀了几句死書"。"死書"二字, 奇妙得未曾有, 不但可爲救時之良藥, 亦可爲醒世之晨鐘也。

 向太守之謙光, 鮑文卿之卑下, 可謂賢主嘉賓矣。寫太守之愛文卿父子, 出于衷心之誠, 而文卿父子一种感激不望報之心, 又歷歷如見。詩云: "中心藏之, 何日忘之。"太守有焉。易云: "謙謙君子, 卑以自牧。"文卿有焉。

제26회

전반부에서는 샹딩向鼎이 친구 바오원칭鮑文卿의 죽음을 애도하는 장면을 그렸다. 그 모습이 위엄이 있으면서도 절절하고 눈물이 날 만큼 감동적이니, 옌전칭顏眞卿(709~785)[52]의 글씨처럼 종이를 뚫고 나

---

50) 『시경』「소아小雅・습상隰桑」에 나온다.
51) 『주역』「상사象辭・겸괘謙卦」에 나온다.
52) 자는 칭천淸臣이며 산둥성山東省 랑야琅邪 린치臨沂에서 출생하였다. 노군개국공魯郡開國公에 봉해졌기 때문에 옌루공顏魯公이라고도 불렸다. 북제北齊의 학자이며 『안씨가훈顏氏家訓』을 저술한 옌즈투이顏之推의 5대손이다. 과거에

올 듯 힘이 넘치는 필력을 보여준다.

진츠푸金次福가 처음 혼담을 얘기하려 왔을 때는 후胡 씨에 대해 대략만 알고 있었기 때문에, 혼수가 얼마나 되고 재산이 얼마나 많은지에 대해서만 말할 수 있었다. 대저 이 일은 벌써 7, 8년이나 된 이야기로 진츠푸는 얼마 전에야 후 씨에 대해 알게 되었다. 그러니 그가 이러구러 혼인을 성사시키려는 것은 술과 음식이나 얻어먹으려던 것이지 다른 의도는 없었던 것이다. 선톈푸沈天孚는 후 씨의 내력을 잘 알고 있어서 낱낱이 얘기해 줄 수 있었지만, 그래도 여전히 표면적인 이야기일 뿐이었다. 왕발 선沈 씨에 이르러서야 후 씨의 성품과 행동거지를 제대로 알아 진면목을 남김없이 말해 주고 있다. 이처럼 세 단계에 걸친 묘사가 전후 순서에 따라 상세함과 간략함의 차이를 조절하고 있으니, 그 착상의 신선함과 문장의 빼어남은 소설稗官에서 그 유례를 찾아볼 수 없을 뿐 아니라 옛 명인들이 남긴 글을 다 뒤져도 만날 수 없다.

왕발 선 씨의 기막힌 말솜씨에 후 씨는 자기도 모르게 속아 넘어가지 않을 수 없었다. 뒤에 두첸杜倩이 난징南京에서 첩을 들이는 장면

급제하여 여러 관직을 거쳐 출세 길에 올랐으나 재상 양궈중楊國忠의 미움을 받아 한직인 핑위안 태수平原太守로 좌천되었다. 755년 안루산安祿山의 반란이 일어나자 이때 그는 사촌형과 함께 의병을 일으켜 싸웠다. 사촌형은 안루산에게 체포되어 처형당했으나 옌전칭은 불리한 전세에도 불구하고 항전을 계속하였다. 당 현종의 뒤를 이어 즉위한 숙종肅宗에게 발탁되어 수도 창안長安에서 헌부상서憲部尙書 등 요직을 역임하였다. 하지만 당시의 세도가였던 환관宦官과 권신權臣들에게 잘못 보여 번번이 지방으로 좌천되었다. 784년 숙종, 대종代宗에 이어 즉위한 덕종德宗의 명으로 화이시淮西의 반란군 장수인 리시례李希烈를 설득하러 갔다가 3년 간 감금당하였고, 끝내 살해되고 말았다. 그의 글씨는 남조南朝 이래 유행해 내려온 왕시즈王羲之의 우아하고 아름다운 서체와는 달리 남성적인 기백이 넘쳤으며 당대唐代 이후의 중국 서도書道에 큰 영향을 끼쳤다. 해서·행서·초서의 각 서체에 모두 능하였으며, 많은 걸작을 남겼다.

이 나오는데, 여기에서도 왕발 선 씨가 또 말솜씨를 한번 부려 두첸이 그 말에 넘어가지 않을 수 없게 만드니 마치 종횡가의 글을 읽는 듯 어찌 책상을 치고 감탄하지 않을 수 있겠는가!

후 씨가 아직 제대로 등장하지 않았지만 이미 그녀의 성품과 행동거지가 일일이 다 묘사되었으니, 이런 여자를 바오팅시鮑廷璽가 처로 맞이하여 과연 어떻게 감당하는지 궁금해진다. 독자가 잠시 책을 덮고 이 뒤를 어떻게 써야 할지 상상하다 보면 얼마 안 가서 곧 생각이 막히게 될 것이다. 그리고 뒤이어 후 씨가 시집와서 일으키는 수많은 분란들을 읽고 나면, 대단한 글재주가 아니면 도저히 써낼 수 없는 이야기임을 절실히 느끼고, 작자의 필력이 얼마나 뛰어난지 탄복하게 될 것이다.

前半寫向觀察哭友, 堂皇鄭重, 可歌可泣, 乃顏魯公作書, 筆力直欲透過紙背。

金次福初來說親, 其于王太太, 蓋略得其概, 故但能言其奩資之厚, 箱籠之多, 蓋此事已七八年, 而次福新近始知之, 其意不過慫恿成局以圖酒食而已, 本無他想。沈天孚卽能知其根底, 是以歷歷言之, 然猶是外象三爻。至沈大脚, 然後識其性情擧動, 和盤托出。作三段描寫, 有前有後, 有詳有略, 用意之新穎, 措辭之峭拔, 非惟稗官中無此筆, 伏求之古名人紀載文字, 亦無此奇妙也。

沈大脚生花之口, 不由太太不墮術中。觀後文杜愼卿江郡納姬, 而沈大脚又換一番詞語, 令愼卿不得不墮術中, 如讀長短書, 那得不拍案叫絶!

王太太未嘗見, 而已將他之性情擧動, 一一描摹盡致, 試思如此一個人, 而鮑廷璽竟娶他來家, 將何以處之? 閱者且掩卷細思, 此後當用何等筆墨, 不几何思路皆窮, 觀後文娶進門來許多疙瘩事, 眞非錦綉之心不能布置, 然後嘆服作者才力之大。

제27회

후胡 씨가 바오鮑 씨 집안으로 시집을 오는데 분란 없이 조용히 넘어갈 리가 없다. 하지만 도대체 이 분란을 어디서부터 묘사해 나가야 할 것인가? 그것이 가장 쓰기 어려운 부분이다. 그런데 신부가 혼례 법도를 지키지 않은 데서부터 소동이 일어나도록 했으니 참으로 실제 상황에서 일어날 법한 현실적인 이야기요, 그 서술 또한 번잡스럽지 않다. 후 씨가 한창 소란을 피우고 있다가 왕발 선沈 씨가 들어오는 걸 보자마자 그 얼굴에 똥오줌을 바른 일은 독자를 포복절도하게 만든다. 만약 글 솜씨가 서툰 이가 이 장면을 묘사했다면 결코 이처럼 살아 있는 용이나 호랑이처럼 생동감 있게 표현하지 못했을 것이다. 옛사람53)이 "눈앞에 풍경이 있어도 말로 표현하지 못한다"고 했으니, 바로 이런 상황을 두고 한 말이다.

후 씨는 가난해지자 몸이 건강해져서 병세도 그다지 나빠지지 않았다. 그러다가 번듯한 시숙을 만나 은자 일흔 냥을 얻게 되자 "조금씩 병이 다시 도져" 매일 "한 재에 은자 여덟 푼 어치의 약을 먹어야

---

53) 리바이李白(701~762)를 말한다. 일화에 의하면 리바이가 우창武昌의 황허러우黃鶴樓에 올랐을 때, 추이하오崔顥(704?~754)의 유명한 「등황학루登黃鶴樓」가 새겨져 있는 것을 보고 그저 탄복만 할 따름이었다고 한다. 리바이는 나중에 추이하오의 시를 흉내 내 난징의 펑황타이鳳凰台를 묘사한 시를 지었다. 1206년에 써진 『죽장시화竹莊詩話』에 의하면 이 일화는 이보다 앞서 써진 리뎬李畋의 『해문록該聞錄』이라는 책에 기록되었다고 하는데, 현재 남아 있는 이 책에는 이 내용이 없다. 어찌 되었든 좀 더 자세한 내용은 신원팡辛文房의 『당재자전唐才子傳』(上海: 古典文學』, 1957) 17~18쪽에 실려 있다.

했다."세상의 아낙들이란 대개 이렇다.

바오 부인과 구이歸 씨가 바오팅시의 고통을 조금도 걱정하지 않는다는 것이 한 마디 한 마디 핵심을 찔러 잘 묘사되어 있다.

니팅주倪廷珠가 갑자기 하늘에서 떨어진 것처럼 나타나 구구절절 부모 형제 생이별의 아픔을 토로하는 장면은 무척 진실하고 절절하여 사람을 마음 깊이 감동하게 만드니, 실로 세상에 큰 깨우침을 주는 문장이다. 이후로 바오팅시 이야기는 더 이상 나오지 않고 방향을 바꾸어 두첸杜倩과 두이杜儀를 묘사하게 되는데, 이 이야기의 전환 과정에서 연결의 끈이 되는 것이 바로 지주이季葦이다. 이제 바오팅시와 지주이를 우연히 강가에서 만나게 했으니, 마치 토끼가 굴에서 머리를 내밀자마자 송골매가 번개처럼 낚아채는 것과 같은 솜씨이다. 이미 작자의 흉중에는 이야기의 전체 그림이 그려져 있는 것이다.

王太太進門, 斷無安然無事之理。然畢竟從何處寫起, 直是難以措筆, 却于新婦禮節上生波, 乃覺近情着理, 不枝不蔓。正鬧着, 忽見沈大脚來, 涂以一臉臭屎, 令聞者絶倒。使拙筆爲之, 必無此生龍活虎之妙。古人云:"眼前有景道不出", 正此謂也。

太太窮了, 身子便覺康健, 病也不大發; 才遇見體面大伯, 得銀七十兩, 身子又覺得啾啾唧唧, 每日要吃八分銀子的藥。天下婦人, 大約如此。

老太與歸姑爺視鮑廷璽毫末不關痛痒, 字字寫入骨髓。

倪廷珠忽然從天掉下, 叨叨絮絮, 叙說父子兄弟別离之苦。至性感人, 沁入心肺, 此是極有功世道文字。以下便要丢却鮑廷璽, 換一副筆墨去寫二杜, 其線索全在季葦蕭, 今卽于江岸上偶然遇見, 兎起鶻落, 眞有成軸在胸。

제28회

염상들이 "한 그릇에 여덟 푼짜리 국수를 시켜서 국물 한 모금만 마시고, 바로 가마꾼에게 다 줘 버리는데," "사실은 집에서 누룽지 한 그릇 끓여 먹고 와서" 그런 거라는 얘기는 허세 부리는 장사치들의 비루한 실상을 속속들이 보여 준다. 「양저우악부揚州樂府」에 보면 "2월 동풍에 누런 먼지 날리는데, 뒤쯔졔에 가마 한 대 나는 듯 지나가네"라는 구절 뒤에 "길가에 선 늙은이 하나, 부러워하며 이야기를 떠벌이는 저 노인네. 저 노인네 왕년의 튼튼한 어깨로 동문에서 물을 져다 서문에서 팔았었네"[54]라는 구절이 나오는데, 이 노래 역시 앞의 이야기와 같은 맥락에 있다.

늙은 승려의 밉살맞은 행태에 대한 묘사를 읽다 보면 독자들은 머리끝까지 화가 치밀어 오르게 된다. 늙은 승려가 애꿎은 동자승을 닦아세운 것[55]은 분명 자기 위신을 높이고자 하는 것이고, 물건 사들이는 일을 거론하는 것[56]은 세 사람을 얕잡아 보는 것이다. 그 뒤에 또 원만하고 융통성이 있는 승관을 등장시킴으로써 늙은 승려의 악덕을 부각시키니, 그 필치가 생동감이 넘쳐 살아 움직인다.

八分一碗的面, 只呷一口湯, 便拿與轎夫吃, 其實家里只呷得一碗鍋

---

54) 1881년 선바오관申報館 본 『유림외사』의 톈무산챠오天目山樵 장원후張文虎의 평어에 의하면 이 노래는 선치펑沈起鳳의 『해탁해탁諧鐸』(北京; 人民文學, 1985. 32~33쪽)에 실려 있다.
55) "청소 안 하고 뭐 하느냐! 내일 샤푸 교下浮橋의 스 어사 나리께서 이곳에서 연회를 연다고 하셨는데, 이게 무슨 꼴이냐!"
56) "저희 승방에 머무시는 분 중에 시장 보는 것과 주방 일을 하인 하나에게 맡기는 경우는 없습니다. 그렇게 해서는 배겨 날 수가 없지요. 주방에 하인을 두어 밥 짓는 일을 도맡게 하고, 시장 보는 데 또 한 명을 써서 주인에게 필요한 물건을 사들이게 해야 여기에 머물 수 있습니다."

巴湯, 形容商呆子可謂無微不照。揚州樂府云: "東風二月吹黃埃, 多子街上飛轎來。"後云: "道旁一老翁, 嘖嘖夸而翁, 而翁當日好肩背, 東門担水西門賣。" 亦是此意。

寫惡禿可惡, 眞令人發指。罵小和尚, 明是自抬身价; 說買辦, 却又奚落三人。後又寫一圓融之僧官, 以襯跌之, 筆情栩栩欲活。

제29회

이 회에서는 두첸杜倩의 풍류 넘치는 모습을 통해 세 사람[57]의 비속함을 형상화하고 있다. 주점에서 다시 만났던 날, 두첸은 스스로 어떤 사람으로 자처했던가? 그런데도 지톈이는 입만 열면 "예부상서 두 나리의 손자" 타령이니, 그의 눈에는 이 '상서 댁 손자'란 것밖에 보이지 않는 것이다. 두첸으로서는 연일 이런 부류의 인간들을 상대하는 것이 정말 참기 어려운 고역이었을 것이다. 그러다가 지주이季葦를 만나 몇 마디 말을 나누자 자기도 모르게 반색을 하며 친근하게 대했던 것이다.

위화타이雨花臺 장면은 바로 두첸을 묘사하기 위한 것이다. 이 같은 모습은 고루한 선비의 흉중에서는 나올 수 없는 것이다. 두첸은 평소 유별난 성벽을 지니고 있는데, 팡샤오루方孝孺(1357~1402)에 대한 의론[58]에서 이미 그런 일면이 드러나고 있다.

---

[57] 명사인 지톈이季恬逸와 생원으로 팔고문 선문가인 주거유諸葛佑, 샤오딩蕭鼎 세 사람을 말한다.
[58] 팡샤오루는 명대 초기에 영락제가 정변을 일으켰을 때 이에 반대하다 극형에 처해졌던 인물이다. 이때 일족과 친우, 제자 등 847명이 연좌되어 죽었다 한다. 보는 이에 따라 그 평가가 다르겠지만, 여기서는 두첸의 평을 인용한다. "그는 고루해서 현실 판단을 그르친 사람입니다. 천하에 중요한 일들이 무수히 많은데, 황위의 정통성만 따져서 어쩌겠다는 겁니까? 관복을 입은 채 그대로 끌려

以小杜之風流, 形三人之齷齪. 酒樓再會, 愼卿之自命何如? 乃季恬逸開口, 猶云"杜宗伯公公孫", 其心口中只有此二字也. 愼卿連日對此等人, 可謂不得意之极, 得季葦蕭數語, 不禁爲之色舞.

寫雨花台, 正是寫杜愼卿. 爾許風光, 必不從腐頭巾胸中流出.

愼卿生平一段僻性, 已從方正學一段議論中露出圭角.

제30회

"남자가 뒤로 아이를 낳을 수 있게 했다면 천하에 여자는 필요 없을 것이다." 두첸은 이 두 구절을 말했어야 했다. 그런 그가 명 홍무제(재위 기간은 1368~1398)의 말59)을 들먹인 것은 얼토당토않은 것이다.

앞 회에선 샤오딩蕭鼎 등 세 사람을 묘사하고, 이 회에선 그에 이어 쭝천宗臣과 궈톄비郭鐵筆을 묘사했다.60) 타고나기를 귀인 만나는 것도 싫어하고, 이젠 여자를 가까이하기도 싫은 두첸에게 이른바 남의 마음을 헤아릴 줄 모르는 자들이란 바로 위와 같은 인간들이다. 두첸이 속으로 그들을 얼마나 혐오했을지 훤히 보인다.

명말 기녀들을 품평한 책으로는 『판교잡기板橋雜記』61)가 있으며, 모처우후莫愁湖 모임은 또 한 권의 『연란소보燕蘭小譜』62)라 할 만하다.

나가 저자에서 참수 당해도 억울할 게 없는 자이지요."
59) "내가 여자 몸에서 태어나지 않았다면 천하의 여자들을 다 죽여버렸을 것이다."
60) 쭝천은 되도 않게 자신의 친척이 대단한 인물이라고 짐짓 아는 척을 하고 궈톄비는 두첸에게 아첨을 한다.
61) 위화이余懷(1617~1696)는 자가 단신澹心이고 호는 만웡曼翁, 또는 후산와이스壺山外史이다. 『판교잡기』는 그가 강희 32년(1693)에 쓴 책으로, 상·중·하 세 권으로 되어 있다. 명조 말년 난징南京 친화이허秦淮河 남안에 있는 창반챠오長板橋 일대 기원의 명기들에 대한 이야기를 상세히 기록한 것이다.
62) 우창위안吳長元(1770년 전후)이 건륭 50년(1711)에 쓴 책으로, 여성 역할을 전문으로 하는 베이징 남자 배우에 관한 기록이 담겨 있다. 당시 베이징의 여러

"使男子後庭生人, 天下可無婦人"。愼卿當道此二句, 引用洪武語不倫。

前寫蕭金鉉三人, 此又接寫宗子相, 郭鐵筆, 生不願見貴人, 今不幸見女, 世所謂不得人意者, 此類是也。想見愼卿胸中作惡之甚。

明季花案, 是一部《板橋雜記》; 湖亭大會, 又是一部《燕蘭小譜》。

제31회

두쳰杜倩과 두이杜儀는 모두 대갓집 귀공자들이지만 두 사람은 판이하게 다르다. 두쳰은 밝고 시원시원하지만 두이는 세상 물정에 어두운 사람이다. 하나의 필치로 이처럼 다른 두 사람의 성격을 각각 분명하게 잘 그려내고 있다.

러우환원婁煥文은 은근히 도움을 바라고 웨이찬韋闡은 드러내놓고 술을 내놓으라 하며, 재봉사 양 씨나 털보 왕 씨까지 그 나름대로 두이를 이용해 먹을 줄 안다. 세상 인정의 사악함과 각박함을 이보다 더 생생하게 묘사할 수는 없으리라.

愼卿, 少卿, 俱是豪華公子, 然兩人自是不同。愼卿純是一團慷爽氣, 少卿却是一個呆串皮。一副筆墨, 却能分毫不犯如此。

婁太爺是暗要, 韋太爺是明吃, 至裁縫, 王胡子, 各各有算計少卿之法。世情惡薄, 形容盡致。

제32회

아무것도 따질 줄 모르는 두이杜儀를 묘사했으니, 어렵사리 집안을 일으킨 그의 조상이 통곡할 일이로다.

寫少卿全沒一分計較, 可爲艱難締造者一哭!

희극 계의 상황을 비롯해 배우와 문인들의 교류 등 다양한 정보가 담겨 있다.

제33회

두이杜儀는 호탕하면서 제멋에 겨워 사는 사람인지라 기질이 츠쥔遲均과 같다고 할 수는 없다. 그럼에도 두이와 츠쥔은 처음 만나자마자 서로에게 마음이 기울었으니, 진실한 성정을 가진 사람들은 기질이 같아야만 서로 의기투합하는 것은 아니라는 사실을 알 수 있다. 츠쥔의 고지식함, 두이의 방종은 모두 옥의 티와 같다. 좋은 옥은 티가 없는 것을 귀하게 여기지만, 옥의 티야말로 그것이 진짜 옥이라는 것을 보여 준다. 쿵쯔孔子는 "옛날 백성에게는 세 가지 병이 있다"[63]고 하였고, 또 "거칠고 우둔하고 치우치고 거칠다"[64]는 말로 네 명의 제자를 평하였으니, 사람이 단점이 있다는 사실을 걱정할 게 아니라 어떤 단점이 있는지 살펴야 한다는 것을 알겠다.

[두이가] 스저우팅識舟亭에서 라이샤스來霞士를 우연히 만나고, 또 우연히 웨이찬韋闡을 만나는 장면은 독자들의 이목을 시원하고 즐겁게 한다. 두푸杜甫가 "살 길 막막해 친구에게 의지하네"[65]라고 하였는데,

---

63) 원문은 다음과 같다. "공자께서 말씀하셨다. '옛날 백성들에게는 세 가지 병폐가 있었나니, 지금은 모두 없어졌나보다. 옛적에 진취적인 사람은 거리낌 없이 곧은 말을 했으나, 요즘의 진취적인 사람은 매인 데 없이 방탕하기만 하고, 옛적에 자신에게 긍지를 갖고 있는 사람에게는 건드릴 수 없는 부분이 있었는데, 요즘 자신에게 긍지를 갖고 있는 사람은 오히려 성질만 부리고 이유없이 소란만 피우며, 옛적에 어리석은 자는 솔직했으나, 요즘의 어리석은 자는 오히려 남을 기만하고 수단을 부릴 뿐이다.'子曰: 古者民有三疾, 今也或是之亡也。古之狂也肆, 今之狂也蕩; 古之矜也廉, 今之矜也忿戾; 古之愚也直, 今之愚也詐而已矣。"(『논어』「양화陽貨」)
64) 원문은 다음과 같다. "가오차이高柴는 어리석고, 쩡싼曾參은 아둔하며, 쯔장子張은 편벽되고, 쯔루子路는 잡되고 거칠다.柴也愚, 參也魯, 師也辟, 由也喭。"(『논어』「선진先進」)
65) 두푸杜甫의 시「객야客夜」의 한 구절로, 시의 전문은 다음과 같다.
　　나그네라 잠이 어찌 내처 들겠나? 가을이라 날이 아니 밝으려 한다.
　　새벽 달 그림자는 발에 들고 먼 강물 소리는 베개에 높다.

이런 경지를 직접 경험하지 못한 사람은 그런 고통을 알지 못하고 또한 그 속에서 맛볼 수 있는 정취도 알지 못한다. 아마도 작자는 쓰마첸司馬遷을 본받아 많은 책을 읽고 천하의 명산대천을 두루 돌아다녔기 때문에[66] 이런 감회를 얻고 이런 경지를 글로 써냈으리라.

타이보츠太伯祠를 지어 제사를 올리는 것은 이 책에서 첫 번째 큰 매듭에 해당한다. 무릇 대작을 저술하는 것은 장인이 궁실을 짓는 것과 같아서, 반드시 먼저 마음속에 전체 구도를 담고 있어야 한다. 어디가 대청이 되고 침실이 되는지, 어디가 서재가 되고 부엌이 되는지 하나하나 알맞은 자리에 배치한 다음 공사를 시작할 수 있다.[67] 이 책에서 타이보츠에서 제사를 올리는 부분은 궁실에서의 대청에 해당한다. 책의 첫머리부터 여러 명사들을 죽 써 나가다가 위위더虞育德가 등장하는 것으로 클라이맥스結穴處로 삼았으니, 그런 까닭에 타이보츠에서 제사를 올리는 역시 [이 소설의] 클라이맥스가 된다. 비유컨대 이것은 민산岷山에서 발원한 [민강이] 창쟝長江으로 흘러 들어가 [창쟝과 포양후鄱陽湖가 만나는 접경지인] 푸쳰위안敷淺原[68]에 이르러 여

주변머리가 없어 옷과 밥이 없는 신세, 살 길 막막해 친구에게 의지하네.
늙은 아내는 두어 장 편지로 돌아 못 가는 심정을 알겠지.
客睡何曾著, 秋天不肯明。
入簾殘月影, 高枕遠江聲。
計拙無衣食, 途窮仗友生。
老妻書數紙, 應悉未歸情。

66) 아닌 게 아니라 작자인 우징쯔吳敬梓가 지은 사詞인 「감자목란화減字木蘭花」의 설명에는 작자 역시 이 장에서 묘사되어 있는 두이의 편력과 비슷한 경험을 한 적이 있다고 되어 있다. (우징쯔吳敬梓, 『문목산방집文木山房集』, 제4권 9/a쪽)
67) 이와 같이 글을 짓는 것을 건축에 비유한 것은 왕지더王驥德의 『곡률曲律』과 리위李漁의 『한정우기閑情偶寄』 등에서도 찾아볼 수 있다.
68) 푸쳰위안이란 명칭은 옛 이름이다. 이곳이 현재의 어디인지에 대해서는 여러 설이 있으나, 모두 한수이와 창쟝과는 멀리 떨어져 있다. 그렇기 때문에 이것은

러 지류들과 하나로 합쳐지는 것과 같다. 그런 다음 강물은 유유히 감돌아 바다로 흘러 들어간다. 이 책에서 타이보츠가 등장하는 장면은 창장과 한수이漢水에 푸첸위안이 있는 것에 비길 수 있다.

> 杜少卿乃豪蕩自喜之人, 似乎不與遲衡山同氣味, 然一見衡山, 便互相傾倒, 可知有眞性情者, 亦不必定在氣味之相投也。衡山之迂, 少卿之狂, 皆如玉之有瑕。美玉以無瑕爲貴, 而有瑕正見其爲眞玉。夫子謂古之民有三疾, 又以"愚魯辟喭"目四子, 可見人不患其有毛病, 但問其有何如之毛病。

> 識舟亭遇見來霞士, 又遇見韋思玄, 令觀者耳目爲之一快。子美云: "途窮仗友生", 人不親歷此等境界, 不知此中之苦, 亦不知此中之趣。想作者學太史公讀書, 遍歷天下名山大川, 然後具此種胸襟, 能寫出此種境況也。

> 祭泰伯祠是書中第一個大結束。凡作一部大書, 如匠石之營宮室, 必先具結构于胸中: 孰爲廳堂, 孰爲臥室, 孰爲書齋, 灶廄, 一一布置停當, 然後可以興工。此書之祭泰伯祠, 是宮室中之廳堂也。從開卷歷歷落落寫諸名士, 寫到虞博士是其結穴處, 故祭泰伯祠亦是其結穴處。譬如岷山導江, 至敷淺原, 是大總匯處。以下又迤邐而入于海。書中之有泰伯祠, 猶之乎江漢之有敷淺原也。

제34회

가오 시독高侍讀은 루 편수魯編修와 같은 부류의 인물이다. 그래서 루 편수가 러우婁 씨 형제를 비난했던 것처럼 가오 시독이 두이杜儀를 비난했던 것이다. 어째서인가? 동류가 아닌 것들은 서로 용납하

아마도 시대적 한계로 인해 지리 관념에 어두운 평자가 잘못 인용한 것인 듯하다.

지 못하기 때문이다. 하지만 루 편수가 러우 씨 형제를 비난했을 때는 그래도 그 어조가 부드러웠으나, 가오 시독이 두이를 비난하는 말은 지나치게 날이 서 있다. 러우 씨 형제와 비교했을 때 두이의 비범한 언행이 훨씬 두드러지기 때문에 두세 배는 더 심한 비난을 받는 것이다. 한위韓愈는 "작은 성공을 거두면 작은 비난을 받고, 큰 성공을 거두면 큰 비난을 받는다"69)고 말한 바 있는데, 이 말이 문장에만 적용되는 것은 아니다.

[두이가] 경전[시경을 가리킴]을 해설한 부분은 진정 학문이라 할 만하니, 하찮은 소설로만 여겨 대충 읽어서는 안 된다.70)

다른 사람들보다 월등히 점잖고 고상한 쫭샹즈莊尙志의 모습을 묘사하고 있는데, 문장이 대단히 심오하여 무지한 사람은 그 뜻을 제대로 읽어 내기가 쉽지 않다.

마적과 마주치는 장면의 변화무쌍한 묘사는 더할 나위 없이 뛰어나다. 옛사람들은 싸움을 묘사하는 데에 『좌전』이 가장 뛰어나다고 했으나, 이 책도 분명 그에 못지않다. 가장 빼어난 부분은 쫭샹즈가 "도적을 잡아 백성을 편하게 할 좋은 방법을 강구하는 관리가 없다"고 말한 직후, 실제 도적을 만나서는 혼비백산하여 자기 한 몸의 안위만 챙기는 모습을 그린 대목이다. 이것은 서생들의 탁상공론이 실제로 세상을 다스리는 데는 아무런 도움이 되지 못한다는 것을 잘 보

---

69) 한위韓愈의 「펑쑤馮宿에게 보낸 문장을 논한 편지與馮宿論文書」에 나오는 말로, 원문은 다음과 같다. "時時應事作俗下文字, 下筆令人慚。 及示人, 則以爲好。 小慚者亦蒙謂之小好, 大慚者則必以爲大好矣。" 이것으로 알 수 있듯이 인용된 문장은 한위의 원문과 약간 다르다.
70) 실제로 이 소설의 작자인 우징쯔吳敬梓 역시 『시경』을 깊이 있게 연구한 적이 있다. 그러므로 이 내용은 우징쯔의 시경에 대한 해석이라고 보아도 무방하다. 자세한 것은 우징쯔吳敬梓 찬撰 저우옌량周延良 전증箋證, 『문목산방시설전증文木山房詩說箋證』(齊魯書社, 2002)을 참고할 것.

여 준다. 이것이 작자가 겉으로 드러내지 않은 행간의 뜻71)이니, 진실로 무지한 자들이 읽어낼 수 있는 바가 아니다.

高侍讀是魯編修一流人物, 故有魯編修之怪婁氏弟兄, 卽有高侍讀之怪杜少卿。何者?物之不同類者, 每不能相容也。然編修之怪婁氏, 語尚和平;侍讀之怪少卿, 語太激烈矣。以少卿較之二婁, 似少卿之鋒芒太露, 故其受怪又加于二婁一等。昌黎謂:"小得意則小怪之, 大得意則大怪之", 蓋不獨文章爲然矣。

說經一段是眞學問, 不可作稗官草草讀之。

寫莊紹光風流儒雅, 高出諸人一等, 筆墨之高潔, 難從不知者索解。

遇響馬一段, 縱橫出沒, 極文字之奇觀。昔人謂《左傳》最善叙戰功, 此書應是不愧。 最妙在紹光才說"有司無弭盜安民之法", 及乎親身遇盜, 几乎魄散魂飛, 藏身無地, 可見書生紙上空說, 未可認爲經濟。此作者皮里陽秋, 眞難從不知者索解也。

제35회

쫭상즈莊尙志는 대단히 학문이 높은 사람이지만 얼마간 가식적인 면도 있다. 학문이 높다는 것은 어떻게 알 수 있는가? 예를 들어 그가 루더盧德에게 던진 몇 마디는 10년 동안의 공부와 10년 동안의 수양이 없으면 도저히 터득할 수 없는 깨달음을 담고 있다. 이 정도의 학문은 이 소설에서 오직 위위더虞育德 정도나 거의 비슷하게 도달할 수 있는 경지이다. 두이杜儀도 이 정도엔 이르지 못하고 있다. 그러

---

71) 원문은 '피리양추皮里陽秋'이다. 이것을 직역하면 '뱃속에 들어 있는 『춘추』'가 된다. '양추'는 『춘추』를 가리키니, 동진東晋 원제元帝의 이름인 '춘'을 피휘避諱하느라 양추로 바꾼 것이다. 그러므로 겉으로 드러나게 호오나 포폄을 말하지 않고 마음속으로만 하는 것을 의미한다.

므로 좡샹즈는 이 소설에서 단연코 제 2인자로 꼽히고 있는 것이다. 좡샹즈에게 가식적인 면이 있다는 것은 어떻게 알 수 있는가? 이를테면 그가 [대학사인] 쉬지徐基를 만날 때 그를 문생門生의 예로 대하지 않았고, 대학사에게 대답한 것은 그 언사가 오만한 듯하나 실은 공손하였다. 이는 마치 훙먼鴻門의 연회에서 판콰이樊噲가 샹위項羽(기원전 232~202)를 꾸짖지만 샹위가 화를 내지 않은 이유가 판콰이의 말 속에 샹위 자신을 맹주로 존중하는 뜻이 있었기 때문인 것과 같다. 또 루더가 체포되었을 때 좡샹즈는 경사에서 알게 된 권력자들에게 편지를 써서 풀어 주게 했으니, 이게 어찌 [쉬안후玄武湖] 호수에 은거한 고결한 은사가 할 일이겠는가? 그래서 내가 좡샹즈에게 가식적인 면이 있다고 한 것이다. 이 모두는 작자가 쓰마첸司馬遷의 뛰어난 필법으로 여러 각도에서 인물의 다양한 모습을 묘사해 낸 것이니, 이른바 산봉우리 흰 구름은 그저 스스로 즐겁게 떠 있을 뿐 본래 세상 사람들이 알아주기를 바라지 않는 것과 같은 경지라 할 수 있다.

莊紹光是極有學問的人, 然却有几分做作。何以知其有學問? 如向盧信侯所說數語, 非讀書十年, 養氣十年, 必不能領略至此。此等學問, 書中惟有虞博士庶几能之, 若杜少卿尙見不及此。是以莊紹光斷斷推爲書中之第二人。 何以知其有做作? 如見徐侍郎, 居然不以門生禮自處, 回復大學士, 其言似傲而實恭, 正如鴻門宴上, 樊噲嗺讓項羽, 而羽不怒者, 以其以盟主推尊之也。又如盧信侯被逮, 紹光作書致京師要人以解釋之, 此豈湖中高士之所爲? 余故曰: 却有几分做作。此作者以龍門妙筆, 旁見側出以寫之, 所謂岭上白雲, 只自怡悅, 原不欲索解于天下後世矣。

제36회

이번 회에서는 정면에서 사실 그대로 묘사하는 정필正筆, 직필直筆 수법만 사용하고, 측면에서 에둘러 묘사하는 방필旁筆이나 곡필曲筆 수법은 사용하지 않았으므로, 문장 가운데 정점을 달리거나 고빗사위를 넘어가는 대목은 없다. 하지만 가만히 생각해 보면 이번 회가 가장 쓰기 힘들다는 것을 알 수 있다. 위위더는 이 책에서 가장 으뜸가는 인물이다. 그는 한 치의 흠도 없이 바르고 깨끗해서 마치 어떤 조미료도 넣지 않은 태갱太羹이나 원주元酒와도 같으니, 비록 고대의 뛰어난 요리사 이야易牙라 할지라도 자신의 요리 기교를 발휘할 여지가 없을 것이다. 이런 까닭에 옛사람들은 "죽은 귀신을 그리기는 쉬워도 산 사람을 그리기는 힘들다"고 했다. 사람은 누구나 볼 수 있으므로 사람을 그릴 때는 약간의 거짓도 허용되지 않는다. 이와 달리 귀신이나 괴이한 존재들을 그릴 때는 마음대로 더하거나 뺄 수 있는 것이다. 일찍이 태사공 쓰마쳰司馬遷은 평생 기이한 것을 좋아했다고 한다. 이를테면 청잉程嬰이 자오쉬趙朔의 유복자 자오우趙武를 옹립한 일72) 등의 이야기들은 어떤 책을 보고 쓴 것인지 알 수 없으나

---

72) 유명한 원대 잡극 『자오 씨 고아趙氏孤兒』의 배경이 된 이야기이다. 『자오 씨 고아』는 13세기 후반 지쥔샹紀君祥이 지은 것으로 『사기史記』에 나오는 춘추春秋시대 진晉나라의 장군 투안가오屠岸賈에 관한 고사故事를 극화한 것이다. 사원私怨으로 300여 명이 몰살당한 자오둔趙盾 일족 중에서 단 하나 살아남은 고아를 지키기 위하여, 자오 씨의 은혜를 입은 의사醫師 청잉程嬰을 중심으로 그의 친구들, 투안가오의 간악함을 미워하는 부하 대장隊長, 기타 여러 의사義士들이 잇따라 일어나서, 장렬하게 희생해 가는 비극이다. 봉건사상이 전편에 짙게 깔려 있지만, 죄 없이 박해 당하는 자를 구하려는 정의감이 광범위한 공감을 불러일으킨다. 청잉이 자기 자식을 대신 희생시키면서 고아와 진나라의 많은 유아들을 살리는 제3막은 처절한 내용이 아닐 수 없지만, 고조된 정신과 격정을 힘차게 노래하는 가사 때문에 어두운 느낌이 들지 않는다. 중국 희곡으로서는 처음으로 18세기에 유럽에까지 소개되었다.

한껏 힘을 다해 서술하여 구절 하나하나가 살아 있는 듯하다. 그런데 「하본기夏本紀」를 지을 때는 당연히 『상서』의 기록을 착실히 적어 넣지 않을 수 없었다. 이는 쓰마첸의 재주가 진, 한 시대의 일을 묘사하는 데는 뛰어나고, 하 은 주 삼대를 묘사하는 데는 모자라서 그런 게 아니라 바로 몸집을 가늠하여 옷을 마름질하고 주제를 고려하여 글의 틀을 세운 것이니, 반드시 그렇게 할 수밖에 없었을 따름이다.

此篇純用正筆, 直筆, 不用一旁筆, 曲筆, 是以文字無峭拔凌駕處。然細想此篇最難措筆, 虞博士是書中第一人, 純正無疵, 如太羹元酒, 雖有易牙, 無從施其烹飪之巧。故古人云: "畵鬼易, 畵人物難。"盖人物乃人所共見, 不容絲毫假借于其間, 非如鬼怪可以任意增减也。嘗謂太史公一生好奇, 如程嬰立趙孤諸事, 不知見自何書, 極力点綴, 句句欲活; 及作《夏本紀》, 亦不得不恭恭敬敬將《尚書》錄入。非子長之才長于寫秦漢, 短于寫三代, 正是其量體裁衣, 相題立格, 有不得不如此者耳。

제37회

이번 회에는 예스러운 정취가 풍부해서 마치 수쑨퉁叔孫通[73]이나 차오바오曹褒[74]가 쓴 글인 듯하다. 집현전 학사인 샤오쑹蕭嵩[75] 같

---

[73] 수쑨퉁叔孫通(?~?)은 본명이 수쑨짜이叔孫載로, 쉐薛(지금의 산동성山東省 텅현滕縣) 사람이다. 진나라 때부터 문학박사를 지내다, 전한前漢이 되어서는 고조高祖를 섬겨 조의朝儀를 제정制定했고, 혜제惠帝 때에는 봉상경奉常卿으로서 종묘宗廟 등의 의법儀法을 정하고, 태자太子 태부太傅로 전임되었다.
[74] 차오바오曹褒(?~?)는 차오충曹充의 아들로, 자는 숙통叔通이다. 영평永平 연간 효렴으로 천거된 이래, 박사, 시중侍中, 감우림좌기監羽林左騎, 사성교위射聲校尉, 허네이 태수河內太守 등을 지냈다.
[75] 샤오쑹蕭嵩(?~749)은 샤오량蕭梁의 후예로, 705년 밍저우 참군洺州參軍을 시

은 이들은 아무리 애를 써도 이런 글에는 못 미칠 것이다. 당당하고 훌륭하도다! 너무도 아름답도다!76)

제사에서 일을 맡은 이들은 모두 독자들이 잘 아는 인물들이니, 이 야기의 구성이 이보다 더 장엄할 수는 없다.

이 작품은 이번 회에 이르러 하나의 큰 매듭을 짓는다. 이 작품을 '유림儒林'이라 명명한 것은 이야기에 등장하는 문인 학사들 때문인데, 작품에 등장하는 문인, 학사의 수가 적지 않다. 이번 회 이전에는 잉더우후鶯脰湖에서 벌어진 문인들의 모임과 시후西湖에서 열린 시회詩會가 각기 작은 매듭을 이룬다. 그러다가 이 회에 이르는 것은 마치 윈팅산雲亭山77)과 량푸산梁甫山78)을 거쳐 결국 타이산泰山에서 모이게 되는 것과 같다. 음악 연주로 비유하면, 대개 온갖 음이 어우러지고 나면 이후에는 느린 소리의 변조가 이어지게 마련인 것과 마찬가지일 따름이다.

此篇古趣磅礴, 竟如出自叔孫通, 曹褒之手, 覺集賢學士蕭嵩輩极力爲之, 不過如此。堂哉, 皇哉, 侯其禕而。

內中司事的人, 一一皆閱者之所爛熟, 布局之妙, 莫與京矣。

本書至此卷, 是一大結束。名之曰儒林, 蓋爲文人學士而言。篇中之文人學士, 不爲少矣。前乎此, 如鶯脰湖一會, 是一小結束; 西湖上詩

작으로 중서사인中書舍人, 삭방절도사朔方節度使, 하서절도등부대사중서령河西節度等副大使, 칭저우 자사靑州刺使 등을 지냈다.
76) 이 말은 동한의 문인인 장헝張衡(78~139)의 「동경부東京賦」에 나오는 "吁, 漢帝之德, 侯其禕而"라는 구절을 인용한 것이다.
77) '윈윈산雲雲山'과 '팅팅산亭亭山'을 합쳐 이르는 말로, 『사기』「봉선서封禪書」에 따르면, 윈윈산은 무회 씨無懷氏가, 팅팅산은 황제黃帝가 각각 하늘에 올리는 선제禪祭를 지낸 곳이라고 한다.
78) 타이산泰山 아래쪽에 있는 작은 산으로, 지금의 산둥성 신타이 시新泰市 서쪽에 있다.

會, 是又一小結束。至此如雲亭, 梁甫, 而後臻于泰山。譬之作樂, 盖八音繁會之時, 以後則慢聲變調而已。

제38회

이번 회에 이르러 문장은 기괴함의 극치를 다 보여 줬다고 할 수 있다. 긴 여름날 나른할 때 읽으면 잠도 달아나고 병도 나을 만하다.

궈리郭力는 원래 가난하고 쓸쓸한 사람인지라 간루안甘露庵의 노스님과 마음이 잘 맞았던 것이다.

매서운 겨울바람과 차가운 눈, 사나운 호랑이와 괴이한 짐승 등 궈리는 온갖 고생을 다했다. 그러나 궈리의 고난은 고생스럽긴 했지만 아직은 부족한 면이 있다. 그런데 노스님은 난데없이 도깨비 소굴에 떨어져 목숨이 경각에 달리게 되었으니, 천하의 놀랍고 기이한 일 가운데 이보다 더한 것이 있겠는가? 우리가 사는 세상에 이런 기이한 일들이 있을 줄이야.

文章至此篇, 可謂極盡險怪之致矣。長夏攤飯時讀之, 可以睡醒, 可以愈病。

郭孝子原是一种枯槁寂寞之人, 故與老和尚之氣味最相合。

寒風朔雪, 猛虎怪獸, 郭孝子備嘗之矣。以爲苦猶未足以言其苦也。老和尚竟墮入夜叉鬼國, 性命乃在呼吸之間, 天下事之可驚可怪者, 孰愈于此? 不意耳目之間, 有此奇觀。

제39회

흉악한 자오다趙大가 등장하는 부분은 일부러 무시무시한 표현을 써가며 점점 더 긴박하게 몰아가니, 독자들이 차마 바로 그 다음 부분을 제대로 읽어 내려갈 수 없게 만든다. 노스님의 목숨이 한순간이면 날아갈 상황인데도 작자는 아무렇지도 않게 천천히 곁다리 이야기를 하나하나 풀어 나가니, 이 대목은 징커荊軻가 진왕秦王을 찌르려 할 때 지도가 다 펼쳐지고 나서야 비수가 드러나는 아슬아슬한 전개와 다를 바 없다.

샤오차이蕭采는 대대로 석궁을 잘 쏘기로 유명한 집안 출신이나 그의 석궁 솜씨는 또 아버지 샤오하오蕭浩와는 전혀 다른데, 묘사하는 필치는 호탕하여 표현하지 못하는 바가 없다.

내가 늘 친구에게 하는 말이지만, 무릇 배운 자가 붓을 들어 글을 쓸 때는 세상의 윤리 강상과 인심에 도움이 되는 것을 가장 중시해야 하니, 그것이 바로 성인이 "언사를 닦아 성실함을 이룬다修辭立其誠"79)라고 말씀하신 뜻이다. 궈리郭力가 샤오차이에게 조언해 주는 장면80) 같은 경우 성인이 다시 오신다 해도 그와 똑같이 말씀하셨을

---

79) 『주역』 「건乾」 〈문언文言〉에 나오는 말이다.
80) "저는 아직 어린지라 그렇잖아도 선생님의 가르침을 청하려던 참입니다. 해 주실 말씀이 있으면 어서 해 주십시오."
"그처럼 목숨을 내걸고 위험을 무릅쓰는 것은 모두 협객들이 하던 일일세. 그런데 지금은 춘추 전국시대와는 달라서 그런 일로 공명을 이룰 수는 없네. 지금은 사해가 한 집안이나 다름없는 시대이니 징커荊軻나 녜정聶政이 나온다 할지라도 범법자로 내몰리게 될 뿐일세. 자네처럼 이렇게 뛰어난 풍모와 재주에 또 정의감과 용기까지 지닌 사람은 마땅히 조정을 위해 능력을 발휘해야 하네. 장래에 변경 지역에 가서 칼과 창을 한번 휘두르기만 하면 처자식이 영화롭게 되고 청사에도 길이 이름을 남길 수 있네. 사실 나는 어려서부터 부질없이 무예를 배우긴 했으나, 선친께서 참사를 당하신 까닭에 고된 방랑 생활을 하느라 수십 년 넘는 세월을 보낸 탓에 이제는 나이가 들어 아무짝에도 쓸모없게 되었다네. 자네는 아직 젊고 기운도 한창 때이니 부디 기회를 놓치지 마시게. 오늘 이 늙은이의 말을 꼭 기억해야 하네."
"선생님의 가르침을 받자오니 구름을 헤치고 해를 보는 것 같습니다. 정말 감사합니다."

것이다. 요즘 세상에 유행하는 패관잡설은 늘 조정의 관리를 량산보梁山泊 물가로 몰아내 도적이 되게 만들지만, 이 책은 목숨을 초개처럼 버리면서 의협을 행하는 사람에게 세상에 나와 변경에서 국가를 위해 목숨을 바칠 것을 권한다. 아, 진실되도다! 군자가 쓴 글은 영원하리라.

이얼산椅兒山에서 적의 목을 베고, 칭펑청青楓城을 함락시킨 것은 샤오차이의 공이고, 두 도독은 아무 기여도 하지 못했음은 천추만세가 지나도 누구나 다 알 일이다. 하지만 결국 샤오차이는 천총 직위를 정식으로 제수 받았을 뿐이고, 두 도독은 임지로 돌아가 승진을 기다리게 되었다. 비장군 리광李廣[81]의 사촌동생 리차이李蔡도 그 능력이 모자랐으나 제후에 봉해졌기에 역시 오랜 세월 동안 모든 사람들이 탄식했었다. 아, 슬프도다! 더 말해 무엇하리.

惡和尚一段, 故作險語, 愈逼愈緊, 能令閱者不敢迫視。老和尚性命在呼吸之間, 作者偏蕭閑事外, 謾謾詮解, 讀此何異圖窮而匕首見。

蕭雲仙彈子世家也, 而其打法, 又絶不與蕭昊軒犯復, 筆墨酣暢, 無所不可。

余嘗向友人言, 大凡學者操觚有所著作, 第一要有功于世道人心爲主, 此聖人所謂"修辭立其誠"也。如郭孝子指敎蕭雲仙一段, 雖聖人復起, 不

---

81) 리광李廣(?~기원전 119)은 한 나라 때의 장군으로, 룽시 청지隴西成紀(현재의 간쑤성甘肅省 징닝靜寧) 출신으로, 톈수이天水에서 태어났다. 당대唐代 시인 왕창링王昌齡의 「출새시出塞詩」 중 '진나라 때 달이요, 한나라 때 관문인데, 먼 전쟁터를 떠난 사람 중 아직 돌아온 이 없네. 비장군이 있었다면 오랑캐의 말발굽이 인산을 못 넘었으리. 秦時明月漢時關, 萬里長征人未還. 但使隴城飛將在, 不叫胡馬度陰山'에서 '비장군'은 바로 리광李廣을 지칭한다. 흉노족들이 그를 두려워하여 비장군이라 불렀던 것인데, 혁혁한 공을 세웠지만 결국 제후로 봉해지지 않았다.

易斯言。世所傳之稗官, 慣驅朝廷之命官去而之水泊爲賊, 是書能勸冒險捐軀之人出而爲國家效命于疆場。信乎! 君子立言必不朽也。

椅兒山破敵, 青楓城取城, 千秋百世皆知是蕭雲仙之功, 兩都督不與也。及其結局, 雲仙不過實授千總, 而兩公則回任候升。李蔡爲人下中, 竟得封侯, 亦千古同嘆之事。嗚呼, 尚何言哉!

제40회

샤오차이蕭采는 칭펑청青楓城에서 백성들을 보살피고 가르쳤으며, 황제의 은덕을 선양하고 백성들의 실상을 보고했으니, 바로 본체體와 쓰임用을 두루 갖춘 재사라 할 수 있다. 그러나 낮은 직위 탓에 결국 갇힌 물고기 신세가 되고 만다. 이것이 바로 작자가 발분저서를 해서 마음 속에 담아둔 불평을 터뜨린 이유이다.

예전에 롼지阮籍가 광우산廣武山에 올라 "세상에 영웅 없으니 어리석은 자가 공명을 이루노라"라고 탄식한 적이 있다. 글 가운데 설경을 감상하는 부분은 이런 롼지의 생각을 집약해서 보여 준다. 샤오차이와 무나이木耐가 한가롭게 주고받는 말 몇 마디82)는 천년이 지난

---

82) 그들이 앉자 도사는 배석할 엄두도 내지 못하고 얼른 차를 내왔다. 무나이가 손이 닿는 대로 여섯 짝 격자창을 활짝 열어젖히니 옆에서 본 광우산의 모습이 눈에 들어왔다. 산에는 나무들이 잎사귀를 모두 떨어뜨린 채 쌩쌩 부는 차가운 북풍에 흔들리고 있었고 하늘에선 눈송이가 흩날리기 시작했다. 샤오차이가 그 광경을 보며 무나이에게 말했다.
"우리 두 사람이 칭펑청에 있을 때 이런 눈을 숱하게 봤으나 그때는 쓸쓸하게 느낀 적이 없었지. 그런데 지금 저 눈을 보니 뼛속까지 시려 오는군."
"저는 그 두 도독 나리가 생각납니다. 지금쯤 담비 가죽옷을 입고 화톳불을 쬐면서 즐겁게 지내고 계시겠죠!"
이렇게 이야기를 나누며 가져온 술을 다 마시고 나자, 샤오차이는 자리에서 일어나 천천히 거닐었다.

뒤에도 아직 눈물 자국이 선연한 「리링이 쑤우에게 보낸 답장 편지李陵答蘇武書」83)와 다르지 않다.

샤오차이를 묘사한 다음, 곧바로 선츙즈沈瓊枝를 묘사하고 있다. 샤오차이는 호걸이요, 선츙즈 역시 호걸이다. 샤오차이는 미천한 관리라서 굴욕을 당하고 선츙즈는 천박한 사내 때문에 어려움에 처하니, 그 둘의 처지는 다르지만, 칭송과 눈물을 낳는 그들의 심정은 마찬가지인 것이다. 작자는 눈물을 머금은 두 사람의 눈을 함께 담아 한 목소리로 울게 하려 한 것이다.

蕭雲仙在青楓, 能養能敎, 又能宣上德而達下情, 乃是有體有用之才, 而限于資格, 卒爲困鱗。此作者之所以發憤著書, 一吐其不平之鳴也。

昔日阮藉登广武而嘆曰: "時無英雄, 使竪子成名!"書中賞雪一段, 是隱括此意。雲仙與木耐閑閑數語, 直抵過一篇《李陵答蘇武書》, 千載之下, 淚痕猶濕。

才寫過蕭雲仙, 接手又寫一沈瓊枝。雲仙, 豪杰也; 瓊枝, 亦豪杰也。雲仙之屈處于下僚, 瓊枝之陷身于傖父, 境雖不同, 而其歌泣之情懷則一。作者直欲收兩副淚眼, 而作同聲之一哭矣。

제41회

명사들의 풍류를 그리다가 갑자기 여인의 분 냄새가 끼어들지만, 호화로움에 둘러싸인 나약한 여인을 그리는 것은 아니다. 작자는 본

---

83) 쑤우蘇武(기원전 140~기원전 80)의 자는 쯔칭子卿이고, 흉노匈奴 정벌에 공을 세운 쑤젠蘇建의 차남이다. 제7대 황제인 무제武帝의 명을 받고 흉노의 지역에 사신으로 갔을 때, 선우單于에게 붙잡혀 복속服屬할 것을 강요당하였으나 이에 굴하지 않아 북해北海(바이칼호) 부근에 19년 간 유폐되었다. 흉노에게 항복한 지난날의 동료 리링李陵이 설득하였으나 굴복하지 않고 절개를 지켜 귀국했다. 후에 선제宣帝의 옹립에 가담하여 그 공으로 관내후關內侯가 되었다.

래 늠름한 모습과 씩씩한 기상을 그려내는 데 능한 터인지라, 여자를 등장시키면서도 넓디넓은 대천세계에 도를 설파하는 모습으로 그리고 있다.

名士風流忽帶出一分脂粉氣, 然絶不向綺羅叢中細寫其柔筋脆骨也. 想英姿颯爽自是作者本來面目, 故化作女兒身爲大千說法耶!

제42회

제43회

제44회

제45회

속담에 "맑은 물 마시고 흰 쌀밥 잘 먹고 나서, 공연히 남의 집 일에 참견한다"는 말이 있다. 탕싼탄唐三痰 같은 부류의 인간은 날이면 날마다 현 아문 어귀에 죽치고 앉아 온갖 이야기를 떠들어대니 도대체 그런 게 자기 먹고사는 일에 무슨 도움이 된단 말인가? 그러면서도 머리가 허옇게 되도록 그런 짓을 그만둘 줄 모르다니! 이런 인간들은 측간의 구더기가 이리저리 꿈틀대듯 조급을 떠는 게 마치 무슨 일이 많은 것 같지만 결국 날마다 이런 식일 뿐이다. 그들이 언제 한번 똥통 밖으로 나가 본 적이 있었던가!

탕싼탄은 어차피 상관없는 남이니까 탓할 것도 못된다. 그러나 자오린수趙麟書는 위터余特의 친지이거늘 어찌 그리 고약하게 군단 말인가. 세간의 경박한 습속을 묘사하면서 먼저 친지들로부터 시작하고 있으니 그가 이런 말을 하고 있는 데 오묘한 맛이 있다.

탕싼탄과 자오린수는 입만 열면 하나같이 향신 펑彭 씨, 염상 팡方 씨를 들먹이니 이것이 이 회의 핵심적인 대목이다.

위푸余敷와 위인余殷 형제가 하는 말을 보면 그들이 얼마나 무식한지를 알 수 있으니, 풍수학에 대해서야 더 말할 필요도 없다. 이 부분에서 뛰어난 점은 위푸와 위인이란 인물이 소리쳐 부르면 금방이라도 책 밖으로 뛰쳐나올 듯 생동적이고, 이들의 바보 같은 형상이 눈에 선하게 묘사되어 있다는 데 있다.

俗語云:「吃了自己的淸水白米飯, 去管別人家的閒事。」如唐三痰輩, 日日在縣門口說長論短, 究竟與自己穿衣吃飯有何益處? 而白首爲之而不厭耶! 此如溷厠中蛆虫, 翻上翻下, 忙忙急急, 若似乎有許多事者, 然究竟日日如此, 何嘗翻出厠坑之外哉。

唐三痰路人耳, 不足怪也, 趙麟書亦系余大先生之親串, 何苦如此! 寫薄俗澆漓先自親串始, 有味乎其言之。

口口帶定彭鄕紳, 方鹽商, 是此篇扼要處。

觀余敷, 余殷兩弟兄之口談, 知其爲一字不通之人, 堪輿之學不必言矣。其妙處在于活色生香, 呼之欲出, 呆形呆氣, 如在目前也。

제46회

위위더虞育德가 떠나자 문단은 점차 활기를 잃어 간다. 위위더는 이 책에서 으뜸가는 인물이요, 타이보츠太伯祠의 제사는 이 책에서 으뜸가는 사건이다. 그 이후의 것은 모두 그것의 유풍이요 여운이다. 그러므로 위위더가 난징을 떠나는 날 두이杜儀만이 전송을 나갔을 때, 그가 작별하며 남긴 말은 애잔하기 이를 데 없으며, 시간이 흘러도 그 소리가 귓가에 쟁쟁하다.

속되고 천박한 세상에 자중할 줄 아는 이가 어쩌다 한 둘 있으면 사람들은 그들을 도저히 용납하지 못한다. 위량虞梁의 서재에 하필이면 탕방주이唐棒椎나 야오姚 씨 집 다섯째 같은 이가 드나드니, 작은 마을의 인심에 대한 묘사는 절묘한 지경에 이르렀다. 지금까지 그 어떤 소설 작자도 이런 필치를 갖고 있는 이가 없었다.

탕방주이와 야오 씨 집 다섯째 두 사람만으로도 사람을 화나가 만들기에 충분하건만 거기에다 청성成 노인까지 가세시켜 놓았다. 글은 마치 봄이 끝난 후의 꽃처럼 여한 없이 모든 것을 다 보여 주었으며, 하늘이 내린 뛰어난 솜씨가 유감없이 발휘되어 있다.

博士去而文壇自此冷落矣。虞博士是書中第一人，祭泰伯祠是書中第一事，自此以後皆流風余韻。故寫博士之去惟少卿送之，而臨別數言，凄然欲絶，千載之下謦欬如聞。

薄俗澆漓中而有一二自愛之人，此衆口之所最不能容者也。虞華軒書房里偏生有唐二棒椎，姚五爺來往，寫小地方之人情，出神入化，從來稗官無此筆仗。

唐二棒椎，姚五爺兩人，盡够令人作惡矣，偏又添出一個成老爹。文心如春盡之花，發泄無遺，天工之巧，更不留余也。

제47회

이 회는 위량虞梁을 새로 다시 한 번 묘사한 것이니, 문장 가운데서도 특이한 체제變體라 하겠다. 작자는 야박한 세상 풍속의 갖가지 추한 면모, 특히 은자만 보면 눈이 벌겋게 되는 실상을 분명히 그려냈다. 여기서 위량이 상당히 자부심 강한 인물이라는 사실을 알 수 있으며, 이 대목은 뒷부분에서 그가 결국 전답을 사지 않게 되는 상황의 복선이 되고 있다. 이런 서술 방법은 바로 국수가 놓은 돌이 하나하나 서로 호응하는 것과 마찬가지이다.

청성 노인이 밥을 먹으러 팡方 씨 집에 가는 이야기는 아무리 참으려 해도 독자를 포복절도할 수밖에 없게 만든다.

탕방주이唐棒椎를 묘사한 부분은 붓끝이 예리하기 이를 데 없다. 그가 지부 댁 공자와 질펀하게 한 잔 마시지 못해 안타까워하는 것을 보면, 이 사람의 비위를 맞추기란 참으로 어렵다는 것을 알 수 있다. 모두들 권세와 이익을 좇는 마당이니 어떻게 해야 뜻을 얻었다고 할 수 있을까?

절효사에 위패를 모시는 대목은 작자가 비록 해학적인 언어로 묘사했지만, 사실은 곳곳에 눈물 흔적이 배어 있다. 경박한 세상 풍속과 변덕스런 세상 인심을 접할 때마다 가난하고 힘없는 집 자식들은 사사건건 눈물을 삼키게 되는 것이다. 글 곳곳에서 위위더虞育德를 끌어들이고 있는 것은 온 몸에 퍼져 있는 뼈마디와 같이 이야기를 전체로 이어주는 중요한 연결 고리가 되고 있다.

此篇重新把虞華軒提出刻畵一番, 是文章之變體。提淸薄俗澆漓, 色色可惡, 惟是見了銀子, 未免眼熱, 只此一端, 華軒頗可以自豪, 以伏後文不買田之局。是國手布子, 步步照應。

成老爹往方家吃飯一段, 閱者雖欲不絶倒不可得已。

寫唐二棒椎眞能入木三分。看他旣會太尊, 又以不得同公子讌飮爲恨, 此人脾胃眞難調攝, 不知追逐勢利場中, 如之何而後可以言得意也。

入節孝祠一段, 作者雖以謔語出之, 其實處處皆淚痕也。薄俗澆漓, 人情冷暖, 烏衣子弟觸目傷心。文中處處挽虞博士, 是通身筋節。

제48회

왕윈王蘊은 진정 예부터 이른바 책상물림의 전형인데, 그의 어리석음은 참으로 남들은 도저히 미치지 못할 지경이다. 이 사람을 보면 그가 "생사의 갈림길에서도 절개를 지켜 흔들림이 없는"[84] 군자임을 알 수 있다. 윤리강상을 지키고자 분연히 결단을 내려서 큰일을 해냈으니 분명 교활한 사람은 아니리라.

왕윈의 늙은 아내가 그를 '어리석다'고 여기고, 왕윈 역시 자기 아내를 '어리석다'고 보고 있는데, 앞뒤로 나오는 이 '어리석다'는 두 글자가 서로 호응하며 재미를 준다.

열부를 사당에 모시는 과정을 묘사한 대목은 무엇보다 앞에 나오는 우허 현五河縣의 절효사 이야기와 서로 대조적이다.

타이보츠太伯祠를 둘러보는 대목은 처량하면서도 함축적이어서, 끊임없이 타이보츠의 옛일을 추억하게 되고, 한없이 슬픈 감회에 젖어들게 된다. 이 대목은 이번 회를 매듭짓는 부분일 뿐 아니라 이 책 전체를 매듭짓는 대목으로, 문장의 기세와 의도 모두에서 작자의 능력을 발휘하고 있다.

王玉輝眞古之所謂書呆子也, 其呆處正是人所不能及處。觀此人, 知其臨大節而不可奪。人之能于五倫中慷慨決斷, 做出一番事業者, 必非天下之乖人也。

老孺人以王玉輝爲呆, 王玉輝亦以老孺人爲呆, 前後兩個"呆"字, 照應成趣。

寫烈婦入祠一段, 特特與五河縣對照。

---

84) 『논어』 「태백泰伯」 편에 나오는 구절로 쩡쯔曾子가 군자다움을 설명할 때 한 말이다.

看泰伯祠一段, 凄清婉轉, 無限凭吊, 無限悲感。非此篇之結束, 乃全部大書之結束, 筆力文情兼擅其美。

제49회

위위더虞育德가 떠나간 뒤 그 뒷이야기는 모두 군더더기일 따름이다. 하지만 작자는 쟝옌江淹[85])처럼 문장 실력이 바닥나서, 앞에서와 같이 눈이 휘둥그레질 기이하고 읽을 때마다 깜짝깜짝 놀랄 이야기가 없다고 독자들이 자신을 비웃을까 두려웠는지, 독자들이 익히 알고 있는 가오 시독을 통하여 완리萬里 이야기를 이끌어내고 있다. 이 완리 이야기는 펑밍치鳳鳴歧 이야기를 쓰기 위한 포석이기도 하다. 펑밍치의 사람됨은 그 성정과 기개가 다른 사람들과는 확연하게 다르니, 작자의 기발한 상상력이 참으로 무궁무진하다 하겠다.

친 중서秦中書 집안의 잔치 자리는 이른바 '음식 지옥'이라고 할 만하다. '지옥'이라고 했으니 지옥의 '변상變相'[86])이 빠질 수 없다. 연회 자리에 난데없이 관원이 들이닥쳐 다짜고짜 손님 한 명[곧 완리]을 끌고 가니, 이들을 불경 속의 지옥 귀졸인 우두牛頭[87])나 야차라고 해도

---

85) 쟝옌江淹(444~505)의 자는 원퉁文通이고, 허난성河南省 카오청考城 출생이다. 송宋, 남제南齊, 양梁의 세 왕조를 섬기는 동안 양梁에서는 금자광록대부金紫光祿大夫가 되어 예릉후醴陵侯에 책봉되었다. 문학을 즐기고 유儒, 불佛, 도道에 통달하였으나, 문학활동은 송, 제 시대에 주로 하였으며 만년에는 부진하였다. 이렇듯 어려서는 문명을 날렸지만, 만년에는 좋은 시문을 짓지 못하자 당시 사람들은 그의 재주가 다 떨어졌다고 말했던 것이다. 대표작에는 한漢나라에서 송나라에 이르는 시인 30명의 작품을 모방한 잡체시雜體詩 30수가 있다. 부賦에는 한부恨賦, 별부別賦 2편이 있는데, 문사文辭가 화려하다. 변문駢文으로는 『예건평왕상서詣建平王上書』가 유명하다.
86) 변상이란 불경의 내용을 그림으로 표현한 것으로 여러 장의 그림으로 줄거리를 표현한 것이 많다. 지옥 변상은 불경의 내용에 따라 지옥의 모습을 표현해 놓은 그림이다.

무방하지 않겠는가!

虞博士旣去, 以後皆余文矣, 作者正恐閱者笑其江淹才盡, 無復能如前此之惊奇炫異, 劌心怵目, 故且借一最熟之高翰林, 引出萬中書一段事; 寫萬中書者, 又爲寫鳳四老爹之陪筆。至于鳳四老爹之爲人, 又別有一种性情氣槪, 不與衆人同, 何其出奇之無窮也。

秦中書家會席, 乃所謂飮食地獄也。旣曰地獄, 則不得不有地獄變相。席上無端闖進一個官, 生拿活捉套了一個客去, 雖謂之牛頭夜叉也亦可。

제50회

친秦 중서는 본래부터 소심하고 무슨 일이 일어날까 노심초사하던 사람인데, 펑밍치鳳鳴歧가 종횡가 쑤친蘇秦과 장이張儀의 혓바닥을 놀려 이해타산을 따지며 겁을 주었으니[88] 믿지 않을 수 없었다. 이 부분을 읽노라면 유세가들의 변론을 담은 한 편의 절묘한 『전국책』을 보는 것 같다.

명대에 '중서'가 되는 길은 진사 출신과 감생 출신 이렇게 두 가지가 있었다.[89] 그러므로 이 글에 서술된 것이 결코 근거 없이 지어낸 이야기가 아니다.[90]

---

87) 지옥 야차 가운데 하나로 특히 영혼을 지옥으로 데려가는 일을 맡고 있다.
88) "여기 선생님들이 너무 우스워서 그랬습니다. 사람은 벌써 잡혀가고 없는데, 화를 내면 뭐 하겠습니까? 제 어리석은 소견으로는 똑똑한 사람을 하나 현 아문으로 보내 사정을 알아봐야 마땅할 것 같습니다. 그럼 첫째로 그 양반이 어떻게 되었는지 알 수 있고, 둘째로 나리들과 연루된 일인지 여부도 알 수 있겠지요."
89) 이 이야기는 완리의 입을 통해 나온다. "중서 중에서도 진사 출신과 감생 출신은 그 서열과 하는 일이 다릅니다."
90) 결국 가짜 중서 완리는 펑밍치의 술책으로 돈을 내고 조정의 고관의 추천을

秦中書本小心怕事之人, 又被鳳四老爹蘇張之舌以利害嚇之, 不容不信。讀之是一篇絶妙長短書。

明朝中書有從進士出身者, 有從監生出身者。原是兩途。篇中所叙, 幷非杜撰也。

제51회

전반부에서는 작은 배에 탄 젊은 여자가 사람을 속이는 대목이 나오는데, 고혹적인 매력 때문에 경박한 젊은이가 술책에 빠지고도 깨닫지 못하였으니, 펑밍치鳳鳴歧가 아니었다면 참으로 2백 냥의 돈을 물 속에 내던진 셈이 되었으리라.

펑밍치를 묘사한 대목은 한 번도 '흥겹지' 않은 적이 없다. 그가 비단 상인 대신 2백 냥을 돌려받는 것은 다음 회에서 그가 천정궁陳正公 대신 천 냥을 받아내는 장면과 흡사하다. 세상에는 이런 열정적인 사람들도 있는데, 다만 그 숫자가 많지 않을 따름이다.

완리萬里는 거듭 펑밍치에게 사례해야 한다고 말하지만, 그런 무리들은 그저 빈말만 할 뿐 실제로 보답하려는 마음은 없다는 것을 알겠다. 하지만 펑밍치의 사람됨은 돈을 초개처럼 여기니, 진심으로 보답하려 했을지라도 역시 거절하고 떠나갔을 것이다. 그리하여 그는 굳이 "지난날 선생의 은덕을 입은 일도 없습니다. 이번 일은 그저 한때 우연히 흥이 나서 한 것뿐"이라는 한 마디 말로 딱 잘랐던 것이다. 정말 백 자 높이의 누각처럼 높은 장사의 기개를 그리고 있다.

펑밍치가 관아의 형벌을 시험하는 대목은 만약 솜씨 없는 작자라면 틀림없이 그가 얼마나 힘이 세고 어떤 능력이 있는지를 자세히 썼

받아 정식으로 중서가 된다.

을 것이고, 게다가 구구절절 설명을 덧붙였을 텐데 그렇게 하고도 오히려 그의 높은 정신은 드러나지 않았을 것이다. 앞 문장에서 이미 펑밍치는 천 근이 넘는 돌로 머리를 치더라도 전혀 꼼짝도 하지 않았다는 이야기가 나왔기 때문에, 이 관아에서의 일은 독자들이 충분히 예상할 수 있었다. 이 대목은 다음 이야기를 부각시켜 활력이 백 배나 더하게 느끼도록 하기 위한 것이다.

前半寫小船上少年婦人騙人, 旖旎風光, 几令佻達兒郞墮其術中而不悔, 若非鳳四老爺, 二百兩頭眞擲之水中矣。

寫鳳四老爺無往而非"高興", 替絲客人取回二百金, 猶之後文替陳正公取回千金也。世上亦復有此等熱心腸人, 但不多見耳。

萬中書念不絶口的要謝鳳四老爺, 則其徒托空言而非實心圖報可知。然鳳四老爺之爲人, 視銀錢如土苴, 卽實心圖報, 彼亦弃而弗顧, 所以特特叫破: 我非有愛于君而爲之, 不過高興耳。寫壯士身分眞在百尺樓上。

試官刑一段, 使拙筆爲之, 必曰有何如之力量, 有何如之本領, 加上許多注脚, 而精神反不現矣。要知上文已經提淸, 千把斤石頭打在頭上毫然不動, 則此事固閱者意中事也。有此一段爲下一卷之襯托, 始覺精神百倍。

제52회

앞 회에서 친콰쯔秦倥子를 남겨 둔 이유가 바로 여기에서 써먹기 위해서였으니 참으로 능숙한 명장의 솜씨이며, 그 수법이 신선하다.

말썽꾼 후胡 공자와 친콰쯔는 같은 부류의 인물로 자신의 형[91]에 대해 마음속으로 가지고 있던 불만[92]을 생동적으로 묘사해냈다.

---

91) 후 공자의 형은 후전胡縝이다.

[펑밍치가] 벽돌을 깨고 [후 공자로 하여금 자신의] 사타구니를 차게 하는 대목에서는 용맹을 뽐내고 승부 겨루기를 좋아하는 거친 젊은이들의 기상을 생생하게 묘사했으니, 정말 기막힌 솜씨가 아닐 수 없다.

털보 마오毛 씨가 주도면밀하게 계략을 세운 것은 천정궁陳正公이 "소송을 걸지도 고발하지도 못하게" 하기 위한 것이었는데, 그것을 친콰쯔가 한 마디로 폭로해 버렸다. 그러나 펑밍치가 마오 씨의 전당포 건물을 무너뜨린 것 역시 "소송을 걸지도 고발하지도 못할" 일 가운데 하나였다. 그러므로 내가 어떤 술수를 써서 남을 제압하면 남도 똑같은 술로 나를 제압하게 되니, 기발하고 교묘한 사기가 무슨 소용이 있겠는가? 이 책에는 사람이 살아가는 도리에 대한 가르침이 적지 않다.

털보 마오 씨가 천정궁에게 이익을 안겨 준 두 번의 일이 다음 이야기를 이끌어내는 것을 보면, 작자가 이 부분을 쓸 때 조금도 필묵을 낭비하지 않았음을 알 수 있다.

上文留下一個秦二侉子爲此地之用, 眞爐錘在手, 花樣生新。

胡八亂子與秦二侉子是一類人, 其意中不滿足乃兄處寫來活象。

拍方磚, 踢腎囊一段, 活畫出惡少子弟好勇鬥狠的氣象。妙筆, 妙筆。

毛二胡子老謀深算, 不過要他"打不起官司告不起狀"耳, 却被秦二侉子一語叫破。然鳳四老爹析毀了他的廳房, 亦是"打不起官司告不起狀"

---

92) "맞습니다. 형님은 저와 성격이 달라서, 입에서 나오는 대로 대충 시를 지으며 명사라고 자칭하는 하찮은 사람들과 어울리길 좋아했지요. 사실 자기는 좋은 술과 맛있는 고기 한 번 제대로 먹지 못했지요. 그런데 수백 수천 냥의 돈을 사기당한 것에는 눈 하나 깜빡하지 않습니다. 저는 원래 말 키우는 것을 좋아했는데, 형님께서는 항상 말들이 자기 집 정원을 짓밟아 놓는다며 트집을 잡았지요. 저도 이제 더는 견딜 수 없어 집을 형님에게 줘버리고 따로 나와 살면서 연락을 끊고 지낸답니다."

之一事。可見我以何術制人,人卽以何術制我,机巧詐僞,安所用之? 此書有功于人世處不少也。

看二胡子爲陳正公生利兩事,能倒攝下文,在此處眞不肯浪費筆墨。

제53회

제54회

제55회

제56회

상유 한 편, 주소 한 편, 제문 한 편 등 모두 세 편의 문장을 정(鼎)의 다리 세 개처럼 병치시켜, 이것으로 위대한 저작 전체를 매듭짓고 있다. 단어나 문장을 엮은 솜씨가 「태사공자서太史公自序」와 흡사하다.

一上諭, 一奏疏, 一祭文, 三篇鼎峙, 以結全部大書。綴以詞句, 如太史公自序。

『서유기』원지 독법
『西遊』原旨讀法*

류이밍劉一明

(1) 『서유기』라는 책은 성인의 입에서 입을 거쳐 전하고, 마음과 마음으로 아로새긴 대도大道이다. 옛사람들은 감히 말하지 않았던 것을 츄추지邱處機(1148~1227)[1)]가 말한 것이다. 옛사람이 감히 천명하지 않은 것을 츄추지가 천명해 천기天機가 크게 드러났으니, 이것은 그 의의가 매우 큰 것이다. 이 책이 있는 곳에는 천신의 가호가 있을 것이니, 독자들은 모름지기 손을 씻고 향을 사른 뒤 정성스럽고 공경하는 마음으로 읽을 것이며, 만약 읽다가 싫증이 나면 책을 덮고 높은 자리에 올려놓아 행여라도 태만히 다루지 않을 것이다. 이러한 사

---

* 원문은 주이쉬안朱一玄, 류위천劉毓忱 주편, 『서유기자료회편西遊記資料匯編』(天津; 南開大學出版社, 2002)을 바탕으로 『중국소설독법How to Read the Chinese Novel』(데이비드 L. 롤스톤David L. Rolston 주편, 프린스턴대학출판사Princeton University Press, Princeton, New Jersey, 1990)의 번역을 참고하였다.

1) 츄추지는 도교 종파인 전진교全眞敎의 도사이다. 본명은 츄추지丘處機라고 하며, 자는 퉁미通密. 창춘쯔長春子는 전진교에서 받은 도호이며 창춘전런長春眞人은 그 존칭이다. 산동성 치샤棲霞 출신이다. 칭기즈 칸의 비호 아래 전진교를 크게 부흥시켜 원대에는 전진교가 융성했다. 『장춘진인서유기長春眞人西遊記』와 『현풍경회록玄風慶會錄』을 남겼는데, 후대에 이 책을 소설 『서유기』와 혼동하는 이가 있어 한때 『서유기』의 작자로 오인 받았던 적이 있다. 이것은 『서유기』 독법을 쓴 류이밍의 경우도 마찬가지여서, 이하 독법에서 말하는 진인은 츄추지를 가리킨다.

실을 알아야만 비로소 『서유기』를 읽을 수 있을 것이다.

(1) 『西遊』之書, 乃歷聖口口相傳, 心心相印之大道。古人不敢言者, 丘祖言之; 古人不敢道者, 丘祖道之。大露天機, 所關最重。是書在處, 有天神護守。讀者須當淨手焚香, 誠敬開讀。如覺悶倦, 卽合卷高供, 不得褻慢。知此者, 方可讀『西遊』。

(2) 『서유기』에서 주장하고자 하는 바는 선기禪機와 자못 비슷하니, 그 의미하는 바는 모두 일상의 언어의 바깥에 있다. 혹은 속어나 일상적으로 쓰는 말 속에 감추어져 있기도 하고, 혹은 산천과 인물 가운데 기탁되어 있기도 하며, 혹은 웃고 농지거리 하는 속에서 사악한 것과 바른 것이 구분되어 있기도 하다. 혹은 말 한 마디, 글자 하나에 거짓과 진실이 나뉘어 있기도 하니, 거짓을 빌어 진실이 드러나기도 하고, 바른 것으로 사악한 것을 물리치기도 한다. 천변만화하고 신출귀몰하는 것이 그 정도를 헤아리기가 진정 어렵도다. 배우고자 하는 이들은 모름지기 심사숙고하여 갈고 닦아야 할 것이다. 문자에만 머물러 있으면 남의 다리 긁는 게 될 터이니, 이러한 사실을 알아야만 비로소 『서유기』를 읽을 수 있을 것이다.

(2) 『西遊』立言, 與禪機頗同。其用意處, 盡在言外。或藏于俗語常言中, 或托于山川人物中。或在一笑一戲里, 分其邪正; 或在一言一字上, 別其眞假。或借假以發眞, 或從正以劈邪。千變萬化, 神出鬼沒, 最難測度。學者須要極深硏几, 莫在文字上隔靴搔癢。知此者, 方可讀『西遊』。

(3) 『서유기』는 신선의 책이라, 재자才子의 책과는 다르다. 재자의 책은 이 세상 이치를 논하고 있으매, 진실인 듯하나 사실은 거짓이지만, 신선의 책은 하늘의 도리를 이야기하고 있기에, 거짓인 듯하지만

사실이다. 진정한 재자의 책은 그 문장을 귀하게 여겨 문사가 화려하나 그 이치는 천박하다. 신선의 책은 그 뜻을 귀하게 여기기에, 말은 담담하지만 그 이치는 심오하다. 이러한 사실을 알아야만 비로소『서유기』를 읽을 수 있을 것이다.

(3) 『西遊』神仙之書也, 與才子之書不同。才子之書論世道, 似眞而實假; 神仙之書談天道, 似假而實。眞才子之書尙其文, 詞華而理淺; 神仙之書尙其意, 言淡而理深。知此者, 方可讀『西遊』。

(4) 『서유기』에는 삼교(불교, 도교, 유교)의 이치가 하나가 되어 관통하고 있다. 불교라면『금강경』과『법화경』이 될 것이요, 유교라면『하도락서河圖洛書』[2]와『주역』이 될 것이요, 도교라면『참동계參同契』[3]와『오진편悟眞篇』[4]이 될 것이다. 그러므로 서역으로 경을 가지러 간다는 것은 곧『금강경』과『법화경』의 비의를 드러내는 것이요, 구구九九로 진리의 길로 돌아간다는 것[5]이며, 『참동계』와『오진편』의 오묘

---

2) 고대 중국에서 예언豫言이나 수리數理의 기본이 된 책이다. 『하도河圖』는 푸시伏羲가 황허黃河에서 얻은 그림으로, 푸시는 이것으로『역易』의 팔괘八卦를 만들었다고 하며,『낙서洛書』는 샤위夏禹가 뤄수이洛水에서 얻은 글로, 위는 이것으로 천하를 다스리는 대법大法으로서의『홍범구주洪範九疇』를 만들었다고 한다.
「위서緯書」에 있는『하도낙서』는 칠경七經의 「위서」와 함께 전한前漢 말에서 후한後漢에 걸쳐 만들어진 것으로,『하도괄지상河圖括地象』,『하도제람희河圖帝覽嬉』,『용어하도龍魚河圖』,『낙서영준청洛書靈準聽』,『낙서견요도洛書甄曜度』 등 많은 종류가 있다. 칠경의 「위서」와 함께 참위설讖緯說의 주요자료로 많은 일문逸文을 남기고 있다.
3) 후한後漢의 웨이보양魏伯陽이 지은 책으로 내단을 위주로 기술한 초기 도교의 경전이다.
4) 남방 도교 문파의 유명한 신도인 장보돤張伯端(?~1082)이 쓴 글이다.
5) 여기서 구구九九는『서유기』내에서 주인공들이 겪게 되는 이른바 '여든 한 가지 어려운 일八十一難'을 가리킨다.

한 뜻을 드러내는 것이다. 곧 당승唐僧과 그 제자들이 『하도락서』와 『주역』의 의미를 풀어내는 것이니, 이러한 사실을 알아야만 비로소 『서유기』를 읽을 수 있을 것이다.

(4) 『西遊』貫通三敎一家之理。在釋則爲『金剛』,『法華』, 在儒則爲『河洛』,『周易』, 在道則爲『參同』,『悟眞』。故以西天取經, 發『金剛』,『法華』之秘; 以九九歸眞, 闡『參同』,『悟眞』之幽; 以唐僧師徒, 演『河洛』,『周易』之義。知此者, 方可讀『西遊』。

(5) 『서유기』는 하나의 모험에 하나의 의미가 담겨 있고, 한 회에는 한 회의 의미가, 한 구절에는 한 구절의, 한 글자에는 또 한 글자의 의미가 담겨 있다. 진인(츄추지를 말함)은 한 마디 말이라도 공연히 내뱉는 법이 없고, 한 글자도 허투루 쓰지 않았다. 독자들은 모름지기 행과 행에 주의하고 구절마다 유념할 것이며, 한 글자라도 가벼이 지나쳐서는 안 되니, 이러한 사실을 알아야만 비로소 『서유기』를 읽을 수 있을 것이다.

(5) 『西遊』, 一案有一案之意, 一回有一回之意, 一句有一句之意, 一字有一字之意。眞人言不空發, 字不虛下。讀者須要行行着意, 句句留心, 一字不可輕放過去。知此者, 方可讀『西游』。

(6) 『서유기』는 속세와 도의 원리를 모두 설파했고, 하늘의 운행과 인간의 일들을 모두 설파했다. 도를 배우는 법이나, 수행하여 세상에 올바르게 처신하는 방법도 모두 설파하지 않은 게 없다. 곧 [이 책이야말로] 고금의 수행서 가운데 으뜸가는 기서이니, 이러한 사실을 알아야만 비로소 『서유기』를 읽을 수 있을 것이다.

(6) 『西遊』, 世法道法說盡, 天時人事說盡。至于學道之法, 修行應世之法, 無不說盡。乃古今丹經中第一部奇書。知此者, 方可讀『西遊』。

(7) 『서유기』에는 태어나고 죽는 것을 바꾸는 법도와 천지 조화를 훔쳐오는 도리가 담겨 있다. 하늘보다 앞서려 해도 하늘이 어기지 아니하며, 하늘을 뒤로 해도 하늘을 받드나니,[6] [이것은] 모든 집착하는 마음이 아니라, 공을 완고하게 지켜 모든 것이 소멸하는 적막한 상태이다. 배우는 이들은 원숭이처럼 날뛰는 마음과 말처럼 나대는 의지, 그리고 허망한 육신과 육체를 담는 주머니[7]에 매이지 말 것이다. 형체도 형상도 없는 곳에서 진실로 미묘한 이치를 구분해야만, 시간을 헛되이 낭비하지 않게 될 것이다. 이러한 사실을 알아야만 비로소『서유기』를 읽을 수 있을 것이다.

(7) 『西遊』有轉生殺之法, 竊造化之道, 先天而天弗違, 後天而奉天時, 非一切執心着意, 頑空寂滅之事。學者須要不着心猿意馬, 幻身肉囊, 當從無形無象處, 辨別出個眞實妙理來, 才不是枉費工夫。知此者, 方可讀『西遊』。

(8) 『서유기』의 위대한 도리는 모든 사물이 그 실체를 드러내기 전

---

6) 이 구절은『역경』에 나온다. "무릇 대인은 천지로 더불어 그 덕을 합하며, 해와 달로 더불어 그 밝음을 합하며, 사시로 더불어 그 차례를 합하며, 귀신으로 더불어 그 길하고 흉함을 합해서, 하늘보다 앞서 해도 하늘이 어기지 아니하며, 하늘을 뒤 해도 하늘을 받드나니, 하늘이 또한 어기지 아니하곤 하물며 사람이며 하물며 귀신이랴! 夫'大人'者, 與天地合其德, 與日月合其明, 與四時合其序, 與鬼神合其吉凶。先天而天弗違, 後天而奉天時。天且弗違, 而況於人乎? 況於鬼神乎。"(乾卦 26, 번역문은『대산 주역강의(1)』, 한길사, 208쪽 참조.)
7) 이런 용어들은 작품 속에서 은유적인 효과를 자아낸다. 이를테면, 원숭이처럼 날뛰는 마음心猿은 결국 쑨우쿵孫悟空을 가리키는 것 등이 그러하다.

에 하늘의 뜻을 미리 헤아리는 올바른 배움에 있으니, 일체의 외형과 형상을 앞세워 하늘의 뜻을 나중에야 헤아리는 삿된 술수가 아니다. 먼저 어녀御女[8]와 규단閨丹[9]을 화로의 불에 태워버려야 올바른 이치를 따져 추구하는 데 성공할 수 있다. 이러한 사실을 알아야만 비로소 『서유기』를 읽을 수 있을 것이다.

(8) 『西遊』大道, 乃先天虛無之學, 非一切後天色相之邪術。先將御女閨丹, 爐火燒煉劈開, 然後窮究正理, 方有着落。知此者, 方可讀『西遊』。

(9) 『서유기』의 주요 모험은 혹은 1회나 2회, 혹은 3회나 4회, 또 혹은 5회나 6회에 걸쳐 있어 그 양의 많고 적음이 같지 않다. [각각의 모험이] 주장하는 바는 모두 해당 모험의 첫머리에 내세워져 있어 이미 분명하게 설파하고 있다. 만약 이 부분을 그냥 지나치게 되면 해당 모험의 나머지 부분은 실마리를 찾을 수 없게 될 것이다. [모험에 담겨 있는] 미묘한 의미를 깨닫지 못하게 될 뿐 아니라, 문사 역시 읽어내기가 어렵게 된다. 독자는 반드시 맥락을 분명하게 파악하고 다음 문장을 읽어나가야 파악을 할 수 있을 것이니, 이러한 사실을 알아야만 비로소 『서유기』를 읽을 수 있을 것이다.

(9) 『西遊』每宗公案, 或一二回, 或三四回, 或五六回, 多寡不等。其立言主意, 皆在公案冠首, 已明明題說出了。若大意過去, 未免無頭無腦, 不特妙義難參, 卽文辭亦難讀看。閱者須要辨淸來脈, 再看下文, 方有着落。知此者, 方可讀『西遊』。

---

8) 고대의 방중술로 남자가 여자를 어떻게 제어할 것인가를 가르치는 방법을 가리킨다.
9) 규단 역시 방중술의 일종이다.

(10) 『서유기』의 매 회에는 미묘한 의미가 담겨 있는데, 이 모두가 두 구절로 된 제강提綱에 나와 있다. 제강에서 중요한 대목은 하나나 세 글자에 지나지 않는다. 이를테면, 제1회의 "영험한 뿌리가 잉태되고 생육하고 원류가 나오고, 심성을 갈고 닦아 유지하면 대도가 나온다靈根育孕源流出, 心性修持大道生"에서는 "영험한 뿌리靈根"는 첫 구절의 핵심어이고, "심성"은 다음 구절이 핵심어이다. 이것으로 영험한 뿌리는 영험한 뿌리고, 심성은 심성이되, 심성으로 영험한 뿌리를 갈고 닦는 것이지, 심성을 갈고 닦아 영험한 뿌리를 갈고 닦는 게 아니라는 사실을 알 수 있다. 얼마나 투명하고, 얼마나 분명한가! 또 다음 회의 "보리의 진정한 묘리를 철저하게 깨닫고, 마귀를 끊고 근본으로 돌아가 원신10)과 합치한다悟徹菩提眞妙理, 斷魔歸本合元神"라는 대목에서, "철저하게 깨닫고悟徹"는 첫 구절의 핵심어이고, "마귀를 끊고 斷魔"는 두 번째 구절의 핵심어이다. 먼저 철저하게 깨달은 뒤에야 행할 것이니, 깨달음으로써 행하는 것이 의미를 얻고, 행함으로써 깨달음이 입증되는 것이다. 이렇듯 아는 것과 행하는 것이 서로 의지해야만 근본으로 돌아가 원신과 합치될 수 있다. 이 회에는 갖가지 말들과 천변만화가 나오지만 모두 이 제강에서 드러낸 의미를 벗어나지 않는데, 매회가 다 그러하니 모름지기 이 점에 주의해야 할 것이다. 이러한 사실을 알아야만 비로소 『서유기』를 읽을 수 있을 것이다.

(10) 『西遊』每回妙義, 全在提綱二句上. 提綱要緊字眼, 不過一二字. 如首回, "靈根育孕源流出, 心性修持大道生", "靈根"卽上句字眼,

---

10) 원신元神. 25회, 88회. "도교에서는 인간의 영혼이 수련을 거친 경우 그것을 '원신'이라고 부른다. 신선의 도를 터득한 사람은 원신이 육체를 떠나 자유자재로 다닐 수 있다." (홍상훈, 『그래서 그들은 서천으로 갔다』, 솔, 2004년, 127쪽에서 재인용)

"心性"卽下句字眼。可見靈根是靈根, 心性是心性, 特用心性修靈根, 非修心性卽修靈根。何等淸亮, 何等分明。如次回, "悟徹菩提眞妙理, 斷魔歸本合元神"。"悟徹"卽上句字眼, "斷魔"卽下句字恨。先悟後行, 悟以通行, 行以驗悟, 知行相需, 可以歸本, 合元神矣。篇中千言萬語, 變化離合, 總不外此提綱之義。回回如此, 須要着眼。知此者, 方可讀『西遊』。

(11) 『서유기』에서 진정한 경전을 [서역으로부터] 가져온다는 것은 곧 『서유기』라는 진정한 경전을 취한다는 것이니, 『서유기』 이외에 달리 취할 만한 진정한 경전이 있는 것은 아니다. 이것은 여래를 빌어 불경을 전함으로써 『서유기』를 전하는 것일 따름이다. 『서유기』를 분명히 이해하면 여래와 삼장三藏의 진정한 경전이 곧 여기에 있는 것이다. 이러한 사실을 알아야만 비로소 『서유기』를 읽을 수 있을 것이다.

(11) 『西遊』取眞經, 卽取『西遊』之眞經。非『西遊』之外, 別有眞經可取。是不過借如來傳經, 以傳『西遊』耳。能明『西遊』, 則如來三藏眞經, 卽在是矣。知此者, 方可讀『西遊』,

(12) 『서유기』의 모든 모험의 결말 부분은 항상 두 구절의 총결로 끝난다. 이것이 곧 전체 모험의 골자이니, 그 가운데 무수하게 많은 미묘한 의미가 모두 이 두 구절에 담겨 있다. 행여라도 가벼이 놓쳐서는 안 될 것이다. 이러한 사실을 알아야만 비로소 『서유기』를 읽을 수 있을 것이다.

(12) 『西遊』每宗公案, 收束處, 皆有二句總結, 乃全案之骨子。其中無數妙義, 皆在此二句上着落, 不可輕易放過 · 知此者, 方可讀『西遊』。

(13) 『서유기』는 셋과 다섯이 하나로 합치고, 정貞이 끝난 뒤 원元이 시작되는 이치이다. 이것이야말로 당승이 정관貞觀 13년(639)에 길을 떠나11) 세 명의 문도를 거두고12) 14년 만에 동쪽(곧 중국)으로 돌아온13)제100회 까닭이니, 이것이 가장 핵심적인 대목이다. 이러한 사실을 알아야만 비로소『서유기』를 읽을 수 있을 것이다.

(13)『西遊』乃三五合一, 貞下起元之理。故唐僧貞觀十三年登程, 路收三徒, 十四年回東, 此處最要着眼。知此者, 方可讀『西遊』,

(14)『서유기』에서 관문을 통과하는 통행증은 사실상 길 떠나는 자가 소지해야 할 일종의 증명서로, 작품 전체의 핵심적인 부분이다. 그래서 각 나라에서 거기에 [국왕의] 옥새를 찍어주고, 서쪽으로 길을 떠날 때 [황제로부터] 받았다가, 동쪽으로 돌아와서는 [황제에게] 돌려주었던 것이다. 시종 정중하게 다루어지고 촌각이라도 몸에서 떨어지지 않았던 까닭이 여기에 있다. 이러한 사실을 신중하게 생각하고 분명하게 식별해내야만 그 안에 담겨 있는 진리를 깨달을 수 있다. 이러한 사실을 알아야만 비로소『서유기』를 읽을 수 있을 것이다.

(14)『西遊』通關蝶文, 乃行道者之執照憑信, 爲全部之大關目。所以有各國寶印, 上西而領, 回東而交, 始終鄭重, 須臾不離, 大要愼思明

---

11) 『서유기西遊記』(베이징北京; 쭤쟈출판사作家出版社, 1954), 제13회.
　　여기서 주목할 것은 3과 5라는 숫자가 많이 등장한다는 사실이다. 이를테면, "아홉 번째 달의 15일 앞서 3일째 되는 날"(곧 9월 12일)이나, 정관 13년이라는 숫자, 그리고 이 일이 일어난 13회라는 숫자도 그러하다. '정관貞觀'이라는 연호에는 '정貞'이라는 글자가 들어가 있다.
12) 당승과 세 제자 그리고 당승을 태우고 간 용마까지 합치면 다섯이라는 숫자가 된다.
13) 여기서 14년이라는 숫자를 풀어서 합쳐도 5라는 숫자가 나온다.

辨, 萬能得眞。知此者, 方可讀『西遊』。

(15) 『서유기』에는 파탄 난 곳이 많이 있다. 하지만 이것들이야말로 숨겨져 있던 비밀들이 드러나는 곳이다. 파탄이 있어야만 후대 사람들이 그것을 의심할 것이니, 의심하지 않으면 깊이 생각하지 않을 것이다. 이것이야말로 진인(곧 츄추지)이 심사숙고하여 붓을 절묘하게 놀린 것이다. 이를테면, 제천대성 쑨우쿵孫悟空이 일찍이 팔괘 화로 안에서 단련을 하여 이미 금강석과 같이 파괴되지 않는 몸을 가졌거늘,^제6회 어찌하여 우싱산五行山 아래 깔려 있을 수 있단 말인가?^제7회 쉬안쟝玄奘은 정관 13년에 태어나14)^제9회 18년 뒤에 아버지의 원수를 갚았는데,^제9회 어찌 서역으로 불경을 가지러 떠난 것 역시 정관 13년이 될 수 있는가? 롄화둥蓮花洞의 모험에서 쑨우쿵이 이미 바산후巴山虎와 이하이룽倚海龍을 때려죽인 사실을 늙은 요괴[진줴다왕金角大王과 인줴다왕銀角大王]가 이미 알고 있음에도 어째서 [쑨우쿵이] 호로병을 훔쳐올 때 이하이룽으로 변신했는가?15)^제34회 이런 것들은 크게 주의해서 봐야 할 곳들이다. 이러한 사실을 알아야만 비로소 『서유기』를 읽을 수 있을 것이다.

(15) 『西遊』大有破綻處, 正是大有口訣處。惟有破綻, 然後可以起後人之疑心, 不疑不能用心思。此是眞人用意深處, 下筆妙處。如悟空齊天大聖, 曾經八卦爐鍛煉, 已成金剛不壞之軀, 何以又被五行山壓住? 玄奘生

---

14) 이것은 17세기 말에 나온 황타이훙黃太鴻과 왕샹쉬汪象旭 본 『서유증도서西遊證道書』 9회에 나오는 내용으로, 류이밍의 판본이 이것을 저본으로 했다는 것을 알 수 있다.
15) 요괴들이 호랑이와 용이 살해되었다는 사실을 알고 있는지는 분명치 않다. 그들은 엄마가 죽었다는 이야기만 듣게 된다. 쑨우쿵이 용으로 변신한 것은 이 회의 말미에서이다.

于貞觀十三年, 經十八年報讎, 已是貞觀三十一年, 何以取經時又是貞觀十三年? 蓮花洞, 悟空已將巴山虎, 倚海龍打死, 老妖已經識破, 何以盜葫蘆時, 又變倚海龍? 此等處大要着意. 知此者, 方可讀『西遊』.

(16) 관문을 통과하는 통행증에 여러 나라 국왕의 옥새가 찍혀 있는 것은『서유기』의 오묘한 뜻이 수행하는 사람이 자신의 몸을 편안히 하고 자신의 운명을 일으켜 세우는 데 있다는 것을 의미한다. 곧 [도가 이외의] 다른 제가諸家의 불사의 비방인 것이다. 이런 것들이야말로 [독자가] 그 원인과 유래를 잘 따져 물어야 하는 것이다. 이러한 사실을 알아야만 비로소『서유기』를 읽을 수 있을 것이다.

(16) 通關牒文, 有各國寶印, 乃『西遊』之妙旨, 爲修行人安身立命之處, 卽他家不死之方. 此等處, 須要追究出個眞正原由來. 知此者, 方可讀『西遊』.

(17)『서유기』에서는 한 가지의 어려움을 이겨낼 때마다 먼저 시간에 따라 해와 달을 반드시 기록한 뒤에야 사건을 서술한다. 해를 달로 압축하고 달을 날로 압축하며 날을 시로 압축한 것에 담겨 있는 의미는 그들이 불경을 가지고 중국에 돌아와 정관 13년의 공문을 반환했다는 것[16]으로, 양자가 똑같은 장치인 것이다. 이른바 정貞이 끝난 뒤 원元이 시작되는 것이다. 한 시간 만에 내단內丹이 이루어진 것이다. 이러한 사실을 알아야만 비로소『서유기』를 읽을 수 있을 것이다.

(17)『西遊』每過一難, 則必先編年記月, 而後敘事, 隱寓攢年至月, 攢月至日, 攢日至時之意. 其與取經回東, 交還貞觀十三年牒文, 同一機

---

16) 작자는 갈 때와 똑같은 거리였을 돌아오는 여행길을 단지 며칠만으로 압축해 버렸다.

關, 所謂貞下起元, 一時辰內管丹成也。知此者, 方可讀『西遊』。

(18) 『서유기』에서 결정적이고 첨예한 대목으로 바쟈오둥芭蕉洞,^{제59~61회} 퉁톈허通天河,^{제47~49회} 주쯔궈朱紫國^{제68~71회}[에서 겪는] 세 가지 모험만한 것이 없다. 바쟈오둥은 연단을 할 때 불의 온도와 타이밍, 순서를 설명한 것이고, 퉁톈허는 약재의 양을 재는 것을 변별한 것으로, 그 방법은 심오하고 철저한 것이다. 주쯔궈는 영혼을 불러 섭생하는 것을 묘사한 것으로 역시 심오하고 철저하다. 배우는 이들이 이곳에 침잠해 들어간다면 금단의 대도는 그 절반 정도를 터득하게 될 것이니, 이러한 사실을 알아야만 비로소 『서유기』를 읽을 수 있을 것이다.

(18) 『西遊』有着緊合尖處, 莫如芭蕉洞, 通天河, 朱紫國三案。芭蕉洞, 言火候次序, 至矣盡矣。通天河, 辨藥物斤兩, 至矣盡矣。朱紫國, 寫招攝作用, 至矣盡矣。學者若于此處參入, 則金丹大道, 可得其大半矣。知此者, 方可讀『西遊』。

(19) 『서유기』에는 합해서 서술한 것과 나누어 서술한 부분이 있다. 첫머리의 7회는 합쳐서 서술한 것으로 유위有爲에서 무위로 들어가고, 생명을 닦는 것에서 본성을 닦는 것으로 옮겨간다. 내단법의 순서와 불의 온도와 타이밍을 다루는 과정 등 구비되지 않은 것이 없다. 그 이하 93회는 바른 것을 말한 것이든, 삿된 것을 말한 것이든, 본성을 말한 것이든 생명을 말한 것이든, 혹은 본성을 말하면서 생명을 겸한 것이든 생명을 말하면서 본성을 겸한 것이든, 불의 온도와 타이밍이 제대로 맞은 것이든 그렇지 않은 것이든, 한 가지 사건에 대해 각각을 나누어서 밝히고 있으며, 이 모두가 첫머리 7회의 미묘한 의미에서 벗어나지 않는다. 이러한 사실을 알아야만 비로소 『서

유기』를 읽을 수 있을 것이다.

(19) 『西遊』有合說者, 有分說者。首七回, 合說也。自有爲而入無爲, 由修命而至修性。丹法次序, 火候工程, 無不俱備。其下九十三回, 或言正, 或言邪, 或言性, 或言命, 或言性而兼命, 或言命而兼性, 或言火候之眞, 或撥火候之差, 不過就一事而分晣之, 總不出首七回之妙義。知此者, 方可讀『西遊』。

(20) 『서유기』는 곧 쿵쯔孔子가 이치를 따지고, 본성을 온전히 하며, 생명을 완성시키는 학문인 것이다.17) 원숭이 왕猴王이 시뉴허저우西牛賀洲18)에서 도를 배운 것은 이치를 따진 것이고, 보리의 미묘한 이치를 깨달은 것 역시 이치를 따진 것이다. 마를 끊고 근본으로 돌아간 것은 본성을 온전히 한 것이다.제1~2회 머리에 쓰는 금테[곧 緊箍]와 전신에 갑옷을 입고 생사부에서 자기 이름을 지워버리고제3회 제천대성이라는 이름을 짓고제4회 팔괘로에서 단련한 것제7회은 생명을 완성한 것이다. 관음보살이 세 명의 제가를 제도해 서역에 가서 불경을 가져오게 한 것제8회은 이치를 따진 것이다. 당승이 쌍차링雙叉嶺을 지나 량제산兩界山에 이른 것제13회은 본성을 온전히 한 것이다. 세 명의 제가를 거두어제14~22회 류사허流沙河를 건넌 것제22회은 생명을 완성시킨 것이다. 많은 이역의 나라들과 수없이 많은 산과 강을 건넌 뒤 링원

---

17) 이 구절은 『주역』「설괘說卦」에 보인다. "昔者聖人之作易也, 幽贊於神明而生蓍, 參天兩地而倚數, 觀變於陰陽而立卦, 發揮於剛柔而生爻, 和順於道德而理於義, 窮理盡性以至於命。"

18) "이렇게 반구 씨가 하늘과 땅을 열고, 삼황이 세상을 올바르게 다스리고 오제가 윤리와 기강을 정하자, 세상은 드디어 네 개의 큰 대륙으로 나뉘었으니, 바로 동쪽의 둥성선저우, 서쪽의 시뉴허저우, 남쪽의 난산부저우, 북쪽의 베이쥐루저우가 그것이다.感盤古開闢, 三皇治世, 五帝定倫, 世界之間, 遂分爲四大部洲: 曰東勝神洲, 曰西牛賀洲, 曰南贍部洲, 曰北俱蘆洲。"(『서유기』 제1회)

두링윈두凌雲渡에 이르러 바닥이 없는 배를 저어간 것[제98회]은 그런 가르침이 아닌 게 없다. 이러한 사실을 알아야만 비로소 『서유기』를 읽을 수 있을 것이다.

(20) 『西遊』卽孔子窮理盡性至命之學。猴王西牛賀洲學道, 窮理也; 悟徹菩提妙理, 窮理也。斷魔歸本, 盡性也。取金箍棒, 全身披掛, 銷生死簿, 作齊天大聖, 入八卦爐鍛煉, 至命也。觀音度三徒, 訪取經人, 窮理也。唐僧過雙岤嶺, 至兩界山, 盡性也。收三徒, 過流沙河, 至命也。以至群歷異邦, 千山萬水, 至凌雲渡, 無底船, 無非窮理盡性至命之學。知此者, 方可讀『西遊』。

(21) 『서유기』에는 사도邪道를 물리쳐서 정도正道로 돌아가도록 한 것이 있고, 정도를 증명해서 사도를 물리치는 경우가 있다. 이를테면, 여인국에서의 결혼[제54회]과 천축(곧 인도)에서 부마로 모셔지는 모험[제93~95회]은 바른 것을 증명하고 삿된 것을 물리치는 것이다. 스튀국에서 세 요괴를 항복시킨 것[제74~78회]과 샤오시톈小西天에서 황메이黃尾를 거두어들인 것,[제65~66회] 그리고 인우산隱霧山에서 바오쯔豹子를 제거한 것[제85~86회]은 삿된 것을 물리치고 바른 것으로 돌아간 것이다. 진인(곧 츄추지)이 한 가지 사건으로 두 가지 의미를 담아내기 위해一意雙關 노심초사를 다한 것은 모든 사람들이 신선이 되고 각자가 부처가 되기를 염원했기 때문이다. 이러한 사실을 알아야만 비로소 『서유기』를 읽을 수 있을 것이다.

(21) 『西遊』有劈邪歸正, 有證正劈邪之筆。如女人國配夫妻, 天竺國招附馬, 證正中劈邪也。獅駝國降三妖, 小西天收黃眉, 隱霧山除豹子, 劈邪歸正也。眞人一意雙關, 費盡多少老婆心。蓋欲人人成仙, 個個作佛耳。知此者, 方可讀『西遊』。

(22) 『서유기』에는 올바른 도를 묘사한 곳도 있고, 곁가지 이단의 도를 혁파한 곳도 있다. 모든 산과 동굴의 요괴들은 곁가지 이단의 도이고, 여러 나라의 군왕은 올바른 도를 묘사한 것이다. 이것이 이 책 전체를 관통하는 본래 의미다. 이러한 사실을 알아야만 비로소 『서유기』를 읽을 수 있을 것이다.

(22) 『西遊』有寫正道處, 有劈傍門處。諸山洞妖精, 劈傍門也。諸國土君王, 寫正道也。此全部本義。知此者, 方可讀『西遊』。

(23) 『서유기』에 나오는 이른바 요괴라는 것은 정도를 따르는 요괴가 있는가 하면, 사도를 따르는 요괴가 있다. 이를테면, 샤오시톈小西天, 스퉈둥獅駝洞 등의 요괴들은 곁가지 이단의 도를 따르는 요괴들이다. 이를테면, 뉴마왕牛魔王, 뤼차뉘羅刹女[제59~61회], 링간대왕靈感大王[제47~49회], 싸이타이쑤이賽太歲[제69~71회], 위투얼玉兔兒[제95~96회]은 기회가 주어졌다면 올바른 도를 따랐을 것이나 아직 교화되지 않은 요괴들로 다른 요괴들과는 다르다. 이러한 사실을 알아야만 비로소 『서유기』를 읽을 수 있을 것이다.

(23) 『西遊』所稱妖精, 有正道中妖精, 有邪道中妖精。如小西天, 獅駝洞等妖, 傍門邪道妖也。如牛魔王, 羅刹女, 靈感大王。賽太歲, 玉兔兒, 乃正道中未化之妖, 與別的妖不同。知此者, 方可讀『西遊』。

(24) 『서유기』에서 풀어놓은 『역경』의 괘와 상은 중복된 것이 있는데, 이것은 특별히 한 가지 사건을 위해 드러내 보여준 것으로, 비록 괘는 같지만 그것이 가리키는 바는 다른 것이다. 그러므로 중복해서

나와도 무방한 것이다. 이러한 사실을 알아야만 비로소『서유기』를 읽을 수 있을 것이다.

(24) 『西遊』演卦象, 有重復者, 特因一事而發之, 雖卦同而意別, 各有所指, 故不妨重復出之。知此者, 方可讀『西遊』。

(25) 『서유기』에는 진짜를 보여주기 위해 먼저 가짜를 물리치는 묘사법이 있다. 이를테면, 량제산兩界山 행자의 진짜 호랑이는 먼저 솽차링雙叉嶺의 범상한 호랑이로[19] 인도해 들어간다. 동해 용왕의 진짜 용을 묘사하기 위해[제14회] 먼저 솽차링雙叉嶺의 이무기蛇蟲로[제13회] 인도해 들어간다. 행자와 바제八戒의 진짜 음양을 묘사하기 위해, 먼저 관인위안觀音院의 거짓 음양으로[제16회] 인도해 들어간다. 서판산蛇盤山의 용마龍馬를 묘사하기 위해 먼저 묘왕廟王의 범상한 말로[20][제15회] 인도해 들어간다. 사우징沙悟淨의 진짜 흙土을 묘사하기 위해 먼저 황펑黃風 요괴의 가짜 흙으로[제20~22회] 인도해 들어간다. 이 책 전체에서 이와 같은 방법이 많이 쓰이고 있으니, 이러한 사실을 알아야만 비로소『서유기』를 읽을 수 있을 것이다.

(25) 『西遊』有欲示眞而劈假之法。如欲寫兩界山行者之眞虎, 而先以雙叉嶺之凡虎引之。欲寫東海龍王之眞龍, 而先以雙嘆嶺蛇蟲引之。欲寫行者, 八戒之眞陰眞陽, 而先以觀音院之假陰假陽引之。欲寫蛇盤山之龍馬, 而先以唐王之凡馬引之。欲寫沙僧之眞土, 而先以黃風妖之假土引之。通部多用此意。知此者, 方可讀『西遊』。

---

[19] 류보친劉伯欽이 13회에서 호랑이를 죽이는데, 바로 다음 회에서는 쑨우쿵이 호랑이를 죽여 그 가죽을 입는다.
[20] 당승이 원래 타고 다니던 말은 용마가 잡아먹었다. 하지만 용마는 이내 굴복하고 원래 말을 대신해서 당승을 태우고 서역으로 간다.

(26) 『서유기』에는 가장 이해하기 어려운 것 같지만, 가장 이해하기 쉬운 것이 있다. 이를테면, 세 명의 제자가 이미 장생불로의 경지에 올랐는데, 어째서 쑨우쿵은 우싱산 아래 또 눌려 있어야 했던 것인지. 어째서 주우넝[猪悟能, 곧 바제八戒]은 [돼지의] 자궁으로 잘못 들어가 다시 태어나야 하고, 사우징沙悟淨은 다시 류사허流沙河로 귀양을 가야 했는지. 반드시 불교의 가르침을 따라야 비로소 깨달음正果을 얻을 수 있었던 것인가? 무릇 세 명의 제자가 불교에 귀의한 것은 그들이 영원한 생명은 얻었으나, 본성은 깨닫지 못했음을 말한 것이다. 우싱산과 윈잔둥雲棧洞,[21] 류사허는 당승이 그의 본성은 깨달았으나, [영원한] 생명은 [아직] 얻지 못했다는 것을 의미한다. 이렇듯 한 가지를 묘사함으로써 두 가지를 의미하는 것으로, 본성을 수행하지 않으면 생명을 수행하지 못하고, 생명을 수행하지 않으면 본성을 수행하지 못한다는 의미를 드러낸 것이다. 이러한 사실을 알아야만 비로소 『서유기』를 읽을 수 있을 것이다.

(26)『西遊』有最難解而極易解者。如三徒已到長生不老之地, 何以悟空又被五行山壓住, 悟能又有錯投胎, 悟淨又貶流沙河, 必須皈依佛敎, 方得正果乎? 蓋三徒皈依佛敎, 是就三徒了命不了性者言; 五行山, 雲棧洞。流沙河, 是就唐僧了性未了命者言。一筆雙寫, 示修性者不可不修命, 修命者不可不修性之義。知此者, 方可讀『西遊』。

(27) 『서유기』에는 다른 것 같지만 결국 같은 것을 묘사한 게 있다. 이를테면, 『서유기』라는 책 이름은 본래 당승이 불경을 가지러 서역에 갔던 것에서 나온 것이다. 그렇다면 어째서 쑨우쿵의 모험을 맨

---

21) 여기서 쑨우쿵이 주바제를 굴복시킨다.

앞에 놓았는가?제1~7회 독자들이 간과하는 것은 쑨우쿵이 둥성선저우東勝神洲에서 태어난 것이 당승이 동쪽 땅 당나라에서 태어난 것과 같다는 사실이다. 쑨우쿵이 시뉴허저우西牛賀洲에서 공부를 한 것은 당승이 서천의 레이인雷音에서 불경을 가져온 것과 같다. 쑨우쿵이 큰 깨달음을 얻고 산으로 돌아간 것은 당승이 불경을 가지고 귀국한 것과 같다. 쑨우쿵이 화로에서 나온 뒤 부처님 손바닥으로 들어간 것은 당승이 불경을 전한 뒤 서천으로 돌아간 것과 같다.22) 사건들은 다르지만, 그 이치는 같은 것이니, 바로 서쪽에서 노닌다西遊는 이 한 마디로 총결할 수 있다. 이러한 사실을 알아야만 비로소 『서유기』를 읽을 수 있을 것이다.

(27) 『西遊』有不同而大同者。抽爪『西遊記』本爲唐僧西天取經而名之, 何以將悟空公案, 著之于前乎? 殊不知悟空生身于東勝神洲, 如唐僧生身于東土大唐; 悟空學道于西牛賀洲, 如唐僧取經于西天雷音; 悟空明大道而回山, 如唐僧得眞經而回國; 悟空出爐後而入于佛掌, 如唐僧傳經後而歸于西天。事不同而理同, 總一『西遊』也。知此者, 方可讀『西遊』。

(28) 『서유기』에서는 매번 극히 어려운 처지에 놓였을 때, 행자가 관음보살에게 도움을 청한다. 이것이 『서유기』의 가장 중요한 대목關目으로, 수행하는 이가 가장 중요하게 여겨야 할 것이다. 대개 본성과 생명을 수행하는 것은 전적으로 신명이 보살피는 데 그 공이 있는 것이다. 이러한 사실을 알아야만 비로소 『서유기』를 읽을 수 있을 것이다.

---

22) 당승은 9회에 태어나 98회에 서역에 들어갔다가 일단 중국에 돌아간 뒤 100회에 다시 서역으로 되돌아간다. 쑨우쿵에 대한 모험은 1회~7회에만 일어난다.

(28) 『西遊』每到極難處, 行者卽求救于觀音, 爲『西遊』之大關目, 卽爲修行人之最要着。 蓋以性命之學, 全在神明覺察之功也。 知此者, 方可讀『西遊』。

(29) 『서유기』의 앞부분 7회는 생명에서 본성으로 나아가고, 유위에서 무위로 들어가는 것이다. 뒷부분 93회는 본성에서 생명으로 나아가고 무위에서 유위로 돌아가는 것이다. 책 전체의 대의가 이에 지나지 않으니, 이러한 사실을 알아야만 비로소 『서유기』를 읽을 수 있을 것이다.

(29) 『西遊』前七回, 由命以及性, 自有爲而入無爲也, 後九十三回, 由性以及命, 自無爲而歸有爲也。 通部大義, 不過如是。 知此者, 方可讀『西遊』。

(30) 『서유기』에서 삼장三藏은 태극의 요체를 비유하고, 세 명의 제자는 오행의 기를 비유한다. 삼장으로 세 명의 제자를 거두었으니, 곧 태극으로 오행을 통괄한 것이다. 세 명의 제자가 삼장에게 귀의한 것은 오행이 태극을 이룬 것이다. 이러한 사실을 알아야만 비로소 『서유기』를 읽을 수 있을 것이다.

(30) 『西遊』, 三藏喩太極之體, 三徒喩五行之氣。 三藏收三徒, 太極而統五行也, 三徒歸三藏, 五行而成太極也。 知此者, 方可讀『西遊』。

(31) 『서유기』에서 당승과 세 명의 제자들은 이름이 두 가지로 되어 있는데, 그저 하나로 뭉뚱그려 논해서는 안 된다. 이를테면, 쉬안짱玄奘과 쑨우쿵孫悟空, 주우넝猪悟能, 사우징沙悟淨은 도의 요체를 말한다. 삼장과 행자, 팔계, 화상은 도의 쓰임을 말한다. 요체는 쓰

임을 떠날 수 없고, 쓰임은 요체를 떠날 수 없으니, 그래서 하나이면서 두 가지 이름이 있는 것이다. 이러한 사실을 알아야만 비로소 『서유기』를 읽을 수 있을 것이다.

(31) 『西遊』言唐僧師徒處, 名諱有二, 不可一槪而論。如玄奘, 悟空, 悟能, 悟淨, 言道之體也; 三藏, 行者, 八戒, 和尙, 言道之用也。體不離用, 用不離體, 所以一有二名。知此者, 方可讀『西遊』。

(32) 『서유기』에서 당승과 세 명의 제자들에게는 주요한 쓰임새正用와 부차적인 쓰임새借用이 있다. 이를테면, 천쉬안짱陳玄奘, 당삼장, 쑨우쿵, 손행자, 주우녕, 저팔계, 사우징, 사화상은 주요한 쓰임새이다. 당승, 행자, 바보, 화상이라 칭하는 것은 부차적인 쓰임새이다. 주요한 쓰임새는 성명의 실제 이치를 말하고, 부차적인 쓰임새는 세간의 배우는 이들을 형상화한 것이니 하나로 혼동해서 봐서는 안 될 것이다. 이러한 사실을 알아야만 비로소 『서유기』를 읽을 수 있을 것이다.

(32) 『西遊』寫唐僧師徒, 有正用, 有借用。如稱陳玄奘, 唐三藏, 孫悟空, 孫行者, 豬悟能, 豬八戒, 沙悟淨, 沙和尙, 正用也; 稱唐僧, 行者, 呆子, 和尙, 借用也。正用專言性命之實理, 借用兼形世間之學人, 不得一例混看。知此者, 方可讀『西遊』。

(33) 『서유기』에서 세 명의 제자는 오행의 바깥에 있는 위대한 약을 비유한 것이다. 이것은 선천先天에 속하니, 후천後天에 속하는 형상을 갖고 있는 사행邪行과 비할 바가 아니다. 모름지기 사물의 근원을 분별해 훤히 알고 있으면 육신에서 찾지 않을 수 있게 된다. 이러한 사실을 알아야만 비로소 『서유기』를 읽을 수 있을 것이다.

(33) 『西遊』以三徒, 喩外五行之大藥, 屬于先天, 非後天有形有象之邪行可比。須要辨明源頭, 不得在肉皮囊上找尋。知此者, 方可讀『西遊』。

(34) 『서유기』에는 세 명의 제자가 묘사되어 있으니, 모두가 축상丑相을 갖추고 있다. 축상이라는 것은 기이한 형상을 말하는데, 기이한 형상은 또 묘한 형상으로, 바로 희극에서의 어릿광대 축처럼 말하고, 묘하게 행동하는 것이다. 자아에 집착하는 아상我相도 없고, 다른 사람에 집착하는 인상人相도 없으며, 뭇 중생과 똑같은 중생상衆生相도 없고, 불사의 수자상壽者相도 없다. 그래서 세 명의 제자가 이르는 곳마다 사람들은 대부분 알아보지 못하고, 그들을 보면 놀라 의혹을 품으니, [독자들은] 바로 이 대목에서 세심하게 그들을 변별해 알아봐야 할 것이다. 이러한 사실을 알아야만 비로소 『서유기』를 읽을 수 있을 것이다.

(34) 『西遊』寫三徒, 皆具丑相。丑相者, 異相也。異相卽妙相。正說着丑, 行着妙。無我相。人相。衆生相, 壽者相。所以三徒到處人多不識, 見之驚疑。此等處, 須要細心辨別。知此者, 方可讀『西遊』。

(35) 『서유기』에서 세 명의 제자가 갖고 있는 능력은 같지 않으니, 사승은 변신을 못하고, 바제는 36가지 변신을 하며, 행자는 72가지 변신을 한다. 비록 72가지 변신을 한다고 말했지만, 사실은 천변만화 그 수를 셀 수 없으니, 어째서인가? 행자는 물 속의 쇠水中金으로, 곧 모든 사람들의 외부에 있는 진양眞陽이라, 생명에 속한다. 강직한 것과 동적인 것을 위주로 하기에 모든 생물의 근원적인 기를 의미한다. 그래서 한 해의 72가지 절기候[23)]의 중요한 마디를 통섭하기에,

---

23) 각각의 절기는 5일로 이루어져 있다. 절기를 나타내는 '후候'는 원숭이를 의미

포괄하지 않는 사물이 없고, 이루지 못하는 사물이 없는 것이다. 온 몸을 크게 사용하는 것이 하나같으니, 그래서 그 변화가 만 가지나 있고, 신묘한 것이 예측을 할 수 없는 것이다. 바계八戒는 불 속의 나무火中木이니, 곧 모든 사람들의 내부에 있는 진음眞陰이라, 본성에 속한다. 부드러운 것과 정적인 것을 위주로 하기에 변신의 관건을 갖고는 있지만, 단지 후천적인 기질만 변화할 수 있을 뿐, 선천의 귀중한 보배는 변화할 수 없으니, 변화가 온전하지 못해 72가지 변화 가운데, 겨우 36가지 변화만을 얻을 수 있었던 것이다. 사승의 경우에는 진토眞土에 속하니, 중궁中宮의 위치를 지키고 있으면서 음양을 조화롭게 하고 있기에, 변신을 할 수 없는 것이다. 이러한 사실을 알아야만 비로소 『서유기』를 읽을 수 있을 것이다.

(35) 『西遊』寫三徒本事不一, 沙僧不變, 八戒三十六變, 行者七十二變。雖說七十二變, 其實千變萬化, 不可以數計。何則? 行者爲水中金, 乃他家之眞陽, 屬命, 主剛主動, 爲生物之祖氣, 統七十二候之要津, 無物不包, 無物不成, 全體大用, 一以貫之, 所以變化萬有, 神妙不測。八戒爲火中木, 乃我家之眞陰, 屬性, 主柔主靜, 爲幻身之把柄, 只能變化後天氣質, 不能變化先天眞寶, 變化不全, 所以七十二變之中, 僅得三十六變也。至于沙僧者, 爲眞土, 鎭位中宮, 調和陰陽, 所以不變。知此者, 方可讀『西遊』。

(36) 『서유기』에서는 세 명의 제자들의 신묘한 무기를 묘사하고 있는데, 여기에는 큰 의미가 있다. 바계와 사승의 신묘한 무기는 몸에 지니고 다니는데, 행자의 여의봉은 수놓는 침만한 크기로 줄어들어

하는 '후猴'를 염두에 두고 쓰였을 것이다.

귓속에 숨기고 다니다 필요할 때 꺼낸다. 이것은 무슨 까닭인가? 대저 [바계의] 갈퀴와 [사승의] 선장禪杖은 비록 법보法寶이긴 하나 도로써 그 형태를 온전히 하고 있는 것이다. 일단 스승에게 지적을 받으면 스스로 깨달음을 얻게 된다. 반면에 여의봉은 성인에 의해 입에서 입으로 전해지고, 귀에 대고 낮은 목소리로 속삭이는 비밀스런 진리이다. 곧 술수로써 생명을 연장하는 방법으로 허무로부터 이루어지는 것이니, 그 바깥 가장자리가 없을 정도로 크고, 그 안이 없을 정도로 작아 천지를 종횡무진하되 막아설 방법이 없어 귓속에 숨긴 것이다. [여의봉의] 이와 같이 비밀스럽고 절묘한 쓰임새는 갈퀴나 선장과는 하늘과 땅만큼이나 차이가 난다. 이러한 사실을 알아야만 비로소 『서유기』를 읽을 수 있을 것이다.

(36) 『西遊』寫三徒神兵, 大有分曉. 八戒. 沙僧神兵, 隨身而帶. 唯行者金箍棒, 變繡花針, 藏在耳內, 用時方可取出. 此何以故? 夫釘鈀寶杖, 雖是法寶, 乃以道全形之事, 一經師指, 自己現成. 若金箍棒, 乃歷聖口口相傳, 附耳低言之旨, 系以術延命之法, 自虛無中結就, 其大無外, 其小無內, 縱橫天地莫遮欄, 所以藏在耳內. 這些子機密妙用, 與釘鈀, 寶杖, 天地懸遠. 知此者, 方可讀『西遊』.

(37) 『서유기』에서 세 명의 제자는 오행의 요체를 비유한 것이고, 세 가지 병기는 오행의 쓰임을 비유한 것이다. 오행이 한데 응축되어 있고,[24] 요체와 쓰임이 구비되어 있으니, 당승이 불경을 가져오고, 진정한 부처를 볼 수 있었던 것이다. 이러한 사실을 알아야만 비로소 『서유기』를 읽을 수 있을 것이다.

---

24) 이 구절은 제2회에 나온다.

(37) 『西遊』以三徒喩五行之體, 以三兵喩五行之用。五行攢簇, 體用俱備。所以能保唐僧取眞經, 見眞佛。知此者, 方可讀『西遊』。

(38) 『서유기』에서 쑨우쿵孫悟空을 묘사할 때, 극히 어려운 처지에 놓이면, 터럭을 뽑아 변신을 해 승리하니, 터럭이 하나가 아니듯, 변화 역시 하나가 아니다. 혹은 뒤통수의 머리를 뽑기도 하고, 혹은 왼쪽 팔에서 뽑기도 하고, 혹은 오른쪽 팔에서, 혹은 양쪽 팔에서 뽑고, 또 혹은 꼬리털을 뽑기도 하니, 이 각각은 크게 구별되는 점이 있어 세밀하게 변별해내지 않으면 안 된다. 이러한 사실을 알아야만 비로소 『서유기』를 읽을 수 있을 것이다.

(38) 『西遊』, 寫悟空, 每到極難處, 拔毫毛變化得勝。但毛不一, 變化亦不一。或拔腦後毛, 或拔左臂毛, 或拔右臂毛, 或拔兩臂毛, 或拔尾上毛, 大有分別, 不可不細加辨別。知此者, 方可讀『西遊』。

(39) 『서유기』에서 쑨우쿵이 다른 사람으로 변신할 때, 자기 자신이 변하는 경우도 있고, 여의봉을 이용할 때도 있고, 터럭을 이용할 때도 있다. 자기 자신이 변하는 것과 여의봉을 이용하는 것은 진정한 변신이고, 터럭을 이용하는 것은 거짓 변신이다. 이러한 사실을 알아야만 비로소 『서유기』를 읽을 수 있을 것이다.

(39) 『西遊』寫悟空變人物, 有自變者, 有以棒變者, 有以毫毛變者。自變, 棒變, 眞變也。毫毛變者, 假變也。知此者, 方可讀『西遊』。

(40) 『서유기』에서 쑨우쿵은 제천대성이라 칭하고, 행자라고도 칭하니, 각각은 크게 구별되는 점이 있어 한 가지로 뭉뚱그려 논할 수 없고, 모름지기 그 맥락이 어떠한가 살펴야 할 것이다. 맥락이 진실

이면 진실이 되고, 맥락이 거짓이면 거짓이 된다. 절대 진실한 것으로 거짓을 삼고, 거짓된 것으로 진실을 삼아서는 안 된다. 이러한 사실을 알아야만 비로소 『서유기』를 읽을 수 있을 것이다.

(40) 『西遊』稱悟空, 稱大聖, 稱行者, 大有分別, 不可一槪而論, 須要看來脈如何。來脈眞, 則爲眞; 來脈假, 則爲假。萬勿以眞者作假, 假者作眞。知此者, 方可讀『西遊』。

(41) 쑨우쿵은 가는 곳마다 스스로는 쑨와이궁孫外公이라 칭하면서, 또 오백 년 전 사건五百年前公案²⁵⁾이라 언급하기도 한다. 쑨와이궁이라는 것은 그 안이 텅 비었다는 것이고, 오백 년 전이라고 하는 것은 선천先天이라는 것이다. [이것으로] 선천의 기가 허무에서 나온다는 것을 알 수 있다. 그러니 바깥에서 이루어지는 불사의 처방은 일개인이 만들어내는 사물이 아니다. 이러한 사실을 알아야만 비로소 『서유기』를 읽을 수 있을 것이다.

(41) 悟空到處, 自稱孫外公, 又題五百年前公案。孫外公者, 內無也。五百年前者, 先天也。可知先天之氣, 自虛無中來, 乃他家不死之方, 非一己所産之物。知此者, 方可讀『西遊』。

(42) 『서유기』에서 쑨우쿵이 도를 이룬 뒤에는제1~2회 물에 들어가도 빠지지 않고, 불에 들어가도 타지 않으며, 천궁에서 크게 소란을 피워도제5~7회 여러 신장神將들이 달려들어도 그를 제압하지 못한다. 그런데 어째서 당승이 서역으로 불경을 가지러 가는 것을 따라갔을 때는 요괴들에게 곤욕을 치르는가? 독자들은 모름지기 이러한 사실을

---

25) 이것은 제5회~7회에 쑨우쿵이 하늘을 어지럽힌 사건을 가리킨다.

분명히 알아야 그 진실한 의미를 알 수 있을 것이다. 만약 대충 보아 넘긴다면 끝내 깨닫는 바가 없을 것이니, 대개 행자라는 이름은 당승이 쑨우쿵에게 내린 별명이다. 이 별명은 때로는 깨달음은 반드시 행위가 있어야 한다는 것을 말하기도 하고, 때로는 일괄적으로 수행자를 가리켜 말하기도 한다. 요괴에 의해 곤경에 빠진 행자는 수행자를 말하는 것이니 사슴을 가리켜 말이라고 할 수는 없는 노릇이다. 이러한 사실을 알아야만 비로소 『서유기』를 읽을 수 있을 것이다.

(42) 『西遊』, 孫悟空成道以後, 入水不溺, 入火不焚, 大鬧天宮, 諸天神將, 皆不能勝。何以保唐僧西天取經, 每爲妖精所困? 讀者須將此等處, 先辨分明, 方能尋得出實義。若湖塗看去, 終無會心處。蓋行者之名, 系唐僧所起之混名也。混名之名, 有以悟的必須行的說者, 有以一概修行說者。妖精所困之行者, 是就修行人說, 莫得指鹿爲馬。知此者, 方可讀『西遊』。

(43) 『서유기』에서 당승과 세 명의 제자들이 한 나라를 지날 때마다 반드시 먼저 통행증을 보이고 국왕의 옥새를 찍어야만 비로소 갈 수 있다. 이것은 취경의 첫 번째 요긴한 중대사이니, 이것이 갖는 실제 의미를 궁구해야 한다. 이러한 사실을 알아야만 비로소 『서유기』를 읽을 수 있을 것이다.

(43) 『西遊』, 唐僧師徒, 每過一國, 必要先驗過牒文, 用過寶印, 才肯放行。此是取經第一件要緊大事, 須要將這個實義, 追究出來。知此者, 方可讀『西遊』。

(44) 『서유기』는 여러 사람들이 주해를 달았는데, 그 수를 일일이 헤아릴 수 없을 정도이나, 그 가운데 제대로 된 것은 백 가지 가운데

하나 정도이다. 비록 우이쯔悟一子26)의 『진전眞詮』본이 『서유기』 주해 가운데 가장 뛰어난 것이라고는 하나, 역시 어쩔 수 없이 보아내지 못한 곳이 있으니, 독자들은 주해만을 읽고 본문을 대충 읽어나가는 일이 없어야 할 것이다. 모름지기 본문에 기반 하여 주해를 읽어야만 잘못된 주해로 의미가 잘못 전달되는 우를 범하지 않게 될 것이다. 이러한 사실을 알아야만 비로소 『서유기』를 읽을 수 있을 것이다.

(44) 『西遊』經人注解者, 不可勝數。其中佳解, 百中無一。雖悟一子 『眞詮』, 爲 『西遊』注解第一家, 未免亦有見不到處。讀者不可專看注解, 而略正文。須要在正文上看注解, 庶不至有以訛傳訛之差。知此者, 方可讀 『西遊』。

(45) 『서유기』를 읽는 이는 먼저 본문에 시간을 들여야 한다. 여러 번 읽으면서 온힘을 다해 깨달아야 할 것이니, 그 안에서 재미를 느끼고 마음으로 이해하는 순간에 이를 때까지 쉬어서는 안 된다. 이해하고 난 뒤에 다시 다른 사람의 주해를 보고 자신의 식견을 확충하면, 다른 사람이 이해한 것의 장단점을 가려내고, 내가 깨달은 바의 시비 역시 알 수 있을 것이다. 이렇게 힘써 공력을 들이면 마음으로 깊이 깨닫고 스스로 터득하는 경지에 이를 것이나, 그렇다 하더라도 자기 자신이 옳다고 여겨서는 안 된다. 반드시 스승을 찾아 인증을 받아야 비로소 진정한 지식과 탁견을 얻어 그럴싸해 보이지만 실제로는 그렇지 않은 잘못을 피할 수 있게 된다. 이상 45조는 모두 『서

---

26) 우이쯔悟一子는 『서유진전西遊眞詮』본(유퉁尤侗의 1696년 서)의 편자이자 평점가인 천스빈陳士斌의 별호이다. 그의 판본에는 평점만 실려 있는데, 때로 어떤 판본에는 후대의 작가가 덧붙인 협비夾批와 미비眉批가 들어 있기도 하다. 천스빈은 이 소설을 "금단金丹"의 관점에서 해석했다.

유기』를 읽을 때 요체가 되는 것들이니, 삼가 책머리에 기록해 지음 知音으로 맺으려 하니 원컨대 독자들은 이에 유념하기 바란다.

(45) 讀『西遊』, 首先在正文上用功夫, 翻來覆去, 極力參悟, 不到嘗出滋味實有會心處, 不肯休歇。如有所會, 再看他人注解, 擴充自己識見, 則他人所解之臧否可辨, 而我所悟之是非亦可知。如此用功, 久必深造自得。然亦不可自以爲是, 尤當求師印證, 方能眞知灼見, 不至有似是而非之差。以上四十五條, 皆讀『西遊』之要法。謹錄卷首, 以結知音。願讀者留心焉。

『홍루몽』 독법
『紅樓夢』讀法*

장신즈張新之

(1) 『홍루몽』이라는 책은 사람들 입에 회자될 뿐 아니라 사람들 마음에 깊이 아로새겨져 있으면서, 사람들의 성정을 움직이고 변화시키니, 『금병매』에 비해 그 해악이 더 크다. 독자는 단지 정면만을 알 뿐, 그 반면은 알지 못한다. 때로 깊은 식견을 가진 이가 그 진정한 의미를 간파하기도 하지만, 고대 오리무중에 빠져 잡아낸 듯하다 다시 잃어버리고 마니 여전히 누습에 빠져 벗어나기 어렵다. 나의 비평

---

* 다른 소설과 마찬가지로 『홍루몽』 역시 판본이 복잡하다. 이에 대해서는 여기서 상론할 겨를이 없고, 『홍루몽독법』 또한 후대의 판본에 따라 내용상의 차이가 있다. 본래 장신즈張新之가 처음 펴냈던 『먀오푸쉬안 평 석두기妙復軒評石頭記』 초본抄本 내의 「홍루몽독법」에는 후대의 판본에 없는 내용이 추가되어 있다. 최근에 나온 중화서국中華書局, 상하이고적출판사上海古籍出版社 판 『홍루몽삼가평본紅樓夢三家評本』은 광서光緒 연간에 나온 상하이 석인본 上海石印本을 근거로 했는데, 이 과정에서 누락된 것이라 생각한다. 하지만 왜 그랬는지에 대해서는 딱히 그 이유를 알 수 있는 자료가 없어 여기서는 상세히 밝힐 수 없다. 여기에서의 원문은 펑치융馮其庸 纂校訂定, 『중교팔가평비홍루몽重校八家評批紅樓夢』(南昌; 江西教育出版社, 2000)에 실린 청淸 광서光緒 신사辛巳 워윈산관臥雲山館 장藏 반먀오푸쉬안 板妙復軒 평본評本 『수상석두기홍루몽繡像石頭記紅樓夢』 원각본을 바탕으로 『중국소설독법How to Read the Chinese Novel』(데이비드 L. 롤스톤David L. Rolston 주편, 프린스턴대학출판사Princeton University Press, Princeton, New Jersey, 1990)의 번역을 참고하였다. 참고로 『팔가평본』은 『삼가평본』과 대동소이하고, 영문본은 초본을 바탕으로 해서 원문을 그대로 반영하였다.

으로 작자의 본래 의도와 책 속에 드러난 또 다른 측면이 일제히 드러날 것이니, 대저 그런 연후에야 이 이야기를 듣는 이는 [미혹에서 벗어나] 경계로 삼을 만 할 것이고, 말하는 자는 죄가 없을 것[1]이다. 이 어찌 위대한 성취가 아니겠는가?

(1) 『紅樓』一書, 不惟膾炙人口, 亦且鐫刻人心, 移易性情, 較『金甁梅』尤造孼, 以讀者但知正面, 不知反面也。問有巨眼能見知矣, 而又以恍惚迷離, 旋得旋失, 仍難脫累。閑人[2]批評, 使作者正意, 書中反面, 一齊湧現, 夫然後聞者足戒, 言者無罪。豈不大妙。

(2) 『석두기』는 성리를 부연해놓은 책으로, 『대학』을 조상으로 삼고, 『중용』을 마루로 삼았다. 그런 까닭에 바오위寶玉가 다음과 같이 말한 것이다. "명명덕 이외에 다른 책은 없다."[3] 또 이렇게 말했다. "『대학』과 『중용』에 지나지 않는다."[4] 제23회 이 책의 대의는 『대학』과

---

1) 이 내용은 「시詩·대서大序」의 한 대목을 떠올리게 한다. "윗사람은 풍으로써 아랫사람을 교화하고, 아랫사람은 풍으로써 윗사람을 풍자했으니, 문사를 위주로 하여 넌지시 간하여 말하는 자는 죄가 없었고, 듣는 자도 경계할 수 있었다. 上以風化下, 下以風刺上, 主文而譎諫, 言之者无罪, 聞之者足以戒, 故曰風。"
2) 한가한 사람이라는 뜻의 '한인閑人'은 여기에서는 비평인 장신즈張新之 자신을 가리킨다. 장신즈는 통상 자신을 '태평하고 한가한 사람太平閑人'이라 불렀다.
3) 『평주금옥연評注金玉緣』(타이베이台北: 펑황출판사鳳凰出版社, 1974), 제19회. 소설에서 이 대목이 나오는 장면은 조금은 아이러니하다. 쟈바오위賈寶玉의 시녀인 시런襲人은 바오위가 이렇게 『대학』을 중시하는 것을 경계하라고 주의를 주는데, 또 다른 대목에서는 「사서四書」를 좀 더 진지하게 공부할 것을 종용하기 때문이다.
4) "바오위는 다이위黛玉의 말을 듣고 뛸 듯이 기뻐하며 좋아했다. '잠깐 기다려. 보던 책을 덮어놓고 쓸어 담는 걸 내가 도와줄게.' '무슨 책인데?' 다이위가 묻는 말에 바오위는 화들짝 놀라 미처 보던 책을 감추지도 못하고 그냥 얼버무리려고 했다. '응, 그냥 『중용』이나 『대학』 같은 거지 뭐. 별 거 아니야.'" 장신즈는 바오위의 말을 가져다 해당 본문의 협비에 "『홍루몽』이라는 책은 『중용』과

『중용』을 드러내 밝히고, 『주역』으로써 성쇠를 풀어내며, 『시경』의 「국풍」으로 정절과 음탕함을 바로잡고, 『춘추』로써 포폄을 보여주며, 『예경』과 『악기』가 그 가운데 녹아든 것이다.5)

(2) 『石頭記』乃演性理之書, 祖『大學』而宗『中庸』, 故借寶玉說:「明明德之外無書」, 又曰:「不過『大學』, 『中庸』」。是書大意闡發『學』, 『庸』, 以『周易』演消長, 以『國風』正貞淫, 以『春秋』示予奪, 『禮經』, 『樂記』融會其中。

(3) 『주역』과 『대학』, 『중용』은 정전이고,6) 『석두기』는 그런 책에 담겨 있는 교훈들을 몰래 그러모아 부연한 기이한 책이다. 그러므로 "누구에게 청해서 이토록 기이한 책을 지어 전할까"7)라고 했던 것이다.

(3) 『周易』, 『學』, 『庸』是正傳, 『紅樓』竊衆書而敷衍之是奇傳, 故云:「倩誰記去作奇傳?」

(4) [즈탕] 후 씨가 말했다. "쿵쯔가 『춘추』를 지을 때, 범상한 일은 기록하지 않고, 다만 상궤에서 벗어나거나 이치에 거스르는 일만 대나무 조각에 기록해 후세에 교훈으로 삼았으니, 그들의 생각을 바로잡고 상궤로 되돌리며 이치에 맞게끔 함으로써 사회적인 관계가 조

『대학』에 지나지 않는다—部紅樓夢不過是中庸·大學"라고 하였다.
5) 여기에 작자에게 영향을 준 책으로 『장자莊子』와 『이소離騷』를 추가해야 한다.
6) 『석두기』 정본에는 『장자』와 『이소』, 「국풍」, 『춘추』가 포함되어 있다.
7) 제1회. 원래 『석두기』가 써 있는 돌의 뒷면에 있는 게송偈頌의 마지막 줄이다.
"창천의 벌어진 틈 메울 길 없어, 속세에 들어간 지 몇 해던가?
이것은 전생과 이생의 일들이니, 누구에게 청해서 이토록 기이한 책을 지어 전할까?

無材可去補蒼天, 枉入紅塵若許年。
此系身前身後事, 倩誰記去作奇傳。"

화로움을 향해 나아가도록 한 것이다."8) 이 책(『홍루몽』) 역시 실제로는 이러한 의도를 몰래 따른 것이다.

(4) (致堂)胡氏曰:「孔子作『春秋』, 常事不書, 惟敗常反理乃書於策, 以訓後世, 使正其心術, 復常循理, 交適於治而已。」 是書實竊此意。

(5) "세상사를 분명하게 밝히는 것이 학문이고, 사람의 감정을 공들여 전달하는 것이 문장이다."9) 이것이야말로 우리가 이 책의 도처에서 조심스럽게 살펴보아야 할 것들이다. 그런 까닭에 인간의 감정과 세상일들을 풀어낸 것이 무소 뿔이 횃불처럼 타오르듯 하고,10) 다른 소설과 비교해도 청출어람이 될 만한 것이다.

(5) 「世事洞明皆學問, 人情練達卽文章。」 是此書到處警省處, 故其鋪敍人情世事, 如燃犀燭, 較諸小說, 後來居上。

(6) 『홍루몽』 전체를 통괄해 볼 때, 쭤츄밍左丘明의 말 한 마디로 개괄할 수 있다. "교훈에 실패한 것을 나무란다."11)

---

8) 1881년 쑨퉁성孫桐生 판본과 '석두기'본(『증평보도석두기增評補圖石頭記』를 가리킴) 및 '금옥연金玉緣'본에는 후 씨 앞에 '즈탕致堂'이라는 말이 있어 이 사람이 송대의 학자인 후인胡寅(1098~1156)이라는 사실을 밝히고 있다. 또 다른 후보자는 후인의 숙부인 후안궈胡安國(1073~1138)이다. 후안궈는 『춘추호씨전春秋胡氏傳』을 쓴 대학자이다. 하지만 여기서 말하는 후 씨가 누구를 가리키는지는 알 수 없다.
9) 제5회. 친커칭秦可卿의 방에 걸려 있는 대련이다.
10) 이것은 원챠오溫嶠라는 이가 무소의 뿔을 태운 불빛으로 물속에 숨어사는 괴물을 볼 수 있었다는 이야기에서 나온 것이다. 『진서晉書』에 그의 전이 있다. 마찬가지로 셰이謝頤의 「비평제일기서금병매서批評第一奇書金甁梅序」에도 비슷한 내용이 있다. "진의 거울에 여우 귀신이 모습을 드러내고 원챠오의 무소 횃불에 괴물이 드러나듯 [소설 속 인물들의] 원래 모습이 모두 드러난다. 皆如狐窮秦鏡, 怪窘溫犀, 無不洞鑒原形。"

(6) 通部『紅樓』, 止左氏一言概之曰:「譏失敎也。」

(7) 『역경』에는 다음과 같은 말이 나온다. "신하가 그 임금을 죽이고, 자식이 아비를 죽이는 것은 하루아침에 그리 된 것이 아니라 그 유래하는 바가 오랫동안 점차적으로 쌓인 것이다."[12] 그러므로 삼가 서리를 밟듯 조심해야 할 것[13]이니, 『홍루몽』이야말로 이렇게 "점차적으로 쌓인다"[14]는 말의 뜻을 부연해놓은 것이다.

(7) 『易』曰:『臣弑其君, 子弑其父, 非一朝一夕之故, 其所由來者漸

---

11) 이것은 『좌전』 은공隱公 원년(기원전 721)의 기사에 쓰인 것이다. 장신즈는 이 구절을 제9, 11, 23, 34회 회평과 17회 협비에서도 인용했다. "『춘추』에는 '정백이 단을 위안에서 쳤다'고 실려 있다. 단이 아우 된 도리를 다하지 못했으므로 '아우弟'라 칭하지 않았다. 형제간이 두 나라의 군주 같기에 '쳤다'고 한 것이다. '정백'이라 칭한 것은 장공이 동생에게 교훈을 제대로 주지 못한 것을 나무란 것이다. 곧 이런 결과가 얻어진 것은 장공이 은연중에 의도한 바이기에 '출분'이라 말하지 않으면 사관의 붓에 어려움이 있는 것이다. 書曰:「鄭伯(寤生) 克段(共叔段・京成大叔)於鄢。」段(共叔段・京成大叔)不弟, 故不言弟: 如二君, 故曰 克; 稱鄭伯(寤生), 譏失敎也: 謂之鄭(鄭伯・寤生)志. 不言出奔, 難之也."

12) 「문언文言」 '곤坤' 괘. "선을 쌓은 집에는 반드시 남은 경사가 있고, 불선을 쌓은 집은 반드시 남은 재앙이 있나니, 신하가 그 인군을 죽이며, 자식이 그 아비를 죽임이 하루아침 하룻저녁의 연고가 아니라. 그 말미암은 바가 점차한 것이니, 분별할 것을 일찍 분별치 못함으로 말미암은 것이니, 역에 이르기를 '서리를 밟으면 굳은 얼음이 이른다' 하니 대개 순종함을 이른다. 積善之家, 必有餘慶, 積不善之家, 必有餘殃。臣弑其君, 子弑其父, 非一朝一夕之故, 其所由來者漸矣! 由辯之不早辯也. 易曰, '履霜, 堅冰至' 蓋言順也."

13) 이것 역시 '곤' 괘에 있다. "발아래 서리 내리면, 머지않아 얼음이 찾아오리니 履霜漸氷至。" 하지만 작자는 오히려 『신당서新唐書』 「고종전高宗傳」에 있는 다음과 같은 대목을 염두에 둔 것 같다. "발아래 서리가 쌓이는 것을 경계하지 않으면, 그 폐해가 천하에 퍼져 그 화가 온 집안과 나라 전체에 미치리니. 不戒 履霜之漸, 而毒流天下, 貽禍家邦." 이것은 고종의 황후였던 우쩌톈武則天을 가리키는 말이다.

14) 장신즈는 이 개념을 자신의 평점에서 자주 사용하고 있다. 제3회, 10회, 28회. 모두 협비夾批이다.

矣。」故謹履霜之戒, 一部『紅樓』, 演一漸字。

(8) 『학림옥로鶴林玉露』15)에는 다음과 같은 말이 나온다. "『장자』라는 책은 무에서 유를 낳았고, 『전국책』이라는 책은 굽은 것에서 곧은 것을 낳았으니, 쑤스蘇軾는 평생 이 두 책을 열심히 익혀 문장을 짓되 다만 그 뜻이 이르는 바가 세련되고 통쾌하여 머뭇거리는 바가 없었다." 나는 이 말을 『홍루몽』에도 돌려주고 싶다.

(8) 『鶴林玉露』云: 『莊子』之文以無爲有, 『國策』之文以曲爲直, 東坡平生熟此二書, 爲文唯意所到, 俊辨痛快, 無復滯礙。16) 我欲以此語轉贈『石頭記』。

(9) 이 책의 서사는 『전국책』과 『사기』, 그리고 쑤쉰蘇洵(1009~1066)과 쑤스蘇軾(1037~1101), 쑤저蘇轍(1039~1112) 세 사람의 문장에서 그 방법을 취했다.

(9) 是書敍事, 取法『戰國策』, 『史記』, 三蘇文處居多。

(10) 『홍루몽』은 『서유기』에서 나와,17) 『금병매』를 거쳐 『수호전』

---

15) 『학림옥로鶴林玉露』(베이징北京: 중화서국中華書局, 1983), 167쪽. 이 책은 송의 뤄다징羅大經(1226년 진사 급제)이 쓴 학술적인 담론과 필기를 모아놓은 것이다.
16) 인용문에는 원래 있던 네 글자 '橫說竪說'가 빠져 있고, 『석두기』본의 경우 표현이 약간 다르다.
17) 어떤 비평가들은 장신즈가 왕샹쉬汪象旭나 천스빈陳士斌, 장수선張書紳, 류이밍劉一明과 같은 『서유기』 평점가의 영향을 많이 받았다고 주장하기도 한다. 차이위안페이蔡元培(1867~1940), 『석두기색은石頭記索隱』(이쑤一粟 편, 『홍루몽권紅樓夢卷』, 상하이上海: 상하이고적출판사上海古籍出版社, 1963), 319쪽. 한진롄韓進廉, 『홍학사고紅學史稿』(이쑤 편, 『홍루몽권』, 상하이: 상하이고적출판사, 1963), 132쪽. 근대 이전에 이 두 소설의 관계에 대해 논한 것으로는

에서 그 정수를 취했다.

(10) 『紅樓夢』脫胎在『西游記』, 借逕在『金甁梅』, 攝神在『水滸傳』。

(11) 『홍루몽』은 『금병매』를 암유暗諭하고 있다. 그래서 [주인공인 바오위寶玉의] "생각이 음탕하다"[18]고 말하는 것이다. 『금병매』에는 〈고효설〉[19]이라는 게 있어 드러내놓고 '효'라는 글자로 마무리했다.[20] 이와 반대로 이 책[『홍루몽』]은 암암리에 효라는 글자로 마무리

저우춘周春, 『열홍루몽수필閱紅樓夢隨筆』(이쑤 편, 『홍루몽권』, 상하이: 상하이고적출판사, 1963), 77쪽과 멍츠쉐런夢癡學人, 『몽치설몽夢癡說夢』(이쑤 편, 『홍루몽권』, 상하이: 상하이고적출판사, 1963), 220, 224쪽을 볼 것. 여기서 '탈태脫胎'라는 말은 송의 황팅졘黃庭堅(1045~1105)이 사용한 '환골탈태換骨奪胎'에서 나온 것이다.

18) 굳이 『금병매』의 주인공 시먼칭과의 차이를 들자면, 시먼칭은 육욕을 실행에 옮겼지만, 바오위는 그러지 않았다는 것일 뿐 음욕이 지나쳤다는 사실만큼은 똑같다는 것이 작자의 생각이다. 징환셴뉘警幻仙女가 다시 말했다. "그렇지 아니하다. 음은 음이라도 그 뜻은 각각 다르니라. 세상에서 음란함을 좋아하는 자라 함은 대개 여인의 용모를 좋아하고 가무를 즐기며 웃고 떠드는 데 지겨워하지 않고 남녀간의 운우에 때를 가리지 않으며, 천하의 미녀들을 자신의 순간적 쾌락으로 삼지 못해 안달 나는 자이나 이는 말초적인 음란함을 추구하는 바보 같은 자들이다. 그런데 너는 지금 천성적으로 깊은 사랑에 빠진 자로 우리는 이를 '의음意淫'이라 한단다. 뜻이 넘친다는 이 '의음'이란 두 글자는 입으로는 전할 수 없고 오직 마음으로만 느낄 수 있을 뿐이며, 말로는 밝힐 수 없고 정신으로만 통할 수 있을 뿐이다. 지금 이 두 글자를 얻었다 함은 규중에서 진실로 좋은 벗이 된다는 것을 의미하지만 세상의 길과는 어긋나고 엇갈리어 백방으로 비난받고 수없는 눈총을 받게 될 것이다." (제5회)

19) 장주포張竹坡에 의해 처음 제기된 이 설은 잘 알려진 대로, 왕스전王世貞(1526~1590)이 자기 아버지의 원수를 갚기 위해 옌쑹嚴嵩(1481~1568)과 그의 아들인 옌스판嚴世蕃(1513~1565)에게 복수한다는 것을 골자로 하고 있다(장주포의 「고효설苦孝說」). 하지만 장주포는 자신의 「『금병매』 독법」 제36조에서는 오히려 이러한 사실을 부인하는 듯 말하고 있다(앞서의 번역문을 볼 것). 장주포는 또 이 작품에 대한 협비에서 이 소설이 옌 씨 부자가 실각한 뒤 완성되었을 거라 말하기도 했다. 1695년 짜이쯔탕在茲堂 본 98/8b쪽을 볼 것.

했다.21) 이 책에 담겨 있는 은밀한 아픔은『금병매』의 작자가 겪었던 것에 비해 더 심하다.『금병매』는 차갑고 뜨거운 인정세태를 부연한 것22)이다. 이 책 또한 그러하다.『금병매』는 재물과 색23)을 부연했다. 이 책 또한 그러하다. 오늘날 소설들 가운데 내가 보기에 취할 만한 것은『료재지이』와『홍루몽』이 두 권에 지나지 않는다.『료재지이』는 간결한 게 뛰어난 점이고,『홍루몽』은 번다한 게 뛰어나다. 『료재지이』는 산만하게 서로 연결되지 않는 이야기들로 구성되어, 그것을 백 번이고 배우려 하다 보면 간혹 그 가운데 하나를 흉내 낼 수 있을 뿐이다.『홍루몽』은 전체가 유기적으로 연결되어 있어, 어디서부터 배워나가야 할지 종잡을 수 없다. 천년이나 백년 뒤 누군가 그것을 배울 수 있는 자가 나올 수도 있겠지만, 나는 천년 백년 뒤의 이 책은 오늘날의『홍루몽』이 아닐 것이라 생각한다. 혹시 두 작품이 서로를 감싸주지 않아도 계속 존속할지는 알 수 없지만, 이 책은 오래도록 살아남을 수 있을 것이다. 그러므로 내가 특별히 이 책에 보잘 것 없는 주석을 달고자 한 것이니,24) 기타 [『홍루몽』에 대한] 속서

---

20) 장주포,「『금병매』독법」26조를 볼 것.
21) 장신즈는 이 소설이 효로 마무리된다는 증거로 116회의 제목에 "효도를 온전히 한다全孝道"는 말이 들어가 있는 것을 들고 있다(116회의 회평을 볼 것). 장신즈는 제3회와 120회 회평과 제5회 협비에서 '고효'라는 말을 사용해 이 소설을 설명하기도 했다. 장신즈는 또 바오위가 효를 다하지 못했기 때문에 마지막 회에서 빨간 모자를 쓰고 나타난 것이라 해석하기도 했다(제120회 협비를 볼 것).
22) 장주포는 이 두 가지 개념으로『금병매』의 구조 원리를 설명했다(그의「『금병매』독법」10, 25, 83, 88조를 볼 것). 장주포는 아예 이것을 별도로 논의한「냉열금침冷熱金針」이라는 글을 쓰기도 했다. 마오쫑강 역시 자신의「『삼국지』독법三國志讀法」15조에서 같은 논의를 했다. 하지만『홍루몽』에서는 이 개념을 다관위안大觀園에서의 주인공의 일상이 '시끌벅적熱鬧"한 것과 "무료無聊"한 것으로 사용했다.
23)「『금병매』독법」19, 23, 26조를 볼 것.

에 또 속서가 나오고 여러 가지 모방작이 나오더라도 모두 귀 기울여 가르침을 들을 만한 게 없을 것이다.

(11) 『紅樓夢』是暗『金甁梅』, 故曰意淫。『金甁梅』有〈苦孝說〉, 因明以孝字結。此則暗以孝字結。至其隱痛, 較作『金甁』者爲尤深。『金甁』演冷熱, 此書亦演冷熱。『金甁』演財色, 此書亦演財色。今日小說, 閑人止取其二: 一『聊齋志異』, 一『紅樓夢』。『聊齋』以簡見長, 『紅樓』以煩見長。『聊齋』是散段, 百學之或可肖其一; 『紅樓』是整章25), 則無從學步, 千百年後人或有能學之者, 然已爲千百年後人之書, 非今日之『紅樓』矣。或兩不相掩未可知, 而在此書, 自足千古。故閑人特爲着佛頭糞, 其他續而又續, 及種種效顰部頭, 一槪不敢聞敎。

(12) 『홍루몽』은 이 책의 정식 명칭인데, 본문의 서두에서 쿵쿵다오런空空道人의 공즉시색26)제1회을 설파하면서 『석두기』니, 『정승록』이니, 『풍월보감』이니, 『진링 십이채』 등의 이름은 거명하면서도 『홍루몽』 세 글자는 말하지 않았다. 이것은 곧 본래의 형체를 버리고 그림자만을 취한 것으로, 은밀히 깔아 놓은 작자의 의도라 하겠다. 그러므로 작자가 책 속에서 인물을 묘사할 때는 모두 그들을 반영하는 그림자에서 붓을 대고 있는 것이다.

(12) 『紅樓夢』乃此書正名, 而開首空空道人因空見色一段文中, 有『石頭記』, 『情僧錄』, 『風月寶鑑』, 『金陵十二釵』諸名目, 而絶無『紅樓夢』三字。卽此便是捨形取影, 乃作大主意。故凡寫書中人, 都從

---

24) 원문을 그대로 옮기면, 부처의 머리 위에 똥을 싸는 것이다.
25) 1881년 쑨퉁성 본과 '금옥연金玉緣' 본에서는 '장章'을 '단段'으로 읽고 있는데, 앞서의 '산단散段'과 운을 맞추기 위해 그리한 듯하다.
26) 이 대목과 아래의 13, 14조는 '석두기' 본에는 빠져 있다.

影處着筆。

(13) 『홍루몽』이라는 세 글자는 제5회에 나오는데, 십이채十二釵^{제5회}에 대한 곡명이다. 이 『십이채』는 꿈의 개요目이고, 『정승록』이라는 말에서 정이라는 글자는 꿈의 벼리綱를 이룬다. 그러므로 나는 전반부 12회를 크게 세 단락으로 나누는데, 첫 번째 단락은 『석두기』로 귀결되고, 두 번째 단락은 『홍루몽』으로 귀결되며, 세 번째 단락은 『풍월보감』으로 귀결된다. 그리고 『정승록』과 『십이채』라는 것은 그 가운데서 개요와 벼리가 된다.27)

(13) 『紅樓夢』三字出於第五回, 卽十二釵之曲名, 是『十二釵』爲夢之目, 『情僧錄』情字爲夢之綱。故閑人於前十二回分作三大段, 第一段結『石頭記』, 第二段結『紅樓夢』, 第三段結『風月寶鑑』, 而『情僧錄』, 『十二釵』一綱一目在其中矣。

(14) 백이십 회나 되는 큰 책은 바다를 바라보는 것과 같아 망망하게 가장자리가 보이지 않는다. 하지만 그 요체는 독자가 찾아볼 수 있도록 단락을 이루고 있으니, 혹은 4회를 한 단락으로 하고, 혹은 3회를 한 단락으로 하기도 하며, 1회나 2회가 하나의 단락이 되기도 하니, 그 구획이 분명한 것은 아니다. 그럴진대 단번에 모든 것을 취하려 하면 안 될 것이다. 내가 그런 사실을 지적하고 드러내 보여주게 되면 독자들의 수고를 다소나마 덜어주게 될 것이다.

(14) 百二十大書, 若觀海然, 茫無畔岸矣, 而要自有段落可尋。或四回爲一段, 或三回爲一段, 至一二回爲一段, 無不界劃分明, 囫圇吞棗

---

27) 장신즈가 전반부 12회의 단락을 나눈 것에 대해서는 제1회, 4회, 5회, 9회와 12회의 회평을 볼 것. 세 단락은 각각 1~4회, 5~8회, 9~12회로 구분되어 있다.

者不得也。閑人爲指出之, 省却閱者多少心目。

(15) 바오위는 이름은 있지만 자는 없으니, 사람들은 자가 없는 가운데 의미를 찾는다.28) 이른바 '희노애락이 아직 드러나기도 전'29)이거나, 또는 '구체적인 사물이 존재하기 앞선 세계30)에는 본래 자가 없다'는 것이다.

(15) 寶玉有名無字, 乃令人在無字處追尋。所謂「喜怒哀樂未發之前」, 又「先天本來無字」也。

(16) 이 책에서 바오차이寶釵와 다이위黛玉는 서로 어깨를 겯고 있으며, 시런襲人과 칭원晴雯은 두 사람의 그림자이다. 무릇 바오위와 다이위의 사적을 묘사하고 나면, 바로 이어 바오차이가 묘사되고, 바오위와 바오차이의 사적을 묘사하고 나면, 바로 이어 다이위가 묘사된다. 그렇지 않으면 시런이 바오차이를 대신하고 칭원으로 다이위를 대신하니 간혹 다른 사람이 대신하기도 하나 여전히 큰 틀은 벗어나지 않는다. 이것이야말로 한 올의 실도 흐트러지지 않고 견고하게 무너지지 않는 작품 전체를 통괄하는 문장의 법칙章法인 것이다. 다이위를 묘사한 곳곳에서 다이위는 말로 다른 사람의 마음을 상하게

---

28) 장신즈는 여기서 "무자無字"를 말 그대로 "자가 없다"는 것과 "무에 대한 글자가 없다"는 뜻으로 풀이하고 있다. 일종의 동음이의어를 이용한 비유법이다.
29) 이것은 『중용中庸』의 시작 부분에 나온다. "희로애락과 같은 인간의 감정이 아직 발현되지 않은 것을 중이라고 하고, 발현되되 모두 절도에 들어맞는 것을 일러 화라 한다.喜怒哀樂之未發, 謂之中, 發而皆中節, 謂之和."
30) "구체적인 사물이 존재하기 앞선 세계", 이른바 '선천先天'에 대해서는 앞서 「『서유기』 원지 독법」의 7, 8, 33, 35와 41조를 볼 것. 비유적인 의미에서 이 용어의 용법은 사오융邵雍(1011~1077)의 『황극경세서皇極經世書』와 같은 글에서 좀 더 직접적으로 찾을 수 있다.

하니, 이것은 처세에 능하지 못하고 자기 자신도 사랑하지 못하는 사람이 스스로를 죽이게 되는 계기로 접어들어서도[31] 깨닫지 못한 것을 말함이다. 바오차이를 묘사한 곳곳에서는 재물로 다른 사람들을 농락하니, 이것은 제 나름의 꿍꿍이속이 있고 세상사를 제 나름의 방식으로 처리하는 사람의 경우라 할 것이다. 이 역시도 바른 것은 아니다. 결국 이 두 종류의 사람은 어느 한 쪽도 바람직하다 볼 수는 없다.

(16) 是書敍釵, 黛爲比肩, 襲人, 晴雯乃二人影子也。凡寫寶玉同黛玉事跡, 接寫者必是寶釵; 寫寶玉同寶釵事跡, 接寫者必是黛玉。否則用襲人代釵, 用晴雯代黛。間有接以他人者, 而仍必不脫本處。乃一絲不走, 牢不可破, 通體大章法也。寫黛玉處處口舌傷人, 是極不善處世, 極不自愛之一人, 致蹈殺機而不覺; 寫寶釵處處以財帛籠絡人, 是極有城府, 極圓熱之一人, 究竟亦是枉了。這兩種人都作不得。

(17) 혹자는 이 책에서의 인연이 왜 하필이면 안으로는 '나무와 돌木石'이고 밖으로는 '쇠와 돌金石'인가 묻기도 한다.[32] 그에 대한 답은 다음과 같다. "옥과 돌은 사람의 마음을 부연한 것이다." 마음이라고 하는 것은 마땅히 선을 지향하고 악을 지향해서는 안 된다. 그러므로 『역경』에서도 양의 기운을 귀하게 여기고 음의 기운을 천하게 여겼으며, 성인은 음을 억누르고 양을 고양했던 것이다.[33] 오행에서

---

31) 장신즈는 다이위의 죽음이 일정 정도 다이위 자신에게 있다는 사실을 다른 곳에서도 밝힌 바 있다. 제14회 회평, 제7회와 28회 협비를 볼 것.
32) 플라스에 의하면 바오위와 다이위, 그리고 바오차이 사이의 인연이 의미하는 바는 서사가 짜여져 가는 수많은 세부 사항들을 둘러싼 어떤 구조적인 틀이라고 한다. 플라스의 『'홍루몽'의 원형과 알레고리』, 제4장 54~83쪽을 볼 것.
33) 이런 관계는 당연하게도 음과 양의 조화로운 움직임 가운데 하나일 뿐이다.

나무는 동쪽이고, 봄에 만물이 소생하는 것을 주관하며, 쇠는 서쪽으로, 가을에 만물이 죽는 것을 주관한다. [다이위의 성姓인] '숲林'은 바다의 물에서 생겨난 것으로, 바다는 동남쪽에 있으니, 양이다. 쇠金는 [바오차이의 성姓인] 쉐薛에서 나왔으니, 쉐는 눈雪과 발음이 같은지라,34) 차가운 냉기에 갇혀 있고 추위가 쌓여 있기에 음이다. 이것이야말로 '린林'씨 성과 '쉐薛'씨 성이 각각 '나무木'가 되고 '쇠金'가 되는 유래와 거기에 깔려 있는 의미인 것이다.

(17) 或問是書因緣, 何必內木石而外金石? 答曰: 玉石演人心也。心宜向善, 不宜向惡。故『易』道貴陽而賤陰, 聖人抑陰而扶陽。木行東方; 主春生; 金行西方, 主秋殺。林生於海, 海處東南, 陽也; 金出於薛, 薛猶云雪, 鋼冷積寒, 陰也。此爲林爲薛, 爲木爲金之所由取義也。

(18) 이 책에서 인연이 맺어지고 만났다 헤어지는 것을 부연한 것

양자는 대립할 뿐 아니라 상호보완적인 작용을 하기도 한다. 좀더 부연한 설명은 아래 (26)조를 볼 것.
34) 이런 연관성은 제5회에서 바오위가 꾼 꿈에서 알게 된 시의 후반부에 잘 나와 있다. 린다이위는 아버지의 자인 루하이如海로 인해 바다와 연결되기도 한다.
"베틀 멈춰 격려한 부덕이 안타깝고, 버들 솜 노래 부른 재주가 가련하다. 옥 허리띠 숲 속에 걸려 있고, 금비녀는 눈 속에 묻혀버렸네.
可嘆停機德, 堪憐詠絮才。
玉帶林中挂, 金簪雪裏埋。"(제5회)
이 시는 쉐바오차이와 린다이위의 운명을 동시에 암시한 판사判詞이다. '베틀 멈춰 격려한 부덕'은 동한의 웨양쯔樂羊子가 학업 도중 돌아오자 그 아내가 베를 짜다가 잘라내어 중도에 학문을 포기하지 말라고 권한 고사에서 유래하며, 바오차이의 부덕을 칭송한 것이다. '버들 솜 노래 부른 재주'는 진晉나라 셰다오윈謝道韞이 총명하고 재능이 뛰어나 하얀 눈이 내리는 모습을 바람에 흩날리는 버들 솜으로 노래했다는 고사에서 유래하며 다이위의 재주를 칭송한 것이다. 마른 나무에 걸린 허리띠는 다이위의 불행한 운명을, 눈 속에 묻힌 금비녀는 바오차이의 처량한 결말을 암시한다.

으로 말하자면, 유얼제尤二姐나 유싼제尤三姐, 샤진구이夏金桂35) 등을 비롯해 나머지 경우도 셀 수 없을 정도이나, 바오위와 다이위, 바오차이의 관계에 비할 것이 없다. 무릇 이미 정해진 운명과 그에 맞서는 것을 부연한 것으로 말하자면, 왕도사와 왕의원, 바오융, 사다제 등을 비롯해 나머지 경우도 셀 수 없을 정도이나,36) 류씨 할멈만 한 것이 없다. 약은 바꾸지 않고 탕을 바꾸는 것이 이와 같을 따름이

---

35) 유얼제와 유싼제에 관한 일화는 제64~69회를 볼 것. 샤진구이의 비극적인 운명에 대해서는 제103회를 볼 것.
36) "이미 정해진 운명과 그에 맞서는 것天人定勝"은 "단호한 결심을 한 사람은 하늘에 맞설 수 있다人定勝天"는 말의 변용인 듯하다.
   왕도사는 제80회에 나오는데, 여기서 그는 바오위에게 질투를 고치는 탕약에 대해 말해준다. "한 첩 먹고 효과가 없으면 열 첩을 먹으면 되고, 오늘 효과가 안 나타나면 내일 또 먹으면 되고, 올해 효과가 없으면 내년까지 계속 먹으면 되지요. 어찌 되었든 이 세 가지 맛이 나는 약은 폐에도 좋고 위장도 상하게 하지 않으며, 달콤한 것이 기침을 멈추게도 하고 맛도 있습니다. 백 살까지 먹다 보면 사람이야 어차피 죽을 테니, 죽고 나면 무슨 질투하는 일이 있겠습니까. 그렇게 되면 바로 효과를 보는 거지요."(제80회)
   왕의원은 제83회에 나오는데, 그는 다이위를 진맥하고 정확하게 병의 원인을 짚어낸다. "이 병은 늘 현기증이 나고 입맛이 없으며 꿈을 많이 꿀 것입니다. 매일 새벽쯤이면 몇 번씩이나 깰 거고요. 그런 날 낮이면 본인과 상관없는 소리를 들어도 영락없이 화를 낼 것이며, 의심도 많고 겁도 많을 것입니다. 모르는 사람들은 성격이 괴팍해서 그런가 하고 의심할지도 모르겠으나 사실은 울결로 인한 화 때문에 간의 진액이 지나치게 소진되어 심기가 쇠약해진 탓입니다. 이런 것이 원인이 되어 여러 가지 병증이 나타나는 것입니다. 제 말이 맞는지요?"
   바오융은 강남江南의 전甄씨 집안이 몰락한 뒤 소개를 받고 쟈賈씨 가문에 들어오는데(제93회), 아무 일도 맡기지 않아 하릴없이 시간만 죽이다 112회에서 쟈씨 집안에 도둑이 들었을 때 도둑들을 물리치고 그 가운데 한 놈을 때려죽인다.
   사다제가 제73회에서 에로틱한 그림이 수놓아져 있는 향낭繡春囊을 발견하는 것은 제74회에서의 '한밤의 다관위안大觀園 수색'이라는 소동으로 이어진다. 그 뒤 얼마 안 있어 가문의 재산 몰수가 일어난다. 또 사다제는 제96회에서 바오위와 바오차이가 결혼한다는 소식을 다이위에게 말해준다.

다. 이런 것을 이해하고 이 책을 본다면 그 기세가 대나무를 쪼개는 것과 같을 것이다.

(18) 此書凡演姻緣離合, 其人如尤二, 尤三, 夏金桂等, 不可枚舉, 而無非演寶, 黛, 釵. 凡演天人定勝, 其人如王道, 王醫, 包勇, 傻大姐等, 不可枚舉, 而無非演劉老老. 換湯不換藥, 如此而已. 解如此觀, 勢如破竹.

(19) 이 책에 있는 시사는 모두 그 의미를 드러내지 않고 있으니, 수수께끼와 같다. 입으로는 여기를 말하면서 눈으로는 저기를 바라보니, 그 우열은 모두 사람의 머리에 맞춰 모자를 만들 듯 각각 그 사람에 달려 있는 것이다. 그러므로 대가의 절창을 함부로 헤아려서는 안 되느니, 다른 소설에서 먼저 몇 수의 시가 있고 나서 인물을 억지로 거기에 아로새기는 것과는 비교할 수 없는 노릇이다.

(19) 書中詩詞, 悉有隱意, 若謎語然. 口說這裏, 眼看那裏. 其優劣都是各隨本人, 按頭制帽. 故不揣摩大家高唱, 不比他小說, 先有幾首詩, 然後以人硬嵌上的.

(20) 이 책에 나오는 이름은 그 인물이 큰 인물이건 작은 인물이건 그의 행위가 거대한 것이든 사소한 것이든 모두 우의寓意가 있다. 전스인甄士隱, 쟈위춘賈雨村은 그들 자신을 드러내 보여주고 있지만,[37] 나머지 다른 인물들은 독자 자신이 스스로 터득해야 한다. 여기에도 직설적으로 드러내는 것正用과 아이러니컬하게 드러내는 것反用이 있고, 정색을 하고 말하는 것과 농담 삼아 말하는 것이 있으며, 전후

---

37) 제1회와 제120회를 볼 것.

가 조응하는 것과 해당 회만을 미묘하게 감싸는 것이 있다. 한 가지 사건에 임하되 되는 대로 엮어 나가는 것처럼 보일지라도 입에서 나오는 대로 난잡하게 엮은 것은 없으니, 절묘한 기교와 전편을 꿰뚫는 통찰력으로 마음먹은 대로 지휘한 것이라 할 만하다.

(20) 是書名姓, 無大無小, 無巨無細, 皆有寓意。甄士隱, 賈雨村自揭出矣, 其餘則今讀者自得之。有正用, 有反用; 有莊言, 有戲言; 有照應全部, 有隱括本回; 有卽此一事, 而信手拈來。從無有隨口雜湊者。可謂妙手靈心, 指揮如意。

(21) 이 책에서는 대체적으로 쉬어 가는 대목에서는 매번 밥을 먹는데, 혹자는 이것을 우스운 일이라 여기기도 한다. 하지만 이것은 그 안에 큰 뜻이 숨어 있다는 것을 모르고 한 말이다. 바오위가 사람의 마음에 대해 설명하면서, 『대학』에서는 바른 마음正心은 먼저 그 뜻을 진실 되게 해야 한다誠意고 했거니와, 그 뜻意이야말로 인체로 말하면 비장脾臟에 해당하는 오행의 토土에 해당한다. 실제로 밥을 먹는 것이야말로 비토脾土이니, 비토야말로 그 뜻을 진실되게 하는 것이라. 묻노니 세상 사람들은 그 말 뜻을 이해하고 밥을 먹느뇨?[38]

(21) 書中大致凡歇落處每用吃飯, 或以爲笑柄, 殊不知大道存焉。寶玉乃演人心, 『大學』正心必先誠意。意, 脾土也; 吃飯, 實脾土也; 實脾土, 誠意也。問世人解得吃飯否?

---

[38] 장신즈가 소설 속에서 밥 먹는 장면의 사용에 대해 논의한 것은 다음의 협비에서 찾아볼 수 있다. 제21회, 25회, 28회, 120회. 특히 28회의 평어는 바로 이 독법의 조문을 지칭하고 있다. "이런 등등의 곳에서 매번 밥 먹는 것으로 매조지하고 있는데, 그 기탁한 말은 실제로는 토土를 뜻하며 생명을 기르는 것이다. 자세한 것은 「독법」에 있다.此等處每每以叫吃飯收住, 寓言實意土而養命云, 詳在「讀法」。"(제28회 협비)

(22) 이 책에서는 속언과 교묘한 언사를 많이 쓰고 있는데, 그 모두가 제대로 된 베이징 토박이말로 다른 곳의 방언은 섞여 들지 않았다. 지나치게 편벽된 곳이 있으면 거기에는 내가 해석을 가했다.[39]

(22) 書中多用俗諺巧話, 皆地道北語京語, 不雜他處方言, 有過僻, 間爲解釋。

(23) 이 책은 또 모두 세 개의 커다란 단락으로 나뉜다. [바오위가] 처음으로 운우지정을 맛보는 제6회에서부터 쟝윈쉬안絳雲軒에서 예언적인 꿈을 꾸는 36회까지가 하나의 단락으로, 류씨 할멈이 주된 역할을 하고 위안춘元春이 부차적인 역할을 맡으며, 친중秦鍾이 책임을 지고, 베이징왕北靜王이 그것을 증거한다.[40] [위안양鴛鴦이] 골패로 세 차례의 주령酒令 놀음을 하는 40회에서 유얼졔尤二姐가 순금을 삼켜 자살하는 69회[41]까지가 두 번째 단락으로, 여기서는 위안양이 주된 역할을 하고, 쉐바오친薛寶琴이 부차적인 역할을 하며, 유얼졔가 책임을 지고, 유싼졔가 그것을 증거한다. 뜻밖에 위안양을 만나는 71회[42]에서 왕시펑王熙鳳이 시골 할멈(류씨 할멈)에게 마지막으로 부탁을 하는 113회까지가 세 번째 단락으로, 여기서는 류씨 할멈과 위안양이 주된 역할을 하고, 사다졔가 부차적인 역할을 하며 샤진구이가

---

39) 이 내용은 '석두기'본에는 빠져 있다.
40) 제36회에서 바오위는 꿈을 꾸다 미리 운명 지워진 금과 옥의 결합에 저항하며 크게 소리 지른다. 이때 바오차이는 그의 침상 옆에서 '원앙' 침대보를 수놓고 있으며, 다이위는 창 밖에서 엿듣는다. 장신즈는 회목을 빌어 이 사건을 지칭했다.
41) 필사본에는 실수로 제69회가 아닌 60회로 되어 있다. 다른 본에서는 제대로 나와 있다.
42) 원문은 '70회'로 되어 있으나 실제로는 '71회'에 나오는 내용이다. 다른 판본에는 제대로 나와 있다.

책임을 지고, 바오융이 증거한다.43) 이것이야말로 이 작품을 통괄하는 큰 결구인 것이다.

(23) 是書又總三大支: 自第六回初試雲雨情至三十六回夢兆絳雲軒爲第一支, 以劉老老爲主宰, 以元春副之, 以秦鍾受之, 以北靜王證之。自四十回三宣牙牌令至六十回呑生金自逝爲第二支, 以鴛鴦爲主宰, 以薛寶琴副之, 以尤二姐受之, 以尤三姐證之。自七十回無意遇鴛鴦至一百十三回鳳姐託村嫗爲第三支, 以劉姥姥, 鴛鴦合爲主宰, 以傻大姐副之, 以夏金桂受之, 以包勇證之。是又通身大結構。

(24) 『석두기』라는 한 권의 책은 모두 120회에 이르니 바다와 같이 넓디넓은 것이 번다하다 할 만하지만, 그럼에도 실제로는 허투른 문장 하나 없다. 30여 만 단어에 이르는 「『석두기』평」은 상세하면서도 번쇄하니 역시 번다하다고 할 만하다. 하지만 아직도 의미를 헤아려야 할 것들이 많이 남아 있으니, 바라기로는 현명한 독자가 비슷한 예로 방증을 해 의미가 통하게 함으로써 아직 미치지 못한 부분까지 이해할 수 있게 되기를 기대한다.44)

(24) 一部『石頭記』, 計百二十回, 灑灑洋洋, 可謂繁矣, 而實無一句閒文。「『石頭』評」三十餘萬言, 瑣瑣碎碎, 亦可謂繁矣, 而尚有千百臘

---

43) 제70회에 대한 장신즈의 회평에서는 이 소설의 구조를 논하기 위해 똑같은 용어와 개념을 사용하고 있다.
44) 바로 여기에 '석두기'본에는 다음과 같은 조문이 추가되어 있다. "이 책이 세상에 유통된 지가 이미 오래되었다. 그런데도 이 책을 제대로 읽고 이해하는 이가 드물 뿐 아니라, 그들의 귀를 열어 그것을 맛보려 하는 이는 몇 안 되고 심지어 이 책을 음서라 여기는 이마저 있는 것은 유감스러운 일이다. 이것이야말로 어진 이는 그 안에 담겨 있는 어짊을 보고 현명한 이는 그 안에서 지혜를 발견한다는 것이다.是書之傳聞於世也久矣。痛無眞能讀眞能解者。甚有耳會目爲淫書。是亦仁者見之謂之仁。知者見之謂知耳。"

義, 是望善讀者觸類旁通, 以會所未逮耳。

(25) 어떤 이는 이 책은 단지 80회에서 끝나며 나머지 40회는 다른 사람의 손에서 나온 것이라 한다. 나는 자세한 사정은 모르지만,[45] 그 가운데 결구를 보매, 창산常山의 뱀이 똬리를 틀고 있듯,[46] 수미가 서로 호응하고, 복선이 확실하게 뿌리를 내리고 있어, 터럭 하나를 당겨도 온몸이 동요하는 묘미가 있다. 또 문장이나 필력이 앞뒤로 전혀 차이가 없으니, 이른바 덧붙여진 40회는 [결말을 예상하고] 중간 부분 이후부터 덧붙였다는 것인가? 그렇지 않으면 되는 대로 중간에 끼워 넣었다는 것인가? 그렇게 하는 게 아예 책을 쓰는 것보다 백 배는 더 어렵다는 것을 알기에, 부모가 그렇게 하라고 명하거나 억만금을 준다 하더라도 나는 [한 회는 고사하고] 반 회라도 써낼 수 없을 것이다. 어찌 귀를 눈으로 삼고, 소리를 따라 화음을 넣을 수 있다고 하는 이들이 이리도 많은가?

(25) 有謂此書止八十回, 其餘四十回乃出另手, 吾不能知。但觀其中結構, 如常山蛇, 首尾相應, 安根伏線, 有牽一髮渾身動搖之妙, 且詞句筆氣, 前後略無差別, 則所謂增之四十回,[47] 從中後增入耶? 抑參差夾雜入耶? 覺其難有甚於作書百倍者。雖重以父兄命, 萬金賜, 使閑人增

---

45) '석두기'본에는 "이게 무슨 말인가?是何言與"로 되어 있다.
46) 명청시대 소설 평점가들은 소설의 구조가 긴밀한 것을 비유할 때 '창산의 뱀'을 예로 드는 경우가 많았다. 『손자병법孫子兵法』「구지편 제십일九地篇第十一」, "그러므로 싸움에 능한 자는, 비유컨대 '솔연'과 같다. 솔연이란 창산의 뱀을 말하는데, 머리를 때리면 꼬리가 덤비고, 꼬리를 치면 머리로 덤벼든다, 허리를 때리면 머리와 꼬리로 덤벼든다. 그렇다면 묻건대, 군을 창산의 뱀처럼 움직일 수 있는가?故善用兵者, 譬如率然。率然者, 常山之蛇也。擊其首則尾至, 擊其尾則首至, 擊其中則首尾俱至。敢問 : 兵可使如率然乎?"
47) 원문의 "略"과 "所謂"는 '석두기'본에는 보이지 않는다.

半回, 不能也。何以耳爲目,48) 隨聲附和者之多？

 (26) 내가 『홍루몽』을 처음 읽었을 때, 류씨 할멈劉姥姥을 묘사한 대목에 이르러, 이것이 마치 희곡에서 책 전체에 어려 있는 적막함을 깨기 위해 마련한 어릿광대 역할과 같이 그저 우스개 이야기로 끼워 넣은 것으로 여겼다. 하지만 계속 생각해 보니 작자가 기왕에 우스개 이야기로 넣었다면, 어디선가 우스운 장면을 넣었어야 하지 않은가. 그런데 사실상 120회 전체를 통틀어 [류씨 할멈은] 룽궈푸榮國府에 여섯 번 다녀간 것으로 적혀 있으니, 뒤의 세 번은 앞서의 세 번 다녀간 것을 맞추기 위해서인데, 그런데도 사람들은 세 번으로 치고 있다. 이것은 또한 이야기 전개에 긴장감을 불어넣어 그 중요성을 부각시키기 위함이다. 더군다나 세 번째 다녀간 것은 상중의 혼란스런 상황이었으니, 무슨 우스개 이야기니 하는 게 애당초 있을 수 없었다. 그래서 나는 이 점에 대해 의문을 품고, 다시 한번 「유여경留餘慶」의 곡문曲文49)을 자세히 읽어보니, 그것이 챠오졔巧姐가 빈한했을 때 왕

---

48) '석두기'본에는 "以耳爲目"이 보이지 않는다.
49) 이 노래는 제5회에서 바오위가 꿈에 들었던 노래의 일부이다. 여기에는 류씨 할멈이 왕시펑의 딸인 챠오졔를 구한다는 내용이 담겨 있다.
 "[남겨주신 은덕으로] 남겨주신 은덕으로, 남겨주신 은덕으로, 좋은 은인 만났네요. 고마우신 어머니, 고마우신 어머니, 음덕을 쌓으셨대요. 살면서 불쌍한 자, 곤궁한 자 많이 돕고, 돈만 보고 골육을 팔아먹는 못된 외삼촌과 오빠처럼 되지 마세요. 하늘의 가감승제, 상과 벌이 분명하지요.[留餘慶] 留餘慶, 留餘慶, 忽遇恩人; 幸娘親, 幸娘親, 積得陰功。勸人生, 濟困扶窮, 休似俺那愛銀錢忘骨肉的狠舅奸兄! 正是乘除加減, 上有蒼穹。"
 이보다 앞서 바오위는 징환셴뉘警幻仙女에게서 『진링 십이차 우부책金陵十二釵又附冊』을 건네받고, 챠오졔의 운명과 연관한 다음의 시를 읽는다.
 "가세가 기울면 귀한 몸 말을 말고 집안이 망하면 친척도 찾지 말라.
 우연히 류씨 할멈 도와준 인연으로, 요행히 은인을 만날 수 있었구나.
 勢敗休云貴, 家亡莫論親。

시펑王熙鳳이 그에게 베풀었던 친절함에 대한 보답이라는 것을 알게
되었으니, 이것으로 의문이 풀린 듯했다. 그러나 이 책에서 [류씨 할
멈이 처음 방문하는] 제6회에서는 중요한 인물들 가운데 소개되지 않
은 이가 아직 많았고, 또 바오위가 이제 막 처음으로 운우지정을 나
누었던 즈음이었으니, 바로 이제 입을 열어 감정의 문제를 이야기하
려는 참에 잠시 이야기 진행을 멈추고 이것을 거론하기 위해 이 사람
이 나오게 된 것이다. 그래서 [류씨 할멈의] 출신을 따지고 누대에 걸
친 친족 관계를 늘어놓은 것이다. 그리하여 이로 인해 나의 의심은
다시 커졌다. 이에 나누어도 보고 합쳐도 보고 한 글자 한 구절을 세
세히 음미하기를 삼 년 만에 다음과 같은 사실을 깨닫게 되었다. 이
것은 『역경』의 도리다. 이 책 전체는 『역경』이 도리임에 틀림없다.
내가50) 『석두기』를 비평하는 것은 바로 이 지점에서 시작한다.

이제 시험 삼아 류씨 할멈을 예로 들어보겠다. [류씨 할멈은] 순수한
'곤坤'괘에 해당하니, 이것은 '노음老陰'에서 '소양小陽'이 나오는 것이
라, 이것으로 왜 류씨 할멈이 챠오졔巧姐를 구하는지가 설명된다. 챠
오졔는 7월 7일 태어났으니, 7은 소양의 수이다. 하지만 음은 갑자기
음이 되지 않고, 일음一陰에서 시작한다.51) 일음은 괘의 맨 아래에서
나오니, 이것은 괘에서 구후☰☰가 된다. 바오위는 순양의 몸으로 처
음 운우지정을 치르니 이것은 최초의 효 일음이 구가 되는 것이다.
그러므로 바로 이어서 "류씨 할멈이 일단 룽궈푸에 들어가서"라고 말

偶因濟劉氏, 巧得遇恩人."
　이것 역시 챠오졔가 베를 짜며 살아가는 시골 아낙이 될 것과 류씨 할멈의
도움으로 위기에서 구출될 것을 암시하고 있다.
50) 원문은 '태평한인太平閑人'이다.
51) 이것은 음효로만 구성되어 있는 '곤坤'괘가 음효를 하나씩 쌓아서 만들어진다
는 것을 의미한다.

한 것이다. 일음이 이미 들어갔으니, 순서에 따라 박剝====에 이르니, 여기서 류씨 할멈의 상象이 이미 이루어지되, 남아 있는 일양이 위에 있을 따름이다. 박은 구월의 괘이고, 10월과 갈마드는 곳에서 곧 곤坤====이 된다. 그러므로 류씨 할멈이 늦가을 초겨울, "큰 것이 가고 작은 것이 오는" 지극한 때에 온 것이 설명이 된다. 그러므로 이야기의 실마리頭緖를 찾아 나가는 가운데, "작은 보잘 것 없는 가문", "별 볼 일 없는 작은 가문의 왕 씨 성", "미미한 경사의 관리"라고 하여 "작디 작은"이란 글자를 세 번이나 볼 수 있는 것이다. 이렇게 작을 "소小"자가 여섯 번이나 나온 것은 모두 미묘한 의미를 갖고 있다. 건乾☰ 괘의 연이은 세 효는 왕王 자의 가로 획 셋52)이고, 직선 하나를 더해 이것을 세로로 나누면 곤坤☷ 괘가 되고, 아래에서 위로 하나만 올라가, 첫 번째 효만 나누면 손巽☴ 괘가 되니, 손은 장녀를 뜻하며, 이것으로 엄마가 딸집에서 사는 이유가 설명된다. 두 번째 효까지 나누면 간艮☶ 괘가 되니 간은 구狗를 뜻하는데, 그래서 사위의 이름이 "거우얼狗兒"인 것이다. 세 번째 효까지 나누면 곤坤==== 괘가 되니 곤은 신의 도리이기에, 그 집안이 벼슬살이하면서 왕 씨 집안과 인척 관계를 맺고 있는지가 설명된다. 곧 이것[☷]을 중첩하면 곤坤==== 괘가 되니, 구姤==== 괘에서 둔遯==== 괘로, 그리고 비否 ==== 괘, 관觀==== 괘, 박剝==== 괘, 곤坤==== 괘로 나아간 것이다. 이 모든 것은 작은 것에서 비롯되어 앞으로 나아간다는 것을 의미한다. 그 세력은 몹시 이익을 따지기에 제지할 수 없으니, 인척 관계를 맺는 것은 바로 이 이익과 세력 때문이 아니겠는가. 따라서 룽궈푸榮國府가 바야흐로 성세를 누리면서 아직 정점에서 한참 멀리 있을 때는

---

52) 류씨 할멈의 사위가 왕 씨이다.

이 사람들을 먼 친척으로 받아들였던 것이다. 거우얼의 할아버지는 단지 성이 왕 씨라고만 할 뿐 이름은 나오지 않고 같은 지역 사람이라고만 나온다. 같은 지역 사람이라는 것은 곤坤이 땅地이기 때문이다. 그런데 이 땅의 도리가 그리 탐탁한 것이 아니어서 대가 끊어지게 된 것이다. 그러므로 이름이 없었던 것이며, 그 아들 이름이 "청成"이라 한 것은 육신으로 대를 잇게 하기 위함이다. 거우얼은 간艮이며, 왕청王成 역시 간이다. 간은 동북쪽 괘이니 만물이 끝을 이루고成 시작을 이루는成 곳이다. 그래서 이름을 청成이라 한 것이다. 동북은 봄과 겨울이 갈마드는 곳이기에, 그 아들 이름을 반얼板兒이라 하였으니, 이 "판板"이라는 글자는 뜻으로는 '나무木'요, 소리로는 '반反'이라, [겨울에 해당하는] 물水이 차가워져 물러나고 이제 다시 '나무木'로 돌아오는反 것53)을 뜻하기에, 딸 아이를 낳아 이름을 '칭얼靑兒'이라고 한 것이다. '청靑'은 '나무木'의 색이니 북에서 동으로 나오는 것이다. 이것은 곧 노음老陰에서 소양少陽이 나오는 것을 말한다. 간艮 괘는 오행에서 '흙土'에 해당하니 그렇기 때문에 농사를 그 업으로 삼은 것이다. 늙은 과부에게 자식이 없으니, 음陰이 더 이상 무언가를 생육할 수 없는 것이다. 오랫동안 누대를 살아온 뒤, 만물이 끝나고 시작되는 운행을 완성한 것이니, 만고에 모든 것은 저와 같이 흘러갈 따름이라. 그래서 성인이 『역경』을 지어 양을 높이고 음을 억누르되, 아무 것도 어찌 할 수 없는 경지에 이르게 한 것이다. 이렇게 끊임없이 태어나고 또 태어나는 진정한 씨앗이야말로 반드시 삼가 보존하고保 남겨둘留 것이니, 이것이야말로 류씨 할멈을 일컬음이라, 류劉는 곧 류留인 것이다. 어찌할 거나, 세상 사람들은 몸과 마음

---

53) 여기서는 글자를 파자破字하여 뜻풀이를 하는 중국의 전통적인 '탁자拆字'로 설명하고 있다.

이 본성과 명줄에 얽매어 류씨 할멈의 의미를 헤아리지 못하는구나. 그리하여 [류씨 할멈이] 왕시펑王熙鳳 같은 여인네에게조차 비웃음을 샀던 것일까? 슬프도다.54)

(26) 閑人初讀『石頭記』, 見寫一劉姥姥, 以爲揷科打諢, 如戱中之丑脚, 使全書不寂寞設也。繼思作者旣設科諢, 則當時與燕笑, 乃百二十回書中僅記其六至榮府, 末後三至乃足完前三至, 則但謂之三至也可, 又若甚省而珍之者。而且第三至在喪亂中, 更無所用科諢, 因而疑。再詳讀『留餘慶』曲文, 乃見其爲救巧姐重收憐貧之報也, 似得之矣。但書方第六回, 要緊人物未見者正多, 且於寶玉初試雲雨之次, 恰該放口談情, 而乃重頓特提, 必在此人, 又源源本本, 敍親敍族, 歷及數代, 因而疑轉甚。於是分看合看, 一字一句, 細細玩味, 及三年, 乃得之, 曰: 是『易』道也, 是全書無非『易』道也。太平閑人『石頭』批評實始於此。

---

54) 이상의 내용은 제6회의 본문과 장신즈 자신의 협비에서 거의 정확하게 반복되고 있다. 여기서 류씨 할멈은 이야기에 등장하기는 하지만 1881년 본이나 "금옥연" 본에는 나오지 않는다. 이것과 다음의 네 조문은 "석두기" 본에서는 보이지 않는다. 그 대신 다음의 두 조문이 나오는데, 그 판본을 말미에 가져다 놓았다.
"이 책의 결말에는 문묘진인 운운하는 내용이 있는데, 곧 이 책의 전체 내용을 제대로 개괄한 것이다. 이것은 사실 [이 책이야말로] 세상에서 가장 절묘한 글이라는 것을 의미한다. 대부분의 독자들이 이 사실을 모르고 있는 바에야 어찌 할 도리가 없는 것이다. 『석두기』는 『정승록』, 『풍월보감』, 『금릉십이차』와 같은 여러 다른 이름을 갖고 있다. 대저 이름이라는 것은 스스로를 규정하는 것이다. 이름을 의미하는 '명名'이라는 글자는 '석夕'과 '구口'로 이루어졌으니, '석'이라는 것은 '어둠冥'을 의미한다. 어두우면 서로를 알아볼 수 없다. 그래서 입으로 내는 소리로 우리 자신을 알아볼 수 있기에, '명名'이라고 하는 것이다. 이 책은 명백하게도 돌이 기록한 사건을 서술한 것이다. 그래서 그 이름을 『석두기』라 한 것이다.是書收結有文妙眞人云云。乃繳淸全部。是人間之眞眞妙文也。其如讀者不知何。石頭記有情僧錄風月寶鑑金陵十二釵諸名。夫名者。自命也。其形從夕從口。夕者。冥也。冥不相見。故以口自名謂之名。是書乃明敍石頭所記之事。故原名之曰石頭記。"

試指出劉姥姥, 一純坤也, 老陰生少陽, 故終救巧姐。巧姐生於七月七日, 七, 少陽之數也。然陰不遽陰, 從一陰始。一陰起於下, 在卦爲姤☰☰, 以寶玉純陽之體, 而初試雲雨, 則進初爻一陰而爲姤矣, 故緊接曰「劉姥姥一進榮國府」。一陰旣進, 馴至於剝☷☰, 則姥姥之象已成, 特餘一陽在上而已。剝, 九月之卦也, 交十月卽爲坤☷☷, 故其來爲秋末冬初, 乃大往小來至極之時, 故入手尋頭緖曰「小小一個人家」, 「小小之家姓王」, 「小小京官」, 「小小」字凡三見, 計六「小」字, 悉有妙義。乾三連卽王字之三橫, 加一直破之, 則斷而成坤。其斷自下而上, 初爻斷爲巽☴, 巽爲長女, 故爲母居女家。二爻斷爲艮☶, 艮爲狗, 故壻名狗兒。三爻斷爲坤☷, 坤, 臣道也, 故做官與王姓聯宗, 則因重之爲六畫之坤☷☷。自姤☰☰而遯☰☶, 而否☰☷, 而觀☴☷, 而剝☶☷, 而坤☷☷, 悉自小小而進, 其勢甚利, 不可制止, 故聯宗爲勢利, 而榮府正當盛時, 其極尙遠, 故爲遠族。狗兒之祖, 但曰姓王, 但曰本地人氏, 而無名。本地人氏, 坤爲地也, 地道無成, 而代有終, 故不名, 而名其子爲成, 亦相繼身故也。狗兒一艮, 王成亦卽艮, 艮東北之卦, 萬物之所成終而所成始也, 故曰成。東北爲春冬之交, 故生子名板兒, 板文木反, 水冷退木令反矣。又生一女名靑兒, 靑乃木之色, 由北生東, 是卽老陰生少陽也。艮在五行爲土, 故以務農爲業。老寡婦無子息, 陰不生也。久經世代者, 貞元運會, 萬古如斯, 而聖人作『易』, 扶陽抑陰, 及至無可如何, 而此生生不息之眞種, 必謹謹保留之, 是則此謂劉姥姥也。劉, 留也, 奈何世人於身心性命之際, 獨不理會一劉姥姥, 而且爲王熙鳳之所笑? 悲夫!

(27) 이 책에서 『역경』의 상을 빌려 뜻을 풀이한 것 가운데 위안춘과 잉춘, 탄춘, 시춘이 가장 두드러지면서도 또 가장 가려져 있다. 위안춘

은 태泰☰☷ 괘로 정월의 괘이며, 그래서 항렬이 가장 위인 것이다. 잉춘은 대장大壯☰☳ 괘로 2월의 괘이며, 그래서 항렬이 둘째인 것이다. 탄춘은 쾌夬☰☱ 괘로 3월의 괘이며, 그래서 항렬이 세 번째인 것이다. 시춘은 건乾☰☰ 괘로, 4월의 괘이며, 그래서 항렬이 네 번째인 것이다. 그러나 이들은 모두 여자들이니, 양효는 모두 음효가 되어 위안춘의 태는 비否☷☰ 괘가 되고, 잉춘의 대장은 관觀☷☴이 되며, 탄춘의 쾌夬는 박剝☶☷이 되고, 시춘의 건乾은 곤坤☷☷괘가 되는 것이다.55) 이것이야말로 이 책에서 가장 중요한 메시지라 할 수 있으니 나는 그들 각각의 본전本傳에서 이에 대한 비평을 하였다.

(27) 書中借『易』象演義者, 元, 迎, 探, 惜爲最顯, 而又最晦。元春爲泰☰☷, 正月之卦, 故行大。迎春爲大壯☰☳, 二月之卦, 故行二。探春爲夬☰☱, 三月之卦, 故行三。惜春爲乾☰☰, 四月之卦, 故行四。然悉女體。陽皆爲陰, 則元春泰轉爲否☷☰, 迎春大壯轉爲觀☷☴, 探春夬轉爲剝☶☷, 惜春乾轉爲坤☷☷, 乃書大消息也, 歷評在各人本傳。

(28) 무릇 소설에서는 모두 ○, 、, △와 ㅡ를 이용해 텍스트에서 핵심적인 부분을 설명하고 있는데, 이것은 꼭 그렇게 할 필요는 없다. 그 이유는 중요한 의미나 아름다운 문장, 그리고 오묘한 의미 등이 평점을 통해 다 드러나기 때문에 번거롭게 다시 그것들을 지적할 필요가 없기 때문이다. 그러므로 본문에는 단지 동그라미單圈 정도만 가하고, 평주에는 단지 문장을 나누는 구두점으로 단점單點만을

---

55) 각자의 괘는 음과 양효를 뒤바꿈으로써 완벽하게 '변괘變卦'를 이루고 있다. 장신즈가 네 명의 여인들을 특정의 괘에 연결시켜 부연 설명한 것은 본문에서의 평점, 특히 세 명의 어린 소녀가 처음 등장하는 대목(제3회)에 대한 협비에서 찾아볼 수 있다. 여기에서 제시된 이유들은 주로 장신즈 자신이 본문에서 찾았다고 주장하는 언어적인 단서에서 나온 것들이다.

가할 것이다.

(28) 凡說部皆用○、△—以分眉目, 此可不必。緣其精義佳文奧旨經評出, 無煩更爲抉摘, 故本文但加單圈, 評注但加單點, 以界句讀而已。

(29) 이 책에서는 서쪽 집안[룽궈푸榮國府]으로 인하여 쟈전賈珍이 살고 있는 동쪽 집안[닝궈푸寧國府]이 일어난다. 이것은 실제로는 이 집안이 지고 있는 업의 단초를 열었던 친커칭秦可卿을 묘사한 것이다. 이제 동쪽 집안을 잉궈푸嬴國府로 고쳐 부르니 이 역시 친커칭과 딱 맞아떨어진다. 잉嬴은 친커칭의 성인 것이다. 쟈얼[賈二, 곧 쟈롄賈璉] 역시 이름을 버리고 롄㻦이라 부를 것이니 그 본래 음과 똑같고, 의미도 같기 때문이다.56)

(29) 是書因西府而生東府, 爲珍所居, 實爲寫一造釁開端之秦氏也。今改東府曰嬴國府, 亦正與秦氏恰合, 嬴秦姓也; 改賈二舍名曰王東, 與其本音同, 解亦同。

(30) 원래 각본에는 그림이 24폭이 들어가 있는데, 이 책의 의미와 서로 들어맞는다. 그 제사題詞로 말하자면, 첫 번째 그림에서의 영험한 돌과 마지막 그림에서의 중과 도사의 그것은 이 책의 종지와 암암리에 합치하는데, 여기에서 돌은 하나가 된 마음一心이고, 중과 도사는『역경』의 이치를 풀어낸 것이다. 나머지는 모두 서면에 나타난 것으로부터 붓을 든 것이니, 은밀하게 작품과 일치하는 듯 벗어난 듯,

---

56) 하지만 장신즈가 왜 이렇게 했는지에 대해서는 즉각적으로 밝혀진 바가 없다. 사실 '璉'보다 '㻦'이 드문 글자이고 연상되는 의미도 많지 않다. 장신즈가 이 소설의 본문에서 어떤 수정을 가했다는 것을 언급했는지 여부도 불분명하다. 이러한 변화들은 베이징국가도서관에 있는 이 평점본의 필사본에도 분명하게 나와 있지 않다.

의미가 있는 듯 없는 듯한 이 모든 것이 작자 자신의 손에서 나온 것이다. 이제 원래 각본을 고쳐 커다란 판형에 평어를 더하고 그림의 화폭과 제사는 원본에 따라 모회摹繪하여 원래의 모습을 보존하려 한다. 달리 방각본도 있으나, 그림은 겨우 15폭에 지나지 않고, 그나마 그림만 있을 뿐 그 배경이 되는 이야기는 없으며, 쟈 씨賈氏 집안의 종사宗祠와 태군, 쟈정賈政의 부인인 왕시펑王熙鳳, 바오친寶琴, 리원李紋과 리치李綺, 싱슈옌刑岫烟, 유싼졔尤三姐, 샹링香菱과 시런襲人, 칭원晴雯, 그리고 여자 악사女樂의 그림 아홉 쪽은 이 책에서 묘사된 정절과 크게 어긋나는 것들이다.

 (30) 原刻繡像二十四幅, 具合書意。其題辭則惟第一幅之石頭及結束之僧道暗合書旨, 石頭演一心, 僧道演『易』理也; 余則悉從書面著筆, 隱隱在若卽若離, 有意無意之間, 皆出作者原手。今改原刻加語爲大板, 其繡像畫幅題詞則照原本摹繪, 以存其舊也。其有坊刻另本, 繡像僅十五幅, 有像無景, 闕賈氏宗祠, 太君, 賈政王夫人, 寶琴, 紋綺岫烟, 尤三姐, 菱襲, 晴雯, 女樂九頁, 其於書中情節則大謬。

용어·기타 색인

ㄱ

간접적으로 묘사한 것虛寫　124
간접적 표현側筆　220
객성客星　59
거안제미擧案齊眉　135
겹치는 필법犯筆　152
곡필曲筆　258
곧바로 서술하는 필법直筆　118
공간적 구성大間架處　117
공독共讀　10
과거 공부擧業　201
구석九錫　47, 102
구성章法　190
규단閨丹　282
극불성법極不省法　40
극성법極省法　41
금단金丹　303
금옥연金玉緣　313
금침니자법錦針泥刺法　36
급독急讀　10

ㄴ

나무와 돌木石　316
난교속현법鸞膠續弦法　42

ㄷ

농인법弄引法　37

달미법獺尾法　38
담담하게 묘사한 부분白描處　167
대락묵법大落墨法　36
대상을 직접 그리지 않고도 그 특징을 잘 드러낸 솜씨避實擊虛　239
도삽법倒揷法　34
독법　7
두방명사斗方名士　216
드러내는 필치　153
등장인물이 나타나는 대목出落處　222
때로 위급한 상황은 누구에게나 있다 緩急人所時有　15
뜬금없는 필법無謂之筆墨　121

ㄹ

리理　151

ㅁ

말과 같이 길길이 날뛰는 의념과 원숭이처럼 질정 없는 마음意馬心猿　189

묘수공공妙手空空 224
무딘 필치 153
문아한 필치 153
문장의 법칙章法 315
물 속의 쇠水中金 297
미련한 필치 153

ㅂ

발跋 9
발상을 거스르는 필법逆筆 118
방필旁筆 258
배면포분법背面鋪粉法 37
변상變相 271
변언총론弁言總論 10
본격적인 묘사正寫 122
본질까지 생생히 그려내기神似 209
부귀공명 190
부차적인 쓰임새借用 296
붓놀림用筆 190

ㅅ

사대기서四大奇書 12, 189
산단散段 313
삼걸三傑 59
삼장三藏 284
삼절三絕 52
서序 9
석갈 21
선지식善知識 164

선천先天 296
선한 것은 선하게 악한 것은 악하게
  그려내善善惡惡 189
설자楔子 154, 193
세공생歲貢生 211
소설가稗官 193
쇠와 돌金石 316
수려한 필치 153
수보리 108
수자상壽者相 297
실제로 묘사한 것實寫 124
심오한 필치 153
십대원十大願 164
십상시 66

ㅇ

아름다운 필치 153
아상我相 297
아슬아슬한 필법險筆 120
아이러니컬하게 드러내는 것反用 319
애서哀書 187
야사野史 189
약법略犯法 40
어녀御女 282
어리석은 필치 153
역설적 표현反筆 220
연의소설演義小說 189
예술가의 기교化工 190
오랜 벗老友 212

색인　335

오만한 필치　153
오백 년 전 사건五百年前公案　301
완곡한 필법曲筆　118
완독緩讀　10
완을 타는 것彈阮　187
완을 품는 것抱阮　187
외사外史　190
욕합방종법欲合放縱法　41
우공생優貢生　231
우두牛頭　271
운치 있는 필치　153
원망을 탄식하고歎寃　187
원망을 품는抱寃　187
원신元神　283
월금月琴　187
유림儒林　190
육대소설　12
은근히 일깨우는 수법形擊　220
의음意淫　311
이야기 흐름을 따르는 필법順筆　118
인상人相　297
입순처入筍處　117

ㅈ

자신의 훌륭한 생각과 잘 다듬어진
　　문장錦心繡口　16
잡학雜覽　201
장인의 기교畵工　190
재능 있는 이才子　165

전기傳奇　158
전증箋證　255
점염點染　161
정情　151
정독靜讀　10
정범법正犯法　39
정쉬안鄭玄　57, 90
정절情節로 인해 문장이 만들어진 것
　　情因文生　125
정필正筆　258
제천대성　300
조용히 매듭지은 것暗結　125
주령酒令　321
주요한 쓰임새正用　296
중궁中宮　298
중생상衆生相　297
지살성地煞星　17
지옥의 형상地獄變相　193
직설적으로 드러내는 것正用　319
직접적인 표현正筆　220
직필直筆　258
진음眞陰　298
진토眞土　298
짐주鴆酒　71

ㅊ

창산常山의 뱀　323
채마밭菜園　34
천강성天罡星　17

천하태평 21
첫머리開卷 193
청류정도淸流正途 230
초사회선법草蛇灰線法 35
축상丑相 297

ㅋ
클라이맥스結穴處 253

ㅌ
탁류이도濁流異途 230
탈각처脫卸處 167
탈태脫胎 311
통방通房 124
특이한 체제變體 268

ㅍ
파정法正 70

파탄처破綻處 119
판궁領宮 86
판사判詞 317
판정대장법板定大章法 114
패관稗官 189
평점 7
피리양추皮里陽秋 256

ㅎ
협비夾批 9
협서법夾敍法 34
호승 118
환골탈태換骨奪胎 311
회평回評 9
횡운단산법橫雲斷山法 42
후천後天 296
홍먼鴻門의 연회 257

인명·지명 색인

ㄱ

가오밍高明 147
가오 시독高侍讀 220, 254
가오차이高柴 252
간닝甘寧 57, 70
간루안甘露庵 261
거우얼狗兒 326
거추이핑葛翠屏 182
건안칠자建安七子 199
겅지耿紀 58
고모 양 씨 179
곰보 첸錢麻子 241
관거官哥 113
관닝管寧 58, 95
관성關勝 31
관싱關興 57
관위關羽 52, 97, 101
관음보살 22
관인위안觀音院 292
관제關帝 213
관중管仲 52
관핑關平 58
광우산廣武山 264
구융顧雍 57

구이양桂陽 89
구청古城 91, 97
구카이즈顧愷之 221
궁쑨성公孫勝 32, 109
궁쑨위안公孫淵 101
궁쑨찬公孫瓚 61, 70, 79, 91, 97
궈리郭力 261
궈쓰郭汜 61, 74, 79
궈쟈郭嘉 57
궈톄비郭鐵筆 250
궈푸郭璞 55
금봉대金鳳臺 72

ㄴ

난쉬南徐 76
난쥔南郡 97
난징南京 240
녜정聶政 262
누리다셴鹿力大仙 107
뉴牛 노인 233
뉴마왕牛魔王 107, 291
뉴부이牛布衣 233
뉴야오牛瑤 235
뉴푸牛浦 233

니솽펑倪霜峰　242
니팅주倪廷珠　247
닝궈푸寧國府　331

ㄷ

다관위안大觀園　312
다밍푸大名府　23
다샹궈쓰大相國寺　34
다이안玳安　118, 123
다이위黛玉　315
다이쭝戴宗　33
댜오찬貂蟬　88
더우우竇武　70
덩린鄧林　59
덩아이鄧艾　57, 82, 101, 102
덩즈鄧芝　58, 97
뎬웨이典韋　57
동작대銅雀臺　72
두위杜預　58, 82, 102
두이杜儀　247
두첸杜倩　244, 247
두푸杜甫　204
둥러우東樓　146
둥성선저우東勝神洲　294
둥윈董允　58
둥잉董瑛　237
둥쥐董卓　78
둥징東京　116
둥청董承　58, 72, 74

둥핑董平　33
둬쓰대왕朶思大王　107
듀얼丟兒　154
디첸翟謙　179
딩위안丁原　78, 98, 101
딩펑丁奉　57

ㄹ

라이샤스來霞士　252
라이왕來旺　121
라이자오來昭　121
량산보梁山泊　24, 263
량제산兩界山　289
량중서梁中書　38
량촨兩川　71
량푸산梁甫山　260
러우婁 씨 형제　215, 254
러우찬婁瓚　219
러우환원婁煥文　251
레이인雷音　294
레이헝雷橫　32
롄화둥蓮花洞　286
롼샤오얼阮小二　33
롼샤오우阮小五　33
롼샤오치阮小七　26
롼위阮瑀　58, 199
롼지阮籍　54, 199, 264
루다魯達　25
루더盧德　256

색인 339

루쑤魯肅 58, 101
루쑨陸孫 57, 76, 81, 88
루이얼如意兒 113, 128
루쥔이盧俊義 23, 31
루쥬위안陸九淵 220
루즈선魯智深 35
루캉陸抗 57
루 편수魯編修 254
루하이如海 317
루항陸杭 82, 101
룽궈푸榮國府 324
뤄다징羅大經 310
뤄양洛陽 71
뤄차뉘羅刹女 291
뤄타이취안落胎泉 107
뤼멍呂蒙 81
뤼부呂布 61, 70, 78, 101
뤼부웨이呂不韋 49
뤼상呂尙 52, 198
류다이劉岱 99
류방劉邦 59
류뱌오劉表 61, 79
류베이劉備 46
류보친劉伯欽 292
류사허流沙河 289
류성劉勝 69
류슈劉秀 59
류씨 할멈劉姥姥 324
류야오劉繇 61, 70

류옌劉焉 91
류위劉裕 48, 55
류이밍劉一明 12, 310
류장劉璋 61, 70, 91
류즈위안劉知遠 48
류지劉基 205
류쭝劉琮 75
류찬劉禪 63, 92, 104
류천劉諶 58
류치劉琦 75, 86
류탕劉唐 33
류펑劉封 81
류피劉辟 61
리광李廣 263
리구이제李桂姐 118, 129
리궁린李公麟 237
리다李達 28
리루李儒 71
리리李立 41
리린푸李林甫 55
리볜李昪 49
리쑤李肅 71, 101
리안李安 154
리야네이李衙內 118
리원李紋 332
리위李漁 125
리위안李淵 47
리잉李應 32
리잉李膺 85

리쟈오얼李嬌兒 124
리줴李催 61, 74, 79, 105
리쥔李俊 41
리차이李蔡 263
리춘쉬李存勖 49
리치李綺 332
리쿠이李逵 24
리핑얼李瓶兒 111
리후이李恢 57
린 씨 부인林太太 130
린안臨安 221
린즈臨淄 53
린충林沖 29, 39
링간대왕靈感大王 291
링윈두凌雲渡 289

ㅁ

마다이馬岱 57
마량馬良 58
마룽馬融 57
마오룬毛綸 147
마오링茂陵 141
마오쑤이毛遂 234
마오쭝강毛宗崗 12, 147
마징馬靜 220, 225
마차오馬超 57, 70, 81, 92
마텅馬騰 71, 81
만충滿寵 97
매파 쉐 씨薛氏 152

매파 타오 씨陶氏 152
매판買辦 자이 씨翟氏 195
먀오칭苗靑 119, 126
멍궁웨이孟公威 58, 70
멍다孟達 81
멍다이孟大姨 180
멍위러우孟玉樓 113
멍졔孟節 88
멍츠쉐런夢癡學人 311
멍훠孟獲 52, 76, 86, 101
메이쥬梅玖 197
몐주綿竹 65
모처우후莫愁湖 250
무나이木耐 264
무루대왕木鹿大王 107
무순穆順 105
무춘穆春 41
무훙穆弘 41
문수보살文殊菩薩 164
미주麋竺 85
미헝禰衡 58, 99
민경욱 13
민산岷山 253

ㅂ

바산후巴山虎 286
바오수야鮑叔牙 52
바오원칭鮑文卿 239, 242
바오위寶玉 306

색인   341

바오쯔豹子   290
바오차이寶釵   315
바오친寶琴   332
바오팅시鮑廷璽   245
바이디청白帝城   65
바이룽먀오白龍廟   41
바이쥐이白居易   214
바이허白河   76
바쟈오둥芭蕉洞   288
반얼板兒   327
백정 후胡 씨   201
번쓰賁四의 아내   130
번쓰싸오賁四嫂   113
베이징왕北靜王   321
볜辨   71
보왕博望   76, 85
보현보살寶賢菩薩   164
복성장자福城長者   164
부卜 노인   233
부신卜信   234
부즈步隲   57
부즈다오卜志道   154
부즈다오不知道   154
비구니 류 씨劉氏   152
비구니 쉐 씨薛氏   152
비구니 왕 씨王氏   152
비샤궁碧霞宮   118
빙저우并州   218

ㅅ

사오융邵雍   315
사우징沙悟淨   292
상광尙廣   104
상산商山   59
상융上庸   102
상팡구上方谷   76, 92, 100
샤옌링夏延齡   178
샤오거孝哥   137
샤오딩蕭鼎   249, 250
샤오시톈小西天   291
샤오쑹蕭嵩   259
샤오위小玉   118, 131
샤오차이蕭采   262
샤오팅猇亭   76
샤오하오蕭浩   262
샤오허蕭何   59
샤진구이夏金桂   318
샤 총갑夏總甲   197
샤푸 교下浮橋   248
샤피下邳   76, 89, 95
샤허우둔夏侯惇   57
샤허우바夏侯覇   81, 93
샹딩向鼎   239, 242
샹링香菱   332
샹양襄陽   97
샹위項羽   257
샹핑襄平   102
서우장 현壽張縣   28

서판산蛇盤山 292
선 씨沈姨夫 180
선재동자善財童子 164
선중沈烱 199
선츙즈沈瓊枝 265
선치펑沈起鳳 248
선톈푸沈天孚 244
셰다오윈謝道韞 317
셰바오解寶 39
셰시다謝希大 143
셰시멍謝希孟 221
셰이謝頤 308
셰전解珍 39
셰쯔졔獅子街 143
셴산峴山 98
솽차링雙嶺 289
수선대受禪臺 71
수쑨퉁叔孫通 259
수이징좡水鏡莊 87, 92
수퉁書童 115
쉐바오친薛寶琴 321
쉐융薛永 41
쉐쟈지薛家集 214
쉐졘둥雪澗洞 138
쉬닝徐寧 33, 34
쉬성徐盛 57, 76
쉬수徐庶 57, 70, 100
쉬안장玄奘 286
쉬안푸玄圃 59, 60

쉬안후玄武湖 257
쉬유許由 240
쉬저우徐州 46, 79, 101
쉬지徐基 257
쉬창許昌 62, 71
쉬추許褚 57
쉬톈許田 72
쉬황徐晃 57, 70
쉰메이荀玫 197
쉰솽荀爽 58
쉰위荀彧 57, 208
쉰찬荀粲 208
스광위안石廣元 58, 70
스나이안施耐庵 15, 17
스슈石秀 32
스원빈時文彬 38
스저우팅識舟亭 252
스 지현施知縣 195
스진史進 31
스쳰 25
스퉈둥獅駝洞 291
시뉴허저우西牛賀洲 289, 294
시런襲人 306, 315, 332
시먼다졔西門大姐 134
시먼칭西門慶 111
시스西施 155
시춘惜春 329
시후西湖 240, 260
신셴잉辛憲英 90

신신쯔欣欣子　125
신예新野　76, 85, 92, 100
신창辛敞　90
십이채十二釵　314
싱슈옌刑岫烟　332
싱쑤하이星宿海　67
싸이타이쑤이賽太歲　291
쑤쉰蘇洵　310
쑤스蘇軾　216, 310
쑤우蘇武　265
쑤이천안隋岑庵　220, 229
쑤저蘇轍　310
쑤친蘇秦　272
쑨량孫亮　105
쑨린孫琳　74
쑨 부인孫夫人　102
쑨쉐어孫雪娥　119, 124
쑨쑹푸孫崧甫　10
쑨와이궁孫外公　301
쑨우쿵孫悟空(金公)　108, 190
쑨이孫翊　89
쑨젠孫堅　66, 79
쑨처孫策　64, 70, 87
쑨취안孫權　61, 64, 70, 93, 102
쑨퉁성孫桐生　308
쑨하오孫皓　63, 104
쑹宋 어사　143
쑹위宋玉　38
쑹쟝宋江　17

쑹후이롄宋蕙蓮　113, 119
쒀차오索超　31
쓰더우쯔四斗子　210
쓰마광司馬光　45, 226
쓰마샹루司馬相如　141
쓰마스司馬師　74
쓰마옌司馬炎　65, 74
쓰마이司馬懿　57, 74, 81, 90, 100, 101
쓰마자오司馬昭　74
쓰마첸司馬遷　15
쓰마푸司馬孚　59
쓰마후이司馬徽　58, 70, 87, 92

○

아미타불阿彌陀佛　164
안둥 현安東縣　237
안루산安綠山　55
안퉁安童　181
야취안啞泉　107
양구 현陽穀縣　41
양다랑楊大郎　186
양뱌오楊彪　89
양슈楊修　57
양슝楊雄　32
양얼랑楊二郎　186
양윈楊允　217
양이楊儀　102
양저우揚州　236

양제煬帝 47
양즈楊志 31
양춘楊春 20
양펑楊奉 70, 97
양후羊祜 57, 82, 101, 102
어녀御女 282
얼챠오二喬 89
염상 팡方 씨 267
예궁쯔가오葉公子高 224
예저우葉晝 28
예터우퉈葉頭陀 112
옌광嚴光 59
옌다웨이嚴大位 204, 206
옌다위嚴大育 206
옌셴嚴顏 70
옌스판嚴世蕃 146, 311
옌쑹嚴嵩 311
옌 씨嚴氏 부인 89
옌안嚴顏 57, 101
옌윈燕雲 48
옌저우嚴州 140
옌전칭顏眞卿 243
옌칭燕靑 33
옌포시閻婆惜 40
옥룡대玉龍臺 72
완리萬里 271
완쉐자이萬雪齋 238
완청宛城 89
왕둔王敦 55

왕랑王朗 101
왕런王仁 210
왕레이王累 58
왕류얼王六兒 113, 116
왕망王莽 48, 55
왕멍王猛 55
왕몐王冕 194
왕발 선沈 씨 244
왕샹쉬汪象旭 286, 310
왕스전王世貞 147, 311
왕시펑王熙鳳 321, 332
왕싱안王杏菴 181
왕싼관 132
왕쓰四 147
왕안스王安石 216
왕원王蘊 270
왕원王允 75, 79, 101
왕이안王義安 235
왕자오쥔王昭君 155
왕중王忠 99
왕쥔王濬 82
왕징王經 59
왕차오얼王潮兒 116
왕찬王粲 57
왕청王成 327
왕 초선王招宣 131, 178
왕후이王惠 197
우궁링蜈蚣嶺 40
우다武大 34, 41, 119

색인 345

우다오쯔吳道子 222
우다이吳大姨 180
우뎬언吳典恩 151
우두牛頭 271
우부인吳夫人 93
우 신선吳神仙 112
우싱산五行山 286
우쑹武松 24, 181
우웨냥吳月娘 117
우용吳用 29, 109
우이쯔悟一子 303
우인얼吳銀兒 129
우장위안五丈原 100
우징쯔吳敬梓 208
우쩌톈武則天 309
우쯔쉬伍子胥 198
우차오烏巢 76
우창위안吳長元 250
우카이吳鎧 178
우타이산五臺山 34
우한吳晗 147
우허 현五河縣 270
우환烏桓 55
워관쓰瓦官寺 34, 40
워셴차오탕臥閑草堂 13
원밍위안溫明園 98
원신元神 283
원 씨文氏 댁 152
원챠오溫嶠 308

웨먀오岳廟 34
웨양樂羊 53
웨양쯔樂羊子 317
웨이관衛瓘 82
웨이보양魏伯陽 279
웨이수이渭水 102, 198
웨이樂毅 52
웨이쑤危素 195
웨이양궁未央宮 226
웨이옌魏延 102
웨이찬韋闡 251, 252
웨이티산衛體善 220, 229
웨이하오구魏好古 200
웨이황韋晃 58
웨페이岳飛 49
위량虞梁 268
위린국사玉琳國師 233
위샤오玉簫 115, 121
위안사오袁紹 61, 79, 90, 96
위안상袁尚 75
위안수袁術 54, 61, 79
위안시袁熙 89
위안양鴛鴦 321
위안춘元春 321, 329
위안탄元壇 114
위안탄袁譚 75, 89
위위더虞育德 253
위인余殷 267
위지于吉 87

위취안산玉泉山　87
위터余特　266
위투얼玉兔兒　291
위판虞翻　57
위푸余敷　267
위화이余懷　250
위화타이雨花臺　249
위황먀오玉皇廟　111
윈거鄖哥　40
윈잔둥雲棧洞　293
윈타이雲臺　59
윈팅산雲亭山　260
유싼제尤三姐　318, 332
유얼제尤二姐　318, 321
유퉁尤侗　303
육황 태위六黃太尉　136
융푸쓰永福寺　111
이무진　13
이야易牙　258
이얼산椅兒山　263
이인伊尹　52
이하이룽倚海龍　286
인우산隱霧山　290
인줴대왕銀角大王　107, 286
인핑링陰平嶺　101
잉궈푸嬴國府　331
잉더우후鶯脰湖　260
잉보줴應伯爵　118, 178
잉저우瀛洲　59

잉춘迎春　127, 329

ㅈ

자오넝趙能　41
자오다趙大　261
자오더趙得　41
자오둔趙盾　258
자오레이趙累　58
자오린수趙麟書　266
자오볜趙抃　54
자오쉬趙朔　258
자오 씨趙氏　207
자오옌趙彦　58
자오우趙武　258
자오위안탄趙元壇　114
자오원朝雲　216
자오윈趙雲　57, 70, 89, 97
자오제趙潔　226, 227
자오쯔趙諮　57
자오쾅인趙匡胤　48
자오판趙範　89
자이윈펑翟雲峰　178
자이 집사翟管家　118
장 대호張大戶　132, 178
장랴오張遼　57, 70
장런張任　58, 88
장루張魯　61, 70, 105
장먀오張邈　61
장바오張苞　57

장보돤張伯端 279
장수선張書紳 310
장순張順 33, 41
장슈張繡 61, 89, 95
장스루張師陸 202
장신즈張新之 12, 306
장싼張三 40
장썽야오張僧繇 222
장쑹張松 57
장양張楊 61
장얼관 132
장이張儀 272
장자오張昭 57
장주포張竹坡 12
장지張濟 89
장치張緝 74
장톄비張鐵臂 224
장페이張飛 57, 92, 97, 101, 105
장허張郃 57
장헝張橫 33, 41
장화張華 58
쟈롄賈璉 331
쟈명葭萌 92
쟈바오위賈寶玉 306
쟈쉬賈詡 57
쟈오팅焦挺 26
쟈위춘賈雨村 319
쟈전賈珍 331
쟈정賈政 332

쟈충賈充 105
쟝루이짜오蔣瑞藻 147
쟝먼선蔣門神 40
쟝옌江淹 271
쟝완蔣琬 58
쟝웨이姜維 57, 81, 87, 102
쟝윈쉬안絳雲軒 321
쟝저우 성江州城 23
저우보周勃 59
저우 수비周守備 116, 178
저우쉬안周宣 187
저우슈周秀 187
저우옌량周延良 255
저우위周瑜 57, 75, 92, 97
저우진周謹 37
저우진周進 197
저우창周倉 58
저우타이周泰 57
전궈쓰鎭國寺 87
전스인甄士隱 319
정쉬안鄭玄 57, 90
정아이웨鄭愛月 129
정투鄭屠 40
제천대성 300
졘융簡雍 97
졘장궁建章宮 226
좡상즈莊尙志 255
주거량諸葛亮 46, 52, 101
주거상諸葛尙 58

색인 347

주거유諸葛佑　249
주거잔諸葛瞻　58
주거친諸葛瑾　58
주거커諸葛恪　57
주바제猪八戒(木母)　190
주산竹山　157
주산築山　127
주시朱熹　45
주우朱武　20
주우넝猪悟能　293
주쟈좡祝家莊　25
주쥔朱儁　96
주쯔궈朱紫國　288
주퉁朱同　32
주환朱桓　57
중궁中宮　298
중후이鍾會　57, 82, 102
줘듀얼卓丟兒　154
줘왕쑨卓王孫　141
줘원쥔卓文君　140
쥐서우沮授　58
즈탕致堂　308
지저우冀州　76
지저우성冀州城　89
지주이季崔　247
지쥔샹紀君祥　258
지캉嵇康　199
지톈이季恬逸　249
지핑吉平　58

진둥아이金東崖　213
진성탄金聖嘆　12
진유위金有餘　198
진줴晉爵　217
진줴다왕金角大王　107, 286
진츠푸金次福　244
징번후이景本蕙　226, 227
징양강景陽岡　24, 35
징저우荊州　68, 97
징커荊軻　262
징환셴뉘警幻仙女　311
짜이쯔탕在玆堂　311
쩌우지푸鄒吉甫　216
쩡싼曾參　252
쩡 어사曾御史　181
쩡커우촨罾口川　76
쭝천宗臣　250
줘츄밍左丘明　106, 308
줘츠左慈　87
쯔루子路　252
쯔무허子母河　107
쯔쉬장런紫虛丈人　88
쯔우구子午谷　101
쯔우궁子午宮　237
쯔장子張　252

―――
┃ㅊ┃
―――

차오가이晁蓋　17
차오루이曹叡　102

색인 349

차오바오曹褒 259
차오뱌오曹彪 95
차오솽曹爽 90
차오즈曹植 57, 75, 100
차오차오曹操 46, 52, 85, 208
차오피曹丕 63, 74, 75, 97, 100
차오환曹奐 63
차오훙曹洪 208
차이스柴市 59
차이스제柴石街 35
차이옌蔡琰 90
차이융蔡邕 57, 90, 232
차이蔡 장원 143
차이진柴進 31
차이태사蔡太師 136, 143
『참동계參同契』 279
창반챠오長板橋 250
창안長安 71, 101, 113
창춘전런長春眞人 277
챠오 대호喬大戶 178
챠오졔巧姐 324
천궁陳宮 78
천다陳達 20
천리陳禮 213
천린陳琳 55, 58, 101
천서우陳壽 45
천쉬안좡陳玄奘 296
천스빈陳士斌 303, 310
천정궁陳正公 273

천징지陳經濟 112
천챠오陳橋 48
천타이陳泰 58
천판陳蕃 70
천훈씅昏 104
천훙陳洪 178
청두成都 65
청밍칭程明卿 238
청위程昱 57
청잉程嬰 258
첸시옌錢希言 28
추윈楚雲 154
추이다오청崔道成 34
추이저우핑崔州平 58, 70, 87, 92
추이하오崔顥 246
취안상全尙 74
취안우융權勿用 224
취유瞿佑 216
츄추지邱處機 277
츠비赤壁 72, 76
츠쥔遲均 252
치산祁山 52, 76
치샤棲霞 277
치수이 현沂水縣 24
친거칭秦可卿 331
친미秦宓 57
친밍秦明 31
친중秦鍾 321
친 중서秦中書 271

친커칭秦可卿 308
친콰쯔秦侉子 274
친퉁琴童 115
친후이秦檜 49, 55
칭얼慶兒 146
칭얼靑兒 327
칭원晴雯 315, 332
칭청산靑城山 88
칭펑청靑楓城 263
칭허 현淸河縣 166

ㅋ

칸쩌闞澤 57
콰이훠린快活林 40
쾅중匡迥 220
쿵룽孔融 58, 85, 99
쿵쿵다오런空空道人 313

ㅌ

타이보츠太伯祠 253
타이산泰山 38, 260
타이스츠太史慈 57, 70
타중查中 102
탄시檀溪 87
탄완彈阮 187
탄춘探春 329
탕뉴얼唐牛兒 40
탕룽湯隆 34
탕방주이唐棒椎 268

탕순즈唐順之 147
탕싼탄唐三痰 266
탕펑湯奉 205, 211
태공망太公望 198
태평하고 한가한 사람太平閑人 306
털보 마오毛 씨 275
톄군鐵棍 119
톈단田單 53
톈펑田豐 58
투안가오屠岸高 258
퉁멍童猛 41
퉁웨이童威 41
퉁톈허通天河 288

ㅍ

파정法正 70
판궁頖宮 86
판서구盤蛇谷 76
판진范進 201
판진롄潘金蓮 23, 111, 129
판쯔예潘自業 230
판챠오윈潘巧雲 24
판콰이樊噲 59, 257
판허磐河 91, 98
팡루하오方汝浩 7
팡샤오루方孝孺 249
팡정야오方正耀 12
팡춘메이龐春梅 111, 113, 123
팡퉁龐統 57, 70, 92

펑밍치鳳鳴歧　271
펑 씨馮氏 아줌마　152
펑이팅鳳儀亭　88
펑페이豐沛　59
펑황타이鳳凰台　246
페이린配林　38
페이추이쉬안翡翠軒　118
페이카이裵楷　221
포양후鄱陽湖　253
푸보장군伏波將軍　108
푸시伏羲　279
푸양濮陽　76, 85
푸완伏完　58, 74, 101, 105
푸傳 지배인　152
푸징 선사普淨禪師　112, 118
푸징장로普靜長老　87
푸첸위안敷淺原　253
푸춘富春　59
피파팅琵琶亭　41
핑안平安　119

ㅎ

한 씨韓姨夫　180
한다오궈韓道國　187
한샹쯔韓湘子　113
한셴韓暹　97
한수이漢水　254
한쉬안韓玄　70
한아이제韓愛姐　116

한얼韓二　187
한위韓愈　113, 255
한중漢中　90
한퉈저우韓侂冑　55
향신 펑彭 씨　267
허 관인何官人　130
허메이즈何美之　203
허스何十　186
허우린얼侯林兒　155
허쥬何九　186
허진何進　66, 74, 78
허 천호何千戶　178
허타오何濤　39
허 태후何太后　74
헌제獻帝　46
헤이취안黑泉　107
호승　118
홍상훈　13
화룽花榮　28
화룽다오華容道　54
화신華歆　95
화이린懷林　28
화쯔쉬花子虛　116
환다오춘遑道村　41
환원桓溫　55
황가이黃蓋　57
황메이黃尾　290
황안黃安　39
황중黃忠　57, 70

황 진인黃眞人　112
황쭈黃祖　70, 89
황청옌黃承彦　88
황타이훙黃太鴻　286
황 통판黃通判　181
황팅젠黃庭堅　311
황푸쑹皇甫嵩　96
황하오黃皓　104
황허러우黃鶴樓　246

후슈胡秀　120
후안궈胡安國　308
후옌줘呼延灼　31
후이민慧敏　203
후인胡寅　308
후전胡縝　229, 274
훙한셴洪憨仙　225
휘종　136
흠종　136

서명 색인

ㄱ

『고문관지古文觀止』 60
「고효설苦孝說」 311
『국어國語』 173
「국풍國風」 173
『금강경』 279
『금병매金瓶梅』 190

ㄷ

『대송선화유사大宋宣和遺事』 24
『대학』 306, 307
『동경몽화록東京夢華錄』 240
『동도기東度記』 7
『동도기』를 읽는 여덟 가지 방법閱東度記八法 7

ㅁ

『먀오푸쉬안 평 석두기妙復軒評石頭記』 305
『몽치설夢癡說夢』 311

ㅂ

『법화경』 279
변언총론弁言總論 10

『비파기琵琶記』 147
『비파기자료휘편琵琶記資料彙編』 147
「비평제일기서금병매서批評第一奇書金瓶梅序」 308

ㅅ

사기史記 15
사대기서四大奇書 12, 189
『살구기殺狗記』 186
『삼국연의三國演義』 190
『서유기』 277
『서유진전西遊眞銓』 303
『석두기』 306, 307, 313
『석두기색은石頭記索隱』 310
『선화유사宣和遺事』 24
『수상석두기홍루몽綉像石頭記紅樓夢』 305
『수장문집壽張文集』 28
『수호전水滸傳』 190
「수호전 독법」 8
『시경』 307

ㅇ

『악기』 307

『연란소보燕蘭小譜』 250
『열홍루몽수필閱紅樓夢隨筆』 311
『예경』 307
『예기』 38
『오진편悟眞篇』 279
『유림외사儒林外史』 190
「유여경留餘慶」 324
『육포단肉蒲團』 125
『이소離騷』 307

ㅈ

『자치통감資治通鑑』 45
『장자莊子』 38, 307, 310
『전국책戰國策』 33, 310
『정승록』 313, 314
『좌전左傳』 173
『중교팔가평비홍루몽重校八家評批紅樓夢』 305
『중국소설독법How to Read the Chinese Novel』 13, 305
『중용』 306, 307
『증평보도석두기增評補圖石頭記』 308
『진링 십이채』 313
『진서晋書』 308
진성탄金聖嘆 비본批本『수호전』 8

ㅊ

『참동계參同契』 279
『춘추』 307
『춘추호씨전春秋胡氏傳』 308

ㅌ

「태사공자서太史公自序」 276
『통감강목通鑑綱目』 45
통방通房 124

ㅍ

『판교잡기板橋雜記』 250
『평주금옥연評注金玉緣』 306
『풍부風賦』 38
『풍월보감』 313

ㅎ

『하도락서河圖洛書』 279
『학림옥로鶴林玉露』 310
『해탁諧鐸』 248
『형초세시기荊楚歲時記』 240
『홍루몽권紅樓夢卷』 311
『홍루몽삼가평본紅樓夢三家評本』 305
『홍범구주洪範九疇』 279
『홍학사고紅學史稿』 310
『황극경세서皇極經世書』 315
『휘인소설고증彙印小說考證』 147

▌조관희(trotzdem@sinology.org)

옮긴이 조관희(趙寬熙, Cho Kwanhee)는 서울에서 나고 자랐다. 연세대학교 중어중문학과를 졸업하고, 같은 학교에서 석사와 박사학위를 받았다(문학박사). 1994년부터 상명대학교에서 학생들을 가르치고 있다(교수). 한국중국소설학회 회장을 역임했다. 주요 저작으로는 『교토, 천년의 시간을 걷다』(컬쳐그라퍼, 2012), 『세계의 수도 베이징』(창비, 2008), 『중국소설사론』(차이나하우스, 2010), 『조관희 교수의 중국사 강의』(궁리, 2011) 등이 있고, 루쉰(魯迅)의 『중국소설사(中國小說史)』(소명, 2005)와 데이비드 롤스톤(David Rolston)의 『중국 고대소설과 소설 평점』(소명출판, 2009)을 비롯한 몇 권의 역서가 있으며, 다수의 연구 논문이 있다. 지은이에 대한 상세한 정보는 홈페이지(www.sinology.org/trotzdem)로 가면 얻을 수 있다.

중국 고대소설 독법

2012년 12월 28일 초판 1쇄 펴냄

저　자 조관희
발행인 김흥국
발행처 도서출판 보고사

책임편집 이경민
표지디자인 윤인희

등록 1990년 12월 13일 제6-0429호
주소 서울특별시 성북구 보문동7가 11번지 2층
전화 922-5120~1(편집), 922-2246(영업)
팩스 922-6990
메일 kanapub3@chol.com
http://www.bogosabooks.co.kr

ISBN 978-89-8433-485-4 93820
ⓒ 조관희, 2012

정가 18,000원
사전 동의 없는 무단 전재 및 복제를 금합니다.
잘못 만들어진 책은 바꾸어 드립니다.